知の自由人叢書
山口昌男監修

うしのよだれ

坪井正五郎

国書刊行会

函：『自然滑稽うしのよだれ』（三教書院）の小杉未醒による装画よりコラージュ

目次

旅する人類学者

玩具と児童博覧会

夢に夢中

正五郎あらかると

凡例

一　本書は、著者の意向をできるだけ忠実に伝えるため、初出の雑誌に掲載された表記をそのまま踏襲し、あえて本書としての全体の統一は図らなかった。但し、読みやすさを考慮し文章の始まりはすべて一字下げに統一した。

二　本文は一の原則に従ったが、明らかな誤植と思われるものについては訂正した。但し、仮名遣いの誤りについては訂正していない。

三　現代読者の読みやすさを考慮し、旧漢字は新漢字に改めた。

四　仮名については、旧仮名遣いを原則とした。但し、仮名の字体に関しては今日のように一定していないので、読みにくい字体は変更したものもある。

五　句読点については適宜補った。

六　ルビについては、総ルビ、及びそれに準ずる文章以外は初出の文章にあったものはそのまま残し、読みにくい漢字には適宜加えたものもある。その際は、新仮名遣いを用いた。同一漢字を同一に読む場合は、見開き、または一編の初出時のみに限った。総ルビの文章については、読みにくい漢字のルビは残してそれ以外は省略した。

七　今日の人権意識に照らすと差別的表現や語句が含まれているが、本書に収録した文章が書かれた時代背景、および歴史的、資料的価値を考慮しそのままとした。読者のご寛容を願いたい。

うしのよだれ

うしのよだれ

学士会書記来訪、月報の為め何か書けと云ふ。すなほに承知して机に対ひ墨を磨す。聞くならく墨は牛の涎《よだれ》と油煙《ユエン》の固まりなりと。此墨を磨して原稿紙を汚す、ダラ〳〵又ダラ〳〵。小便には十八丁の限り有るも涎の長さはついぞ聞かず。これ余が止めど無きダラ〳〵文を牛の涎と題するゆえんなり。

（一）僕は英語学校、大学予備門を経て大学に入つた者ですが、其間に在学生の筆記して同好者に示した新聞雑誌の類多くを知つて居ます。此事は英語学校では明治十年の五六月頃最も盛に行はれ、予備門と東京大学では十二年の四五月頃其頂点に達し、其後は筆まめの人は世間の新聞雑誌に随意に投書する様に成つて、学生手製の所謂「筆版」新誌は漸次跡を絶つに至りました。今思ひ出す儘に是等新誌の題号を列挙すれば次の通り。

「暇のまに〳〵」「添田珍報」「土曜神郁」「知美新聞」「月曜雑誌」「ミヤヲカス、リッツン、モンスレイ」（以上の記者は今皆学士）

「三余小誌」（三人にて編輯、今何れも学士会々員）
「書窓余興」（三人にて編輯、中二人は今学士会々員）
「解頤珍誌」（編輯者は故法学士嵯峨根不二郎氏）
「中学雑誌」（編輯者は故法学士伊東祐徳氏）
「抱腹珍誌」「自惚新誌」「黒沢新聞」「井蛙新文詩《ママ》」「専三新聞」「慰神雑誌」（是等に筆を採った人々は大学を卒業せずに社会に出られた）
「天狗新聞」「探穴新聞」「放胆雑誌」「酔多珍報」「愚評新聞」「珍文観聞」「茶飲ミ新聞」「宍戸新聞」「日之丸新聞」「角々珍聞」「笑草珍聞」（是等は誰氏の手に成ったか忘れて仕舞った）

右の中「抱腹珍誌」は全く団々珍聞《まるまるちんぶん》を真似たもの、「自惚新誌」は諸事東京新誌を摸したもの、「愚評新聞」は何所迄も評論新誌を倣ったもの、他は何を手本と云ふ事も無く人々思ひ〳〵に拵えたもの。

僕も曾て「月曜雑誌」（前に記したのとは別）と云ふものを書き、後之を「毎週雑誌」と改題し、再び「小梧雑誌」と変名して学友に示して居ましたが、何時とも無しに人類学上の記事が多く成つて来、同志数名と斯学の会合を組織するに及んで、此雑誌は「人類学の友寄り合ひの書き留め」と云ふ長い名の記録に変形しました。今の東京人類学会雑誌は此辺に其芽《きざ》しを持つて居るのです。

「暇のまに〳〵」「解頤珍誌」「抱腹珍誌」「放胆雑誌」の他は、大概十号にも達せずに止んだのですから、其物も遺つて居ますまいし、編者自身も或は忘れて居られるかも知れない。「小梧雑誌」は六十号を超えたし、実物が僕の手元に在るので、時々出して見るが、旧い事を思ひ出して、他人は知らず、自分には余程面白く感ぜられる。

(二) 小梧雑誌の中に、十二年十月十三日、月一会と云ふ演説会で或人（今日学士会々員）が陸奥土産と題する話しをされたことが載つて居る。其筆記中に斯う云ふ奇談が有る。

「岩手県の学校の盛で無いのは実に云ふに忍びない。或る学校の数学の先生は教場へ出てから三十分も考へ、然る後に生徒に教授する。又或る学校の教師は教場で水の分析を試みた所が、どうしたか酸素が採れない。そこで教師ハタと手を拍て曰く。此所の水には酸素が無い生徒の脚気に罹かる者の多いのは之に基因するのだ。」

(三) 又或人（曰く学士会々員）は同会に於て筑紫見聞誌と題する話しをされたので、其筆記も同じ雑誌に出て居る、其中の二三句。

「人家を見ればアフリカの如く。学校を見ればヨウロッパの如し。巡査の権威有ると人民の之を怖るゝとは実に驚く可し。巡査時としては戸長の家に至り飯を食ふ、食ひ了ればこれは大儀と云つて去る。コレラに付きては珍聞多し。余或る時某地に行かんとして番所の前を過ぎんとせしに中より巡査出でゝ余を呼び止めたり、因て立ち戻りたるに、巡査は麦の穂を束ねたるものを以て水薬をば余の頭より足迄振り掛けたり、其水薬は石炭酸の香せずして石油の香せり。」

二十年前の地方談妙では有りませんか。

(四) 十三年二月一日発行同雑誌の末に斯う云ふ広告が載つて居る。

「海内外、諸印紙集蓄社広告。

集蓄社長何某（現に学士会々員）謹デ海内外諸印紙集蓄ノ諸君ニ白ス弊社儀先ノ東京大学理学部教授モールス氏ノ勧メニ依リ明治十一年四月上旬ヨリ当社ヲ興シ以テ海内外郵便切手ニ限ラズ諸印紙集蓄罷在リ候処印紙ノ種類已ニ二百以上ニ至レリト雖モ我日本帝国郵便切手甚タ少シ因テ速カニ之ヲ集メンコトヲ冀望《きぼう》ス付テハ左ノ表ノ如ク線上ノ切手弊社ヘ御持参被下候諸君ニハ線下ニ記セシ外国印紙ノ内御持参被下候モノヽ下ニ在ル印紙ト交換仕度因テ謹デ諸君ノ御来臨ヲ乞フ」（表略す）

今日では切手を集めて居る人が大分有りますが、十一年頃には珍しかつたのです。さうして夫れがモールス氏の勧めだと云ふから面白い。

（五）十二三年の頃には三学部予備門共演説討論が盛んに行はれて其為の会が幾つも出来た。小梧雑誌には左の通りに書いて有る。

晩翠社（第一、第三、日曜夜）、夜話会（第一、第三、火曜夜）、十三社（第一、第三、火曜夜）、求益会（第三、火曜夜）、成器社（第一、第三、水曜昼）、戊寅会（第二、第四、水曜夜）、共話会（第一、第四、水曜夜）、興話会（毎木曜夜）、賛《ママ》淵会（第二、第四、木曜夜）、晩成会（第二、第四、金曜夜）、共救社（第一、第二、第四、土曜昼）、講義堂演説（第一土曜夜）

総数十二。最後のものゝ他は何れも校内の応接所或は教場で開会したのです。第三火曜の夜抔《など》は三ケ所でカン／＼明りを付けてワア／＼遣つて居たのですから中々賑かでした。夜話会と云ふ団体は今でも継続して居ます。

（六）十三年五月十七日の小梧雑誌には上野から万世橋迄の諸商店数と、万世橋から日本橋迄の諸商店数の比較が載つて居ります。右のが上野万世橋間ので同月十一日の調べ。左のが万世橋日本橋間ので同月十二日の調べ。書生の生活に関係有るもの丈を比べたのです。

鰻（五 三） 氷（三 三） 菓子（二一 九） しるこ（五 三） 牛（七 六） 酒（一三 三） そば（一二 六） しやも（二 三）

すし（九 一） 天ぷら（三 二） 茶（四 六） 紙（一五 五） 書林（一四 九） 筆（九 三） 絵草紙（二 七）

西洋品（一二 二五） 下駄（八 八） 足袋（七 一〇） 寄席（六 二） 料理（九 二） 煙草（一一 九） 写真（三 三）

道の長さは丁度同じですが、上野万世橋間の方が飲食店に富んで居る。紙屋も本屋も多い。調査と云ふと大業に聞こえるが、一寸注意して居れば通行の序でにも知れる事です。現今のと対照したらば何か違ひを見出すかも知れません。

（七）幽霊の煮付けと臍《へそ》の博覧会と云ふ珍談を思ひ出しましたから、此所に書き付けます。両方共私がロンドンに居た時に起つた事実です。或る日本人が英文練習の為日本の新聞雑報を英訳して英人に見せた所が其中に「近頃日本から多量のゴーストをアメリカに輸出する」と云ふ事が有つたので、英人は眉を顰《ひそ》め「日本にはそんなにゴーストが有るのか」と問ふた。「左様日本に於ては盛んにゴーストを作る」と答へたから英人愈々《いよいよ》不審に堪えず。「シテ其ゴーストを何にする」と聞いた。英文練習先生得意で答へて曰く「我々はゴーストを煮て食ふ。」幽霊を煮て食ふと云ふのだから大変！　英人驚いて側なるヘボン字書を採り「君の訳した字は何れか」と尋ねた。英文練習先生此所彼所探して居たが急《にわ》かに笑ひ出して叫んで曰く「仕舞つた仕舞つたYuri（百合）を引く積りで間違つてYüreiを引いた、アハヽヽアハヽヽヽ」

これも未だ英語に慣れない或人、諸所散歩して下宿へ帰つた所が其家族の者に「今日は何所へお出でヽした」と問はれた。何心無く軽く、ナヴェル、エキスヒビションを見て来ました」と答へたから大笑ひ。「臍の博覧会とはどんな物だらう、何所にそんな奇妙な見せ物が有ります」と云はれて此方は大真面目「さう珍しがる事は無い、此頃の新聞に日々景況が出て居るでは有りませんか、何々町の………」と云ひ掛ければ又も一同大笑ひ。「そんならNavel（臍）では無いNaval（海軍）だ。アハヽヽオホヽヽヽ」

二人乍ら学士会には関係の無い人です。御安心〳〵。

（八）「此頃雇ひ入れた下女の名は何と云ふか」と戸籍調べが聞くと主婦が「アリマセン」と答へる。「名の無い筈は無い」と詰《なじ》ると「それですから有馬センと申して居るのです」此話は浅草辺で実際有つた事だと新聞に出て居りましたが、似寄つた話が有ります。昆虫学者名和靖氏が或る所で「御姓名は」と問はれ「ナワ、セイです」と答へたら「御名字は何とおつしやります」。

（九）医者が田舎から来た病人に向つて「サアモット此方へ来て脈をお見せ」と云つたが田舎者には何の事か分からずモジ〳〵して居るから「手を出して見せれば宜しい」と云ひ直すと田舎者ニジリ出して「ハアハア手の事でござるか、誠にハヤ粗末で御覧に入れる様な脈ではござりません」。これは明治五六年の頃静岡の病院で本統に有つた事ださうです。

（一〇）何々居士との改名を逃れ自ら祝するコ字付け歌「古物古跡コロボックルは好めどもコの字の病ひこれでこり〳〵」此歌何所からか漏れて新聞に出たので静岡の柏原学而氏は斯う云ふのを詠んでよこされた。「こじ付けの言の葉にこそ此度のコレラに懲りし心知らるれ」

（一一）久保田米僊氏が二月一日静浦の離宮に伺候して東宮殿下の御前に於て揮毫の栄を得た時「富士の裾はれて雲井に奴凧」の句を作られたと云ふ事が新聞に見えましたが、先年高崎正風氏が御所で古今集を講じた後に「紀の海の深き心を汲み兼ねて御前の浜に鳴く千鳥かな」と詠まれたのに好く似て居ます。東杵庵月彦氏が有栖川宮殿下に召され御前講を務めた後其御席で「はつ蟬や草を離れて聞かれ貌」と云ふ句を作られたと云ふのも似寄つた話です。

（一二）似寄つた話しと云へば何時でしたか加藤博士が「高麗《こま》山と相摸洋とを前後、中に書読む其面白さ」と詠まれた所が中村秋香氏が其口調を真似て「西洋と、からと、やまとを前後、中に歌読む其面白さ」とか何とか云はれた事が在りましたが、これは昔屋代弘賢翁が諸葛孔明の陣太鼓と云ふ珍物を見て「あなめづら高麗《こま》もろこしの諸葛《もろくず》が攻めの鼓を今見つるかな」と読んだのを蜀山人が聞いて「あなめづらかだみよじした（神田明神下）の弘賢がまによ（万葉）の生嚙み今見つるかな」と口真似したのに似寄つて居ます。但し中村氏の歌には蜀山の歌の様にチヤカシ気の含んで居ない事は正に以て判然明瞭たり。

（一三）僕兎角下駄を穿き違へる癖有り。曾て偕楽園に於て催されたる夜話会の帰り掛けに、手当たり次第では無かつた、足あたり次第に、凡此辺と思ふ所を突つ掛けて戻つた所、残りの下駄も夫れから夫れと段々に間違つて、翌日は幹事広田理太郎氏の許へ諸方から下駄穿き違への訴へが集つて来た。（中略）

結局僕の所に在るのは棚橋一郎氏ので、僕のは同氏の所に在ると云ふ事を発見したが、大概同じ様な物だから宜からうと云ふので、合議の上其儘にして置く事と成つた。其後間違ひを避ける為、新調の駒下駄には鼻緒に毛糸の印しを結び付ける事とした所、夫れが又穿き違ひの原と成つたはをかしいではござらんか。一昨年の一月青柳亭で開いた集古会に出席して、其帰りは同じ様な駒下駄幾足もある中で毛糸の印しの付いた物を、今度こそは大丈夫と、安心して穿いて来た所が、又して間違つて居ると云ふ次第で、彼所此所問ひ合はせた結果、清水晴風氏のと入れ違ひと云事が分かつた。此日会場で清水氏から鷽《うそ》鳥の彫刻ある箸を貰つたから其事をも引き合に出して斯ふ云ふはがきを同氏に贈つた。

うそのはし袂に受けし帰るさに、履き物さへも取り替へにける。

後にて聞けば貴君の下駄が変はりて居りし由。穿き違へて来し物には緑色の糸括り付け有り。これは貴君のにや。我が下駄には鼠色の糸結び付け有る筈なり。貴君方に在る物これならばお知らせを乞ふ。受け取りの為使ひを差し出だす可し。

あをやぎのいと頼み無きわがめ哉、みどりとねずみ見違ふるとは。

麤忽《そこつ》と笑はれても致し方無し。

印しをば付けし駒下駄穿き違へ、馬鹿下駄こと〻ひとりげた〳〵。

清水氏よりの返書左の如し。

先生御帰りの後下拙の下駄が違ひ居候を発見仕候へども自然わかる事と存じ其儘に致置きたる処先生の御履き物の由端書拝読の上承知却つて恐縮の至りに覚え候

ねずみから芽をふき初めてみどり色、どちらも同じ青柳の糸

昨年先生の遊戯に御持ちなされたる独楽を御譲与に相成今年は又先生の御足に触れたる駒下駄を一日たりとも履く事を得たる幸ひこま〴〵と御礼如斯

学問は其足元に及ばずも、下駄ははかせの名を酉の春

御一笑〳〵

自慢では無いが昨年の暮には或る所で靴を穿き違へました。これは余程新手（では無い新足）と申して宜からう。一寸見た所は好く似て居るが底が大分相違して居る。

「そこ」に気付かぬ代りに「つ」が付いて、「そこつ」と云はれギュウの音も無し。

代へられし人はブーツブツ云ひやせん、我は麤《そ》相《そう》をひとりクツ〳〵。

（一四）三月二日第一高中紀念祭に際し生徒の催し部屋毎の飾り物を見て入舎生某氏に贈れる文。

蚊帳細工の龍の後、高く掲げし赤毛布、「未雨何龍」と白字もて現したる句中何の龍とは其音自ら南龍と云ふに通ひて面白きも、余りに精神の籠もりし故か、雨を呼びしぞ是非も無き。道風を驚かせし大蛙の妙案、これ亦雨に縁あるを如何せん。此所彼所の天井から漏れて来たのも雨の足かと思ひきや能く〳〵見れば大人の脚なるぞ不思議なる。其一対は九年を祝する面壁達摩に当てがふとするも残余は何に配せんか。あゝ分つ

たなり、解し得たり。東寮前の大相撲手は四十八ありとかや。それでは少し多過ぎる。宜なる哉行司の掛声、残つた残つた残つた残つた。東西力士肉動き、まだ〳〵取りも疲れぬに、天から水を入れるとは、雲も余計なお世話焼き。お茶でもあがれと出したるは、箱のカステラ、籠の餅。（箱と籠とに色紙を貼り大カステラ大饅頭の形とせしもの）茶菓子た趣向に一杯喰はされ、腹を抱へぬ者ぞ無き。笑ふ門には福の神、蛭子《えびす》も来りて鯛を釣る。誰が定めけん紋所。徽章と同じ三柏。是を体とせる与次郎兵衛。手を相方に差し延ばし、自由制裁提げて、山上に立ち巌然たり。或は鯉の滝登り或は二見の朝日影、紀念碑、噴水、盆栽会、数へ挙ぐるもくだくだし。武蔵野、富岳、墨田堤、月雪花のその眺め何れか優り劣らんや。天に舞ふてふ大芸も地に濶歩する大象も兄たり難く、弟たらず。さは云へ学校の紀念とし、学者の催しとする時は、余りに団子坂めかぬこそ貴けれ。彼の靴こすりを柵に見立て、内に張り子の虎を置き、清正献と書きし如きは、実に剛柔宜きを得て、其意気蚊帳細工の龍を凌ぐ事数等と云ふ可きなり。

（一五）行書草書に得意の人が急ぎの手紙に四角な字を書いてよこした。或る人評して曰く字を崩して居る閑が無かつたのだらう。

（一六）或る人上州富岡へ行く道の事を語つて曰く、高崎迄は常の汽車が通じますがそれから先きは軽便（鉄道）ですから不便で困ります。

（一七）京都で或る寺院へ行つて見たら、車井戸の柱に「つる可《べか》ら飲む可らず」と書いてあつた。

（一八）雛人形の箱書きに曰く、五人林。大工の勘定書きに曰く、棚板三名。

（一九）近頃好事家中にマッチの札紙の蒐集を心掛て居る人がある。横井仲定と云ふ人の千五百種が多いと思つて居たら、根岸武香氏の所蔵は三千種だと云ふ事。中には随分面白いのが有る。ステーションと汽車の図は「直につく」と云ふ謎、満月の図は「つきがよい」と云ふ謎ださうです。

（二〇）甲曰く、台湾の獣の毛は皆黒い。乙曰く、併し鷺は白いでせう。甲曰く夫れはとりのけです。これ東京地学協会に於ける実際の問答なり。答へたる者自ら其洒落たる事に気付かず。余拾ひ上げて之を記録に留む。

（二一）三月二十七日夕刻新橋発の急行汽車に乗つた所が、偶然村上直次郎氏と乗り合ひに成つた。僕は宮崎出張の為神戸を差して行くので、村上氏は学士会大会の用を帯びて大坂へ行かれるのであつた。何だか車中で笑つた事も有つた様で有つたが、記憶に留まる程の事も無い。お互に道連れが有ると思つて安心した為か、好く睡つたは宜しいが大坂へ着いた時僕は目が覚めたが、村上氏は平気で高枕、ヲイ〳〵〳〵とゆすぶつて珍談を未発に防ぐ、「起こされる様な事に成りさうだと思つて居たんだ」と云ひ乍ら手荷物を纏めて下車したる村上氏、今や運転を始めやうと云ふ間際に引き返して来て「帽子を忘れた帽子を忘れた」。そこで「今よりは紀の行之と召さる可し」の作り変へでも仕やうかと考へたが、五字乍ら本来冠無しだから致し方が無い。扨《さて》、融通の利ぬ姓名も有つたものだ。（とは云ふもの、僕のもさうだ。）

（二二）東京書生曰く「大坂は益々盛に成つて来ましたねい、台湾が日本領に成つたので中心がこつちへ移つて来た様です。」大坂商人曰く「どうもそんな風です。私共は東京を北の端だと思つて居るんです。」

（二三）諏訪山に友人を訪ふ。此人石川から白井に成つて又石川に復姓したので有るが、どつちからどう成つたのか不図分からなく成つて少しくまごついたが其帰り掛けに途を間違へて旅宿の見当が付かなく成つた。聞くのも忌々しいとは思つたが、無駄歩きする方が尚ほ馬鹿気て居ると悟つたから「ちよいとお聞き申しますがサカエチヤウへはどう行つたら好いのですか」と尋ねた所、最初の人は「そんな町は知りません」と云ふ。此辺の人が知らん筈は無いがと疑ひ乍ら又他の人に聞いたら「サカエマチは斯う斯う」と教ゑて呉れた。一度の外出に三度のまごつきとは念が入り過ぎて居る。

（二四）神戸から細島行きの汽船に乗らうとした所上等は申し込みが満ちて居る様子で有つたので中等の札を買つて其室に入つて片隅に座を占めた。船が動き出して暫くしたらボーイが「これを敷いて上げませう」と白毛布を持つて来た。「どう云ふ訳なんだ」と聞いたら「優待する様にと云ふ言ひ付けでございます」と云つた。又少し経つたら括り枕を持つて来て貸して呉れた。又少し経つたら「こちらの方へ少し楽なお席を拵へませう」とて世話をして呉れた。其中に上等室のボーイが来て「あちらの室の都合が付きましたからどうぞお出で下さい」と云つた。それで上等室へ移つて二条公、松浦伯、谷子等と一所に成つた。総て神武天皇大祭会待賓掛りの注意によつたので有る。斯く秩序的ジリ〳〵上りの優待は珍しからうと思ふ。

（二五）四月一日午前二時細島着。同七時小松若宮殿下の御一行に尾して高鍋に向つた。途上奉迎人堵《かき》の如し。立礼の者も有り、土下座の者も有り、合掌する者有り。拍手する者有り。さう云ふ中を後押し付きの車で通り抜けると云ふのは僕の身では覚えの無い事で余程妙に感ぜられた。其時の行列は警部から殿下の御一行、其次が二条公、島津伯、松浦伯、谷子、宮崎県参事官、其次が僕、其後にも二十人計何れも人力車を列ね、最後に荷物馬車数輛が続いたので有るが、僕の車が通る頃に成ると路傍の巡査が敬意を表して居る人々に向つて「もう宜しいもう宜しい。」読者諸君見下げられたと思ひ給ふな。奉迎人に始めて見上げられたのは僕なのである。

（二六）一時に数十人の車夫が入用に成つた事とて、素人が大分混じつて居た様で有つた。殊に高砂艦長のは二人共怪しいものだと思つて居た所、果して前の者が楫《かじ》を放す、後の者が手を滑らす、艦長は地上に投げ出された。舟と車とは手心が違ふと見えたり。御気の毒なる事云はん方無し。併し服に砂が着いた位で済んだのは御仕合はせ。

（二七）島津伯曰く「先達て東京から坪井と云ふ人が来たので、あなたかと思つたら違つて居ました。」他の人曰く「宮崎の師範学校では坪井教授だと云つて紹介したものだから生徒は大概あなただと思つて居たのです。」これは高等師範の坪井玄道氏が丁度僕の彼地に行くと云ふ噂の有る所へ、行き合はされたから生じた混雑で有る。僕は痩せて居る、彼の人は肥えて居る、体操な違ひだ。

（二八）殿下の御一行は高鍋御休憩の後、直に宮崎に向はれたが、僕は此所からソロ〳〵職業に身を入れ始めた。そこら中経廻つて四日の夜宮崎に着。其間に妻町と云ふ所で一泊したが、肥料桶と風呂桶と並んで居ると云ふ様な宿屋の店前に「万国御旅宿」と云ふ札、しかも売薬の看板の様に彫刻して漆塗りにしたものが下げて有つた。内地雑居の準備と云ふ訳でもあらうかと思つたら、高鍋地方では昔から斯う云ふ札を出す家が幾らも有つたとの事。他地方で云ふ「諸国旅人宿」と同意だと申す事。

（二九）宮崎で御大祭の時、式場に参列する婦人は白襟紋付きと云ふ定めで、夫れ夫れ通知した所が、某婦人は紋付きの上着に白い襟を掛けて、お出なされた。接待員大に閉口した様子。どう始末を付けたか知らず。

（三〇）帰京の途、神戸の或る家で夕飯の支度旁《かたがた》、汽車の時刻を待つ為に休息した。其時の諸勘定が合計六十一銭と云ふ事で有つたから、一円出して余りは茶代に置くよと云ひ捨てゝ、出掛け様と仕た所が、店で笑ひ声が聞こえて、番頭が出て来た。「只今は有難うございました」と云つて差出した書き付けを見れば「一金三十九銭也右御茶料として難有拝受仕候。」成る程斯う云ふ事は有り難からう。

（三一）宿屋の若い者客を送つてプラットフヲーム迄来て、汽車の内を窺き込み、「エーお忘れ物は」と云ひ乍ら彼方此方見廻はして「皆はいツて居りますか」。客声に応じて曰く「好し好し忘れ物は皆はいつて居る」。乗り合ひ一同大笑ひ。これは藤沢停車場に於ける実話。

（三二）湯治の泊り客、訪問者と碁を打たうとして盤を探して居る所へ女中が来たので、「ヲイ〳〵」と呼び掛け、「碁盤はどうした」と聞くと、女中が「五番さんは先程どちらへかお出ましに成りました」。これは熱海の鈴木屋に於ける実話。

（三三）或る夫人が上野公園で例の南洲犬を牽いて立つ銅像を指差し、「あれ御覧、あれが西郷さんの像だよ」と云ふと、子供は不審な面をして「象なもんか、犬だ」

右事実に候也　神保小虎。

（三四）僕が或る私立学校でアメリカ古物の話をして「此所には又様々の色の石を細かに破《わ》つて之を寄せ木細工や麦藁細工の様に並べ合はせて装飾にした物が有る。此所のモザイクは実に美麗な物です。」と云つたら、購読者の一人が「先生モザイクのモの字はどう書きます」。

（三五）函館居住の某、卑下して曰く「イヤモウ開けない所と云ふものは仕方の無いもので、北海道では狐が人をばかにしたと云ふ話しを聞いた事が有りません。全く人をばかす抔《など》と云ふ事を心得て居る狐は一疋も居ないと見えます。」

（三六）乗客の多い鉄道馬車の車掌万世橋辺の切符をポチンと切つてズット手を延ばし「ヘイ目鏡の御方」と云ふと、目鏡を掛けて居る人が「おれはもう貰つた。」

（三七）日本の年表を見て居る人に「ヲイ君、チヨツト見て呉れ給へ、日本のねイ、紀元千三百二十一年の支干は何に当るか、今調べて居る事が有るのだから」と頼むと「ヲツト承知、エート、千三百………二十一か、これこれ、これだ。此年の支干はきのえねのたつだ」

（三八）東京大学と云つた頃、図書館で教課書を貸した事が有つた。或る時、館員が「此の本は人数丈無いがどうします」と云ふと借りに来て居た学生が「そんなら二冊を一人で借りる事に仕ませう。」館員真面目で曰く「そんな事を仕ては愈《いよいよ》足り無くなつて仕舞ふ！」

（三九）故伊東祐徳氏は中々あどけない事を云ふ人だつた。予備門の寄宿に居る頃或人が何か連判状の様な書き付けを持つて来て「どうか君もこれに同意して姓名の下に印を捺して呉れ給へ」と強ゐると、甚だ迷惑な面を仕て居たが「印は此所に持つて居ない」と云つて断らうとした。すると勧誘に来た人が「そんなら書き判でも宜い」と再び突き付ける。伊東氏困り切つて云ふ様「どうも誠にお気の毒だけれど、実は書き判も先日自宅へ置いて来て仕舞つた。」

（四〇）甲、覚え書きを取り出してゴチヤ〳〵と書いた所を見乍ら、「エー、芝のとりもりと申すのはどの辺でございますか。」乙「とりもりとは聞いた事が無いが、それはからすもりの間違ひでは有りませんか。」甲「左様、左様、からすと云ふ字には口偏が付いて居ましたつけ」

或人曰く、「牛のよだれ」はどうした、後が続かないではないか、答へて曰く、よだれと云ふものはタラタラタラ………タラタラタラ………と出るものなり、粗造の水道鉄管から水が漏れる様に、そんなにノベツに出るものに非ず。

（四一）宵にドン〳〵〳〵ドン〳〵〳〵と門を扣《たた》く音がしたので、下女が玄関の窓から顔を出して「大きい方は締まつて居ますが、小さいくゞり戸は開《あ》いて居ます」と云つたが扣く音は止まらない。下女が一層大きな声で「くゞりは開《あ》いて居ますよ開《あ》いて居ますよ」と云つたら扣いて居た人の云ふ様「お前さんの方は開いて居ませうが、こつちの家のは締まつて居ます。」好く聞いたら向ふの家の門を扣いて居たのだつた。

（四二）或人の所へ或店から「御歳暮」と書いた紙包みを持つて来た。手に取つて見るのに、包んで有るのは紙箱で中身は余り重くない。「ハヽア、カステラだな、待て待てビールを一本買つて来て、これで一盃飲まう」と一寸外出し、帰つて来て箱を開いて見たら中は巻き紙と状袋！

（四三）戸籍調べの巡査が、帳面を見乍ら「どうです、こなたでは変はりも有りませんかナ」と云ふと、婆さんが出て来て「ヘイ〳〵有り難うございます。御蔭様で皆丈夫でございます。」

（四四）谷子爵の家の玄関には年賀名札受けの側に陶器製の頭を動かす福助が置いて有つた。子爵としては思ひも寄らぬ愛敬だが僕は曾我子爵の洒落も聞いた。僕が曾て「守田宝丹は中々物好きで色々な妙な物を持つて居ますが、先頃龍の頭と云ふ物を大学へ献納しました」と話したら、子爵が「夫れは珍しい、宝丹から駒と云ふ事は聞いて居るが龍は珍しい」。

（四五）船頭が頰冠りをして手拭いの端を鼻の下で結んだのを見た或西洋人理屈を付けて曰く「日本の舟乗りは湾内の不潔なる水の臭気を防ぐ為に、頭から布を冠つて鼻の孔を塞いで居る」。

（四六）按摩が笛を吹いて歩いて居るのを目撃した西洋人曰く「日本では盲人が一人で歩く時には他人に突き当たる事を防ぐ為に注意の笛を吹く」。

（四七）本を読み掛けて睡つて仕舞つた人を揺り起して「ヲイ〳〵いつ迄睡つて居るのだ」と云ふと、其人寝ぼけ声を出して「いつ迄なんてそんなに長いもんか」と云ひ乍ら本を取り上げて「ソーラさつきから未だ一ページも見やしないじやないか」

（四八）市の内外で郵税の違つて居た時分、或田舎者が東京へ来た帰り掛けに「御当地は郵便はがきが安いから土産にちつと買つて行きますべい」と云つたげな。

（四九）農家に下宿して居る小学教員が学校に出て居ると宿の者が他所から来た手紙を態々《わざわざ》持つて来て呉れた。夫れを見ると目方が重いので切手が何枚も貼つて有る。宿の者の云ふ様「此通り切手が沢山貼つて有りますからキット急ぎの御用だらうと思つて走つて持つて来ました。」

（五〇）或イギリス人が赤羽四郎氏の事をミストル、シャイロー、アカベーンと呼んださうだが、其人に「膝栗毛の彌次郎兵衛北八」と云ふ事を書いて見せたら「ヤジャイロープ、エンド、カイテーヘーチャイ、ヲフ、ハイザキュウライジ」と読むかも知れない。

（五一）今日では某医学士の細君と成つて居られる何子君、まだ小娘で有つた頃、眼を病んで或る眼科医の所へ行き、其帰り掛けに、僕の家へ立ち寄り語つて曰く「眼の悪い人が大層来て居ましたよ。左の方のメツカチだの、右の方のメツカチだの、両方のメツカチだの…………」

（五二）駒込の郁文館の前の通りに「此所小便無用」と云ふ木札が立てゝ有る、雪の降つた時其所を通つたら、雪が積つて無用の二字が隠れて居た。（これ丈が事実）「此所小便」と有るから小便所かと思つて用を達すると、これはしたり、小便で雪が解けて、下の「無用」の二字が現れ出た。無用と知つた時は此方の用も済んで居る。（これはおまけ）なんと無用な札では無いか。

（五三）駒込西片町十番地に交番が有る。其傍の便所に「無断にて入るべからず派出所」と書いた札が出して有つた。或人通り掛かりに之を見て「オヤ〳〵是れは派出所と云ふものか、まるで便所の様だ」と云つた。其為めだか何だか、此頃は札が改まつて「断り無しに入るを禁ず巡査」と書いて有る。彼評者が見たら「扨々《さてさて》巡査と云ふものは便所に好く似たものだ」と云ふだらう。

（五四）小石川水道端の或る家の塀を見たら上の方に「此所車置くべからず」と云ふ木札が打ち付けて有つた。「置くべからず」で仕合はせ、「置くべし」で有らうものなら車夫梯子を持つて歩かなければ成るまい。

（五五）伝通院前の売卜者の看板に「一語千金」と書いて有る。こいつウツカり頼めないとは思つたが、一金と云ふのが俗世界の通貨の何程に当たるのか、夫れが分からなければ心配するにも及ぶまい。

（五六）外山博士の葬式の時には会葬者が殆ど皆黒色洋服の揃ひで有つた。行列の過ぎて行くのを見て居た子供曰く、「ヤアー着物《キモノ》を着て居る人は一人も無いや、みんな服《フク》だあ」。

（五七）或る尋常中学の歴史試験に「島原一揆に付て知る所を記せ」と云ふ題が出たら其答案の一に斯う云ふのが有つたさうだ。「島原一揆は某所の人、幼にして学を好み云々云々。長じて何とかに志し云々云々」

（五八）今は工学士で九州に居る某氏予備門の寄宿舎に居た時分、僕と左の通りの問答を仕た。

彼「オイ向島へ散歩に行つてホトトギ団子でも食つて来やうではないか」
我「なに、ホトトギ団子?、そんなものが有るものか!」
彼「あんな事を云つてる、向島のホトヽギと云へば有名なもんだ、あれを知らないのか」
我「そりやあ、コトトヒ団子の間違ひだらう。」
彼「なアにホトトギさ、其証拠には………」
我「どんな証拠が有る………」
彼「看板の暖簾を見たまへ、又折り箱の覆ひ紙を見たまへ。チヤアンとホトヽギスの画が書いて有るではいか。」

(五九) 或人鳥居と云ふ人に関した事を電話で某所へ云つて遣らうと仕た所が、先方では鳥居と云ふのが聞き取れないので度々聞き直す。此方では好く分からせる様にと色々工夫して「宜しいか、神様の前に在るものですよ。鳥居。鳥居。飛んで歩く鳥。鳥ですよ。と。と。いろはにほへと、のと。いろはの一番仕舞の字」

(六〇) 浅草の水族館でヲットセイの泳ぐのを感心して見て居た職人体の男、ヲットセイがグルリとヒックリ返つて水面に腹を現はして逆さの儘で泳ぎ出したらば「ヤア、コリャア妙だ腹ん這ひに成つて泳いで居やがらあ」

(六一) 大平松次郎は愛媛の人、常に「……チュンダ」と云ふ。由て渾名を附して「チュンダ」と云ふ。

堀悌三郎も亦同地の人、同じく「……チュンダ」と云ふ癖有り。此渾名の事を聞いて問うて曰く「なぜ君は大平の事をチュンダ　チュンダ　チュンダ　チュンダ」（神保小虎投）

（六二）或人宍戸璣《たま》をシシド　イソと読みたり。玉石混交とは此事なるべし。（これも神保小虎投）

（六三）佐渡両津町の或所へ行つたら張り交ぜの屏風が有つたが、其中の短冊に斯う云ふのが有つた。

わがものと思いば軽しかさのゆぎ

（六四）岐阜へ行つた時丁度絵画展覧会が開会に成つて居たので一寸入つて見た。例の通り見古した画題のもの許りだつたが、何と云ふ人の筆だかミヽヅクの絵が不図目に止つたから近付いて札紙を見たら「蚯蚓《みみず》く」と書いて有つた。絵よりも字の方が余程面白い。

（六五）或所で太古人類の大さに付いて演説した時「西洋の昔話ではアダムやアブラハムを非常に大いと云つて居るが云々」と云つた所其筆記には「……頭《あたま》や肋骨《あばらぼね》云々」と書いて有つた。

（六六）好天気の日中三井銀行の新築を見に行つて、諸所を廻つた末薄暗い階子段を下りて地下室に入つたが其中の一室には強い力の電気灯が輝いて居て眩い様だつた。同じ時に此所に来合はせた人大声を揚げて曰く「これは明るい、まるでひるまの様だ」。

（六七）ヘボン英和辞書の三版には

OCTOBER, *n.* Hachi-gwatsu.

OCULIST, *n.* Ha-isha, gankwa-i.

として有る。ヲクトバアを八月と思つても種々の混雑行き違ひを生じて妙だらうが、眼医者と歯医者とチャンポンにしたら一層滑稽で面白からう。

（六八）東京近傍の或るステーションに乗り替への掲示が出て居る。此所に横文字で Change Car と有るべきを誤つて Chance Car と書いて有るさうだ。発着時刻が不規則で兎角接続が好く行かない。チャンスとは如何にも穿つた間違だと云ふ話し。

（六九）「ステーション」の駅名が平仮名で横書きにして有るのはどちらから読むべきか一寸紛らはしい。停車の間、慰みに逆読みをするのも一興。多くの中には偶然意味を成すのも有る。其例の一つ。

← わがまるい（川間入）

→ わがまるい（輪が丸い）

（七〇）チリチリチリン何々さんは来てお出でゝすか………ハアハア………それではネー、私は何々ですがネー、何々さんにチョット電話でお目に掛かりたうございますと、さう取次いで下さい。

（七一）信州の或る地方で夜中盆踊りを見に行かうと仕たら、旅宿の下女曰く「東京のを御承知では、こんな所のは御覧に成らなくても宜いでせうに」。

（七二）或る所で多人数一所に写真を撮らうと仕た事が有つた。其時来なければ成らぬ筈の某氏の来やうが遅いので使を遣つて「モウ皆揃ひました写真師の用意も出来て居ますから早くお出で下さい」と云ひ送つた所、其使の復命に曰く「お申し付けの通りに申しましたら、先き様では只今差し掛かつた用事が出来ましたで直《すぐ》には参り兼ねます、どなた様もお搆ひ無くお先きにお写し下さる様にと云ふお言葉でございました」。

（七三）甲「彼の人への報酬は少しだけれど盆に贈らうか、それとも溜めて置いて暮に一緒に贈らうか」。乙「ボンに遣るのはボンヤリだ、クレと云ふ時に遣るが当然だらう」。

（七四）或る人歩きながら道連れの人に「近頃チヨイ〳〵見掛けるが君はヲートモビールと云ふものゝ経験が有るか」と聞くと「そんなビールは名さへも初耳だ」と云ふ。「イヤ飲むビールじやない僕の云ふのはヲートモビールの事さ」と云ふと「アゝさうか、食つた事は度々有る、砂糖を沢山掛けると中々美味いものだ」。これはヲートミールの間違ひで有らうが、世には家蔵《いえくら》を飲む人さえ有ると云ふ事だからヲートモビールに砂糖を掛けて食ふ位は珍しく無いかも知れぬ。

（七五）車夫に「これから巣鴨の真宗大学と云ふ坊さんの学校へ行くんだ」と云ひ付けて置いた所が庚申塚辺で道が分からなく成つた。車夫路傍の人に問ふて曰く「坊主大学へはどう参ります」。

（七六）或る時大磯の禱龍館へ泊つて宿帳を引き繰り返して見たら、中に斯う云ふのが有つた。
（姓名）鍋島何々　（身分）平民　（職業）華族
結構な職業も有つたものだ。

（七七）これに似た話し。
甲「僕は士官学校へ入つて士官に成る考へだが君は何が志望だ」。
乙「僕か、さうさナア、華族学校へ入つて華族にでも成らうか」。

（七八）手荷物と云ふのは手に持つからかと一寸思はれる。
鼻紙と云ふのは鼻をかむからかと一寸思はれる。
世話役と云ふのは世話を焼くからかと一寸思はれる。

（七九）エスキモー種族は画が好きだ。

ショショニース種族は諸所に居る。

偶然の名詮自称。


（八〇）久しく陸上の勤めを仕て居た船乗りが又海上の生活を為る様に成つたので「君の様な人でも久し振りで船に乗つたら酔ふだらうナア」と云へば「イヤモウ斯う長く陸に居ては何も彼も忘れて仕舞ふ、酔ふ事だつて満足には出来まいよ」。

（八一）ロンドンで或るおぢいさんを訪問した所が、しきりに日本の事に付いて話しをしたあげく、「私は日本が大好きですから、飼ひ犬にまで日本語で名を付けて置きました」と云ふ。やがて其犬を呼ぶを聞けば曰く「ネコ、ネコ」。

（八二）動物虐待防止会の熱心家に会つた時、
「会員中には色々考への違つた人が居る様だが、今の話しで見ると、君抔《など》は動物の苦められるのを止め度いと云ふよりは、寧、動物の苦む所を公けに見せるのを止め度いと云ふ趣意だね」

と尋ねたら、

「さうとも、さうとも、鳥や獣は我々が思ひ遣る程の苦みを感じて居るかどうか分かりやあしない。詰まり苦しめると云ふ事を平気で行ふ様では、間接に影響する事が恐しいと云ふ丈の話しさ」

と云ふ。そこで

「なにはどうだ、君は生きて居る鰻のヌラクラする奴を引っ捕まへてつーッと割くなんて事は」

と問ふと、

「結構だね、蒲焼き！　僕は大好物！」

（八三）バイオレット歯磨の広告に曰く、
第五回内国勧業博覧会壱等賞牌
全国歯磨中壱等賞牌ヲ受領セシモノナシ
（右、自家撞着発見報告者神保小虎）。

（八四）或る抜け道の垣に掲げたる札の文面に曰く、
　小便は勿論塵芥捨つべからず
此辺では小便を捨てる事が流行ると見える。

（八五）或る店のガラス戸に左の通り大書して有る。
　　牛乳
　　官報
　　新聞
　　縦覧

世間には牛乳を見ると云ふ人が有ると見える。

（八六）或る田舎道で
　しほせんべい御休み所
と書いて有る掛け行灯を見た。此辺では塩煎餅が歩き廻はつて時々休息するのかしらん。

（八七）花咲き爺は花咲かせ爺と云ふ方が本当らしい。舌切り雀は舌切られ雀と云ふ方が本当らしい。

（八八）或る学校で或る教員が支那の古史を講じて、
「ウが水を治めた。」
と云つた所が、生徒の一人曰く
「先生一寸伺ひます。ウと云ふのは水鳥の鵜の事でございますか。」

（八九）イギリス語を習ひ始めた者が芝公園と云ふ題で文を作つたが、其中に There are many treeses. と云ふ言葉が有つたので、教師が「treeses と云ふのは何の積もりか」と問ふたら、其答へに「木の複数」と云ふ。此に於て教師は「木が一本なら a tree で好し。二本以上ならこれに複数の印し s を添へて trees と云へば好し。其上の es は全く無用で有る」と教へた所が、作文者の曰く「イヤ二本ヤ三本の事では有りません。彼所にも数十本此所にも数十本と沢山に繁茂して居るから trees を複数にして treeses と書いたのです。」

（九〇）或る雑誌に落後生（吉田東伍氏）は批評欄に筆を採り云々と有るべきを、誤つて落花生云々と書いて有つた。これでは南京豆が字を書く様だ。（八六、塩煎餅歩行の条参照）又或る雑誌に三島通良氏談片と有るべきを、誤つて三島通良氏断片と書いて有つた。これでは三島氏が壊れて仕舞つた様だ。（但し其後海外へ出掛けられた所を見ると身体諸部分慥《たしか》に繋がつて居るに相違無い。祝すべし、祝すべし。）

（九一）此一項在韓国稲垣甚氏寄稿
僕の友人那波《ナワ》光雄君或所にて初対面の人に出会ふ。其人姓名を尋ねて「アナタ御姓名は」と云ふ。「ナワ光雄」との答へに又々「御姓名は」と問ふ。矢張り「ナワ光雄」。其人少々ムツトして「御姓名は」と問ひ返す。「ナワ」と云ふ。「お名では無い御姓は」「姓が即ち那波」（笑語老曰、昆虫家に名和靖《ナワセイ》と云ふ人が有る一層面白い。）

（九二）これも前の通り。
朝鮮の或る日本通を以て任ぜる大官僕の処に来て種々話の末に僕は其の大官に「アナタは日本に行かれてから何年になりますか」と聞いたらば大官は「モハヤ二十年《ハツカネン》程になります。」

（九三）これは巨猫生から
煙草を飲む客来りて家の下女に向ひ「どうぞ灰をはたく物を」と云へば下女蠅扣《たた》きを持ち来る。

（九四）女の子外から帰つて来て曰く「昨日も途で御葬式に会つたのに今日も又会ひましたよ、ホントによく死ぬ人ですネー。」

（九五）或人の自伝に曰く「時上野戦争に際し余は戦丸黒子の間を奔走せり」ほくろの間を奔走しては蚤の様だ。

（九六）或る家で主人の老母が病死した処、後は男世帯で何をどうして宜いか分からず。団子だの樒《しきみ》だの何所へどう置くのやらサツパリ不案内。主人歎じて曰く「おっかさんが生きて居ると聞くんだけれどナア」

（九七）或る田舎の畑中で古墳らしい盛り土を見付け、近づいて見た所が石室の一部さへ現れて居る慥な古墳であつた。そこで従来何か武器とか玉類とかの発見された事も有らうかと思つて、傍に耕作して居た百姓に「ヲイ〳〵此塚に穴が有るが此所から何か出た事が有るかネ」と尋ねると「有ります」と云ふ。占めたりと心に勇んで「さうか、どんな物だね、出たと云ふものは」答へて曰く「さうですナア矢ツ張り狐でサア」

（九八）或る婦人が毛筆画で雀を写して居ると側に手を突いて見て居た下女が「どうも雀が好く出来ました」と云ふ。婦人笑ひ乍ら「ナアニ雀だか何だか分かりは仕ない、これは雀のお化けだよ」と云ふと下女の曰く「マアさうでございましたか、ホントに雀のお化けがお上手でございますこと」

（九九）「市川団十郎」と云ふ本の広告文に曰く「巻中彼れが入神絶妙の技を縦《ほしいまま》にせる精巧無比の写真版八十有余個を挿入せり」ハテナ釣り計りで無く写真版抔《など》も遣つたかナ。

（一〇〇）小さい小供を連れて汽車に乗つた処「プラットホームに人足《ひとあし》繁く、煙吐くのは機関車なるぞ云々」の唱歌を頻りに歌ふので、ステーシヨンに止まつた時、他の汽車の各部を指して、あれが機関車、あれが荷物車、あれが客車で今乗つて居る此所も矢張り客車と順次に教へ「扨《さて》は郵便緩急車」と云ふ郵便車はあれ、緩急車はあれと説き聞かせた処、其子供の曰く「サテハは何《ど》れ」

（一〇一）国華社から黒川博士の所へ使ひが来て「原稿を頂きに参りました」と云ったのを、其所に居合はせて聞き取った大工の何某、呆れた面をして仲間の者に語って曰く「世間にヤァ変り物が有るナア、人ン所へ態々《わざわざ》遣って来てゲンコが頂き度いだトヨ」。（重田定一氏寄稿）

（一〇二）これも黒川博士の所の事。門弟某古事記講義を著し、兼ねての約に従ひ序文受け取りの為め使ひを博士の許によこした。取り次ぎに出た下女、博士に向ひ「アノこじきでございますがジョを頂き度いと申して居ります。ジョたア何でございませう。」（同上）

（一〇三）もう一つ黒川博士の所の事。他所から帰って来られた博士に向ひ留守居の婆さんの云ふ様「先刻お客様がお出でございましたから、どちらからと申しましたら神田とおっしやいました、どなた様と云っても矢張り神田、何と云っても神田で、ナンダカンダ云ふ中、お留守と云ふのでお帰りに成って仕舞ひました。」博士「ハテナどんな風の人だったらうか」。婆「何だか布袋様の様な方でございました」。博士「ウン分かった、孝平さんだ、そんなら神田の神田で好く分かって居る」。（これも同上）

（一〇四）甲曰く「此間妙な所で君の通るのを見掛けたっけ」。乙曰く「何所でだ」。甲曰く「アー、ツイ忘れた」。（巨猫生寄稿）

（一〇五）北方の支那人はキをチと発音す。此口癖有る者或る日の朝、日本語にて「何々さんはモーオチマシタ」と云へり。之を聞き咎めた日本人「コラ貴様はオチル〳〵と云ふがオチルとは物のオチル事だぞ」。叱られた先方更に要領を得ず。（同右）

（一〇六）或る所のお婆さんが招待状の上書きに何某殿と並べて令夫人と有るのを見てキンダユーと読んだとサ。（同上）

（一〇七）或る田舎者に西洋ポンチ画のわんぱく小僧のことを書いたのを見せたら「ヘエー西洋には怪《け》しからぬ子供が多いと見えますナ。」（同上）

（一〇八）八月十四日巨猫生から号外入りと朱書きした郵便が届いた。開いて見たら
…………司令長官中将ウイットゲットは砲弾に中り身体全部を失ひ唯足部のみ止め参謀と共に戦死し
…………
と云ふ公報の傍に
敵司令長官の足は其身体の一部にあらずと認む
と云ふいたづらなお負けが添へて有つた。これこそ誠の上げ足取り。

（一〇九）深川八幡の境内に、年は取って居ながら身体の小い事二三歳の子供の様な男が見世物に成つて出て居た事がある。其所の入口に

木戸銭	大人	二銭
	子供	一銭

と有るのを見て或る人「オヤ〳〵小男計りかと思って居たら大人も見せるのだな」。

（一一〇）土方伯を会長に戴き大倉喜八郎氏を副会長、岩谷松平氏を理事とせる共済慈善会と云ふものが有るが其会則第一条に曰く
本会ハ路傍ニ彷徨スル年少者及罹災ノ為メ産業ヲ失ヘル者或ハ処刑満期放免後停ル所ナキ者等ヲ救済シ相応ノ産業ト適度ノ教育トヲ授ケ自活ノ良民タラシムルヲ以テ目的トス

そこで其会の明治三十四年度報告を見ると第七十頁上段の右の端に

一 芸妓　八人
　 幇間　二人 ｝（本会大会席上）　洲崎遊廓中

と云ふ事が掲げて有る。さては是等十人の者を救済して産業教育を授け良民たらしめたのだなと感心しながら先きの方を見て行くと

一晒木綿下帯三十八前　　開盛座留場云々

ハテナ、ふんどしを救済する？

一枝豆若干　　何某

をかしいぞ、枝豆を教育する？

一小学校用書物二十八冊　　何某

益々変だ、書物をして良民たらしめる？

サア分からない。一体これは何の目録かと前の頁を見たらば、明治三十四年五月より同三十五年三月に至る「物品寄贈の部」。して見ると芸者と、さうして太鼓持ちは、ふんどし、枝豆、小学校用の書物抔《など》と等しく物品の部類かナ。

（一一二）某女学校の教員理科大学人類学教室へ来て其校の生徒に標本縦覧を許される様に為度と述べ、且つ説明は簡単で宜しいとの趣を云ひ、更に語を継いで曰く「決して専門的の精い事には及びません、私の学校の生徒は皆まだ女ですから……」

まだ女で仕合せ、男に化けては大変、恐しや〳〵。

（一一二）或る人の文章に曰く『我が日本国は東西両球の間に介在し云々』これでは世界が瓢箪の形をして居る様だ。さうなると地球は地瓢と改名しなければ成るまい。

（一一三）本年四月八日発行読売新聞第一万号所載野中到氏の文中に曰く「富士山の高さは一万二千四百六十三尺六分二厘六毛五」折角斯う云ふ精密な測量が出来たのだから登山する人は、うつかり足の裏へ岩の粉を着ぬ様に、又嚔《くさめ》で砂を飛ばさぬ様にお気をお付けなさい。

（一一四）新聞の広告欄に「プラトーン全集」と云ふ書名の出て居たのを、七つに成る女の子が見付け大きい仮名を拾ひ読みにして「プラトーン」と云ふ。「「プラトーン」て何だか知つてるか」と聞いて見ると躊躇無く答へて曰く「「プラトーン」て霜焼けの薬でしよ」

（一一五）電車の内で何所かのおかみさんが車掌に向つて「チヨイト馬車屋さん、札をおくんなさい」

（一一六）不図した話しの序でに、蝶の中には羽根を畳むと形から色から木の枯れ葉其儘に見えるものが有つて、虫を食ふ鳥の目をも欺き、生命を全する事が有るとの趣を述べた所、聞いて居たお婆さん感心して曰く「外国では蝶々までが利口なんですネー」

（一一七）或る人が北沢正誠氏に向つて「北沢さん一体幾つだネー」と聞いたら「殆ど天保です」と答へた。
聞いた人「アハヽヽ」と笑つて「殆ど天保も無いもんだ、天保の方では殆ど北沢だと云つてるだらう」

（一一八）此一項巨猫氏報
学士会の懇親会で或る会員の曰く
「今日は唯てんぷらと講釈とを聞きに来た計りだ」てんぷらを聞くと云ふからパチ〳〵の音に耳を傾ける
計りかと思つたら矢張り随分口に入れた。

（一一九）同前
三上参次氏アイヌ語をアイノ語云ふ故「どうかアイヌ語と云つて呉れ玉へ」と注意したのに又もアイノ語
と云ひ掛け忽ち気が付いて「イヤ左様じや無かつたアイヌグだ」

（一二〇）同前
或る人岩石の標本を他所へ送らうとして包みの上に「商品見本」と認めて郵便局に出した所、局吏の曰く
「商品見本ならば差出人は何商売だか肩書きを為さい。」
其人直ちに筆を取つて「物品販売業」と記す。局吏曰く
「ソレで宜しい。」

（二二一）戸籍調べが来た時偶《たま》ま玄関に子供が居たので、漢語交ざりで何か云つた所、子供には一向訳が解らず、早速奥に走り込んで曰く「巡査が来て作文の様な事を云つて居ます」

（二二二）本年二月二十三日の日本新聞に「人獣面相類似」の例とて「鸚鵡《おうむ》に似た人」と云ふ図が出て居、翌日は同く「梟《ふくろう》に似た人」と云ふ図が載つて居た。新聞動物学では鸚鵡や梟を獣の部に入れるのだと見える。

（二二三）本年三月の「太陽」に載つて居る「歌劇地獄の曲」には又斯う云ふ事が有る。

人　物

巨魔、一の鬼、二の鬼、三の鬼、四の鬼、お七、外に魔群

此所にお七と云ふのは皆さん御存じの八百屋お七の事だが、これで見ると魔も鬼もお七と等しく人として有る。歌劇人類学は中々むつかしい。

（二二四）或る人はまぐりが蜃気楼を吹き出して居る図を見て曰く「はまぐりが夢を見て居る」

（二二五）或る人の演説中に曰く「通常歴史として世人に信ぜられて居る事柄の中には随分お話しが交ざり込んで居る、仮例《たとえ》ば五条の橋で牛若と義経が戦つたとか、又は児島高徳が桜井の駅で木を削つて字を書いたとか云ふ類である」これは如何にも珍しいお話しだ。

（一二六）田中正平氏が或る雑誌に寄せられた三味線論に従来の歌が多く猥褻《わいせつ》だからとて三味線を排斥するのは丁度坊主が憎けりや袈裟まで憎いと云ふに等しいとの趣が記して有つた。さうすると歌が三味線の附属物で有る通りに坊主は袈裟の附属物で有ると云ふ勘定に成る。ヤレ〳〵。

（一二七）「今はさうでは有るまいが、もとは日本人がイギリスへ行くとチンチンチヤイナマン抔《など》と云はれたのだ」と云ふと夫れを聞いて居た女の児曰く「何と云ふの？　チンチンチヤイナマン？　面白くつて随分宜いわネー」

（一二八）或る教室の小使が試験管の大きいのを大ブ、小さいのを小ブと名付けた。どうしてそんな名を考へ付いたと云へば、並の大さのを中《チユー》ブと呼ぶからだとの事。

（一二九）甲「これから天子様のお通りを見に行くんだ」乙「そんなぞんざいな云ひ方をする者が有るものか」甲「それではお通りを御覧に行くんだ」

（一三〇）泉岳寺内義士遺物陳列所の貼札に斯う書いて有る。

懐中《すり》御《ご》用心《ようじん》

懐中の二字を「すり」と読む抔《など》は北海道の地名より解り悪《にく》い。四角な字を読む人は御用心御用心。

（一三一）某大臣作の煙草専売の歌に曰く
思按しようより忘れて見よと、煙管とる手に横雲わたり、浮きつ沈みつあらおもしろや、（云々）月の出ぬ夜はあらうとも、此草呑まぬ国もなし、（下略）
月は毎夜見えると定つたものでも無いに「月の出ぬ夜」を稀有の様に云つて有るのも余程新式だが「此草呑まぬ国も無し」に至つては実に二十世紀極まる。僕は煙を吸ふ人は随分多く見て居るが、まだ草を呑む国の存在を知らない。

（一三二）或人曰く「門松は冥土の旅の一里塚とは十返舎一休和尚の名言だ」

（一三三）神田橋の方から来た上野行きの電車が小川町の角で止まつた時、車掌が九段行き乗り代への注意をした所が、一人の爺さんがトンチンカンの返辞をした。乗り合ひの職人車掌に向ひ我が耳を叩いて「これだ、これだ、本所だ、本所だ」と云つて耳の遠いと云ふ事を知らせようとしたら、車掌の曰く「本所なら須田町で乗り代へです」。こいつもチト本所の気味だ。

（一三四）本年七月二十九日国民新聞所載「米国貴賓の退京」と題する雑報に曰く
………須臾《しゆゆ》にしてタフト氏長崎式部官と同乗して蓬莱橋に現れ来るや万歳の声復た電《いなずま》の如く（云々）

俚諺《りげん》に云ふ「間違へば間違ふものよ、勘平が身を売つてお軽が腹切る、かみなりピカ〳〵いなづまゴロ〳〵」と

雑踏の際此位の間違ひは有り内の事か。

（一三五）同二十八日大阪朝日新聞所載「米国貴賓歓迎」と題する雑報に曰く

……今度の米国貴賓の如く各種の人々が八十一名も揃つて来たといふ様な事は始めてゞある、殊にアリス嬢始め貴婦人数名の之に加はつてゐるのは所謂万緑叢中一点紅ともいふべしで更に一行に花を添へてゐる（云々）

八十一人中婦人が数名なら万緑叢中千点紅とでも云はなければ成るまい。

（一三六）自分が少年の頃上野精養軒で或る人の卒業祝宴が催された時近傍の景物を採つて何某君識は大学の時計台より高く、学は不忍の池より深し（云々）と云ふ名文を作つた事が有るが、此頃湯島十二ケ町祝捷軍歌と云ふものを見たのに其中に

祝へや菅《すが》の神かけて　　社の紋の梅が香を

湯島の台の夫よりも　　猶いや高く薫らせて

と云ふ句が有つた。時計台の方が湯島の台より少しは高い様だ。

（一三七）或る人が病人の所へ見舞ひに行つたら、病人が枕元に置いて有る衛生羔に指差して「どうぞ夫

れでもお上がり下さい」と云つた。見舞ひ人曰く「これは病人の口に合ふ様に拵へて有るのだから、しろうとが食ふのは勿体無い」。

（一三八）小さい女の子を連れて散歩に出た時炭屋の前に炭団が乾して有つたから「これを知つて居るか」と云つたら「ドタンでしよ」と云ふ。「ドタンじやないタドンだが、何にする物だ？」と問ふたらば「雪達磨の目玉！」

（一三九）石川千代松氏が甲所から乙所に引き越された当座、まだ其事を知らぬ某氏、乙の町を通つて来て石川氏に告げて曰く「何々町に君と同姓名の人が居る」。

（一四〇）田舎道の乗合ひ馬車の馭者がアブを捕へた。乗客の一人曰く「頭をもぎつて逃がして遣れ。」（此一項巨猫生投）

（一四一）京都帝国大学用達石井三四郎と云ふ人の名札には上の所に機械器具 薬品雑貨 建築動物と記して有る。機械や器具や薬品や雑貨を建築する動物の様に思はれて余程面白い。

（一四二）塩入秀三郎編「鉄道各駅案内」と云ふ書には諸所の宿屋の写真が挿んで有るが、下総成田大野屋の写真の側に斯う云ふ事が記して有る

室具完備客待懇切館主人類
何所の旅館だとて館主は人類に極つて居さうなもの、「化競丑満鐘」には山男が宿屋を始めたと云ふ話しがあるが、夫れは馬琴の戯作で例には引けず。扨《さて》どう云ふ訳かと調べて見ると、是れは館主大野市兵衛氏が人類学に趣味を有し種々の参考品を蔵して居ると云ふ事なさうな。「客待」も妙だが「人類」とは思ひ切つた略し方。化学と物理学の心得が有つたら館主「化物」と書かれたのだらう。

(一四三)「国民評論」と云ふ雑誌の第二号に
見よ見よ処女の如くに生れたる本誌は
如何に真面目に国民に代りて叫ぶかを
と書いて有る。娘の様な赤子が真面目に国民に代つて叫ぶと云ふさへ珍事件で有るが、其上に叫び声を見よとは中々六かしい注文だ。

(一四四)松平乗承氏の満韓百首の終りに小杉榲邨《すぎむら》氏の今様が添へて有る。其言葉は
夢にも知らぬから国の海山かけし道くさを
けふふみ見そむるうれしさは深くも高くも仰ぎつゝ
と云ふので有る。高く仰ぐは聞えて居るが、深く仰ぐは少し変挺《へんてこ》。深くとはどうも不覚の様だ。

(一四五)三十九年八月二十四日の毎日新聞に「代書業の取締云々」と云ふ事が出て居たが、其中に斯う

云ふ文句が有つた。「代書業は左の行為を為すべからざる事を厳禁し云々」。これでは為て宜いのか悪いのか分からない。

（一四六）何時だかの都新聞に「通じの悪い人は行き度なくとも毎朝便所へ行き果物を食ひ云々」と云ふ注意が出て居た。これでは便所の中で果物を食ふ様で如何にもまじなひ然として居る。

（一四七）三十九年八月十日の国民新聞にアイスクリームの製法が出て居たが其全文は左の通り。「氷二に塩一の割合でこれは甘《うま》く行くと摂氏氷点下二十度に冷すことが出来る。其の中へクリーム（又は牛乳）と卵黄砂糖香料（果物の搾汁なども妙）を入れて攪《か》き交ぜると直に氷結して上等のアイスクリームが出来る」氷と塩とを交ぜた中へクリームか牛乳を入れて攪き交ぜるのですとサ。さぞ鹹《しおから》い物が出来るでせう。

（一四八）巨猫生の報に由れば京浜電車の中に斯う云ふ貼り出しが有つたさうだ「御懐中物並に御忘れ物無之様御注意被下度候」御懐中物無之では切符を買ふ事が出来ない！

（一四九）入院して居た病人が全快したとの話しをば傍聞きして居た子供の曰く「それではモウ直に病院を下がるの？」

（一五〇）或家で新に置いた下女を使ひに遣らうとした所がモジ〳〵して行かず、何故かと尋ねたら「私は初めての所へは行つた事がございません」と答へたさうだ。そんなら其家へも来られなさうなものではないか。

（一五一）此頃或る席で、三島通良氏に会つた所「久し振りで牛の涎が出たネ続けて書き給へ」と云ふ。「書けたツて種の好いのが無ければ仕方が無い」と云へば「好いのを譲らう」とて斯う話された。「丹波を旅行した時の事だが或る所に葬儀社の様な店が有ツて其所に看版が出て居た、麗々しく書いた大文字を見れば死去道具一式サどうだどうだ」

（一五二）三島氏又曰く「矢張り同じ所の事だが或る家に年中こんにやくと云ふ札が出て居た、これは何時でも蒟蒻の出来合ひが有ると云ふ事だらうが其脇に小さく但し無き時も有りと断りが書いて有ツたから面白いジヤ無いか」

さすがは三島式種痘の本家、牛痘ばかりで無く牛涎の種までが上等だ！　これ此の通り二つ共立派に着きました。

（一五三）カラフト旅行中、東海岸シララカと云ふ所で雨に降り籠められて大閉口、退屈凌ぎにテルテル坊主を作つて宿泊所の窓に下げた所、どうした拍子か雨が止んで青空さへ見え出した。其翌日は快晴。まじなひの利き目此の通りと戯言を遺し馬に跨がつて次のアイヌ部落へと志した。後に聞けば巡査何某彼のテルテル坊主を見て「大学の教授ナンカ案外迷信の深いものだ」と評したとか。カラフトの警官ナンテ案外じやうだんの解からんものだ！　如何に濃霧が土地の名物でもこれはチト見えな過ぎる。

（一五四）北海道の日高辺からカラフト西海岸クスンナイ地方へ出稼ぎに行つて居るアイヌ、或る時山中で大熊に出会ひ打ち留めやうとした所、怒り狂つてアイヌに掛かつて来た。北海道では彼様な場合一種の叫び声を発するとどんな熊でも暫し躊躇する事が有るので、此アイヌも其声を発して逃れやうとしたが、其甲斐が無くひどく引つ掻かれて大怪我をした。此アイヌ曰く、カラフトの熊はアイヌ語を知らないから困る。

（一五五）「命の母」と云ふ売薬の広告文の中に「命の母は子なき人の母なり」とある。「命の母」が「子無き人」の母なり「命」と「子無き人」とは兄弟だと見える。

（一五六）或る人他人の噂を仕やうとしたが胴忘れして其人の名を思ひ出さず、色々と考へた末「どうも人の名ツてものは大概似寄つて居るから紛らはしくツて覚えて居られない」

（一五七）三月発行の雑誌「成功」の名士逸話に

徳富蘇峯《ママ》君が今日の社会中最も多忙なる人の一人なるは何人も知る所、而も氏は日曜日を以て自己が休息の日と確定し月曜の晩方より東都を去つて逗子の別墅《べつしよ》に赴く

と書いて有る。日曜日に休息する為め月曜日の晩方から逗子へ出掛けるとすると、在京の時は僅に月曜の

昼の間丈と云ふ勘定に成る。夫れも好いとした所で其先きに書いて有る事がむつかしい。

而して翌日を以て逗子附近の山野を跋渉す、同地を訪ふの人は必ずや日曜日に於て長身痩軀の一人物が洋服を纏ひて、ステツキ片手に山野を逍遙せるを見ん、是れ蘇峰君なり、

月曜日に逗子へ行ツて其翌日と云へば火曜日の筈。火曜日に山野を跋渉する蘇峰君を日曜日に於て見ると云ふのは余程不思議だ。

(一五八) 或人某大将に額面の揮毫を請ひ、他所からのと混雑せぬ様絹だか紙だかの巻いたのへ紙の帯を結び付け、埼玉県云々と自分の宿所を記した名札を添へ、尚ほ念の為めに紙帯へも目印した埼玉と書いて置いた所、数日の後出来たからとて態々《わざわざ》送つて来たので、大に喜びて開きながらどう云ふ句が書いて有るかと楽しんで大文字に目を注いだら、これはしたり！　埼玉の二大字！

(一五九) 向上倶楽部の規約第三条に「本倶楽部は会員の為に左の便宜を計る事」とあつて所謂便宜が一ツ書きにして色々と並べて有るが、其中に「一、運賃及び郵税は総て自弁とす」と云ふのが有る。珍らしい便宜も有つたものだ。

(一六〇) 巨猫生の報に曰く

或るお婆さんが始めて木製の結晶模型を見、大に感心した時の言葉は斯うで有つた。

これはマー何だろー沢山有るねー、エーット四十づゝ五箱、いくつか知らん、四五二十ト二千に成るか、

二百かしら、それから色々な形が有るねー、形は違つても種類は同じかしら、エーツトまるで何かの様な形だねー。

（一六一）三月二十八日音楽学校卒業式の時、隣に座した金井延君「チヨツト見ろチヨツト見ろ」とてプログラム第二部第三の横文を指す。成る程妙だ Miss Tokio Uyeno と有る。漢字の方を見ると上野外喜尾と有つて別に気も付かないが、ローマ字で現すと丁度学校の所在地と同じに成る。「ドウダよだれへ採用しないか」との言葉。「卒業生と云ふ肩書きも有り、特には名誉有る紳士の推薦と云ふ事故、勿論異存無し。即ち之を今回の第一席に置く事とする。

（一六二）音楽で思ひ出したが、日露戦争の当時東京帝国大学の運動場で祝捷会を催した事で有つた。其時君ケ代の合唱が始まらうと云ふ間際に、委員が大声で「諸君好くガクチヨウの指揮に従つてお謡ひなさい」と云ふ。ハテナ各大学学長が何時の間にさう云ふ事を覚えたのだらうと不審に思ひつゝ正面を見て居ると其所に出て来たのは学長で無くて楽長だつた。

（一六三）電車の内で婆さんが煙草を吸はうとする。連れの若い女「およしなさい」と止める。婆さん「なぜ」と問ふ。若い女掲示に指さす。婆さん電球の事と早合点して「さうかい電気に障るのかい」。これは石原和三郎氏の実見談。

（一六四）新聞売り子「号外！　号外！」と威勢好く走り歩く。通り掛かりの人が「ヲイ〳〵それは何の事件の号外ダ」と尋ねると、売り子は、うるさいと云ふ風で「ナーニつまらない事です」と飛んで行つて、又「号外！　号外！」

（一六五）成田不動のお守もりを頒つ所に「すり用心」と云ふ大きな紙札が何枚も貼つて有る。すり位の災難が除けられない様では余り有り難く無い。何にしても悪い事をする者が此辺を徘徊して居ると見えると思ひつゝ不図本堂の内を見れば此所には又護麻の灰が跋扈して居た。

（一六六）三月九日の読売新聞猿渡《サワタリ》盛雅氏死去の事を記した雑報に「猿渡国手氏七日逝去」と有る。これは先生様の類だ。

（一六七）夫婦連れの田舎者招魂社前の大村銅像を見て居たが、「此人は何だ」との妻の問ひに対し夫の説明に曰く「これは色々な事を発明した人よ」、妻重ねて「色々の事とは何だ」と追窮する。夫少しく口籠つて居たが終に「兵隊だの何だのよ」

（一六八）大道で手品をする者の口上に曰く「舞台でするのと違つて斯うやつて道端でするると成ると正面計りで無く、お客様方に取り巻かれて仕舞ふ勘定で、お集まりの百人の中にめつかちのお方が一人有つたとしても、目の数は皆で九十九有る………」ソレこそ手品だ！

（一六九）観世流の謡ひの会を催すと云ふので或る人の所へ或る人の所からの招き状が来た所、封筒の中に紙縒《こよ》りが一本入つて居た。これには何ぞ深い謂はれが有るので有らうとひどく奥床しく考へて、会主に故事話して呉れと頼んだらば「そんな事が有りましたかナ、それはそさうで為たのです」とて果ては大笑ひ。徒然草に在る高麗犬の話しに似て居る。これは成田で起つた実際談。観世の寄り合ひだからかんぜよりとでも云つたら宜かつたらうに。

（一七〇）或る家へ幻灯の映画一箱を持つて行つたが帰り掛けに、既の事置き忘れやうとしたのを其家の人が見付け、包み具合がちよつと弁当箱に似て居たので見誤つて「ヘイお弁当」と云つて差し出す。「イヤお弁当では無いお幻灯です」とて請け取れば、「これは見当違ひでした」と云ふ。「誠に御面倒」と挨拶したら、それきりで返答が無かつた。

（一七一）井口在屋君から斯う云ふはがきが来た。
「拝。時事新報には電車の怪我と云ふ見出の雑報が度々ある、電車の怪我はあつても人間の破損と云ふのは一つもない、幸な事である。

右うしのよだれになりますならば結構。かしこ。」

なりますとも、なりますとも。どうぞ満員の札を掲げる程に御投稿を願ひます。

（一七二）四月十四日発神田の消印ある差出人不明の郵書が届いたので開けて見たら時事新報紙上の広告文の切り抜きが入つて居て夫れに赤インキで牛涎材料と書いて有つた。全体は日本三美人写真掛載の予告で有るが、注意の赤線の所を見ると斯う云ふ文句が有る。

「………本社は予報の如く桜咲く彌生の春の四月三日神武天皇祭の佳辰を以て………」成程御叮嚀だ。馬から落ちて落馬する抔《など》は草履を脱いで跣足《はだし》跣足！

（一七三）以上の二つは時事新報に関した事だが榎本勝多君からは報知新聞に斯云ふ広告が出て居たと云ふ報知が有つた。

「不老不死蘇生丸　京橋越前堀楽天堂薬局」、不老不死で蘇生とは妙だ。榎本君の添へ書きに

「右は牛涎種なるべし」

と有る。モーす迄も無し。

（一七四）横山又次郎君曰く

「僕は此頃熱海の方へ行つて居たのだが連れの者の話に何所かに旅人宿《りよじんやど》の旅《りよ》の字をほどこすと云ふ字と間違へて施人宿《せじんやど》と書いたのが有つたさうだ。施しにする宿の様で面白いぢやないか。どうだい君の牛のよだれの中へ入れないかネ。」

それは好いお客様。幸に明き間がございます。コレヨ、百七十四番へ御案内申しナ。

（一七五）渋沢篤二君から手紙が来た。

「拝啓益々御清泰奉賀候陳は先日穂積陳重より申聞けられ学士会月報に御掲げの牛のよだれの事承知早速借り受拝見致候処成程凡人の一寸心付ざる事のみにて大に教訓とも相成面白く拝読仕候小生も元来人の上げ足を取る事大の好物に有之（中略）右月報中に一つ見出申候尤大した代物には無之候へども不取敢内々御注進申上候即ち第百八十八号うしのよだれ第百番（涎の事故第百滴？）に於て「小さい小供を連れて」云々とあり之は小さい小供なれば赤ン坊さんの事と存ずれども夫れにしては唱歌を謡はれたり汽車の各部を知つて居られたり大変な赤ちゃんなり尤相撲などには歳を取つた年寄りもあり又現に自分など漸く世の中へ出た大きな小供故夫れより小さい連中は皆小さい小供なるにや」

小供は子供の誤りなる事彼の文の末行を見れば御合点が参らうが、負け惜みらしく思はれるのも面白からず、矢張り小さな小供と小の字を重ねたものとして御答へ致さう。大きい小供の次が中位の小供、其次が小さい小供で、其次が赤ん坊、其次がお腹に居て、其次が未定と云ふ順序。それを小さい小供なら赤ん坊だらう抔《など》とはちと独断の気味。自ら上げ足取りと名乗つて出られたにしては手応へが無さ過ぎる。此位の程度の理窟を称して小さなお小言と云ふ。

（一七六）常盤大定曰く

「鎌倉には、めをと饅頭のめをとを夫婦と書かずに婦夫と書いたのが有ると云ひますが、牛のよだれに成りませんかナ。」

これは女尊男卑だ。西洋人が好く来るからさうしたのかも知れない。夫婦喧嘩は犬も食はないが、女房天下は牛の涎に成る。妙々。

(一七七)韓国龍山の稲垣甚君からの書中にうしのよだれ材料とて左の通りの事が書いて有る。

「龍山の町を散歩したらば「五味捨ベカラズ」との立札があつた。姓に五味と云ふのが有るが其姓の人は此所に居さへすれば如何に老朽でも無能でも飯の種に離れる事は無いのだろう難有ことだ。」

(一七八)前文の続きに又斯う云ふ事が有る。

「日本語でモシモシと云ふ事を朝鮮語ではヨボヨボと云ふ。此により日本人は朝鮮人をヨボと云ひ、朝鮮の役人をヨボ官と云ふ。近頃日本から老官員が朝鮮へドシドシ入り込んで来るのも畢竟ヨボヨボだからヨボ官に成ると云ふ訳だらう。老朽も採用の途が有つて結構結構」

無暗に呼ばうとする事はどうか予防し度ものだ。

(一七九)大道でゴムの風船玉を膨らせながら売つて居る者の云ひ立てに曰く

「サア〳〵お召しなさい。舶来の風船玉をお召しなさい。皆上等でございまして。どれを吹いたから破れたの、どれを吹かないから破れないのと云ふ事はございません。」

シテ見ると吹かなくても破れるのが有るのだと見える。

(一八〇)電車の内で五円紙幣を車掌に渡して「片途一枚、これでつりを呉れ」と云つた人が有る。車掌目を円くして「トテモこんなにおつりは有りません」と云へば、其乗客の曰く「それでは仕方が無い、往復を買はう！」

（一八一）差出し人の名が無くてお敗けに消し印の不明な端書きが届いた。目立つ様に「牛の涎一滴」と書いて有る。本文は左の通り。

或る、日本通の米国婦人が火事の話しをした時、或る人が「あの家はどうして焼けたのですか」と尋ねたら、其婦人の曰く「多分附け焼きでせう」

（一八二）唐沢光徳君洋行の途すがら門司から態々《わざわざ》よだれ種を報じてよこされた。

門司本町通馬関海峡連絡船発着所附近水菓子屋の看板に

バラナ
タイナツプル

（一八三）飄々庵主からは斯う云ふのが垂れて来た。

大阪今橋四丁目に籔《ママ》医院と云ふ看板が有る。頭の字に「そう」と仮名が付けて有るから面白い。

（一八四）同君からモー一滴。

東京は木挽町農商務省の応接室に次の掲示が有る。（明治四十一年四月十七日拝見謹写）

面謁之御方事務室に御出之節は左品其他携帯品御持参之事

外套　洋傘　鞄　帽子　杖

謁とは流石《さすが》御役所だと感服したが、左品の下に其他と書き添へた所実に御念の入つたものだ。

（一八五）中島滋君からの来書中に曰く

品川の京浜電車の発車点にて田舎のお婆さん切符売口の前に来り

「モシ〳〵大森までの切符を下さい」

売口の中の人

「切符はオウフク（往復）ですか」

お婆さん暫く考へて居たが

「オウフクには及びませんコフクで宜しうございます」

売口の中の人笑ひ乍ら片道の切符を渡した。

（一八六）差出し人が不明で麹町の消し印有る郵書が届いた。牛涎原料入と脇書きがして有るので急いで開封すると、此前「神武天皇祭の佳辰」と云ふ事を書き送つたら其上に在る「桜花咲く彌生の春の四月三日」と書き続けて有る所におかし味が含まれて居る様に感違ひされたのは意外千万で有つた、（一七二参照）紀元節を佳辰と云ふのは宜いが神武天皇祭が何故佳辰で有るか、桜花咲く云々と冠らせたのは一笑だも価せざるのみならず斯様な記し方は不敬の嫌《きらい》さへ有るでは無いか。其点に気が着かぬのか、但し先生また佳辰説に賛成ならば論外な話し云々。

さう真正面から極め付けられては何の申し開きも出来ませんが、一体祭日と云ふものは人に昔を憶ふ折りを与へる為め或る日を紀念日としたと云ふ迄で、其日に起こつた特別の事柄丈に付いてどうと云ふ訳では無からうと思ひます。佳の字を用ゐたのは成程不適当でしたらう。弁護はしません。併し慎むべき言を過つて慎まなかつたと云ふ事をば戯れ話しの種にすると云ふのはこれ又慎み深き人の宜く慎むべき事で有りませう。所謂一笑だも価せぬと云ふ「桜花咲く云々」の重言を笑つて置く方が無邪気で好いでは有りませんか。寄書家は前号の批評を見て「馬から落ちて落馬」では無く「木から落ちた猿」で有らうと云はれましたが、左様な言にも「桜に繋いだ馬」とでも申すべきで有りませう。イヤ馬だの猿だのと飛んだ場所塞げをしました。読者の倦まざる中に止めにしませう。

（一八七）同じ文中に「別紙の如きものは御採否いかに候や」と有つて五月十四日の時事新報の切り抜きが封じ込んで有りました。至極結構。即ち左の通り。

○大金懐中の狂人　十二日午後三時新橋に着したる汽車の三等客室より下車したる一人の男あり其風体如何にも怪しきより取締の巡査が呼止めて聞き糺すと（中略）紛れもなき狂人なるより芝口分署に同行して取調べたるに紙幣にて百八十九円四十六銭を所持し居りたれば一先づ区吏に引渡したりと。

（一八八）此他にも寄書が沢山有りまして諸君の賛助を深く謝しますが、一回分としては多過ぎると思ふので、残りの分は別の機会に譲る事としました。但し理窟詰めの余り重々しいのは牛も荷ひ切れず、甚しい上げ足取りは転覆を聯想し、悲み事を種にしたのは涙と涎と一致しないと云ふ理由を以て当分大切に御預かりと致しました。どうぞ悪からず…………。

（一八九）塚本靖君が或る寺の坊さんと話しの序でに美術学校には志望者が多いと云つたら「どんなむつかしい事をするのか知りませんが若い人が沢山死ぬとは気の毒なものです」と痛惜したさうだ。

（一九〇）或る人が鎌倉の別荘で懇親会を開いた時、女客の一人がさゝえのつぼやきを味はつて「お珍しいものを有りがたう、大層おいしうございます、見もし香《にお》ひも嗅いでは居りますが頂くのは今が初めてでございます、東京では好くネ、あなた、お祭りや御縁日の時に見せ物に出て居ますのネ。」

（一九一）穂積陳重君曰く「我輩の所の小さい娘が仮痘の様な容態で一時は家内中心配して居た所が医者の重ねての診断で、さうで無いと云ふ事が判かり大きに安心したのサ。するとその事を聞き知つた或るお婆さんが見舞ひに来て、仮痘を下等と思ひ込み、夫れを又覚え違へたものと見えて、云ふ様、お宅のお嬢様の御病気は三等で無かつたさうでまア御安心でございました。」

（一九二）表面宛書きの脇に「牛涎原稿」と有つて裏には「無名氏」とのみ記した書面が郵便受け箱に入つて居た。取り出して見ると此の通り。

「覆面のまゝにて見参仕り候

小生の名は一字名であるが、〇〇何子様として一通の封筒が舞ひ込んだ。無論小生を女性と思ひ違へたのである。こんな事はこれまでも一二度有つたので単にこれ丈では牛涎種にはならないが、封押し切つて見れば、明治婦人録とやらの予約募集の広告である。これに添へてある印刷書翰の文句が頗《すこぶ》る面白い。曰く此書には貴姉の住所御職業御年齢等詳細取調べ掲載いたし有之云々。折角の取調べだが最も肝腎な点が一つ落ちて居る！」

(一九三)山口の横地石太郎君から久し振りで手紙が来た。ハテ珍しい何事で有らうと開封して読み下すと、初めに用向きの事が有つて中頃に

「先日上京中本郷区役所前から電車に同乗したる紳士に余程君に似た人有之既に言葉を掛けようかと思ひ候ひしが君にしては少々白髪《しらが》が多過ぎる様に感じたから夫なりに過ごし申候御心当りなきか」

と記して有る。同乗の方には心当たりは無いが白髪の方には大に心当たりが有る。近頃殊に殖えて来たと云ふ評判を耳にするので、名にも其徴しを付ける事にしました。笑語老の老の字にお目留められて御覧を願ひます。引き続いて斯う云ふ事が書いて有る。

「月報上うしのよだれ毎々面白く拝見致候御採用になるかならぬか不知候得共乍序一二御報申上候六月二十日の当地防長新聞にドクトル富士川と云ふ人の「自殺と殺人」と云ふ説の内に「結婚者は未婚者よりも少く又子供のある親は子供の無い親よりも少い」とある。是は如何でせう。」

結構、結構。

（一九四）横地君の投寄を辱《かたじけの》うしたモ一ツの涎は左の通り。

「明治十年西南戦争も既に終りに近づいた頃参謀本部へ戦地から電報が達した、其文に曰く、

ゾクチウシサツマタハコヲフクスルモノアリ

これは「賊中自殺又ハ降服スルモノアリ」と云ふ意で有つたさうだが、当時将校連は首を鳩《あつ》めてこう訳したと云ふ話し、「賊忠死、薩摩烟草ヲ服スルモアリ」賊忠死に付いては色々議論が出たが、結局、賊が降参して官軍と共に働いて討ち死したのだらうと云ふ事に成り、それでは官軍が安心して先づ一服と薩摩烟草を吹かしたのも尤だとスツカリ解釈が付いて仕舞つたとサ。」

（一九五）差出人も消し印も共に不明のはがきが届いた。其文句は左の通り。

「日本語研究に熱心な或米国人、日が照つて雨の降つた日、僕の所へやつて来て真面目な顔で丁寧に御辞宜しながら曰く

「今日は狐の嫁入でございます」」

本文はこれ丈だが、宛書に「秤井教授殿」と有つて附言に「右は笑語庵の材料にはなりませぬか」と有る。景物が二ツ迄も付いて居るとは御念の入つた事だ。

（一九六）在北京の坂本健一君からの来書中に曰く、「或書肆（確か弘文館）から来た予約出版延引の申訳書に「何卒御宥怒被下度」と有つたが如何にも御最千万。」

（一九七）長谷川福平君からの来書中に曰く、「先日さる所へ参候処台所にて子供が大声あげてヤー水道が停電だと云ふ、見れば如何なる故か断水なり停電の語誠に面白く感ぜられ候、牛の涎にいかゞにや、尤も水は牛の涎どころか蚊の涎ほども出で申さず候。」

（一九八）石原和三郎君が伝聞だがとて斯う云ふ事を話された。何野とか云ふ文学士が奈良へ行つた時、夜中鹿の声を聞かうと云ふので耳を澄ませて居た所が長く引く一種の哀れな声が聞こえた、あれだナとひどく感服して、先づ先づ望み通りに鹿の声を聞いたと云へば宿の下女「ヲホ……今のは按摩の笛ですヨ」

（一九九）神保小虎君の話しに山口町の或家に「留守中に付き不在」と云ふ札が出して有つたさうだ、成程これは理に詰んで居るワイ。

（二〇〇）神田錦町の或る印刷所に、他でも好く見る例の小僧入用の札が出して有る。即ち左の通り

インキ付き小僧入用

インキ付きの小僧なら中学辺りに幾らでも居るだらう。

（附言。此他珍種が色々集まつて居ますが、十滴宛《ずつ》と云ふ内規を守つて、後回に譲る事と致しました。寄書家諸君牛の如く泰然と御待ちの程を願ひます。）

（二〇一）阿満若と云ふ名で斯う云ふはがきが来た。
「恐れ乍ら船来ものを一ツ
帝都の西部渋谷村のトある所に次の如き文句の立札有之候
　Home to let. Apply to Takahashi.
内地雑居の影響として家内雑居はチトハヤ……但し独身者には至極結構」

（二〇二）本統の船来種には斯う云ふのが有る。
在カンサスシチイ学士会々員の一人と云ふ名で来たはがきに曰く
「其控訴院の法官太平洋の真只中甲板上にて時計の鎖に付けたる磁石を出して見て、昨日も今日も船は真北に進んで居るとの論告。被告は Mr. Steel の召喚を請求する充分の理由を有する。」

（二〇三）太田生と云ふ名で来たはがきに曰く
「伝随寺の近くの玩具店の看板におもちや屋と横書きして其上に高等教育と記したのが有る。高等教育にもおもちやが有るのかしら。」
それは好いが伝随寺とは何所だらう。伝通院の間違ひだとこれが又牛の涎だがナア。

（二〇四）巨猫生の報に曰く

「或る学生
今薬液入りのガラスビンを落して粉名〳〵に破つて仕舞ひました。飛んだ粗相をしましたがお赦し下さい。
と云ふ。
どうも仕方が無い。これから一層気をお着けなさい。
と云つた所、学生は謝して去り掛けたが、又立ち戻つて云ふ様
それからモ一つお詫びを致しますが、其時、中の薬は皆流れて仕舞ひました。」

（二〇五）同じく巨猫生の報に曰く
「或る所で
満洲居留民損害請願同盟
と云ふ広告を見た、妙な請願も有つたもんだ。」

（二〇六）これも同前
「或る機械学の先生曰く
機械の調べ革は牛肉の皮で造ります。
生徒笑ふ。先生気が着いて云ひ直して曰く、
イヤ牛肉を食べた跡の皮で有ります。
それでは竹の皮の様だ！」

（二〇七）五月発行の「理学界」に鯨の処理法と題する文が載つて居るが挿図の一つに鯨肉製造場と云ふのが有る。便利な世の中に成つたものだ。理学の進歩驚く可し驚く可し。

（二〇八）四月一日の「日本」に早稲田の物騒と云ふ見出しで斯う云ふ事が書いて有る。
「………今年三十六になる妹あり朝湯よりの帰途面影橋を渡り………突然大男顕れ襟首を引き摑みしより同女は驚きて人殺しと叫びしに彼の男は面倒なりと思ひけむ今度は羽織を引たくりて其まゝ逃げ去りぬ此時は未だ宵の口とて附近の家は何所も戸を閉ぢず云々」
朝湯の帰りで宵の口までごたついて居たとすると余程のんきな争ひだつたと見える。

（二〇九）茅ケ崎停車場出口正面の家の軒先に
「高田病院南湖院電話口及患者休息所」
と大書して有る。電話口も患者同様に休息すると見える。

（二一〇）失明者森恒太郎氏の著書「一粒米」に付いて記されたる出版者の広告文に
著者………不幸病に罹かりて明を失し云々と有つて末の方に
着眼非凡
と記して有る。成る程！

（附言）此他にも寄贈を辱《かたじけの》うした珍種が有りますが載せ切れないので次回に譲りました。

左記牛のよだれ原稿と相成申候也

一、月日某所に於て甲某乙某と争論の上格闘を始め終に甲は乙を倒し之に跨りて馬乗りの形となり自己の身体を上下に動かし激しく圧迫して之を苦しめたる事あり、警部某為に意見書を作て検事の庁に致して曰く

「月日某所に於て被告甲は臀部を持て被害者乙を殴打せり云々」

（二一一）笑語老今日では本郷の住人だが曾て芝に居た事が有る。其頃近所に何某と呼ぶ大工が居て常に出入りをして居たが、此男久しく独身で居た処、縁有つて或る所から妻を迎へた。其時結婚の披露に来て云ふ様「エー、私もエー、御近所の方のお世話で、エー、ソノー、何を、エー、留守居を一名頂戴致しました。」

（二一二）これは結婚の話しだが、求婚に関する珍談が名古屋の浪越生の所から舞ひ込んだ。即ち左の通り。名古屋市役所の某青年技師昨今大に細君を探して居るのでそれを聞き付けた部下の工夫から次の様な手紙が来た

御　伺

右は今回海東郡佐屋村大字（笑語老これ丈はお預かり）大地主上等資産家に十六歳になる実に静なる娘有之候に就き名古屋市内にて若一嫁に御貰方は無之哉との御噺に付私し共が俄に思ひ附にて御尊氏方には若御入用向きは如何にと存候故に鳥渡乍恐縮此段御伺申上候也

（二一三）　次の話しも又浪越生からの注進

八月一日中央線中津坂下間の開通式があつたので名古屋建設事務所長加藤勇氏は当日の主人役として名古屋知名の士を案内して意気揚々坂下停車場に下車すると村民の催しで祝意を表するため停車場に大々的のぼりが二旒回向院式に立てられてあつた。見ると「のし加藤勇丈江」と書いてある。処が所長の名を知らぬ新聞記者が「こんな片田舎でも壮士芝居があると見える」と云ふたので一同所長の顔を顧みて苦笑した。これが当日第一の余興であつた。

浪越生の報告は二つ共面白い。これではのぼりでも贈らずば成るまい。

（二一四）　此夏茅ケ崎に行つて居た時、散歩の序で或る人の別荘の側を通つたので、ちよつと寄つて見た処、留守居の爺さんが出て来て「未だどなたもお出でに成りません」と云ふ。「さうですか、私は斯う云ふ者ですが」と東京での宿所を記し添へた名札を渡し、「今年は直ぐそこに来て居ますからお心安く願ひます、皆さんがお出でゝしたら宜しく申し上げて置いて下さい」と云ひ捨てゝ此所を去らうとすると、爺さん大声で「ハヽアお知り合ひですかい」と云ひながら名札の所書き本郷云々と云ふのに目を付け「成る程、こちらの奥さんの在所も本郷だと聞きましたつけ。」

（二一五）　美濃屋と云ふ絵葉書屋も有れば喜多床と云ふ美顔術師も居る本郷を在所呼ばゝりは情無いと思つて居ると小石川の原氏から斯ふ云ふはがきが来た。

七月二十二日初号発行の礫川時報と云ふのが配布せられた。発刊の辞には「黄塵万丈の帝都而も我小石川区は其西隅に僻在して古来帝都の田舎として数へられたり云々」と慷慨してツマリ将来は大に発展しなければならぬとの趣意が述べてある。道理にもと云ひたくなるのは広告欄の一隅に下の様なのが麗々と載せてある事だ。曰く小石川区柳町二十四番地中島時計療治！

（二一六）次は麻布の話しでK生の報。

昨今宮益の通りは道路取拡げの為家屋移転中なるが或る牛肉屋の店先に「宿改正に付休業」と書いた張り紙あり。

牛の宿替は涎には大影響を及ぼすべければ是非御採用を願ひます。

（二一七）おなじみの巨猫生から至急と云ふ郵書が届いた。何事かと気を揉みながら取る手遅しと開いて見ると「ランプを浴びた話（石油の火を浴びたとも云ふ）」と大書した紙片に何新聞だかの切り抜きが貼り付けて有る。其文は左の如し

○洋灯《ランプ》を頭より浴びる　相州津久井与瀬村坂本貫一妻お清は（中略）、洋灯《ランプ》に頭を突当て石油の火を全身に浴びて居宅内を転げ廻りしかば火は畳に燃え移りてアワヤ大事とならんとせしを近隣のものが認めて揉み消したるが云々

如何に火の話でも至急とは人騒がせな！　チト洋灯《ヨウトウ》を懸けて何とやらの気味だ！

（二一八）次の話しも巨猫生から。これには牛涎一滴と計り記して有つた。
無暗に喰べたがる小供半紙を持ちて
「これを半頂戴な
よくも見ないでの小言
「そんなに喰べるもんではない
小供弁解して
「イヽエ紙ですよ
答
「さうか、そんなら喰べても善い

（二一九）「先生の牛のよだれ実に面白く拝見仕候小生も別紙の如きもの見出し候まヽ狂歌を付して御送り申上候御笑納被下候はゞ幸甚の至りに候」と云ふ手紙が来た。差出し人の名は蜀紅山人。蜀山人へ色を着けたと云ふ程有つて狂歌は何れも名吟
其一に曰く
深川平久町辺の箱製造所の看板に箱の字を誤つて草冠に相の字として有る
玉くしげ箱の頭は竹なれど
草の冠はこれが草分け
其二に曰く

新宿附近の歯科医の看板にローマ字の頭文でデンティストと書いて有るが、アイの字の上に不用な点が打つて有る。

デンティスト云ふのに出歯るI《アイ》の点

かゝる八重字は抜くが肝要

其三に曰く

新宿停車場の便所の注意書きの中に「小便なされたし」と云ふ句が有る。

小便に少々へんな仮字遣ひ

これぞ誠の新字句の駅

こんな種なら幾らでも笑納します。にがむし退治は実に此類の笑納に限る。

（二二〇）此一項は岡部精一氏の談。但し少しは違つて居るかも知れぬ故念の為「文責記者にあり」として置く。

京都四条河原で涼みながら天ぷらを食つて居た人、揚げ立てを皿に移さうとして、ころもを落し掛け「ヲツトころもが落ちさうだ！」と声を立てたら、近所の涼み台にうたゝ寝をして居た坊さん周章《あわて》て飛び起き身の周囲を撫で廻はし「イヤどうも成つては居らん。」

（二二一）帝国堂のキレー水の広告の挿画には、髪からして真白な婦人の頭部と髪からして真黒な婦人の頭部とが互ひ違ひに幾つも並べて有つて、其傍に「つけたる人とつけぬ人の色比べ」と書いて有る。キレー水を使つて顔の白く成るのは好いが、髪までも白く成つて、白髪《しらが》の美人と成りにけりでは困つたもんだ。

（二二二）これは又モウ一層不思議。神田の縁雲子からも北京の坂本健一氏からも注意してよこされたので有るが、東京化学化粧品研究所と云ふ厳めしい所から売り出した毛染め薬の広告に「如何なるちゞれ毛白毛赤毛も一剤にして必ず美人となる事請合」と有る。髪の毛が美人に化ける抔《など》は化学の化学たる所、化粧の化粧たる所で有らう。

（二二三）薬を飲んだ後で後口《あとくち》と称して菓子を食べるのを常として居た子供「眼が悪いからお薬を差さなければいけないヨ」と云はれ「そんなら後口《あとくち》頂戴！」

（二二四）或る西洋婦人の通るのを見掛けた車夫が「おかみさんお安く参りませう」と乗車を勧めた所此婦人の曰く「おかみさん失礼あります、私奥様、併しお嬢様あります」此婦人はヲールド、ミスだつた。此話は穂積陳重君の出品。

（二二五）やまとことば生と云ふ名で斯う云ふ投書が来た。

我輩が第二高等学校在学中の事であつた、素人下宿の主人公が旅行中其妻君が病気に成つたので早く帰宅する様に電報で促した所、其返電に

ミステタカエレヌ

と有つた。出し抜けに妻君を見捨てるとはひどい話しだと思つて居る中帰つて来たからどうした訳かと詰問に及ぶと「イヤどうも大降雨に遇つて方々で水責めに成つたので大困り、夫れでミズデタカエレヌ」

（二二六）駒込消印無名のはがきに曰く

明治四十一年八月二十四日報知新聞朝刊の倫敦《ロンドン》電報に

米人ドフオーレスト氏は仏国政府の合意によりアイフエルタウエル氏を招聘して巴里《パリ》紐育《ニューヨーク》間に無線電信を設置せんとす

あれが人なら本統の巨人と云ふものだらう。

（二二七）恬澹《てんたん》道士の報に曰く

八月二十九日の大阪毎日新聞に某医師の名で左の通りの広告が有る。

小生儀旧自宅裏手へ改築中の処落成云々

人間の改築落成とは医術も進歩したもんだ。

（二二八）匿名の投書で斯う云ふ種が来た。

東京大学病院で一人の看護婦が同僚に「盲腸と云ふものは一体何の為めに成るんでせうね」と尋ねた所其答に曰く「あすこで盲腸炎をするんでせう」

（二二九）在アメリカすいかうと云ふ名で遙々と舞つて来た文中に曰く
アメリカに来て家内労働をして居る連中がしきりに鳶《とんび》の羽根《はね》鳶《とんび》の羽根《はね》と云ふ、何の事かと段々探つて見たらドント、ビー、イン、ハリーの事だつた。

（二三〇）台湾漢族の婦人で久しく内地に来て居て日本文が書ける様に成つた人、彼地へ帰つてから内地で親しくした或る婦人の許へ手紙をよこして云ふ様「これまで度々文通をしたのになぜそちらからは何にも云つてよこさないのか、此手紙を見次第直に返書をよこさないとモウ承知をしないぞ、先づは右おこりまで」

（二三一）抑《そもそ》も牛の涎と云ふは、何時終るとも無きダラダラ文を、物に譬へて呼んだに過ぎぬ、僕の随筆の名で有つたが、どうしたひやうしの瓢箪から飛び出す馬は馬の連れ、牛は牛連れノロノロと歩みを運ぶ其中に、食ふ路草の笑ひ草、自づと傾く自然滑稽、うしのよだれの名を聞けば、作意を交ぜぬ珍談と、人も思へば我も亦、其気で筆を酉の歳、俚諺《ことわざ》に云ふ闇の牛、意外の所《とこ》からヌツト出る、種を集めて書き並べ、過ぎにし年と変り無く我人共に笑はんとモーす。

みちの草好む牛連れ誰故に
よだそれめにし我ならなくに

賛成の諸君願くは倍旧の同情を垂れ給へ。
イヤ同情と云へば読者諸君から毎度好材料をお送り下さつて深く謝する所で有るが、夫れに付いて斯う云ふ事が有つた。寄書は通例僕の所へ直接にか、或は事務所にて牛のよだれ掛り宛として送られて居るので有るのに、或る所から「神田錦町学士会事務所にて牛のよだれ殿」と云ふ宛て書きの封書が来た。固より事務所にそんな人は居ない。そこで僕の所へ転送して来たは好いが封書の上の貼り紙に曰く「名宛ての者本郷西片町十番地いノ十一号へ転居」！

（一二三二）一月四日学士会新年会の席上で隈本尚有君に会つたら「ヤ暫く、先づ新年お目出度う、早速だが牛のよだれの種を一つ上げようか」と云ふ。「お年玉の心でどうぞ」と云へば「斯う云ふのサ」と語り出した話しは長かつたが要を摘めば左の通り。

或る人が陶器の大きな鉢を遠方へ送らうとしたので、あぶないものだなこはれると惜いと云つたら、其人の云ふ様、ナアニ大丈夫保険を付けて置いたから壊れる気遣ひは無い。

隈本君の此話しを傍聞きして居た某君曰く「其論法で行くと生命保険を付けて居る人は何時迄経つても死なゝい勘定だ。」

仮令《たとい》よだれにもせよ不死の話しとは新年早々誠に縁起が好い。

（一二三三）一月五日宮中豊明殿に於ての賜宴に際し、或る土木工学家と隣り合つて座したが其時「牛のよだれの材料を上げよう」とて斯う云ふ事を話された。

去年の暮或る人が遠方から帰つて来ると云ふので数人連れ立つて新橋のステーションへ出迎ひに行つて居た所、種々の出来事の為め大延着、漸く汽車が着いて其人の影が見えた、そこで一人が「モーまちがひ（間違ひ）は無い」と云つたら、他の一人が、「今迄待つて居て遂に出会つたのだから、まちがひ（待ち甲斐）が有つたでは無いか」と云つた。

（一二三四）同君又曰く「今のは寧ろ洒落に属するが、これこそ好材料だと思ふがどうだ。近々開通に成らうと云ふ白山下通りの電車道に色々の道具を売つて居る家が有るが其看板を見ると「新古家具高価売買」サ、高価売買が宜いじやないか」。

（一二三五）此土木工学家戴き余りの御膳部を始末する事に妙を得、入御の後他の人々のマゴマゴして居る間に早くも包みを下げて御縁側へ立ち出でる、馴れたものだ、専門的智識を此所にも応用するとは敬服の至りと、恐れ入り乍ら、どうやら斯うやら、自分も家族に頒つ可き光栄有る土産物を一纏めにして御縁側へ出た所、これはしたり、遙か向ふの御廊下の方から先生此方へ戻つて来る。「どうした？」と問へば「忘れ物」と云ふ。「夫れ丈包み込んだらモー他に戴く物も有るまいに」と云へば「あたまあたま」と云ふ。何かしらと振り返つて今迄並んで居た辺を見ると、成程、御膳の脇に白羽根の礼帽が遺つて居た。前の様子と、後の挙動、其コントラストの如何に妙なりしよ！

（一二三六）差出し人は無名、用紙は榛原製で丸の内の消し印有る郵書が届いた。其文に曰く
或る日某倶楽部にて某君が給仕に「帝国ホテルへ電話をかけて髪つみの上手は居るか聞いて呉れ」と命じた処給仕は暫くして電話室から出て来て「ソンナ名の方はお出でに成つて居らないと云ふ事でございます」と云ふ某君不審に思ひ「何と云つて聞いたのか」と糺《ただ》して見ると給仕の曰く「カミヅクさんとジヨウスさん」

成程そんな人は居ないだらう。

（二三七）同じ書中に曰く

或る日の事某処にて親しき人々打ち寄り四方山の話しをなし君は今年何所かへ行き給ふかと云ひしに甲某君曰く僕は某所へ行く筈なり、時に某君は沼津辺へ行かるゝとの事をツイ此間或る人より伝聞せりと云へば乙某君曰く僕は其事を御本人から伝聞した。

（二三八）三島通良君の報に曰く

宅の召仕が私に「先生イトコのイトコをマタイトコと申しますがマタイトコのイトコは何と申します」と問ひますから戯れに「マタの次はモヽだからモヽイトコと云ふのだらう」と云ひましたら真面目で謝して云ふ様「お蔭で一つ学問をしました。」

笑語老申す、イトコのイトコをマタイトコと云ふとはこれも初耳だ。

（二三九）京都の一会員と云ふ名で斯う云ふ寄書が来た、

当地電車内の掲示に左の如くあり

「車内ニテ

タンツバ　ヲ　吐クコト

フギヨウギ　ヲ　ナスコト

アタマヒヂ　ヲ　マドヨリダスコト

タバコ　ヲ　ノムコト
ウゴクウチハ、ノリオリ　デキザルコト
右其筋ノ御達ニヨリ堅ク御断リ申候」
動く内乗り降り出来ざる事を堅く断はられては如何にすべきや。

（二四〇）子供を連れて上野発の汽車に乗り、田端駅へ着いた時「此所はタバタのステーションだよ」と云ふと「アマタのステーションはどこ」と聞く、「そんな所は無い」と云ふと「それでも唱歌にスーグル、アマタノステーションと云ふ事が有るノ」

（二四一）富山房で家庭百科事彙発行の吹聴を盛にした時分、電車内にも例の横長の広告が掲げて有つた。書名が大字で右から左へ横書にして有つた、其下に稍々《やや》小さな字で文学博士芳賀矢一、文学士下田次郎編纂と矢張り右から左へ一直線に記して有つた。兼ねて諸新聞に或る時期を限つて廉価で頒つと云ふ意味の広告が出て居たので有るが、一層広く此事を世人に知らせ様と云ふ為めか「特価販売本月中」と横書きにした紙が電車広告の書名の下、稍々左に寄つた所に貼り着けられた。そこで此貼り紙が丁度芳賀と云ふ所から後の方を覆つて仕舞つたので、此行を右の方からズツト読むと「文学博士特価販売本月中」

（二四二）小石川生と云ふ名ではがきが届いた。其文意は斯うである。
冬期休暇中旅行して帰途某停車場から妻君に宛てゝ

ゴジハンイヒダマチツク（五時半飯田町着）

と云ふ電報を掛けて置いたのに飯田町へ着いた時妻君が見えなかつた。帰宅してどうしたのかと聞いて見たら電文を

ブジバンイヒダマチツクと読んだので「無事で有る、晩に飯田町に着く」と云ふ事と思ひ時刻が不明なので迎ひに出なかつたとの事で有つた。

話しは唯これ丈で有るが、原文には妻君を指す所が総て一旦愚妻と書いて後に、愚の字を抹殺した形に成つて居る。中々面白い。愚と云ふのはお迎ひに出て居なかつたに付いての不平を漏らしたもの、夫れを消したのは理由を聞いて成る程無理も無いと心の解けた所を示したのでゞも有らうか。

（二四三） 一月二十三日生物学関係者懇親会で岩川友太郎君に出会つた。同君曰くちと古いが斯う云ふ事が有つた、まだ牛の涎に出ない様だから話さうとて次の如くに語られた。

先年飯島魁君と一所に日光へ行つたが、其時彼地に居た某君が賊に金を取られて帰京が出来ず困つて居たので飯島君が持ち合せの中を分けて用立てゝ置いたのサ。処で某君が自宅へ着くや否や飯島君へ宛てゝ返金の為替を送つたのは宜いが何所で書き誤つたか名が違つて居たので受け取れなかつたのサ。そんな事は有り中で珍らしくも無いが、其間違ひ方がおかしい。郵便局へは僕も連れ立つて行つたのだが、局員が飯島魁では名が合はないから渡されないと云ふ。違ふ筈は無いが、先方からはどう云つて来て居るのかと尋ねると、局員が答へて、渡し先きは鬼と成つて居ます、あなたが鬼なら宜いけれどと云ふ。飯島君は私は鬼ではありませんと云ふ。局員は鬼で無い者にはどんな事情でも渡されないと云ふ。結局東京へ照会して書損と云ふ事

が分かつて漸く受け取る事が出来は出来たが、鬼の問答は実に奇抜だつた。

（二四四）鬼で思ひ出した事が有る。先頃江戸川橋の辺で乞食の様なボロボロした風体で人相の誠に悪い、母と息子らしい者との二人連れに行き合つて擦れ違ひに通り過ぎたが、彼等は何か思ひ掛けない貰ひ物でもした様な口振りで大声を揚げて話し合ひ乍ら歩いて居た。聞くとも無しに聞いて居ると、母らしい女の云ふ様「今日は本統に都合好かつた、鬼も歩けば棒に当たるとはうまく云つたものサ」

（二四五）一月二十四日午前八時二十分発の汽車でストープス女史が帰国の途に就くと云ふので見送りの為め新橋停車場へ行つた。お別れの言葉も一順済み、時刻が来て、汽車は動き出す、遠ざかるに従つて、窓から出てゐた女史の顔も見えなくなつた頃、送りに来て居る人々は皆出口の方に足を向けた。此時Ｗ教授とＭ教授とこれから何所かへ散歩に行かうと云ひ出して行く先きは鶴見在のお穴様と極まつた。僕も同行を勧められたが用事が有るので断つた処、Ｗ教授は並んで歩いて居たＦ教授に向かつて「君はどうです行きませんか。お穴様へお参りすると御利益が有ると云ふ事ですぜ」と戯れ乍ら誘つた。するとＦ教授は「マア止めよう、お穴様とは何だか知らないが僕は夫れ以上の有り難い所を知つて居る」と得意気に云ふ。「お穴様の評判は随分高いものだが夫れ以上とは何所だらう」と聞いて見ると、Ｆ君「鶴見の近所の何とか云ふ所サ、どんな願でも叶ふと云ふ話しの」と云ひ掛けて何故気が付かぬだらうと云ふ風で「そら……坪井君が調べに行つたヂヤないか」これを聞いた人々「それが所謂お穴様サ、アハ……」誰だか「牛のよだれに成りさうだ」と云ふ。Ｗ教授曰く「特に傑作だ！」噂をした計りで直に種が出来ると云ふのも御利益の一つだらう。

（二四六）大阪一会員と云ふ名で寄せられたはがきに云ふ

毎号牛の涎面白く拝見仕候処第二百五十一号所載第二三九に電車内の掲示の事有之、当地巡航船の掲示は左の如し

一　タバコヲノマヌコト

一　タンツバヲ　ハカヌコト

一　ハダモヽヲ　ダサヌコト

右其筋の厳禁に付堅く御断申候

これにては呑み、吐き、出しても差支無き事と存候如何のものにや

笑語老曰く、序でに牛の涎を垂らさぬ事も厳禁して貰ひ度いものだ。

（二四七）或る人が動物学の講義中貝の種類の「かき」の事を学術上 Ostrea と呼ぶと云つた処、聴講者の一人が「それで漢字では牡《オス》と蠣《レイ》と書くのですか」

（二四八）名古屋市ヱム、ヱイと云ふ名で次の報告が来た。

某艦の新艦長就任の翌朝給仕に「ギユーニユー」を持ち来たれと命じたるに一向返事せず少しく立腹の体で、何故「ミルク」をよこさぬかと大声で叱れば漸く分かつた様子で直に持つて来たが。後で給仕独語して曰く此度の艦長さんは「ギユーニユー」なんて英語を遣ふから困る。（これは赤坂台町の某博士より聞き取つた話し）

（二四九）谷津直秀氏の報に云ふ、
万世橋と日本橋との間に在る動物標本製造所に
　トリケモノコシラヘマス
と云ふ看板が出て居る。
笑語老曰く神様から創造権侵害の訴へを起されなければ宜いが。

（二五〇）四十二年一月六日発ベルリン某生と記した年賀絵はがきが来た。通信欄に曰く
先生の「うしのよだれ」毎回面白く拝読致居り候小生手許へ本日学士会月報附属の会員名簿到着
一見仕候所地方別表、東京府京都府大阪府神奈川県等の仲間に「軍艦」！
笑語老曰く早速昨年十一月発行の名簿を取り出して見れば成程第四六六頁の上段「韓国」の前に「軍艦」
と云ふ部が有る。新年会の予告にも「一月四日午後一日より云々」と云ふ文句が有つた。月報自身が材料を
供給するのだから世話は無い。一は地理上の事で空間の問題に属し、一は時日上の事で時間の問題に属す。
実に大したもんだ。

（二五一）或る会で梅謙次郎君に出会つたら、同君の曰く「君、此間斯う云ふ事があつた、岡野君や土方
君と角力を見に行つた時の事だが、其頃家の子供が病気だつたので、岡野君から容体を尋ねられたのさ、其
時追ひ追ひ宜しいと云はうとしてどうか云ふはずみで大声でヲイヲイと云つたら前を通り掛けて居た茶屋の

男が、呼ばれたと思つたか、ヘイ何ぞ御用でございますかと云つたので皆大笑ひだつた。どうだらう牛のよだれには……」可なり好いがモウ一呼吸だネと評したらば傍に居た某君の曰く「後のよろしいも大声ながら云つた事にして、茶屋の男が夫れを自分への言葉だと思つて左様でございますかと云ひながら立つて行つたと云ふ付け加へをしてはどうだ。」それで話しも大分宜しく成つた。

（二五二）本多静六君の話しに同君が大隅の或る地方へ行つた時村長の家へ泊つた所、浴場が不潔だと云ふので据え風呂を庭の真中へ移して呉れた、そこ迄は好かつたが、着物を脱いで湯に這入ると空合ひが変つて雨がポツ〳〵落ちて来た、どうしやうかと思つて居る所へ村長令嬢が傘を二本開いて持つて来て、一つを自分が差し、一つを差し掛けて呉れた、宜いから彼方へ行つて下さいと云つても、遠慮一遍の挨拶と思つたかして中々行かない、出やうにも出られず、立たうにも立たれず、屈がんだ切りでムヅムヅして居ると、湯が沸いて来て尻が熱くてたまらず、実以てひどい苦しい目に合つたとの事。上からは雨、下からは煮え湯、水火の難とは此事だらう。

（二五三）一月三十日の午後大日本婦人教育会の会館新築落成式の後で種々の余興があつたが、其時講談師何某が一席滔々と述べ了つて最後に云ふ様「まだ申し度事もございますが、後には誰々が差し扣《ひか》へ、腕を擦り舌を舐めて待つて居りますから私はこれで御免を蒙ります」腕を擦りは好いが舌を舐めるとは気味の悪い待ち方も有つたもんだ。

（二五四）前回には「鳥獣拵へます」と云ふ話しが有つたが韓国龍山の稲垣甚氏からは京城の町に

金銀製造所

と云ふ札を出した店が有るとの報告が来た。同氏の附言に曰く「金銀が製造出来るなら韓国も貧乏する事はあるまいに………」

（二五五）これも稲垣氏の報

今回韓皇陛下北韓地方御巡幸仰出されたるにより平壌より大阪の提灯屋に沢山の装飾用球灯を注文せしに提灯屋では韓国の国章は如何なるものか知れざるより電報にて平壌民団役所に問ひ合はせたるに電文では中々説明が出来ず、交通の余日は無し、万国旗の図でも調べたら解かりさうなものとの考へで「バンコクキミヨ」（万国旗見よ）と返電せしに提灯屋墨黒々と大書して曰く「万国君代」

（二五六）千駄木の虎と云ふ名で斯う云ふはがきが来た。二月二十一日の読売新聞日曜附録に鴛鴦《おしどり》生と云ふ人が文士招待会に就いてと題し、扨《さ》て文芸院設立となつたならば文芸家の優待等の問題も出て来ようと説き、其保護の方法如何を云ふ段に至て功労ある物故文士は如何にすべきかと書いてあるのに物故の振り仮名がものゆゑと成つて居た。自然主義とやらでは文士を物的視するのか知ら。

（二五七）自然主義はどうだか知らぬが電車の車掌は人を物的視すると見えて無名で左の報告が有つた。三田行きの電車へ乗つて芝公園御霊屋の前を通つた頃ヨボ〳〵の一老爺が線路を歩いて居るので運転手が頻りにベルを鳴らしても老爺一向平気だ。遂に間一髪の場合に至つて急に運転を止めたからたまらない。乗客は将棋倒しとなつた。車掌謝して曰く「只今障害物がありまして御気の毒様」

（二五八）電車の話しで思ひ出した事が有る。

或る人が電車に乗つた所、初めは混み合つて居てブラ下りも大分有つたが、停留場で何人か下車したらば車掌曰く「おなかゞすきましたら、どうぞおつめください！」空腹者は同情の深い男だと思つたらう。

（二五九）或る人が不忍の池に水鳥の群れて居るのを見て、人が魚を捕るのは巡査の力で禁ずる事も出来やうが、鳥が魚を食ふのは止める事も成るまい、厄介な話しだ、と思ひながら弁天社の辺を歩いて居たら、一つの制札が目に付いた。札の文字を読んで見ると「鳥、魚を捕るべからず」成程斯う仕て置いたらば大丈夫だらう。

右は今村明恆君に聞いたのだが次に記す通り僕も之に似た所感を懐いた事がある。

本郷大学構内には近頃模様変へに成つた所が幾らも有るが、従来池の南に在つた弓術場が運動場の南に移されたのも其一で有る。前の場所と異つて、此度のあづちは往来に接近して居るから逸れ矢が飛び出すと危いなと心配しながら崖際の立て札を見たら

通り抜け無用

（二六〇）発信人の名も無く消し印も不明な郵書が届いた。開いて見ると

昨年の夏前橋停車場の前の宿屋に泊つた。其家の名が面白い。曰く鉄線亭。其向の家が臨線館ソレカラ北陸鉄道が金沢迄初めて通じた頃停車場附近に停近館と云ふのが有つた。又之は今は無い様だが熊本県庁の門前に庁前館と云ふ下宿屋が有つた。云々。

附言二月二十四日附け神田某町の某氏から左の如き書面を受け取つた。

「御商売を妨害する次第には無御座候へ共学士会月報の内容につき既に寒江学士の意見も有之候今日何等正当の理由無き「牛のよだれ」は貴重なる紙面を費し候のみならず要するに他人の蔭口をきくのに外ならずして不徳此上無き次第なれば向後御廃止被下度併し突如御やめ相成候も如何と存じ世俗に所謂「しも」の話を申上候間之にて御打止のほど願上候云々」

無邪気な笑ひ話しをしてお互ひに楽まうと云ふのが僕の筆を執る主意。斯様な事は商売と云ふべきもので無いから、之に関する非難を受けたとて夫れが商売の妨害で有らう筈も無い。其御斟酌は御無用と云ふべきであるが、「貴重なる紙面を費し」と云ふ事に付いては累を寄書家編輯者に及ぼす事故一言しなければ成らぬ。学士会の建て物の中には事務室もあれば談話室もある、食卓も置いてあるし、遊び道具も備へて有る。僕は月報も之に準ずべきものと思ふ。其談話室に当たる部分に「牛のよだれ」の様なものが載つたとて責めるにも及ぶまい。貴重なる談話室に於て笑ひ声を出すとは何事ぞと咎める人はまさかにあるまい。材料を供給する寄書家、原稿を採用する編輯者、恐くは僕と同感であらう。「他人の蔭口」はまだしも「不徳此上無き次第」に至つては唯々見方に由つては色々に見えるものだ、寧ろ云ひ方に由つては色々に云へるものだと云ふ事の新たな例を得たと思ふ計り。斯んな事は蔭口と称すべきもので無い、いや正しく蔭口だと争つた所で水掛け論、其判断は読者に任せるとしても「不徳此上無き次第」は余り大袈裟　此所で之を真面目に論じたら反つて夫れが滑稽談に成らう。材料は事務所へ宛てゝも諸所から来る。止めさせやうとの目的は編輯者の同意を得るのでなければ達せられまい。表面から排斥せずに僕をして自ら筆を絶たせやうとされたのは深慮の有る所かも知れないが徒労で有る事は評者の為めに惜む。「突如御やめ被成候も如何と存じ云々」とは情けある処置の様ではあるが、所謂打ち止めの話しは仰せ通り如何にも「しも」の話しで、材料豊富の場合には採らうと云ふ念の起こり難いもの。強ゐて之を載せれば評者をして貴重の紙面を費すなとの言と矛盾する行ひを敢てせしめるに当たる。僕は両方の理由の為め唯好意を受ける丈に止めて置く。チト不似合ひに角張つたが例の談話室での雑話の心得故時には此位の事を述べても好からう。

「牛のよだれ」は今後出ないかも知れない。出ないとて評者に服したのでも無ければ拗ねたのでも無い。「牛のよだれ」は益々盛に成るかも知れない。これとて当て付でも無ければ我慢でも無い。

書き度ければ書く。否ならば廃す。万事気任せ。要は共に楽むに在る。月報を有益趣味の物に仕様との念は僕に於ても他の諸君に劣らない積りである。僕は評者が此様のものこそ貴重の紙面を費すに足るものであると云ふ実例を、自ら書くなり、人に勧めて書かせるなりして、之を編輯者の手許に送り、月報を賑はす料とされん事を希望する。幸にして此事が実行されるに於ては「うしのよだれ」は少くとも有益な寄書を導き出した功の有るものと成る訳である。

最後に申す。評者は「既に寒江学士の意見も有之候今日云々」と云はれるが同氏が僕の文を非難されたと云ふ事は記憶しない。併し念の為めと月報を調べて見たら、十一月分（第二百四十九号ノ一）の第六頁九行目から十行目に掛けて「毎号続いて出る牛のよだれの如は頗る面白く拝見する」と有つた。此に於て評者の一言もチト誕化の気味ダ！

（二六一）三月廿日東京地学協会の主催で地理学家ペンク教授の歓迎晩餐会が上野の精養軒で開かれた。始め下座敷で雑話が有つて、後食事の知らせに従つて来会者は話し乍ら連れ立つて二階に上つたが、ゴタ〳〵ワヤ〳〵した上に種々の酒の廻つた為めか、或る人々は其室が階上であるか階下で有るか分からなく成つた様子で有つた。斯んな場合だつたものだから、人の過ちを見逃さゞる或る批評家は協会から贈呈すべき一対の花瓶をば主賓に示さうとした某氏が「下（unten）に在る」と云ふべきを「後（hinten）に在る」と云つたのは、実際に贈り物の飾つて有る下座敷と現に自分等の居る食堂とを同一の部屋と思ひ誤つたので有らうとの判断を下した。之は思ひ誤りで有つたかどうかも分からず、さうで有つたにしても大して面白い話しでも無いが其先きが少し面白い。雑話室から話し乍らウカ〳〵と二階へ上つた通りに、食後又人々連れ立ち話し乍らウカ〳〵と始めの雑話室へ下りて来た。さん〴〵談笑をした後、主賓も去つたので、イザ散会と云ふ事に成つて人々廊下へ立ち出た所、彼の人の過ちを見逃さゞる批評家、傍に便所の戸口の有るのを見付け………（と此所まで書いた所へ手紙が届いた。要件と朱書きが仕て有つて裏には神保小虎と明記して有る。開いて見ると急報と大書して夫れが又朱線で囲んで有る、何事かと読み下すと丁度此話しで有つた。彼をして自ら語らしめよ！）

上野の精養軒の二階で食事をして下の座敷に下りて長くシヤベツて後の方の小便所に行つた人曰く、「オヤオヤ二階にも小便所が有る。」

（二六二）△□生からの報に曰く

動物虐待防止会が例の通り学士会事務所で開会中其会員の一人へ他から電話がかゝつて来たと思召せ、事

務所の爺さん各室を覗きつゝ大声にて
「動物虐待の何々さんは居ませんか」

（二六三）変痴奇通と云ふ名で斯う云ふはがきが来た。

森川町の空橋を渡りて西片町に入れば左に貞金（さだかね）実（みのる）など云ふ変痴奇な名前許りが並んで居る。右にも元良（もとら）と云ふのが有る。知つて居る人は知つて居るがこれも見慣れない姓だ。其真中に例の牛の涎先生が泰然としてござる。先生どこまでも変痴奇林中の人と見ゆる。

笑語老申す。空橋（からはし）も変痴奇な橋だが元良氏の西隣には天（あま）と云ふ人が住んで居る。此姓もあまり有るまい！

（二六四）京都在住の一会員と云ふ名で来たはがきに曰く

友人某君某所に転居し表札に「何某寓」と記せしに月末に至り出入りの米屋より持ち来りたる書き出しの名宛を見れば「何々寓様」。

（二六五）看板一束

江崎政忠君曰く、遠州地方旅行中或る所で斯う云ふ看板を見た。上に「大勉強」と大書して有つて次に靴が画いて有る。其下に軍人学生と二行に並べて書いて有つて夫れから大きな字で「直し」。まるで軍人や学生を直す様だ。

青山学士と云ふ名で来たはがきに曰く、
青山四丁目某牛肉店の売出し看板に「日本第一神戸女牛肉大売出し」
名古屋市天空学士の報に曰く、当地停車場前より東西に通ずる大通りに斯う云ふ看板を見出し候
Beef and pigs meat sell shop.
格別珍らしくも無之候へ共牛に縁無きにしも無之と存じ御一報
大阪の華伴と云ふ名で来たはがきに曰く
大阪空堀通りに「船来鑢《やすり》製造所」
浜の学士の報に曰く
徳島市から吉野川に沿ふて土佐に出た事がある。其沿道に「病人宿」と云ふ看板を出してあるのを見て変な商売もあるものと思ひ乍ら進むと今度は「自他御宿」と云ふのがあつた。
相州秦野町で「鋸《のこぎり》病院」と云ふ看板を見た。何かと思つたら鋸の目直し。

(二六六)　矮翁生の報に曰く
三崎町に住む友人と麹町通りを散歩して四ツ谷見附に出た時友人が「ヂヤア失敬する、僕は此所から上の電車で行くから」と云つて甲武線の方に向つて石段を下りやうとするから「君夫れは下の電車ヂヤないか」と念を推すと「ナーニ上だよ」と澄ましたもの。変な事を云ふと思ひ乍ら別れてからブラ〳〵と水道橋へ来て見たら成る程！

（二六七）青山の霞生の報に曰く
昨年末頃の国民新聞に溺死と云ふ見出しの記事中に「………人事不省に陥り………人造呼吸を以て蘇生せしめたり云々」とあつた。人工呼吸なら聞いた事もあるが、人造呼吸とは珍しい。近年独逸あたりで発明でもしたかナ。

（二六八）三好学君曰く、君々斯う云ふ事が有つたが牛の涎にはどうだらう。或る人が観覧車に乗つてグルリと廻つて下りて来て、「下だりは上ぼりより余程早い」、と云つた。

（二六九）山崎直方君曰く、一つ材料を上げよう。横浜の或るホテルで出す領収証には斯う云ふ判が押して有る。
Paid with thanks.
笑語老申す斯んな種なら御礼を云つて頂戴する。

（二七〇）子供を連れて海岸を遊歩して居た時「砂計りで奇麗な所は足袋はだしでお歩き」と云つたので、子供は下駄を手に持つて足袋はだしで歩いて居たが、藁屑や塵芥の有る所へ来たら「きたないからモー下駄はだしに成らうや」

（二七一）地方の或る講演会で、準備中の時間塞ぎかた〴〵、来会者の耳を娯める為めにと何某女史に頼んでヲルガンの演奏を仕て貰つたは好いが、演説の用意が整つたと見るや、正面に声有り、曰く「簡単！簡単！」

（二七二）或る家の下女、八百屋へ買ひ物に行つた所、何を買つて来いと云ひ付けられたのか忘れて仕舞ひ途方に暮れて、どうしやうかと相談に及ぶと、八百屋の亭主落ち着き払つて云ふ様「そんなら大根になさい、大根なら何にでも成つて重宝です」

（二七三）属官甲、上官に対し恐る恐る云ふ様「唯今出す様にと仰せの御書面の宛て書きに違つた字がございますが直しまして宜しうございますか」上官曰く「どの字が悪いか」甲「麹町区のかうぢと云ふ字が少々」上官曰く「フヽーンどこが違つて居るか」甲「偏が青と云ふ字に成つて居りますがあれは麦で無ければいけません」上官「いつも青とばかり書いて居たが、違つて居たか、それでは好い様に直して置いて呉れ。」其後同じ所に用が有つたので今度こそは大丈夫と思つて上官先生麦偏にして宛て書きを認めた所、属官乙が来て顔色を窺ひ乍ら云ふ様「麹町区のかうぢと云ふ字が少し違つて居りますが直しませうか」上官「ハテナ、直した筈なんだがどこがいけないのか」乙「作りが菊の字に成つて居りますが上の草冠は不用でございます」上官「それではかうぢと云ふ字は左に麦を書いて右に菊の字の草冠の無いのを書くのだナ、よしよし、さう直して置いて呉れ」上官甲を呼び寄せて尋ぬる様「此間かうぢの偏が違つて居ると注意して呉れたのは忝《かたじけな》かつたが、乙から聞けば作りもいけなかつたさうだ。折角云つて呉れるなら序でに夫れも知らせて呉れヽば好かつたにどうしたもんだ」甲頭を掻いて曰く「気が付かんでもございませんが、何分偏も作りも違つて居りますとも申し兼ねましたので………」

（二七四）土蜘蛛生よりの来書に曰く
知人某氏熊本県立中学済々黌の舎監を勤めて居た時の事、或る日附箋夥しき郵書が届いた。見れば舎監の父からの手紙であるが、宛て書きは熊本清正公社官某殿。

（二七五）消し印は高輪、差し出し人は「近頃お登りの一会員」はがきの文面は左の通り。
いつぞや京都の四条を散歩したら虎の見せ物が有つた。其看板の貼り紙に大書して有るのを見れば曰く
いきて居ります
これではさも呼吸が絶え絶えに成つて居るやうだ。

（二七六）坂本健一氏からの来書中に斯う云ふ事が書いて有つた。
小生宅の下女所謂山出しで未だ海を知らず、書生潮干にでも行かうかと云へど下女に解からず。何の事かと問はれ「海へ行つて貝を拾ふのサ、品川へ行かうと云ふ事サ」と云へば下女の曰く「東京では海の事を品川とも云ふんですか」

（二七七）足尾ゼーケー生の報に曰く
主人下婢に棕櫚《しゅろ》縄を持ち来れと命ず、下婢直ちに持ち来り之を主人に差し出す。坊や傍に在つて不審らし

く云ふ様「黒い縄の事を白縄だつて！」

（二七八）或るお爺さん、子供いたづらを種にした西洋のポンチ画を見て歎じて曰く「外国にはけしからん子供が多いと見えますナ」

（二七九）或る学校に好く休む先生が有つた。掲示場に毎日の様に休業の札が出て居たが、後には事務員も煩はしさに堪へなく成つたと見えて、先生の出校した時丈札を出す事にした。其文面を見れば
何々講師本日出校に付き担当学科の授業有之候事

（二八〇）看板一束
青山霞生の報に由ると去年の夏名古屋の新地附近で
　氷魂販売所
と云ふ看板を見たとの事。蒟蒻《こんにゃく》の幽霊を云ふ事は聞いたが氷の魂とは珍しい。
安藤坂から江戸川縁へ出る新道に家畜病院が有る。ペンキで大書して有る字を読んで見ると
　犬猫入院随意
憫むべし犬や猫には字が読めまい。

（二八一）久しくヨーロッパの某地に住んで居られた某貴族の夫人、帰朝に際し手廻《てまわ》りの物の仕別《しわ》けを為

し、此れは送る事にしようとか、此れは要《い》らないとか、一々従者に指図をして居られた中、即効紙入りのブリキ筒を手にし、「これは捨て、行かう」と云ひ乍ら従者に渡された所、従者は夫れを膏薬の名と心得、筒に貼り紙をして「ステヽ膏」と書いた。東京着の上荷物を開いて見ると此筒が出た。夫人は始めて此間違を知つて笑ひを漏らされたが、有れば有るで重宝な物故其儘に取つて置かれ、何か即効紙の必要の有つた時には「これ誰ぞステヽ膏を持つてお出で!」

(二八二)戸籍調べに来る毎に何の彼のとむつかしい事のみ云つて人を困まらせ抜く巡査、近頃或家へ行つて取り次ぎの婆さんに厳かに命ずらく「又ペストが流行《はや》りさうな様子が見えるから好く心掛けて鼠を飼ふ様にしなさい」。婆さん曰く「いつもペストが流行ると鼠を捕れとおつしやいますが此度は飼ふのですか」。巡査曰く「イヤこれは誤つた、飼へでは無い、捕れだ、全く云ひ違ひだから常に云ふ通り鼠を捕る事と思つて呉れ、そうして今鼠を飼へと云ふた事はどうか内々にして置いて貰ひ度い。」

(二八三)これは又気転の利いた巡査の話し。報告者は医学士K.S.氏。青山南五に坂田某と云ふ産婆が有る。或時深夜交番の前を走つて通つたので、巡査に呼び留められた。「私は産婆で、今産の催しの有る所へ馳け付ける所でございます、決して胡散《うさん》な者ではございません」と云ふのを聞いた巡査「ハヽア夫れでは胡散《うさん》の者で無くてお産《さん》の者だナ。」これが縁に成つて其後此巡査同僚の妻君二名までも紹介したとの事。

(二八四)これも同氏の報。

大学鉄門の門番或夜、門を閉ぢた後、門前で何者か叫んで居るのを聞き付け耳を澄ませるとどうも「門番は！　門番は！」と云つて居る様で有る。怪《け》しからんと思ひながら透かして見ると車夫だ。「何だ！　門番なんて呼び捨てにして無礼では無いか」と憤り付けると、車夫の曰く「ナーニ今晩は、今晩はと云つて居たのです。」

（二八五）在韓国龍山稲垣甚氏の報に曰く
学校の先生が生徒に「明日は運動会だから家へ帰つたら会費はお思召しで宜いから持つて来る様にと云ひ付けられたと話して置きなさい」と云ひ聞かせた所、或る生徒家へ帰るや否や「おつかさん！　明日《あした》は運動会が有るんだからお弁当にはおぼし飯《めし》を拵へて頂戴！。」

（二八六）或晩餐会で或人曰く「今日は食卓に就くのだから宜い、立食だと他人の事は構はぬと云ふ様な食へない連中が沢山食つて困る」
右山崎直方氏報。

（二八七）或ダダツ児大声を挙げて泣いて居たが、度々の事なので誰も相手にしない、終に叫んで曰く「誰か来てだまして呉れヨー。」
右は巨猫氏の報だが、自身の経験では無いかナ。

（二八八）三島通良氏の報に曰く
私の十一歳になる娘に伯母が富士登山の話をして聞かせて「須走りと云ふ所はそれは面白いよ。登るに一日もかゝつた御山を二三時間で楽に降れるからネ」と云ふと、娘が「伯母さんそれでは私は登る時にも須走の方にしませう。」

（二八九）上野博物館内へ建築中で有つた表慶館が落成に成つて、美術品が陳列されたと聞き縦覧に出掛けた所、入り口に下駄や携帯品の預かり場所が有つたから、此所にステツキを預け夫れ丈で宜からうと思つて折りカバンを手にし靴の儘で段を上がらうとした。すると下足番がこちらを向いて「どうぞカバを願ひます」と云ふ。「これも置いて行くのか、それでは」と云ひ乍ら折カバンを渡さうとすると、「それはお持ちで宜いのです」と云ふ。「色々の事を云ふナ。詰まらない」と云ひ捨て、行かうとすると又「どうぞカバを」と大声で叫ぶ。「何の事だ！　解からない！」と叫び返すと「カバですカバです」と段の辺を指す。好く見れば三越流の靴のカヴアーが沢山置いて有る。成程此カヴアーを穿いて行けとの注意だつたさうな。それがカバカバか。何だバカバカバカしい！

（二九〇）紀伊新宮町西川義方氏の報に曰く
熊野の山路に自転車を走らせて居た某氏、二人連れの田舎者を追ひ越した迄は好かつたが、曲がり角で可なりの谷間へスツテンドウ！　斯くとも知らぬ二人連れは角を曲がつて驚いて云ふ様「自転車と云ふ物は早いものだノウ、今曲がつたかと思つたにモウ姿が見えなく成つたワノ！」これを聞いた某氏再び二人を追ふのも極まりが悪し、さらばとて引き返しもされず、唯々「これはしたり、これはしたり。」

(二一九一) 差出人は無名子、消印に飛驒高山と有る郵書が届いた。其文に曰く
僕の管理せる病院に於て今度病室を増築せしに其際廊下縁の外側に戸袋を作らしむる場所を初めの図面を検し朱書にて「一間《けん》東へ」と記し置きしに偖《さて》愈《いよいよ》建築せしに予定の処よりも三間程東に不都合なる個所に作りたる故大工に詰問せしに「一間《ま》東へ」とありし故一室だけ除けて東に移したるなりと始めて一間《けん》と一間《ま》の思ひ違ひを知り之が真の間違なりと大笑ひ。

(二一九二) 巨猫生の報に曰く
小学校に通ふ子供が集つて僕は尋常二年、僕は高等一年などと云つて居る所へまだ学校へ行かぬ子供口を出し「私は今尋常六ツナノヨ」

(二一九三) 今年観桜会の節御召しに従ひ浜離宮の御苑に参入した者は夥しい数で有つたが、婦人は例の通り外国人の方が多かつた。とは云ふもの丶去年に比べると日本婦人も大分殖えて来たやうに見えた。某氏「いつも婦人は殆ど異人ばかりだが今日は左様でも無い様だ、」と云つ丶あちこち見廻し「ヤア東郷さんも日本の妻君を連れて来て居る！」

(二一九四) 或る人ロンドン滞在中、風邪に冒され、売薬を飲んで癒さうとしたは好いが、ビンの並んで居

る家を見付け薬屋と早合点して飛び込みながら「何か風《ママ》の薬が有るか」と問ふと、其家の者笑ひつゝ「こちらは薬屋ではありません酒屋です」といふ。其人抜からぬ顔で「ナニ酒屋だ結構！　酒は最良の薬だ！　一盃注いて呉れ！」

（二九五）或る寄宿舎の食堂で一学生賄ひを呼び寄せ、どなり付けて曰く「今日の牛肉は馬鹿に固いじやないか、こんな物を食ふと顎がくたびれて腹が減つて仕舞ふ！」

（二九六）粉薬を包む例の薄い煎餅の様な物をお医者様から貰つた事が有る。夫れを入れてよこした袋の上には何薬何日分抔《など》と書き込む欄が設けて有つたが、姓名を書き込む筈の欄で唯殿とのみ印刷して有る所に墨黒々と「オプラート《ママ》」と記して有つて、其左の脇には在中と書いて有つた。即ち「オプラート《ママ》殿在中」と読める。そこで袋の口を開けて見たら成程オプラート《ママ》殿がチヤンと控へてござつた。

（附言）在グラスゴー蘇州生と云ふ名で牛の画の有る美しいはがきが届いた。文言は左の通り。

「牛のよだれ毎回面白拝読致候ことに異境にある身には無限の慰と相成り候爰《ここ》に一首を添へ感謝の意を表し候

かくまでにをかしきことのなかりせば
憂しの世たれか笑ひ語らん

（二九七）七月十一日午前十時四十分新橋発海外旅行の途に上ぼる云々との報を和田万吉氏から得、其日、時刻を測つて見送りの為め新橋停車場へと志したは好いが、途中自分の乗つて居た電車に故障が生じ彼れ此れして大に後れ、気が気で無いが如何とも仕方無く、新橋を越すや否や飛び下り乍ら直に駈け出し、停車場の出札場に達する間に蝦蟆口から銅貨を取り出し、入場券を受け取るが早いか、飛ぶが如くに正面のプラットフヲームに出で、左の方に発車準備中の汽車が有るのを認め、危く間に合つたナ、うまいものだ、と自ら感服はしたものゝ、辺りに知り合ひの顔が見えず、一等二等の車窓を残らず覗き廻つたが、和田氏の形も無ければ、同時出発の筈の山口氏の影も無し。ハテ不思議、此際よもやとは思ふが、民情視察の為赤札に身をやつすと云ふ事も絶対に無いとも定め兼ねる、三等乗客満載の中とても探ね当てずに置くべきかと目を其方に移さうとして不図右の方を見ると、別のプラットフヲームの方にも将に発せんとする汽車が横はつて居る。どうやら本尊様はそつちらしい。大急ぎで其方の戸口に近づけば七重八重の見送り人。掻き別け進み出て窓を見上げれば、両氏の顔が見える。挨拶を終るか終らぬに発車の合図が有つて汽車が揺ぎ出す。際どい乍らも言葉が交へられた以上、先づは送りに来た部で有るが、モウ少しで御苦労様にも後れに来た者と成る所で有つた、折角来てりがレに変じては詰まらない、抔と思ひ乍ら改札場へ来て見ると辻善之助氏が遣り惜しげに立つて居られる。扨《さて》はレ組か大に同情致す。定めし「善は急げ」と急いで来られたで有らうに、お気の毒、お気の毒。

（一九八）大森房吉氏がイタリーの地震の調査を終へて帰朝された時、東京地学協会で歓迎晩餐会を催した。会場は京橋西紺屋町の会館で来る可き人は段々と集まつて来たのに出席の筈の某氏一人、近い所の人なるに関はらず時刻に成つても姿を見せなかつた。どうしたらうと風評をして居る所へヒヨコリとやつて来たので或る人が遅参の理由を聞いて見たら「イヤ失策、失策、会費三円のサンエンを会場と思ひ違へて芝公園の三縁亭まで無駄足をして来た！」

（二九九）東京の電車内で地方人らしい人の問答

甲「小田原の電車では煙草を構ひませんが当地では何故やかましいのですかナー」

乙「ソリヤー、あちらのは水力電気ですが、こちらのは火の力で電気を出すのですから煙草の火でも障りに成るのでせうヨ」

（三〇〇）茅ケ崎住広田生としての報に曰く

近頃小生九州に参りたるに西戸《サイト》崎《ザキ》に立派なダイジングサンが出来たと云ふ様な事を聞き太宰府、箱崎の有る上に更に大神宮様の社殿が新築されたものと思ひ込み其気で居りたるに能く能く尋ねて見れば左記の如き石油の大タンクの事にて大笑ひ

RISING SUN
SAFETY OIL CO.
OIL RESERVOIR
AT SAITOZAKI

笑語老曰くダイジングサンとライジングサン、音のみならず意義に於ても関係が有るから殊に面白い。

(三〇一) 下野国足尾町ゼイ、ケイ生の報に曰く

当地では土用丑の日に鰻を食膳に上ぼす事中々盛んに候、そこで「鳥文」と云ふ鰻屋が辻々に左の張り紙を出した。

明日牛鰻蒲焼大安売

これでは牛の蒲焼も出来る様だ。

笑語老曰く看板掲示の珍字珍句は殆ど際限無しでは有るが、牛と云ふ名にめでゝ此所に繋ぎ留める事と致した。

(三〇二) 大槻文彦氏から斯う云ふ話を聞いた。

近来「ハイカラ」だとか「振るつてる」だとか妙な言葉が流行して色々に応用されて居るが、斯んな事は何時の時代にも有るもので維新前後誰がどうして云ひ出したか「虎の如し」と云ふ形容が矢鱈に用ゐられた事が有つた。「大なる事虎の如し」「重き事虎の如し」位はまだ好いが、菓子を食つては「甘き事虎の如し」酒を飲んでは「美味き事虎の如し」と総べて甚しいと云ふ所に使はれる様に成つた。其頃某氏一人の臆病者を評して曰く「彼れ弱き事虎の如し」

(三〇三) ゐのくちありや氏の報に曰く

僕のうちへ郵便配達夫が一通の手紙を投げ入れて去らうとした、新参の女中が井口令夫人とある上書を見て、もしもし郵便屋さんうちにはこういふ名前の方は居ませぬよと。

（三〇四）大学の赤門前でゴム風船を売つて居る者の云ひ立てが面白い。「舶来のゴム風船を召して入らつしやい！　これは実際の舶来でございますでございます！　こちらに在るのは達磨の形に出来て居ります！　滑稽達磨を召して入らつしやい！　これは実際の達磨でございますでございます！」

（三〇五）西片町十番地に在る僕の家の近所にはどうした訳か珍らしい姓の人が集まつて居る。既に記した事では有るが念の為め数へ挙げて見ると西隣が「実」（みのる）左の筋向ふが「天」（あま）右の筋向ふが「元良」（もとら）。さうして東の方にはこれまで「貞金」（さだかね）と云ふ人が居たので有るが、転居したので一つ減つた。ヲヤ〳〵と思つて居た所、其跡へ移つて来たのは「調」（しらべ）と云ふ人！　疑はしく思ふ諸君は門に掲げて有る街灯の文字を調べて見給へ。

（三〇六）朴駄と云ふ人からはがきが来た。

初めに「差出人は無名、消印は何の何とある抔《など》と麗々しく書かる丶は些《ち》と間違つた事で御座らぬか云々」と心付けの様な言葉が有つて次に斯う云ふ事が書いて有る。

一、僕の地方の新聞紙上平野水やシヤンペンサイダーの広告に曰くサ「右の品々変味腐敗屹度保証す」そんな事を保証されてはお客こそ好い迷惑。

二、当地方に小学校教員の講習会が有つた。其折聴講者の一人突ツ立ち上り講師に質問して曰く「蜃気楼とは時々耳にする所でいづれ有名な料理屋かなんぞでせうが、其由緒と所在地を御教示願ひます。

笑語老申す。「僕の地方」だの「当地方」だのと有るのは一体何所なんだらう。幾ら書く方で承知して居ても読む者には一向解からない。斯う云ふ場合「消印は何の何」と云ふ事が特に欲しく成つて来る。即ち難ずる人自身が必要を証明して居る勘定だ。そこで消印はと見た所が周囲の輪のみが判《はっ》きりして居て地名は一字も写つて居ない。それでも八月二日と云ふ日付けの部は蜃気楼の様に朦朧と見えて居るので、受け付け日の八月五日に比べて、可なり遠い所から来たと云ふ事丈は推測される。此スタンプは多分印判屋が印影不鮮明を屹度保証したものででもあらう。

(三〇七) 鹿児島市、奥山猛彦氏の報に曰く

本年工科大学造船科を卒業する一人の友人が本郷五丁目薬師さんの構内に住まつて居るのだが番地を記憶せぬ所から

「トウキヤウシホンゴウク五チヤウメヤクシコウナイ」

と云ふ宛て書きで卒業式の当日祝電を発した。暫くすると局から電話が掛かつた。何事かと耳を傾けると「先刻お出しに成りました電報の事ですが、本郷五丁目にはヤクシコウ抔と云ふ学校は無いと本郷局から打ち返しが来ました」

(三〇八) 卒業で思ひ出したが穂積陳重氏から斯う云ふ話しを聞いた。

或る人が新法学士を或る所へ紹介した所、先方の人が添書を読んで尋ねて云ふ様「此所に貴君の経歴が書いて有つて多年法科大学に於て独法を講習し云々と有りますが、多年なんて一体貴君は幾度落第したのです」

（三〇九）これも法学士の事だから続けて書いて置かう。（報告者の名を逸す）内務省の警保局に奉職して居る某法学士或る学会から講演を頼まれ得意の刑法論を講じて帰ると、間も無く其会の幹事から礼状が来た。其宛て書きに曰く「内務省刑法局内何々法学士殿」

（三一〇）清国天津牛涎愛読生からの来書に曰く

清国政府鋳造に係かる銀貨に俗称「北洋銀」といふがある。本名「光緒元宝」と云ふ一元銀だ。其裏面に鋳造年号を横文字で書いてあるが面白い。光緒三十一年度同三十二年度及三十三年度の鋳造の分には夫れ夫れ

31th Year of Kuan g Hsü

32th Year of Kuan g Hsü

33th Year of Kuan g Hsü

とある。証拠として三枚上げたいが惜しいから御免蒙る。

（三一一）呉の住人と云ふ名で御役所然たる大状袋が届いた。恭しく開封すると中には骨付きの儘の団扇の一部分が入つて居る。裏には「呉市本通二丁目谷口屋洋服店」と有つて其前に「見舞祈御愛顧」と大書し

て有る。「暑中御」とか何とか云ふ字の所が切り去られたものたるは明かだが、これ丈では何だか訳が解からない。表を見ると軍艦の絵が有つて傍に「高等洋服調進所並に海軍附属品一切」と書いて有る。海軍附属品一切とは大きく出たもんだ。三越のデパートメント　ストアーも迚《とて》もかなはない。副産物としては牛の涎も有るとは益々盛んだ。証拠品を提出された呉の住人君の御好意を感謝する。銀貨三枚を惜まれた牛涎愛読生君に比べると、どうもこちらへ団扇が揚がりさうだ。

（三一二）千代松原に於て薬大師生と云ふ名で斯ふ云ふ投書が来た。（日附けは八月三十一日）頃者僕九州に遊び昨福岡医科大学に酒井薬局長を訪ひ談偶《たまた》ま広田生の報に係かる「ダイジングサン」の事に及ぶ、局長座右を顧み日誌を取て僕に示された、其六月十九日の記事中に実に左の事が記してある。

午前七時半より局長の講話あり（中略）終に臨みて一寸面白い話しがある聞き給へとて申さるゝことに今暁僕が患者控所を通りぬけ様とすると一人の田舎婆さんが僕を捕へて「オヤクダイシサン」はまだ御出ではなりませぬかと聞く、局員中にそんな名前のものもなしと思ひつゝ再問すれば又同一語を反覆するのみ、僕漸くにして其意を諒することが出来た、蓋し医者を尊で「オイシヤサン」と称し役人を敬て「オヤクニンサン」と云ふと同一筆法で「ヤクダイシ」（福岡地方の俗薬剤師を斯く称ふ）を「オヤクダイシサン」と云ふた訳だつた云々。（下略）

（三一三）先月は故有つて筆を執らなかつた所、小石川台町生から「牛のよだれ御休みの学士会月報は寂寥を感じ申候精々御たらし被下度奉希上候」との催促状が来たが其先きに材料の一として斯う云ふ事が書いて有つた。
「十月二十五日報知新聞夕刊日糖社員公判記事に曰く
万事アー夢の如しと云ふ面地にて瞑目天井を見詰め居るのミ」
笑語老申す御厚情謝する所。先頃受け取つた某氏の文中にも似寄りの事が有つた。曰く
意外の質問に口を閉ぢ只アツト云つたばかり云々瞑目天井を睨み閉口アツと叫ぶ？　何の事はない禅の問答の様だ。

（三一四）台町生は又斯う云ふ事を報じてよこされた。「日露戦役中大連の西洋料理屋の看板に大日本西洋料理と云ふがありしが近頃往きしに之は無くなり居たり」
笑語老申す。僕もロンドンで日本の陶器を売る者が「ジャパニス、チヤイナ、ジャパニス、チヤイナ」と呼んで居るのを聞いた事が有る。

（三一五）在大阪鉄搥山人の報に曰く
「昨年六月山人は富山市へ旅行したが県庁を囲繞せる旧城の溜池の真中に禁札が麗々しく建てゝ有るのを見た、其文は
掲　示
此濠内ニハ捕魚又ハ塵ヲ棄ツ可カラズ
「捕魚棄つ可からずと云ふ御指示を見ては魚盗人喜悦の涙（否涎）をこぼさずには居られまい」

（三一六）京都牛涎愛吞生の報に曰く

「去る頃京都寺町本能寺前の或呉服屋へ買ひ物に行きしに同家店頭の掲示懐中物御用心と書き有る次に大文字にて

万引の義は堅く御断り申上候

と記してありました、ナント盗難予防の妙案ではありまへんか」

笑語老申す。前項と共に官民妙掲示の一対と称するに足る。

（三一七）呉の住人と云ふ名で斯う云ふ通信が来た。

「話は数年前拙者がまだ某市役所に居つた時の事です。何か用事が有つて工夫部屋の附近に行くと盛に話声が聞える、見ると工夫長の宗吉と云ふ者が多勢の工夫に取り巻かれてシヤベツテ居る所であつた。宗吉君が二千ソツコウとか十六ソツコウとか云ふのは何の事か知つて居るかと云ふ。何でも電灯の話らしい。多勢の工夫中答へる者が無かつた。ソコデ先生説明して曰くソツコウと云ふのはソクコウで、ソクは本字で足と云ふ字、コウは光と云ふ字ジヤ、それで二千ソクコウと云ふと二千足歩いて見つ《ママ》た所まで明かるい、十六ソクコウと云ふと十六足の所まで明かるいと云ふ事ジヤ分かつたか」

（三一八）石黒忠悳《ただのり》男の報に曰く

「九月二十四日の東京朝日新聞東京の女の題中、洋画家岡田三郎助夫人を訪ふた条に二十四五の嬰児を背負た女が汗をふきながら云々と有る。二十四五とは大きな赤児も有つたものだ。」

笑語老申す。さぞ重い事だらう。そんな子を背負つたら汗の出るのも尤もだ。

（三一九）巨猫生の報に曰く

「浅草で空気枕を売つて居る者の口上

若しこれに毛穴で突いた程な疵《きず》が有つても空気は皆洩れる筈で有ります」

笑語老申す。口上には穴が有つた！

（三二〇）序でに浅草の話しをモウ一つ。報告者は千馬太氏。

「或日浅草公園を通ると観音様の本堂の筋向ふ共同便所の隣に仏教青年伝道何とかいふ会堂の新築場があつて板囲ひがしてある。其前に例の寄附金をした人の名前がある。読んで行くと印度仏教何々管長某殿を筆頭にいろ〳〵の名が書いてある。其中には公園附近の飲食の名もある。やつこ殿も面白いと思つたら最後に金何円だるま殿！」

笑語老申す。仏教流布の為めとならば己れの名を用ゐるのも宜いが、やつこと幷べられてはまるで屓扱ひだと、だるま殿ブーブーうなるかも知れぬ。

（三二一）甲或る所でサンドウイツチを食ひ「これは、うまい、始めて食ふが何と云ふ物だ」と問ひ、其名を聞き得て、後に乙に会つて云ふ様「今日は薄く切つたパンの間に肉を挟んだものを食つた。ヽヽヽヽサンスクリツトと云ふものださうだが実に結構だつた。」乙其迂潤を笑つて丙に曰く「イヤハヤ甲の世情に疎いにも呆れた。サンドウイツチを食つた事を珍らしさうに吹聴した上に其名まで覚え違ひをしてグリーンウッチなんて云つて居る。」

(三二二) 高等女学校の先生、読本に出て居る言葉の意味を生徒に尋ねるとて「此所に精進と云ふ事が有りますが何の事か解かつて居ますか」と云ふ。生徒数人手を挙げる。先生「それでは何々さん云つて御覧なさい」と云ふ。指された生徒立ち上がつて得意で答へて曰く「アノー、精進と云ふのはアノー揚げ物の事でございます」

(三二三) 揚げ物に付いてモ一ツ話しが有る。下田次郎氏からの来書中に曰く「本郷の丸山福山町の或る家の軒下に汚い〳〵揚げ物の屋台店が出て居た。其看板に

こじきあげ

と云ふ様な事が書いて有つた。乞食揚げとは思ひ切つた名を付けたものと微笑しながらよく〳〵見たら

ごしきあげ (五色揚)

だつた。」

(三二四) 呉の無名氏の報に曰く

先達の月報「ライジングサン」にて思ひ出し候、当地海軍工廠より職工を英国に派遣したる事有り、ベラ

ンメー連中にて英語は勿論日本語さへ怪しい者が多かりし事故、渡英後随分言葉の上の奇談有り、日露戦争中の事なり英人が此職人の市中をうろつき居る時大に好意を表して「何とか太神宮さん〱」と呼ぶと云ふので日本人を神様として崇めるものと心得得意に成りて喜び居りしが能く〱聞けば「ライジングサン」の聞きかぢりなりし。此連中「トラムカア」（電車）を「虎の皮」と覚え写真機械の「チエンジボックス」を「天神箱」と呼んだ抔《など》は如何にも愛嬌有る話しならずや。或人曰く「トラムカア」は「面の皮」にて沢山なり。

（三二五）駒込一文学士の報に曰く

丸善から外国の新聞雑誌を早く注文せよといふ催促状が来たが其中に「伏て奉糞上候」といふ句が二個所まで有つた。クソ上げられては困るがコエ上げるとでも読ませる積りなんだらう。

笑語老申す。右同案多数に付き先着の分を採る。

（三二六）牛込牛尾生の報に曰く

此話は話の様な話であるが、全く話では無い、全くの話である。

御茶の水の高等女学校で、先日某級の同級会を催した時に、先生の一人が、小使に其会の幹事は誰であるか聞て来いと命じた。小使は其級の生徒の集まつて居る所へ行き、「同級会の幹事はどなたで御座います」と尋ねると、一人が「私です」と答へた。小使早速先生の所へ帰つて来て「幹事は私ださうで御座います。」

（三二七）岩川友太郎氏からも話の様な話だとて左の通り報じてよこされた。

うしのよだれ、第三一二項に、田舎婆さんの「オヤクダイシサン」の話の書かれてあるのを見て想ひ出したが、僕の友人に医学士伊東重なる人ありて、青森県下弘前市に私立病院を開いて居る。何時ぞや、久し振にて面会せしに依り、病院の景気などを尋ねたるに、氏はイヤ田舎の患者を診察して居ると折節抱腹に堪へぬことが沢山あるよと前置して曰く、或る時山間の僻地から初めて弘前へ出たらうと思へる田舎の婆さんが、一人の色青ざめたる男女孰《いず》れか差別し兼ぬるような子供を抱へて来た。ピヨコ〳〵御辞儀許りして言ふことも能く分からなかつたが、多分子供の病気を見て呉れといふのだらうと推して、脈を取らうとしたが、其の子供は僕の洋服姿を見て頻りと泣き叫く（此の時余輩の心中に思ふやう、子供は果して洋服姿を見て泣いたのだかどふだか、氏の顔貌は余り小児科に向く方とは思はれぬ。是は伊東君を知る学士会員の皆首肯する所であらうと信ずる）兎に角胃腸を損じて居ると察したからして、婆さんに木製の番号札を与へ、これを薬局に出せば三日分の水薬を呉れるから、一日に三回づゝ飲まして癒らぬようであつたら、又伴れて来いと丁寧に教えて遣つた。スルト三日目位に其の婆さんが、再び見えたからどふしたと尋ねて見ると、コハ如何に婆さんは懐から一個の木片を取り出し、先達て頂戴の御札をコンナに呑せましたが、未だ快くないといふから、驚いて段々糺《ただ》して見たるに、婆さんは前に与へられた番号札を薬と取り違へ、毎日鰹節のように削り、煎じて飲ましたのだそうである。実に嘶のような話ではないかと、同氏の話であつた。

（三二八）或る人が借馬で蒲田へ梅見に出掛け、土産に梅びしほ抔を買つて帰つて来た所、馬の主が馬の頸を見て目を見張り、何でこんなひどい使ひ方をしたのか、何所か傷けたと見えて血が流れて居ると云ふ。覚えの無い事だが見れば成る程赤い物が垂れて居る、不審に思つて能く能く調べて見ると赤い物の元は鞍に結び着けて置いた曲げ物入りの梅びしほ！

(三二九) 或る英語の読本の中に手紙の文が載つて居て、宛て書きの所に何々イー、エス、キユーと書いて有る。其所を読む番に当つた生徒が唯何々エスクと読んだので、教員がエスクは略字だが、其元を知つて居るかと問ふ。其生徒言下に勢好く答へて曰ふ様「エスクと云ふのは、エスキモーの略字です」

(三三〇) 或る国学者《こくがくしや》の細君産気が付いたが難産の気味でなか〳〵子供が生れない。種々手を尽くしても効が挙がらないので此上は神様の御助けを願ふ他は無く、夫れには自分が真心を籠めて祝詞《のりと》を上げるに越した事は無い、斯くすれば必ず感応が顕はれるに相違無いと大広言を吐いてイザ神前に向かはうとした時、産婦の部屋から下女が飛んで来て「今御産がございました」と云ふ。国学先生頭を傾けて曰く「それは変だ、己れが祝詞《のりと》を始めもしない中に生まれる抔《など》と云ふそんな事の有らう筈が無い」

(三三一) 出産に縁が有るから次に金城生の報を掲げる事にする。
某学士夫人が身持ちに成つた時
甲「何君の妻君はゴニンシンダ。
乙「驚いたナ、去年の卒業だと云ふのに今の妻君は六人目なのか。
甲「何を云ふんだ、赤ン坊が出来たと云ふ話サ。
乙「さうか。僕は又妻君が五人死んだのかと思つた。

(三三二)序でに妻君の話しをモウ一ツ。これは千馬太生の報。
甲「A君の奥さんは後妻ださうだね。
乙「さうさ、B君のもさうだよ。
甲「さうか、一向知らなかつた。併しC君のは先妻《せんさい》だらうね。

(三三三)牛涎的看板集
在那覇彌生生の報に曰く「当地の蕎麦屋に斯んな看板が出して有る
大日本そば
大日本鹿児島そば」
札幌の髭武者と云ふ人の報に曰く「南一条の池内と云ふ大きな金物屋の看板に
ストーフエント
と書いて有る。何かと思つたら暖炉の煙筒の事だつた。」
YT生の報に曰く「越後長岡市柳新道で
人力車大勉強所
と云ふ黒板白字の看板を見た。越後新発田町では
鯉金魚養製所
と云ふ看板を見た。

有坂小象氏の報に云ふ「厳島紅葉谷の絵葉書屋の前へ来たら何か買へ買へとうるさく勧める、買ふ人が少いのかなと思ひつゝ何心無く看板を見れば曰く

雨蓮堂」

（三三四）発信者の名を逸したが斯う云ふ通信が有つた。

「戦地に行つて居た大工が支那の大工と手真似身振りでどうかかうか用を弁じて居た所、或る事柄がどうも通じない。そこで日本の大工筆談と出掛けた。それでも一向解らない。支那は文字の国だなんて云つても此位な事が解らないのかくだらんものだなアと日本大工大気焔。其文を見ると

君明日此板御引被下」

（三三五）穂積八束君が法科の或室で二時間続きの講義をされた折りに、学生が講義前に盛んに喫煙したと見えて室内に煙が充ちて居た。此所で喫煙しては成らぬと懇々言つた上で講義の半ばを終り、暫時休憩の後、穂積教授が再び室に入られた所、又も煙が漂つて居た。やがて教授が段の上に立つて「前の時間にも申しました通り……」と云ひ出したので、学生は無論講義の続きと心得、筆記を始め、次の句に耳を傾けると教授の曰く「此部屋の内で煙草をのむ事は止めなければいけませぬ！」

（三三六）或る禿げ頭の紳士、僅しか残つて居らぬ髪の毛の延びたのを人並…に気にして理髪所へ行つた所、チョキ〳〵〳〵と音がしたかと思ふと直きに「ヘイ宜しうございます」と云はれ、ちと早いとは思ひ乍

らも「ア、セイ〳〵した、刈り込み賃は幾らだ」と聞くと、床屋の曰く「へ、、、、イエモウおぼしめしで何程でも宜しうございます。」

（三三七）床屋の話しをモウ一つ。これはH生の報。

今から四五年前の事だが東片町の或る床屋に

散髪　金　八銭

顔剃　金　四銭

と云ふ札が貼つて有つた。顔を刺されて四銭取られては大痛事《いたごと》だ。

（三三八）同じくH生の報。

これは或る地方の床屋の事だが「丸狩何銭」と云ふ書き付けを見た。マサカ半風子《しらみ》を狩る事でも有るまい。

（三三九）床屋の次が湯屋の話し。あけぼの生の報に曰く、曙町の湯屋の貼り札に斯う云ふのが有つた。

一　人参湯

右執行ニ際シ浴槽ヨリ湯ヲ汲出サヌ様被成降度願上マス

右牛のよだれに執行なされては如何。

（三四〇）貼り札には随分面白いのが有る。H生の報に曰く、一月二十三日靖国神社境内能楽堂に於ける温古《ママ》会主催の能会の入り口に左の如き貼り札があつた。

会員以外の御方は住所性名或は名刺を受附へ御差出し被下度候。

住所を差出すのも大変な騒ぎだが、性名に至つては大に振るつて居る。

（三四一）性名と云へば在北海道の無名氏から斯う云ふ報が有つた。

僕の居る所の或る西洋小間物屋の看板に

新柄男女めりやす安売

と書いて有る。めりやすにも雌雄があると見える。

（三四二）珍看板の例は（よたろ）と云ふ人からも知らせて来た。それは名古屋市の或る所の箸屋の看板で其文字は

食命木製造所

命を食ふとは恐ろしや恐ろしや。

（三四三）小川生の報に由ると小石川指谷町には

ほどこしむしば

と云ふ広告が出て居るさうだ。命を食はれたり虫歯を施されたりしてはたまつたものではない。

（三四四）縁起直して屠蘇でも祝はう。麴町霞村生から左の如き意味の報告が有つた。
或る家へ屠蘇一袋を贈つた朝其家の子供が「とそと云ふものはどう云ふ謂はれが有るのですか」と問ふ。老婆曰く「とその事には斯う云ふ歌があるのです。エート、さうさう。年の内に春は来にけり一とせをとそとや云はんことしとや云はん。」

これはお屠蘇話しよりもおとし話しに近い様だ。

（三四五）屠蘇が済んだら羊羹を一つ。
健脚子の報（字句少々変更）に曰く
宿屋に泊つて新聞を見ようと思ひ、「朝日か大和を持つて来い」と云ひ付けると「今切れましたが敷島では如何でございます」と云ふ様な返事に出会ふ事は間々有るが、福島県本宮の或る旅店へ着いた時「大和のユウカン（夕刊）が来たらよこせ」と云つたら、女中帳場へ行つて云ふ様「お客様がヤマト羊羹を切つてよこせと御注文ですがどんな羊羹でしよう」

（三四六）言葉の間違ひは好くある事だが東華生の報告も面白いから左に掲げる。
十年前の事だが僕が陸軍の病院附だつた時一老看護長が「今度参謀本部の前へ有栖川の宮様の倉庫が出来るさうですがどうして御邸から離れた所に作られるでしよう」と云ふので何の事だかちよつと分からなかつたが二三日前の新聞に宮様の銅像が参謀本部の門内に建てられると云ふ事の出て居たのを思ひ出し「それは倉庫では無い銅像の事だらう」と云ふと看護長真面目で曰く「ヘイ左様でございます其倉庫は土蔵なんださ

うで………」

（三四七）次は字の間違ひで犬の涎生の報

先頃の朝日新聞に

任鉄道院野事　小林源蔵

と云ふ辞令が出て居た。理事かと思つたら彌次ださうだ。

（三四八）牛涎眼を以て新聞を見ると実に面白い事だらけだが、見出しには殊に珍なのが有る。在那覇彌生生の報に由ると同地の新聞に大阪火災義捐金不始末事件の記事が出た時二号活字で

大阪市以下辞職

と云ふ見出しが掲げて有つたとの事。それで報告者は市が辞職したら野原にでも成るのだらうかと御懸念の御様子だが、此報を受け取つた日の東京の新聞には「芝公園の自殺」と云ふのが有つた。或る席で加藤弘之先生と雑話の席で此事を云ひ出したら、先生の曰はるゝ様「隅田川の情死」なども考へて見ればをかしなものサナー」

（三四九）大磯の或る松林の傍に御料局の出張所の有つた事が有る。其所に接した所に旅館が有つたが、或る男が其家に逗留して居る友人を訪ねようとして誤つて出張所の方へ這入つて来た。役所とは云ふものゝ構造が普通の日本風家屋と変らないのでズツト通つて彼方此方見廻したが女中らしい者の影も無い。其中に

小使が出て来たので旅館の男と心得、誰某は居るかと問ふと、そんな人はこちらには居ませんと云ふ。何だかあたりの様子も違ふ様だ、これは家を間違へたと見えると極まり悪く思ひ乍ら此所を出ようとすると、小使の方では又妙な人間が舞ひ込んだものだと思つて玄関まで付いて来る。送られる方では思はくが別で、家を取り違へたと云つた切りで出て来るのも工合が悪いと幾らかの金を紙に包み、出掛けに小使を顧みて「飛んだ間違をして気の毒だつたネー、少しだが茶代に」と云ひつゝ之を渡さうとする。受け無いのを無理に持たせて急いで門口を出る。小使追ひ付いて「こんなものは受け取れません、此所は宿屋や料理屋では有りません」と云ふ。彼の男不審な顔をして「ナニ料理屋で無い？　それではあの札は何だ？」と云ひつゝ門口を見返り「御料……………イヤ理かと思つたら局だつた！」これは江崎政忠氏から聞いた話。

（三五〇）江崎氏は又斯う云ふ事を語られた。氏が或る家の玄関で案内を求めた所、子守りの様な小女が出て来たので主人の在否を慥《たしか》める積りで「お宅にお出でゞすか」と云ふと「どなたです」と問ひ返す。勿論自分の名を聞くのだと思つたから江崎政忠と云ふ名札を渡すと夫れを手に取つて暫く眺めて居る。何だ失敬な事をする女だなと思つて居ると、其所へ本統の取り次ぎらしい書生が出て来る。小女書生に名札を見せて曰く「ネー、斯んな人は居ませんネー」

（三五一）二月二十四日付けで「千駄木の虎」と云ふ人から斯う云ふ意味のはがきが来た。

本月の学士会月報所載北京学士会報告中嘶の8に「日本から北京に来たばかりの某海軍夫人云々」と云ふ事が有るが、海軍夫人の御亭主は陸軍だらう。

笑語老曰く海軍夫人と云へば海軍の奥様と聞こえるから其良人は海軍で有りさうなものと思ふ。御亭主を陸軍としては一女二夫に見《まみ》える勘定と成る。如何。虎君首を振るや否や。

此はがきの追記に又斯う云ふ事が書いてある。「此度も没書したら前回のと併せて金三銭の損害賠償を要求します」没書どころでは無い浮き上がり過ぎて高い棚に上がつて居たので有る。折角の脅かし故ちよつと驚いて、前回のはがきを取り下ろして見ると次項の通り。

(三五二) 牛のよだれ、四十二年十二月八日滴る、千駄木虎、

本日の東京朝日新聞文芸欄矮人観場と云ふ標題の文から次の様な表が出来ました。

一年平均	華盛頓《ワシントン》	馬耳塞《マルセーユ》	東京	倫敦《ロンドン》
快　晴	百六十一日	百六日	六十日	四十三日
曇　天	百十日	六十七日	百四十日	百三十四日
雨　天	百二十五日	八十五日	百五十日	百八十七日
計	三百九十六日	二百五十八日	三百五十日	三百六十四日

これは大問題である。是非共理科大学の先生の御鑑定を願ひ度い。マサカ飛行機一件の様に訴訟沙汰にもなりますまい。

笑語老曰く、一年が三百九十六日に成つたり二百五十八日に成つたりするのが不思議だと云はれるので有らうが、虎が牛の涎を垂らす抔《など》も随分不思議だ。

（三五三）原町生からのはがきに曰く

牛の涎三三九に曙生から曙町の湯屋の貼札を報告せられたが、これは現今執行に成つて居る分で、その前にちよつと執行してすぐ止めに成つた分がも少し振つてる様だ。曙生の御気が付かれなかつたのは惜しい事と思ふから小生から御知らせ致します。

一、今般人参湯執行に付浴槽より湯を汲出サヌ様御断申上候

右投書執行致候に付没書なされぬ様御断り申上候

（三五四）湯屋の話をモ一つ。これは九州相良雍和堂主人の報。

曾て東京渋谷の湯屋に行きたる時中学生らしき一人が備へ付けの痰壺の中に痰を吐かんとせしに三助之を見て曰く「オイ書生さん其中に痰を吐くと後で洗はなければ成らないから流しの溝に吐きなさい」これでは衛生上の注意も水と成つて流れて仕舞ふ。

（三五五）渡瀬庄三郎氏曰く斯う云ふ話がある。ハツクスレイが或る時脳に関する通俗講義をした所が一人の婦人が熱心に聴いて居て、講義が終るとハツクスレイの傍に来て有益な話の為め大に知識を得た事を謝し「一つ伺ひ度い事が有りますから何卒御教へを願ひます」と云ふ。ハツクスレイも其篤志を喜んで「何なりと御遠慮無く」と云ふと婦人の尋ぬる様「一体小脳と云ふものは頭蓋骨の内に在るのですか外に在るのですか」

（三五六）山田三良氏から神楽坂の上に「鎌倉公切売」と云ふ看板の出して有る店が有るとの事を聞いて通り掛かりに注意して見たら成程上り切つた所の右側に有つた。これは片仮名の「ハム」の二字が一緒に成つた丈の話しだが、ちよつと見ると頼朝を切り売りにする様に思はれてをかしい。流石《さすが》は涎に縁有る牛込の看板だ。

（三五七）或る婦人が諸所の用達しを済ませて家に帰つて「今日はあちこち人力車の飛び乗りをして廻はつて来ました」と云ふと女の子が気遣はし気に「電車の飛び乗りで怪我をする人が有るのですから人力車の飛び乗りなんぞする事はモウ今度からはをよしなさいネ」

（三五八）三月二十八日朝八時半大阪梅田にて小象と云ふ名で斯ふ云ふ御届けが出た。

今朝当駅着、朝食の為めアサヒビヤホールに入り食事を済ませ後便所に至り見れば「じようごの外は使用御断」と云ふ注意書きが貼り付けて有つた。小生は下戸だが勢ひ止むを得ず禁を犯しました。

（三五九）小石川北松生の報に曰く

本郷龍岡町の或る家に

　大学病院珍察御案内

と云ふ札が出してある。珍だから御案内致す。

（三六〇）呉の無名氏からの来書に曰く

余がニユーヨークに居りし時斯う云ふ話を聞けり。米国の軍艦には日本のボーイとコックを沢山に使用し居る事なるが、それに雇はれんが為め食ひ詰めの日本人がニユーヨークのブルツクリン市サンド町辺に多く住居し居れり。これが海軍工廠のセクレタリーの所に雇はれ方を依頼に行くに英語が分らず只逢ふべき人を指して行く。それには「関取鍋屋《セキトリナベヤ》関取鍋屋《セキトリナベヤ》」と云ふ。何の事かと段々糺《ただ》して見れば「セクレタリー、ヲフ、ネビーヤード」の事。

猶振るつて居るのは桑港《サンフランシスコ》にての話なり。こゝにも日本の労働者が沢山入り込み果実の成熟する時分には其採果の為めに雇はれんとて栽培主の宅に依頼しに行くとの事なり。例の通り言語不通。そこで「ストロー兵衛《ベエ》の出奉公《デボーコー》、ストロー兵衛《ベエ》の出奉公《デボーコー》」と云つて歩く。これは「ストローベレー、デーレーウヲーク」の訛りだとは面白し。

（三六一）金城生の報に曰く

三島駅で僕の見た事を話さう。同駅で三人の女が「おきつ」へ行くとて補充券を買つた所が年上の女が興津の二字を見て「マアーとろくさい興行のコウに津ではコウヅ（国府津）だきゃーも」と名古屋弁を振り廻して噪ぎ始めたが駅夫の説明を聞いて「あーそーきゃーも」

（三六二）石黒五十二《いそじ》氏の来書中に曰く

御承知の通り小生儀宇治川電気会社の工事に関係致候為め京都に単身にて出掛け居候処常に交際致居候

方々は菊池男、中沢博士、森田茂吉君等に有之候得共日曜日等には出掛くべき所も無之退屈致候事有之依て仮寓の女将に何れか面白き所も無きかと尋ねたるに、女将曰く「岡崎のちゃうちん陳列場へでも御出掛なされては如何」、生曰く「ナニ、それは商品陳列場ならん」と云へば女将曰く「ソードスカイナ、併し提灯が陳列してありやすエー」

（三六三）Ｈ生の報に曰く

或る日妻と共に某学士の噂をして居た時妻が「○○さんは古い（出身）方なんですか」と云ふと傍に居た六つに成る女の子が「アラお母ァさん、人の事を古いだなんて、年寄りと云つた方が宜いわ」

（三六四）子供の病気に医者が粉薬とヲプラ《ママ》ートとを与へた所、乳母が夫れを見て「マア御親切な御医者様だ事、こんなに口直しの御煎餅迄も添へて下さつて」

（三六五）京城同朋会隈本代理と云ふ名前で寄せられた報道に曰く

知る人も有るらん東京帝国大学出身者の有志間に同朋会なるもの有り。その仲間約十名京城其他に客寓せり。二月十四日京城にて集会せし折「うしのよだれ」の噂生じ、左の話の如き或は材料にもと書き送る事と致候。

韓人は今尚ほ二銭五厘の白銅貨を使用せるが郵便局に至りこれにてはがき二枚を売り呉れと逼《せま》る事は耳新しからず。通信管理局の島田君の話に三銭の切手に対して五銭払ふから成るべく早く先方へ届く様にして貰ひ度しと申し込みし者も有りしと云ふ。又或る韓人は郵便を書留にする様に頼み局員が今受取が出ますと云つたのを聞きポストの周囲を頻りに廻る。何をして居るのかと怪んで問へば受取が出ると云ふ事故此所から出るならんと待ち居るなりと答へしとぞ。笑語老曰く受け取りの話丈はちと受け取りにくい様だ。

〔三六六〕　此頃牛に縁有る善光寺へ行つて同所の名物高等女学校長渡辺敏氏に会ひ此所彼所一緒に歩き廻り、種々の涎的事実を見聞する光栄を有したが、就中《なかんずく》臍に銘じたのは同氏自らの口から出た次の一話で有る。

僕の若い時分、まだ汽車の通じない頃の事だが母と同道して高崎へ行つた事が有つた。夕方旅宿へ着くと直に一人で見物に出掛け、何所をどう廻はつたものか兵営の側へ来たので一つ様子を見てやらうと門を入らうとすると番兵が出て来て「何所へ行く」と咎めた。有りの儘に見物に来たとの事を云つた所「そんな為めなら此門を通る事は成らん、早く出ろ」と云ふ。仕方無しに帰らうとした処サア仕舞つた、旅宿の町名も知らなければ屋号も知らぬ、行きなりばつたりに宿を取つて、方角定めずに歩いたのだから、どうにも尋ね様が無い。実は途方に暮れたが、素知らぬ顔で再び門に近づき番兵に向つて「今日は高崎に泊らうと思ふのですが宿屋の多く並んで居るのは何所ですか」と聞くと今度は親切に行く途までも教へて呉れた。好意を謝して其町へ行つた所、似寄りの家が多くてどれが自分の宿だか分からない。実に閉口したが窮すれば自ら名案が出るもので、先づ一軒の宿屋の前へ立つて「今日こちらへ二十五六の男が六十計りのお婆さんと一緒に着きは仕なかつたかナ」と人事の様に聞いて見た。「イエこちらではございません」と云ふ返事なので又隣の宿屋の男に「今日こちらへ二十五六の男が六十計りのお婆さんと一緒に着きは仕なかつたか」と聞く。「イエこちらではございません」。こんな風で軒別に聞いて歩いたら或る家で「ハイ先刻お出でゞございました」

と云ふ。此所らしいなと思ひながら「其男は今居るか」と念を押すと「イエお着きになるとろくにお顔もお見覚え致しません中に何所かへお出掛けなさいましたがまだお帰りなさいません。モウお食事時でございますので御年寄りに御膳を出さうと致しましたが倅が帰つてからに仕ようとてお待ちなさつてでございます、何所へお出に成つたのか余り遅いのでお案じ申して居ります」と云ふ。其所まで聞けばモウ大丈夫と勇んで上へ上がりながら、「さうか〳〵其男はおれだ〳〵！」

（三六七）話しを仕掛けてちよつと他の用事をしたので前からの続きを忘れ、「エート何所まで話したつけか」と云ふと子供曰く「それからネーと云ふ所までです」

（三六八）本郷森川町にパラダイスと云ふ家号の食料品店が有る。或る人が此店で売つて居る酣《す》の事を人に話して「パラダイスの酣は誠に好い」と云ふと、傍に聞いて居た人が「妙な事を云ふナー、パラダイスのスが好いの悪いのたつて仕方が無いぢや、無いか、パラダイスと云ふのが彼の店の名なんだ」

（三六九）在韓国龍山稲垣甚氏の報に曰く先頃馬山に出張し或る旅店に宿泊せしに浴場に宿の者が玉子を以て頭髪を洗ひ呉れたるにより奇麗に成つて至極心地が善いと褒めた所翌朝其者がオバアシユウを被せた靴を見て云ふ様「御靴に光沢がありませんが玉子で洗つたら如何でせう」

（三七〇）これも稲垣氏の報

京城の市内にて左の如き看板を見たり
　京城婦人会附属日曜兵士休息所
騎兵だの歩兵だのは知つて居るが日曜兵士とはどんな兵士だらう。

（三七一）僕は又信州の飯山と中野との間の或る所で

時計商 自転車　修繕所

と云ふ看板を見た。此辺の時計商は自転車の様に時々損ずる事が有ると見える。

（三七二）駒込の虎と云ふ人からの報に曰く
子供が仏像を見て「オヤ大仏様の小さいの！」

（三七三）本郷の鳥と云ふ人からの報に曰く
或る日勤め場所で何の気無しに食堂へ行くと自分の食卓の上に紙片が置いて有る。取つて見ると鉛筆で左の通りに書いて有つた。

「高田商会ヨリ怪三尺ガ来マシタガ貴所ガ御出デアルカ当方ヨリ伺ヒマスカ御返事ヲ願ヒマスト先刻電話ガアリマシタ」

怪三尺とは何だらうと段々考へて見たら曾て高田商会へ計算尺を注文した事があるので、夫れに付いての話しと云ふ事が分かつた。計算尺が音からして経三尺に化け経三尺が字の誤りからして更に怪三尺に化けたものと見える。そこが怪の怪たる所以であらう。

（三七四）畔柳都太郎氏から斯う云ふ申し込みが有つた。

謹啓「牛のよだれ」三五二に無記名の投書を御採用に相なり恰《あた》かも其話を是認なされ候やうに相見え候も「矮人観場」の記名執筆者たる小生に寸毫の誤謬も無之、却つて投書家の誤解に候右は「朝日」にて弁駁致すべきところ文芸欄担任の記者より文芸問題にあらざることゝ時日の余りに隔たりたることゝの為めに其儘にすて丶置いたらよからうと申され候間一言も御答弁致さぬことゝ相定め候、しかし記名執筆者として小生の多少迷惑致すことに候間三五二は御取消被下度此段御願申上候匆々不一

三五二と云ふのは本年三月発行の月報二六五号第一九頁に載つて居る一年間の天気の表に付いての事で合計が様々に成つて居る所が妙だと云ふ丈の話、何も執筆者が迷惑されるにも及ばぬと思ふ。「寸毫の誤謬も無之」との事では有るが彼の文中には寸毫も誤謬であると記した所も無之、一体牛のよだれに対して真面目に答弁抔《など》とはちと角が出過ぎたかの観が有る。無記名の投書と有るが、変名ながらも千駄木虎と署名して有る。同じく変名の笑語老に向つて「其説を是認なされ候やう相見え」とむつかしく談じ込まれるよりも千駄木虎に告ぐとか何とか題する一編を直接に月報へ投書されるが宜からうと思ふ。序でに今回登録三七二の子供さんに申す。「大仏様の小さいの」とは自分の見た仏像が大仏様の通りの形で小かつたからの事で当り前千万寸毫の誤謬も無いと云ふ様な事で自然迷惑に感ぜられるならどうぞ、寄稿者の方へ掛け合つて下さい。

ハテナ、彼の寄稿者は千駄木の虎、此の寄稿者は駒込の虎。方々に虎が見える。虎穴に入らざれば牛のよだれを得ずとでも云ふ訳か知らん。

(三七五)麴町の虎と云ふ名で斯う云ふはがきが来た。
千駄木の虎「矮人観場の統計で晴天雨天曇天〆一年三百八十日あるハテナ」
駒込の虎「小生に寸毫の誤謬無之却つて千駄木の虎の誤謬に候」
これが「牛のよだれ原稿」と題して有る。蓋し前号三七四に記して有る筋違問答が其儘牛のよだれに成つて居ると云ふ意だらう。ところが「寸毫の誤謬無之」との事を云はれたのは畔柳氏で有つて此所に書いて有る様に駒込の虎では無い。麴町の虎君の文には寸毫の誤謬が之有る様だ。
夫れはともあれ、千駄木の虎、駄込《ママ》の虎、更に麴町の虎、とう〳〵三虎が飛び出す事に相成つた、涎気の有る諸君は御用心！　御用心！

(三七六)ところで千駄木の虎君からは次の意味の申し越しが有つた。
　拝啓五月の学士会月報によりホンの出来心でよだつた事が意外にも累を閣下に及ぼしたる事を承知仕り恐縮千万に存候此処もヤハリ朝日新聞関係の事ながら五月五日分の欄外に「自殺したる兵士の逃亡」と題する雑報有之、いくら日本兵が強くともこれは又余りの事と思ひ読みて見たる所曾て自殺せんとして遂げざりし兵士が今度脱営逃亡せりとの記事に有之、標題が奇抜故御報致候、小生は殆ど既往二十年来朝日新聞の愛読者に有之斯かる事を記すも同新聞の為めを思ひての事故宜しく御吹聴願上候斯う云ふ訳ださうですから左様御承知を願ひます。それから（三五二）に「虎が牛の涎を垂らすとは不思議な事だ」と云ふ事を書いて置いたが「自殺したる兵卒の逃亡」に比べると其位は何でも無い事、今更別に御心配にも及ぶまいに自ら名を改められたとの事故、此所に御報告致し置く、

牛涎家改名　千駄木の虎氏は今回牛野与太郎と改名せられたり

（三七七）早速ながら牛野与太郎氏の報に曰く

或る人が Unperfect と書いたのを他の人が Inperfect と直したのを見た。これもヤツパリ Imperfect の様だ。

（三七八）五月さるの日と云ふ日附けで長崎三菱造船所の三匹猿と云ふ人から猩五郎殿と宛て書きした投書が来た、虎だの牛だの、猿だの、猩だのと丸でルーズヴエルトのアフリカ土産の様だ。扨《さて》何事だらうと読んで見ると次の通り

此間造船所から帰りに牛の涎の跡をつけて行つた処が左の如くに読まれる看板の掲げてある家が有つた

「人女ほしき人だんぢだーきよ」

何だか好くは解からぬが「女の欲しい男児は来たれ」とでも云ふ事かと思つて店先を見たら並べて有るのは梅ぼし、金山寺、らつきよう。それで、

「んめほし、きんだんぢ、だーきよ」

とは驚いた。

これまで長崎から牛の涎が出た事が無いから御報致す。

（三七九） 気運と云ふものは妙なもので次に受け取つたのも矢張り長崎三菱造船所関係の通信。差出人は「牛のよだれ愛読者」。本文は次の通り

三菱造船所にて某所の陳列に用ゆる為め模型台を造らしめる時台脚の意匠として象の頭の形を画き、ソフトウード（軟い木）を使はせる積りで其側に

「そふとうーどにて見本製作の事」

と書いて置いた所、之を見た職工が来て「象の方は解かりましたが牛はどう云ふ風に作りませうか」と云ふ。ハテ牛抔《など》の事は云はぬ筈だがと思ひながら「なぜそんな事を聞くのか」と尋ねると職工曰く「書き付けに、

ぞふ　と　うし　と　にて見本製作の事

と有りました。」牛に縁が有るからお知らせ致します。

（三八〇） 書き違ひ読み損ねの話しはまだ幾つも有るが余り同じ様な事が続くからモウ一ツで此度は打ち切りに仕やう。渋爺と云ふ人の報に曰く

此頃迄青山北町四丁目に金細工の店が有つたが其看板は斯う云ふのだつた。

フラチナ金細工処

険呑、険呑。

看板に詐り無しでは尚ほ更大変。

（三八一）　在韓国稲垣甚氏よりの来書に曰く

先日日曜でもないのに七八歳の男の児が物を売りに来たからお前はなぜ学校に行かないのだと聞いたら帳面が無いからと云ふ。帳面を買つて貰へば好いにと云つたらそれでも買ふ事の出来るものではないと云ふ、何の事か訳が解からなかつたが後で人に聞けば帳面が無いとは戸籍に記入して無い事を云ふのだそうだ、どうですこれは牛の涎に記入されるでせうか。

（三八二）　牛の涎掛生の報に曰く

先頃釈尊の石像の来た少し後の事、或る町を通ると一人の老婆が裏店連と話しをして居た。聞くとも無しに不図耳に入つた言葉は次の通り

「象が来る象が来ると評判が高かつたが、浅草の奥山にも居て珍しくも無いにと思つて居たら、御釈迦様だつたさうですネー」

こんな間違ひが起こらうとは御釈迦様も御存じなからう。

（三八三）　電話器を使つた経験の無い人、何か急な用事で人頼みをせず、自ら之に近いたは宜いが、初めての事で何所をどうするのか一向解らず、マア斯んな事だらうと、箱の口に耳を当て、握つた筒に口を当て、彼れ此れとやつて見たが、サツパリ役に立たぬ、先生嘆じて曰く電話なんて不便なもんだナア！

これは上田万年《かずとし》君から聞いた話。

（三八四）電話の事をモウ一ツ

日比翁助氏と巖谷季雄氏とは共に高輪に住んで居られる。或る日、日比氏が巖谷氏に知らせて置くべき事が有つて、近所では有るがちよつとした事だから電話で便じて置かうとしたが番号を記憶せず帳面を繰つても見当たらず、困つて居ると従者が私が調べてきませうとて外出し暫くして帰つて来て番号はこれ〳〵と云ふ。滞り無く用が済んでから日比氏が「何所で聞いて来たか」と尋ねると、従者得意で云ふ様「他所で聞くよりも一番慥《たしか》だと思ひましたから巖谷さんの御門前迄走つて行つて番号札を見て来ました」

今回はこれでお仕舞ひ。サヨナラ、珍！　珍！　珍！

（三八五）牛のよだれの原稿は書き送つても校正は自分でするので無い為め時としては思はぬ誤植が其儘に成つて居る事が有る。前回中三七五に「千駄木の虎、駒込の虎、更に麴町の虎」と有るべき筈の駒込が駄込と成つて居たなども其の一つで、何所からか一本来さうな事と覚悟して居た所、果してコマにも縁有り虎にも縁有る韓国在留の稲垣甚氏から斯う云つて来た。

「駒込の虎、千駄木の虎、麴町の虎、夫れに駄込の虎を加へると虎が四疋に成る。虎も好いが虎列剌《コレラ》の前徴では閉口。全体駄込とは何所だらう、朝鮮あたりの流しものにはとんと方角からして付かんテ」。

笑語老曰く元が虎だけに評迄も皮肉だ！　何とも御答への致しやう無し、唯々駒ツ駄と云ふばかり。（これも洒落中の駄なるものか。）

（三八六）十二支の順で牛と虎とが隣り合つて居る故か頻りに虎が出て来る。洋山人と云ふ人からの報に曰く

大分虎が見える様だから僕も名古屋の虎を御紹介致さう。

僕の友人に虎さんと云ふのがある。先生の文才と鼻の偉大なる事とは同人間の定評だ。卒業後某大会社に就職し後栄転して現に名古屋の支店に居らるゝのであるが其赴任当時先生左の俗謡を作られた。

名古屋名物今日から二つ金の鯱虎之亟

笑語老曰くシヤチホコまでが魚偏に虎だから面白い。

（三八七）穂積陳重氏から斯う云ふ話しを聞いた。

先頃芝居を見ようと思つて茶屋の魚十へ電話を掛けて何日に行くから「うづら」を都合して置いて呉れと云ひ遣つた所、暫すると先方から電話が掛かつて来た。取次ぎに出たのは芝居の事抔《など》を知らぬ書生、奥に来て電話の趣を述べて云ふ様「只今魚十と云ふ店から電話でございましたが、御注文のくぢらは捕れませんがかぢきでは如何でございますかお伺ひ致しますと云ふ事でございます」魚十を魚屋と早合点したので「うづら」が「くぢら」と聞こえ「さじき」が「かじき」（旗魚）と聞こえたものと見える。用は兎に角弁じた。間違ひも此所らまで行くと中々お愛嬌に成る。

笑語老曰く雀でさへ海中に入ると蛤と成ると云ふから田鼠の化した鶉なら鯨に化する位は容易だらう、ひよつとしたら荘子あたりに書いて有るかも知れない。何にしても鯨や旗魚《かじき》で見物するなら歩鯛では是非共嘉例のさんま叟を舞つて貰ひ鯛。

（三八八）牛の涎愛読者の報に曰く

頃日台湾より予て注文せし楠の机到着せり、主人密かに出来栄を誇り子供に向ひ此机を見よ木目美しきが上に斯様な好き匂ひまでなすなりと、学校の便所で樟脳油の香に慣れたる子供ちよつと机の香を嗅いで云ふ様、何ダーこれは僕の学校の便所の匂ひダ

（三八九）新聞雑報の見出しには面白いのが沢山有る。上富坂三太郎氏からは六月二十六日の万朝に「神田明神の情死」と云ふ標題が出て居たので如何に流行でも神様までが情死熱に罹られるとは驚くと思つたが先づ々々未遂と云ふので安心したと報じて来た。七月七日の国民には「首無しの弁護人」と云ふ題が掲げて有つた。首が無ければ口も無い訳、ハテどうして弁護をするのだらう、手真似か知らんと読んで見ると、何某氏が小名木川首無し犯人の弁護をすると云ふ話し、それでは首無しと云ふのは犯人の事の様だが、犯人が首無しならモウ弁護にも及ぶまい。

如来様洗濯所

（三九〇）竹中成憲氏の報に曰く

越後三条は仏教の盛んな所で仏画の汚れたのを奇麗に直す表具屋が有るが、或る店の看板に

（三九一）同氏の報に曰く

或る人が名刺を注文する時、名を書いて傍に字体を示す為め「明朝」（ミンチヨウ）と書いた。活版屋の云ふ様「明朝（ミヨウチヨウ）までには出来ません」

（三九二）小石川の牛と云ふ名で斯う云ふ投書が来た。

六月十七八日頃和泉橋停留所側の田楽屋に

乍恐一両日休業

とありましたから乍恐御報致します。

（三九三）これも同上

本所行の電車内で一人の若者車掌に問ふて曰く「此少し先きで下り度いのだが、そこらへ行つたら停電するだらうか」

（三九四）品川住人と云ふ人からの報に曰く

芝大門の近所の或る飯屋の看板に酒肴めしの間違ひだらう

酒者めし

と書いて有る。「酒はめし」と読まれる。ミユンヘンビールの広告に「独逸人は瓶づめのパンだと申します」とあるが「酒はめし」の方が一段上だ。

(三九五) 在韓国稲垣甚氏の報に曰く

六月二十四日韓皇陛下より相撲の陪覧仰せ付けられたるが其注意書に「服装は高帽厚祿古套同相当服云々」と有り、気速の連中は古套とは古外套の事だらう抔《など》と云つて居たが好く聞けば厚祿古套と書いてフロックコートと読むのださうだ。

(三九六) 吾妻橋の上で

甲「随分沢山の人が橋の上に乗つて居るんだが大した目方だらうナ。

乙「立ち留つたら重からうが皆歩いて片足づゝしか付けないのだからそんなでも有るまい。

これは平山信氏から聞いた話し。

(三九七) 子供が貝の化石を見て

「これは何ですか」

と聞くから

「貝が石に成つたんだヨ」

と云ふと、子供面を顰めて曰く
「石に成る時は苦しかつたでせうネー」

（三九八）平壌の本場虎と云ふ人からの来書に曰く
小生宅に目下一羽の鷲を飼養致居候処一日朝鮮の学生遊びに来り是を見て「これはワタクシですか」と尋ね候故「日本語では此鳥の事をワシと云ふのだ」と教へ候に本人頗《すこぶ》る真面目にて云ふ様「ワシを叮嚀に云へばワタクシでせう」

（三九九）同書中に又曰く
去る七月二十三日の平壌日報に左の通りの雑報が載つて居た
「曾禰《そね》前統監は極めて平民的で往復共に汽車だつたが今度の寺内新統監は堂々と軍艦で乗り込んだ」
曾禰氏の汽車で通つた所を寺内氏は軍艦で通つたとすると何時の間にか陸上軍艦と云ふものでも発明されたと見える。

（四〇〇）これも同上
七月二十九日の平壌新報時事欄に曰く
「寺内統監は今二十九日高等官一同を官邸に集めて極めて厳格なる態度と口調とを以て一場の訓諭をなす」
態度や口調まで予報するとは進んだもんだ。

（四〇一）筑豊生の報に曰く

本年大気焔の九州沖縄八県聯合共進会に就て福岡県協賛会が編纂したる福岡県案内なる冊子は総べての点に於て振つて居るが開巻第一頁が特に甚しい。即ち

「福岡県は東経八度三十六分より西経九度四十六分に至り南緯三十二度五十九分より北緯三十三度五十分に跨る」

とあり、是には世界列国も目を廻はすで有らう。

（四〇二）坂本健一氏からのはがきに曰く

稍《やや》陳腐なれど深川の首無し事件のありし当座、或朝新聞を見て「オイ犯人は蒲焼屋だつたよ」と申せしに「あの小名木川のですか」と問ひ返す、上方にては鰻をオナギと申す故一人で面白く感じました。

笑語老曰くそこでドンブリとは如何。

（四〇三）岩川友太郎氏の報に曰く

両国橋を渡つて国技館の向側から両国停車場へ真直に行く通りの右側で、たしか中程と思ふて居るが、販売品は水菓子であつたと記憶して居る。其看板の肩書に

新選大勉強

と書してある。唯の大勉強は孰《いず》れの店でもする事で古臭いからと云ふので新工夫の大勉強にても採用した

ものと見える。

（四〇四）これも岩川氏の報

東京女子高等師範学校に増田貢と云ふ漢学の先生が居つた。今は故人に成られたが学問も深く中々厳格な先生であつた。僕は暫らく教場を共用して居つた所が偶々《たまたま》僕は生理学の講義をして机の上に人間の頭蓋骨や手足の骨等を取り散らし置きたる次の時間に先生入り来りて経書の講釈をしようとせられたる際、生徒に向ひ斯かる穢らしい場所にては教授は出来ぬと言つて稽古を止されたことがあるさうだ。此先生或る時生徒に彼の岩川といふ人は毎々かへるを屠《ほふ》つたり、むしけらを殺してばかり居るやうだが、どうせ碌な死に様はすまいと言はれたさうだ。

（四〇五）某夫人庭を作つて居る植木屋に「今植ゑて居る其黒い点の有る竹の様なものは何だへ」と聞く。植木屋「これでございますか、これはゴマダケでございます」と答ふ。夫人曰く「アヽさうかい胡麻のなるのは斯う云ふ物なのかい。おかげで一つ覚えた。」

（四〇六）氷砂糖の大塊りを喉につかへさせて苦しんで居る子供を母が抱へてどうしようかと気を揉んで居ると姉娘一策を案じて母に告げて言ふ様「氷砂糖が溶ける様に煮え湯を飲ませたら好いでせう。」

（四〇七）日英博覧会の用事でロンドンに行つて居た職人ウェストケンシントンを自己流に覚えて曰く上

杉謙信殿。

（四〇八）Ｎ氏の報に曰く、或る工場の職工、欠席届用紙の事故欄に記入すらく
「雨天の為め御病気」

（四〇九）同氏の報曰く、これは絵はがきの端に刷られてあつたのですが少し長い様ですから御紹介致します。

陸中釜石港風景絵はがきの元祖鉄港堂書肆薬店
デバントメントストーア東京雑貨店営業部発兌

（四一〇）スワよりとして名の記して無いはがきに曰く
松本発行某新聞に掲載して有る「今日の運勢」は国民新聞前日の分と常に一致して居るが、人の運勢は汽車同様の速力を以て東から西に転じて行くものにや

（四一一）大阪抱腹生の報に曰く
小生が貴著「うしのよだれ」を見て腹を抱へて居ますと隣席の人が「ちよつと見せてくれ」と云ひますから「今読んで居る所だ」と云つて次を読もうとすると「表紙丈見せてくれ」と手を出しますから仕方無く渡しますと「ウー何ダ、いいいいうれしよだれか」と申しました。如何にもよだれが出る程嬉しい本ですから、

間違ひ乍らも嬉しさの余り御知らせ致します。

笑語老曰く先年井上円了君が「哲学早わかり」と云ふ小冊子を著され、夫れが諸所の雑誌店に置いて有つた事が有るが或る店の前に立つた一書生が之を見て「ナニ哲学早がわり妙なものが出来たナー」と云つた事が有つたつけ。

（四一二）暫く御無沙汰を仕て居たら在朝鮮の隈本有尚氏から斯う云ふ手紙が来た。「うしのよだれ近頃は学士会誌にトント御掲載ない様であるが寒気にてよだれも氷結して中断したるにはなきか京城にては寒中道行く牛のよだれは氷《こお》りて氷柱となり大きく五六本づゝ顋《あご》下に垂れ居り少しも跡に引き不申貴老のも或はその伝にてはなきか」

気が付かなかつたが云はれて見るとさうかも知れない。新年三ケ日も済んで四日目の今日まで天気続き、一通り廻礼を終つて日当たり好い書斎に座し少しポカ〳〵仕て来たらどうやら口の辺が潤つて来たやうだ。先づ預かりの分から垂らす事と仕やう。

（四一三）横須賀すゞめ氏の報に曰く

現時我国駐在清国外交官の呉振鱗氏は嘗て留学生として一高の寄宿に居たことがある。入舎の日同室の日本学生に「ネムロは何所ですか」と問ふた。学生は「北海道です」と答へると変な顔をして「夫れありません此ネムロです」と書いた字を見ると寝室！

（四一四）石黒忠悳氏の報に曰く

本郷通りに

医科大学御用葬儀社森本支店

と云ふ店がある。医科大学は人を生かす所だと思つて居たのにハテナ。

（四一五）「びつこ」と云ふ人から

四十三年十月一日の読売新聞に大隈さんの明治七年の回顧と云ふ話の中に「岩倉公が喰違ひで暗殺された、けれど生命は取り止められたが重症で云々」とある、大隈さん自身も矢張り暗殺されてまだ生きてござる訳なんだらう、

と云つて来た。笑語老曰く死んでも命の有る様にとは此所等の事か。

（四一六）よだれ愛読寒心生からは又斯う云ふ事を報じて来た。

十月二十一日の時事新報に名古屋電話として掲載してある文に

豊橋市松葉町古物商中村新作長男芳一（二十）は性来の唖者にて（中略）大胆にも強盗を思ひ立ち十九日正午自家所蔵の日本刀を携へて同市花田町字深川の藪中に身を潜め折柄同所を通行せし同市中瀬戸町紙屑買伊藤平吉（六十）の背後より物をも云はず斬り付け咽喉部を差し貫き（下略）

とあるが紋切り形の嚇し文句を並べたら殺さずに済んだらうに扨《さて》も卑怯にて大胆な唖殿かな。

笑語老曰く、さう云はれては一言も無からう。

（四一七）年の始だと云ふのに偶然乍ら葬儀社だの、暗殺だの、殺害だのと縁起でも無い事ばかり並んで読者にお気の毒だつたから一つ清める心を以て洗濯屋の事でも御紹介致すと仕やう。

大連一蚊子の報に曰く

大連市若狭町の洗濯屋の看板に

日英西洋洗濯所

笑語老曰く日英だから洗ひヤンスとはどうだ。

（四一八）次は日韓併合後朝鮮貴族観光団の入京と云ふ賑かな話しに成るので十月三十日の国民新聞を見ると斯う云ふ事が書いて有る。

東京市民が両三日前より首を長くして待ち居たる朝鮮観光団一行は愈々《いよいよ》二十九日午後五時四十五分の新橋着車にて入京した（中略）朝野名士の出迎で停車場構内は爪も立たぬばかり殊に一層眼を惹きたるは村雲婦人会の有志者が丈余の竹竿に高く鬼灯《ほおづき》を結びつけたるを幾十本となく押し立てゝ出迎へたのであつた（下略）

丈余の竿に高く結び付けた鬼灯が一層眼を惹くとは新聞記者の眼は余程好いものと見える。

（四一九）駒場OffKと云ふ名での投稿に曰く

青山行電車で柿を沢山籠に入れて重たさうに膝に置いて腰掛けた女が切符を落して困つて居たから拾つてやつたら「どうも毎度有り難う」

（四二〇）在朝鮮稲垣生の報に曰く
京城日報に左の如き広告がありました。
諸荒物世帯道具一切
右大勉強仕候に付き陸続御用命仰付られ度伏て奉願上候。
諸荒物や世帯道具一切が大勉強をするとは便利な事ではありませんか。何か御注文に成つては如何。

（四二一）新公論の表紙を見た男の児「ヤア仁王様のメスが書いて有る」と云ふ「何故メスだと云ふのか」と聞くと「頭に束髪が付いて居る！」

（四二二）麴町霞村氏からの来書に曰く
一月の牛の涎は頓と正月らしくなかつたから一つ亥年らしいのを御報告致します。新年の或る朝下女が「いつもの牛肉屋が参りましてライオンは如何かと申します」と云ふ。「ライオンとは何だ。歯磨きを持つて来たのか」と問ひ返すと、下女の曰く「イ、エ寒くなつて良いシシが参りましたが如何と申したのでございます。」

（四二三）正月らしくと云ふので亥年話しが出た上はチト時候後れながら年賀はがきの事を申す事と致さう。御歌始めの御題に基き。明の字と治の字を梅の花の様に書き、四の字を蕾、十の字を枝、次の四の字を又蓄とし、年の字を丸く書いて月に見立てたのが今年の趣向で、全体の画様は一月号の口画に出た通りで有つた所（本書四五五頁参照）、或る場所で或る先輩の曰く「ヲイ〳〵いつも新年のはがきには何か思ひ付きが有るのに今年はどうしたんだ。唯月と梅の画だけでは物足りないでは無いか。」心中「ヲーヤヲヤ」と思ひながら「ナニ趣向が無いと云ふ訳でも無いのです」と云ふと傍らに居合はせた人が「それは解かつて居るでは有りませんか」と云ふ。聊《いささ》か心丈夫に成つて耳を澄まして居ると其次の語に曰く「月と梅と云ふのは寒月梅花を照らすと云ふ御題に因んだ趣向なのでせう。」

（四二四）朝鮮京城道家充之氏から斯う云ふはがきが来た。

京城の本町一丁目に熊平支店とて金庫や消防器械を売つて居る店がある。郵便局調製の電話番号簿の同支店職業欄を見ると金庫並消化器商とある。消化器を売るとは中々便利なものだ、内地にもまだこんなものは無からう。右牛の涎に御記載あるや否や。笑語老曰くよだれと消化器とは大関係がありますから掲載する事に致しました。

（四二五）或る外国人が「有り難たう」と云ふ日本語をば動物の「アリゲートル」に近い音として覚えて居た所、イザ応用と云ふ場合に間違つて「コロコダイル」と云つたと云ふ話しがあるが、朝鮮龍山の稲垣甚氏からの報に夫れに似た事がある。

某将軍朝鮮語で「黙れ」と云ふ事を「カマイツソ」と云ふのを鍋釜の釜で覚えて居たが実地之を用うべき時に臨んで叫んで曰く「ナベイツソ」

（四二六）横須賀ウ、ヨ、生の報に曰く

横須賀大滝町通りの夜店に手袋屋がある。其値段付けに曰く　　一足十五銭

（四二七）食童連と云ふ名で一枚の投書が来た。少し楽屋落ちの気味は有るが、腫れ物の話しだから所嫌はずに此所に出す事とした。其文に曰く

製鉄所の食堂で昼食後、高等官連が鋳物製の暖炉を取り囲んで雑談中、或る一人が靴で灰落しを突ついた所其はづみに暖炉が顛倒し鉄葉製の烟突の続ぎ目が離れて運悪く傍に居た某氏の足の上へ落ちた。其翌日から某氏は足が痛むとて役所を休み病院へ行く様に成つた。サー大変だ重々相済まぬと云ふので灰落しを突ついた人と、これを突つけと云つた人と同罪だとあつてセヲ事無しに大枚月給の千分の五づゝを醵金して見舞ひ物を整へ某氏へ贈つた。所が段々聞いて見ると某氏の入院は烟突一件とは何の関係も無い腫物の為だと分かつてオヤマー

（四二八）後藤朝太郎氏の報に曰く

東京電車広告の中に浅草二《ママ》王門前常盤ホールの広告文が有る。「純日本料理の立食」と横書きにしてあるのも妙だが、末段に「時間と経済を省き料理最も珍なり」とあるのは一層珍なりだ。経済とは俗解では「かねのたくさんかゝらぬこと」と云ふ事に成つて居るのだが、其事を省いたら結局高価に付く理屈だ。

（四二九）四二九と皮肉と音相似たり。其所で皮肉な所を一つ。

在清国蘇州後学百朋生と云ふ名で斯う云ふ報告が有つた。

予の清国蘇州にあること多年。故郷の恋しさに余りて新聞ならで常に旧聞を日々翻読致居候処本月（明治四十三年十一月）十五日時事新報第十一頁矧川氏の帰朝土産と題し候項中御土産品中次の珍品を得申候

トランスヴアール銅貨　西暦千八百九十四年（今より約六百八十年前）の鋳造に係るものにて同国王の像を鋳込あり

生不幸にして当日の集会に列するを得ず従つて此大珍品を拝見するの栄を得ず誠に以て残念に存じ候へ共生は幸に千八百七十二年の生れに御座候へば此勘定に従ふと実に七百有二歳の高寿を保ち得たる次第何よりも嬉しく笑語老先生へ御報告申上候。

（四三〇）似非生の報に曰く、

東京法科大学の掲示場に何某先生云々との掲示があつて其文中に記念の為に御写真を引き延ばして額縁となし云々と書いて有つた。珍らしい額縁が出来るに違ひ無いが、一体此事の発起人諸君は其中に何を入れる積もりなんだらう。

（四三一）新聞売り子の半纏の印しの中に半円形に曲げた筆二本を向ひ合はせて輪を作り、其中に国民新聞の四字を現はしたのがある。曲筆を看板にするとは思ひ切つた事だ。

（四三二）或る時ベルリンに金井と云ふ人が二人居た事が有つたさうだ。時々話しが間違ふので、区別する為め何とか解かり易い呼び方をしようと云ふ所から或る人々が色の黒い方の金井を黒金井、色の白い方の金井を白金井と名付けた。夫れ丈聞くと大層好い思ひ付きの様だが黒金井は黒いのだから白か無い、白金井は白いのだから黒か無い、即ち黒カナイは白カナイ、白カナイは黒カナイと云ふ事に成るので、何が何だかやつぱり解からなかつたさうだ。

（四三三）欠

（四三四）某艦に関する用事で其艦の人から或る人へ手紙を送つた時、封筒の裏の方には只何々艦と船の名丈を書いて置いた。然るに其左の方に「海軍省公用文筒」と印刷して有つた為めで有らう、日ならずして来た返事の宛て書きを見ると、

　何々艦

　　海軍省公用文筒

　　　御中

（四三五）頭の大部分が禿げて、残つて居る髪の毛も大部は白く成つて居る人を見て、或るそゝつかしい人が、からかつて云ふ様「君の様な白髪《しらが》の禿げて頭の無く成つた人が何だ」

（四三六）身延山で盗賊除けのお守りを受けやうとする者曰く「どうぞこちらへ盗賊を三つ下さい」

（四三七）ボストンで川上一座が桜田騒動を演ずる事に成つた時、供まはりの人が不足したので、或る素人の日本人を一人臨時に雇つた。切り付けられて倒れるまでの事故稽古にも及ぶまいと、行き成り舞台へ出した所、他の者がチャンチャン切り合つて居る中を、抜き身を下げてウロ〳〵歩き廻つて居る。陰に居た者が気を揉んで脇の方へ呼び込んで仕舞つて「ナゼあんなへまな事をやつたんだ」と責めた所、本人平気なもので「ダツテ誰も殺して呉れないから死にやうが無い！」

（四三八）西洋の事情を一向知らない男が或る日本人に連れられてボストンへ行つた所、頃は十二月の二十日過ぎ、市中が常よりも賑かで有つたので「お祭りでもあるんですか」と問ふ。「クリスマスさ」との返事を得て感心して云ふ様「クリスマスと云ふ神様は好い氏子を持つて居ますな」

（四三九）久しくロンドンに居た日本人某氏が新来の同胞を案内するとて明日はキユウガーデンへ行かうと云ふ。新来者曰く旧の方ばかりでなく新ガーデンへも連れて行て呉れ給へ。

（四四〇）ヤ、ナ氏と僕とパリのルーブル百貨店で小さな薄い焼き物の額数枚宛《ずつ》を購ひ、紙に包んで銘々大切に持つて出たは好いが、人混みの所で押されたと見えて、ヤ、ナ氏の持ち物がポツンと云ふ。大に同情を表し気の毒がり、自分の分をば一層注意して捧げ持ち、宿へ帰つてから先づ無事に持つて来る事が出来たと喜んで開けて見たら、これはしたり中実はヤ、ナ氏の分。店番が渡し違ひをしたものと見える。ハテナそれではとヤ、ナ氏の手にして居た包みを急いで開けて見ると破れたのは自分の分。ヤーレヤレ。

(四四一) ブェスヴィヤスの頂上でヤ、ナ氏数個の石ころを拾ひ、登山嚢の外がくしに入れて、下山の途に就いた所、路傍に居る者が頻りに記念として山の石を買へと勧める。ヤ、ナ氏一個を買はうとして価を尋ねる。高い事を云ふ。ヤ、ナ氏負けなければ買はないと云ふ。負けられない。そんなら要らない。談判不調。ヤ、ナ氏健脚を働らかして威勢よくトン〳〵行き過ぎる。山を下りてから、採集品を見ようと嚢の外がくしを開けて見ると中はもぬけのから! 急いで歩いた時に飛び出したに違ひ無い。多分は彼の石売りが拾ひ取つて後で記念品として他の旅客に売り付けたで有らう。

(四四二) シンガポールで三浦政太郎氏と馬車に同乗した時「いつか三浦謹之助さんがお出での時分に乗りましたが、何気無しに車の番号を見たら六〇六で有つたので、医者が連れ立つて乗つた車が六〇六とは面白いと云つて笑ひました」との話しを聞き夫れから夫れと謹之助氏の事を語り合つた末「ところで此車の番号は?」と窓から首を出して戸の面を見れば人の噂の七十五!

(四四三) 昨年帰朝後一回書いて引き続き筆を執らうとして居る中、恐れ多い出来事が有つたので差し控へた所、御轜車《ごじしや》を引く牛の練習の事が或る新聞に出て居たのを見ると、

「牛は何れも行儀正しく誰一疋涎を垂らす者も無く云々」と有つた、「誰一疋涎を垂らす者も無く」の言に深く感動し当分は御遠慮と心を定めて居つたので有るが、年も改まつたし何時まで沈んで居るでも無からうと、思ふと自ら万年筆の口中が潤つて来て黒い涎が垂れかゝる。併し万年筆から垂らすと云つても決して陰気では無い。御安心有れ御安心有れ。

（四四四）準笑語老と云ふ人（郵便消印青山）から

「謹啓此頃は学士会月報上牛のよだれを見受不申何となく物淋しく御座候本年は丑の当り年に候へば盛に御垂涎の程願上候」

と云つて来た。他に同一の意味を書面やら口頭やらで申し出られた人も彼れ此れ有つたので、いよ〳〵くらやみからノソ〳〵出掛け再び誌上を湿ほす事とする。

（四四五）先づ第一には正月種で準笑語老氏からの報告。

「九州の或る所の女中で肉類は何でも嫌ひ、魚は一切口に入れぬと云つて居た者、正月が来たら数の子を盛に喰べる。オヤ〳〵数の子丈は喰べるネ、と云へば、ハイ数の子は大好きでございます、一体これは何で拵へたものでございませう」

笑語老曰、嚙み締めると味の出る話し。御年玉として有り難く頂戴。

（四四六）これも同氏からの知らせ。

「汽車中の一老媼或る停車場にてサンドウイツチの売り声を聞いてあれは何ですかと問ふ。あれは弁当ですと云へば成程三度分の食事を一つにしたので三度一ですか」

笑語老曰、何所での話しか知らないが、好く聞く事でチト美味過ぎる様に思ふ。併し準笑語老たる者まさか古弁当を開かれた訳でも有るまい。暗合も無いとは限らぬ。屡《しばし》ば耳にする事では有るが三度に一度は載せずば成るまい。

（四四七） 次は余程前に佐渡の竹外氏から受け取つた材料で少し古びが付いたが、洗濯の話しだから宜からうと思つて掲げる。

「越後三条の或る表具屋で如来様の画像を改装すると云ふので看板に大書して曰く、如来様洗濯所」

（四四八） 広根市郎平氏の報に曰く、

「スウイツルランドのルサルンに氷河園と云ふ昔の氷河の跡を見せ物にして居る所がある。こゝに又博物館あり。此内にスウイツルランド全体の山河の摸型を陳列してある。案内者が夫に就て説明した「こゝはシンプロンのトンネルで世界第一の長トンネル之を建設した時に北方からと南方からと同時に掘り初めた。終に中央にて此両方のトンネルが僅か二インチの噛み違ひで出会ふた、之即ち近代鉄道工学の大成功である」と大声を以てやつてのけた。一英婦人熱心に之を静聴して居つたが此説明の終るを待ち案内者に向かつて云ふ様「これは両方から掘り出すから中央での噛み違ひを恐れるので有るが、一層の事、中央から初めて南北へ掘り抜いたらそんな心配は無い訳では無いか」

笑語老曰、古い一口話しに斯う云ふのが有る。甲「狐の穴の前には掘り出したらしい土が一向見えないがどう云ふ訳だらう。乙「入り口の方からで無く奥の方から掘り初めるので土が出ないのだらうヨ、此狐にトンネルを掘らせたら説明者が尻尾を押へられる事も有るまい。

（四四九）これも広根氏の報。

「スウイツルランドからイタリヤへ行く時に通るサンゴタルのトンネルの北側ウワゼンと云ふ所に急勾配がある。之を上る為めに鉄道が同一の所を回り回りて三度行きつ戻りつする。此ウワゼン村に一の教会堂がある。こゝは崖であるから土を盛り出して其上に建てゝある。汽車からは此教会堂が一番先に目に付く。鉄道は即ちこの教会堂の周囲を三度行きつもどりつする。勿論汽車の中に、ボンヤリ座つて居れば何時の間に汽車が行きつ戻りつしたか気が付かぬ。二等乗客の中に一英婦人あり。不思議な顔をして曰く、スウイツルランドでは何所の村でも皆同じ様な家の建て方で殊に教会堂は全く同じ形で而かも皆崖から土を盛り出して其上に建てゝある。」

笑語老曰、斯う云ふ話しは面白いから誰も三度位は繰り返して読むだらう。

（四五〇）パンを喰べて居る子供に「パンと云ふのはフランスの言葉だが、イギリス語で何と云ふか知つて居るか」と聞けば、知つて居ると云ふ。「云つてごらん」と云ふと、「パンの事はイギリス語でナベ！」

（四五一）或る家の下女「飛行機に人が乗つて空を飛ぶと云ふ事ですがまだ見た事が有りません。どんな物なのでせう」と云つたので或る人が、飛行機と云ふおもちやを好く子供が飛ばして居るだらう。詰まりあれの大きいのサ。」と説明した所下女感服して曰く「ア、あのおもちやから思ひ付いたんですか。うまく考へたものですネー」

（四五二）拓殖博覧会へ出場のカラフトアイヌ出京の途中或る宿屋で始めて電灯を見て云ふ様「これは不思議な物だ、夜に成ると火を付けなくても自然と明るく成る、帰りには土産に是非此球を買つて行かう」

（四五三）前回に鉄道種を二つ寄せられた広根市郎平氏から又鉄道関係の話しを書き送られた。「馬のよだれなれども御差支無くば」との添へ書きは有つたが本文は斯うで有る。

ロンドン在住の一英人嘗てスペインの鉄道建設に従事して居つた。先生或る朝工夫を従へ共にドンキーに跨がつて山へ測量に出かけた。トランシツト及其属具を工夫の方の鞍に結び付けしめた。道漸く嶮くなるに連れて先生のドンキーはまだ平気で歩くのに工夫のは息もたえ〴〵にあえぎつゝ歩いて居た。工夫之を憐み「貴様は沢山荷物を背負つてさぞ重からう、かあいさうだ、おれが手伝つてやらう」と云つてトランシツトの三脚を鞍から取りはづしたのは好いが、夫れを引担いたまゝで矢張りドンキーに跨がり、大慈善を行つた顔付でニコ〳〵。

それでは「馬のよだれ」では無くて「驢馬の汗」だ。「貉《むじな》のくしやみ」でも「汗馬のあくび」も宜し、背負ひ切れぬ程の材料の舞ひ込まん事を希望する。

（四五四）楠野琴太と云ふ人から斯う云ふ事を云つて来た。

外交時報第十七巻第三号に「一昨年七月独逸の一巡洋艦が突然モロツコのアガギール港に上陸したるより独仏の関係切迫し英吉利は仏蘭西の為に独逸と一戦するの決意を示し云々」とあるが、巡洋艦が上陸すると何故英吉利が独逸と開戦する決意を示すのか我輩には分らぬ。

笑語老曰、船頭が多いと船が山に上ると云ふから巡洋艦が上陸したとて不思議がるにも及ばないが開戦一件は拙者にも英独が参らぬ。

（四五五）或る日本人がロンドンで、或る宴会の席に列し卓上演説を試みた。本人は来会の英人に解らせる積りで正に英語を用ゐたのであるが、英人の耳にはさう響かなかつたと見えて互に語つて曰く「日本語と云ふものは何だか英語に似た所が有る様だ。」

（四五六）ニユーヨークの某ホテルに宿泊した或る日本人、ボーイに向つて一流の英語で用事を云ひ付けるが兎角意志が通じない。其人嘆じて曰く「此家にはろくに英語の解かる奴が居ない。」

（四五七）アメリカの或る所で電車に乗つた二人の日本人、列んで座に就き、向ふ側の婦人を品評し「惜い事に口が大きい」などと云つて居る中或る停留場へ来たら其婦人が立つて車を出たが、出掛けに二人に目礼して日本語で「さよなら」。それ丈ならまだ好いが「私の口の大きいのは生れ付きで致し方がございません」。斯うやられては二人こそ大きな口アングリだつたらう。

（四五八）次には、「土手に生ふる涎の埋め草」と云ふイタリー土産の一幕を御紹介致さうとしたので有るが、一月号に於て既に遠隈氏が発表して仕舞はれたから「虎の門の土手」同様全然取り払ふ事と致す。

（四五九）四五九とは至極好い番号、電話なら望み人が多からう。オツト其電話で思ひ出した話しがある。或る日本の商人が人に連れられて、アメリカへ行つたが、日本人同士では電話にも日本語を使つて居ると云ふ事を知つて驚いて云ふ様「アメリカの電話でも日本語が通じるのですか。」

（四六〇）～（四九九）欠

（五〇〇）学士会の建て物が新旧共に彼の大火の為め灰に化したのは誠に惜しい事で有るが、二月分の月報が無事に配達されたと云ふのは不幸中の幸で有る。例月の通りだと丁度火事の時分には事務所に積んで有つた筈で有るのに、口画の印刷が手間取つた為め其運びに至らず、まだ持ち込まない中に事変が起こつたので危く損害を免かれたのだとの事。口画の中には拙者の描いた提灯も有る。して見ると彼の画も月報を救ふに於て幾分か功が有つたと云つても宜からう抔《など》と自画自賛をして居ると、或る人は「一体提灯と云ふものは火事の玉子なんだ、そんなものを描いたから大変が起こつたんだ」と云ふ。会の為めに提灯を持つた積りだのに、さう評されては勘定に合はない。併し事の元は提灯だから骨を折つて叩《しか》られるのも拠《よんどころ》無いと諦めて置かう。

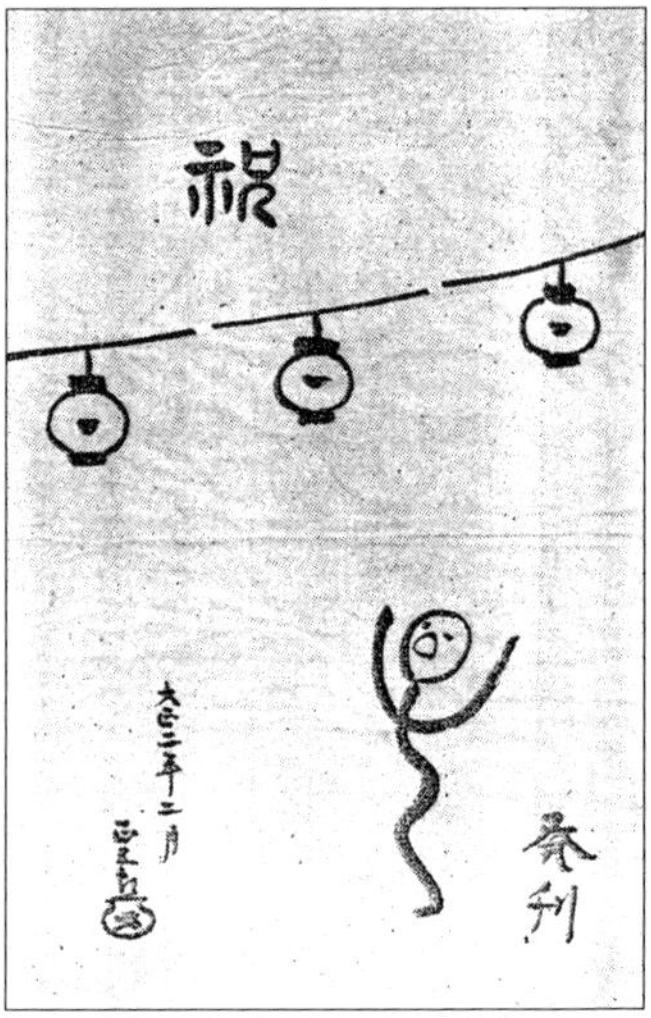

（五〇一）「御たづねと御注進」と題するはがきが舞ひ込んだが其中に斯う云ふ事が有る。

紀念号発行日に新館類焼とは実際奇縁、事務所がよだれのたれながしの跡竈《あとがま》占領などはヨク〳〵の奇縁、最朝鮮民暦には宜破屋と有之今に焼ぼこり致す事疑なしと大に奇焔を上げ居る人も有之候やに候。神田に於ける迦具土神の涎も随分長かりしが牛のそれと何れが長きか伺ひ上候。

笑語老曰。既に「たれながし」と云ふからには牛の涎の方が長いのだらう。序でに申す。気焔が奇焔に成つて居るのは気に掛ける程の事でも無いが、焼けぶとりと有るべき所が焼ぼこりと成つて居るのは埃の様で目触りだ。発信者は誰かと思ふと「あわて者総代」

（五〇二）猿楽町通りの焼け跡に半崩れの煉瓦塀が有つて其所に

危険ニ付キ立チ寄ルベカラズ

と云ふ貼り札が有る。夫れ切りでは何の事も無いが其右に並べて後に貼られた紙を見ると麗々敷く。

政談演説会

と書いて有る。そこで続けて読むと「何々政談演説会、危険ニ付キ立チ寄ルベカラズ」と成る。広告ビラも貼り所を選ばないと危険〳〵。

(五〇三)遠隈氏から斯う云ふ事を報じで来た。日本橋通りのある商店にFlee admittanceと云ふ掲示がある。間違ひ序《ついで》にフリーがFleaと成つて居たら一層妙であつたに……

笑語老曰、人のフリー見て我がフリー直せとは此事だらう。

(五〇四)大分前の事だが在朝鮮元山の稲垣氏から斯う云ふ寄書が有つた。

日ニ継グニ夜ヲ以テシテ惟タ此レ日ノ足ラザルヲ恐ル丶ハ誰シモ同ジコト丶見エタリ、学士会月報第二百九十号ノ広告欄内十五ページニ十一月三十一日前途有為ノ身云々トアリシガ今二月モ三十一日マデ延バサネバナラヌ様ニナルダロウ。

笑語老曰、二月の日数が一足飛びに三十一日に成る事はどうか知らぬが先づ順序として平年の二月が二十九日に成る位な事は有りさうなものと思つて居た所果せる哉次の通り。

（五〇五）あわて者総代の報に云ふ

今年の二月は二十八日で終りかと思ひしに何事も尺度づくめの建築学会発行の文様集成第二十集には大正二年二月二十九日発行と有之、神田の火事の長かりしとは異り先づは御目度き方かと存候。

（五〇六）あわて者総代又曰、

和歌山で風月庵と云へばうまい料理を喰はすので有名な所だが其庵主の広サン元は本町通で広文堂といふ大真面目な書林をやつて居た者、其頃或御客が「韓非子が有るか」と尋ねた所が広サン「雁皮紙なら筋向の紙屋にありませう」と答へたさうだ。此返事には料理にも優るうまみが有る。

（五〇七）料理と云へば高麗の里人といふ人から

朝鮮龍山の或る肉屋の店に

猪肉（正肉）

と云ふ貼り紙がして有る、正しくない猪肉とは如何なるものにや。

と云つて来た。

熟《つらつ》ら忠臣蔵を案ずるに、昔勘平と云ふ急か猟人《にわ》が猪を仕止める積りで過つて人を銃殺したが其者は定九郎と云ふ不良中年で有つたと云ふ事が後に至つて明かに成つたと云ふ話し。して見ると正肉は猪肉で不正肉は定九郎の肉かも知れない。

とは云ふものこれも固より鉄砲話しと御承知有れ。

（五〇八）郵船会社の或る船に乗つた時、甲板で船長に出会ひ「御部屋の側で色々な鳥が囀つて居ますが何と何を飼つてお置きですか」と云ふと「ナーニ一羽しか飼つて有りません」と云ふ「それでも違がつた声が聞こえますがネー」と重ねて云ふと「ハ、、、、マア来て御覧なさい」船長室へ行つて見たら九官鳥が一疋！

（五〇九）或る晩餐会で西洋風の式に慣れない人が発起人総代として一言述べる役に当つた。何時頃立つたら宜からうかと云ふので、サラドが出たらと注意した人が有つたが、サラドとは何かとの問ひに、青い物と云つて置いた所、青豆の運ばれた時、ヤヲラ立ち上がつて「エー御挨拶をちよつと……」

蛙の舌

「うしのよだれ」の続きはどうしたと諸方から催促を受ける。畢竟のべつに垂れるものと思はれて居るから、さう云ふ訳に成る。何時出るか分からず時々ペロ〳〵と現はれる「蛙の舌」と云ふ題なら誰も何とも云ふまい。東京帝国大学の池には年々多数のおたまじゃくしが発生して、一定の季節が来ると卒業証でも得た様に蛙に化けてヒョコ〳〵と飛び出す、恐らく是も赤門名物の一で有らう。蛙と云へば古池、古池と云へば、山の上の御殿、御殿と云へば運動場、運動場と云へば運動会、運動会と云へば……モウ沢山だが、兎に角、蛙と云へば間接か、間々々々々接かに本郷の大学が連想されないでも無からう。舌と云へばおしゃべり。夫れだから「蛙の舌」と云へば此大学に関係した雑話……とは又自分ながらもヒドイこじつけ。書き度い事は山々有るが、時間も紙面も許さない。そこで

井の中の蛙大概を知らす

に止めて置く。

◆五色　赤は赤門、黒は制服、白は仮正門内のつゝじ、青は青長屋（以前博物教室が青塗りの建物の中に在つたので動植地の人々を青長屋連と称へた事が有つた）、黄は……エートどうも思ひ付が無い。揃もせぬに書き出すとはそれこそ黄が知れない。

◆八景　山の上の暮雪、運動場の晴嵐、時計台の晩鐘、文科裏の夜雨、池の秋月、博物前の夕照、……其次は帰帆か……少くむつかしいぞ……ヨシ〳〵造船標本の帰帆、苦しい苦しい。それから落雁と……雁は動物教室に有るだらうが落がチト……イヤ落の字は学校の禁物だ。

◆赤門　赤門の色がさめたので此頃、少し宛《ずつ》塗り変へられたが、新規の色はどうも、昔の日光神橋の様な訳に行かない。これからどう成るか分からぬが現在の事を正直に云ふと閻魔色、賓頭盧色、木魚色で有る。

◆門の標本　赤門は何と云ふ種類か兎に角、あゝ云ふ門。肝腎の正門はいまだに仮りだが、づく〳〵と立つた彼の角柱は如何にもすばらしい。北に廻れば彌生町の通用門で、これは黒塗り。ズット東へ行くと穴の様に引き込んだ所に明かずの門が有る。無縁坂の方では岩崎家の高塀と瞰《にら》み合つた、鉄沢山の門が有る。夫から土塀に付いて西へ行くと所謂鉄門。此所を南に曲がると古風な長屋門。豊国屋の所を再び西に折れると区役所通りの南新門で、これは冠木門。其次は本に戻つて赤門。実に態《わざ》とかと思ふ程に色々の門が立つて居る。

◆明かずの玄関　玄関が有りながら其所を出入口として居らぬ所は、文科大学、博物学教室、人類学教室、まだ有るかも知れぬ。

◆山極総長　アメリカの人類学雑誌（American Anthropologist. Vol.6, No.2.）に故田口医学博士の事が載つて居るが夫れに同博士の屍体を調べたのは Dr. Yamagiwa, President of the University で有ると書いて有る。ヤマギワとヤマガワ。外国人は一寸間違さうな事だ。

◆五と九　同じ記事の中に故田口医学博士の脳の目方を 1920 grams として其珍しく重いと云ふ事に付いて他との比較抔《など》が掲げて有るが、月報第百九十七号斎藤勝寿氏の報に依ると一千五百廿瓦《グラム》との事。五の字の早書きを九と見違へて誤訳をしたのでは有るまいかと云つて居る人も有る。何にしても四百グラム違つては困る。何れ誤報を生じた本から正誤が出るだらうが、斯かる事は注意の上にも注意をして貰ひ度い。

◆二幅対　ミュルレル銅像とダイヴァース銅像。医科の時計台と工科の時計台。昔の儘の赤門と古風を存する御殿の玄関。山の上の会食所と北門脇の学生集会所。三崎の海浜実験所と日光の植物分園。卒業式と宣誓式。用達商某の御辞儀と某教室某職の不御辞儀。（反対の様だが顕著な事に於ては慥《たしか》に好二幅。知る人ぞ知るだが、知らぬ人ぞ知らぬだらう）。

げたのあと

「初雪や二の字二の字の下駄の跡」

十月二十日に発行さるべき月報第二百号の為め、二尽し話しを書かうと云ふので題を斯う定めた。

そこで本文は何かと云へば東京人類学会創立満二十年紀念祝賀会の事。例会開会の度数は満二百回、雑誌発行号数は二百二十二。今に於て経過を顧みれば二百十日も有つた。二百二十日も有つた。何れも無事に通り越して二十世紀に入り、学事に対して二心無き人々の熱心尽力の結果、二と無い程の楽しい会合を見るを得たのは誠に喜ばしい事で有る。

日は十月の二日（日曜）、時は午後二時、紀念祝賀の会は小石川植物園集会所に於て催された。会場は二室押通し、一方は式場、一方は懇話席。紀念演説が終つて祝辞が二つ。しかも其一は二条公の朗読。モ一つは小金井博士の文だが氏は二竪《じゆ》に冒されて欠席。有功者表彰と徳川頼倫《よりのり》氏談話の二項も滞り無く済んで、懇話会に移つた。此日華族諸氏から新調の菓子二種の贈り物も有つたが、会に於ても蒸菓子と煎餅の二種を来会者に供した。蒸菓子は人種の膚の色に因んだもの、煎餅には人類学的辻占を挟んで置いた。其句の種類は二十。来会者には紀念絵はがき数枚宛《ずつ》を配つたが、此絵の種類も矢張り二十。陳列品には二十品展覧会と題して、石器時代遺物二十種、古墳発見物二十種、土俗品二十種、朝鮮古代土器二十種を撰んだ。

懇話の中に紀念遠足の相談も纏つた。案内者は江見水蔭、水谷幻花の二氏。勢揃への場所は二重橋と為度いが、それでは市外へ出るのに時が掛かる。チトとこじ付けだが両国ステーシヨンとして此所を二番汽車で発する事と定めた。日は十六日の日曜。目指す先きは下総の、国分村字堀の内の貝塚。市川で下車して其所から徒歩の積り。目的地に達した上は二組みに別かれて石器時代遺物の競争採集を試みる予定。汽車賃は片道で多分十一銭との事。して見ると往復で二十二銭とは奇妙奇妙。

前にも記した御みやげの菓子は誠に美事な出来。一種は曲玉管玉金環の形を餡で作つて金玉糖に入れたもの、一種は古代土器形の打ち物。或る人「今日は何でも二尽しだから二つ宛頂いて行くが宜い」と云ふのを耳にされた華族某氏「併し荷に成るでせう」とさそくの挨拶。聞く者二個二個と笑まざるは無かりき。

考現学以前

風俗漸化を計る簡単法

明治廿年四月十日
本会第廿九会ニテ述ブ

維新以来西洋の文物が我邦に入り込むに随て頭髪衣服及び履物も西洋風に移て来ましたが頭から足迄一時に変ずるのでは無く頭だけ西洋風にして他は日本風にして置く者もあり頭と足とを西洋風にして着物は従前の通りにして置く者も有りまして次第次第に此風を捨てゝ彼風を取るのですから是等の統計を作たならば風俗漸化の速力方向を知るに足りませう、私は去月終の日曜日二十六日の午後上野公園を散歩しました際に極めて簡単なる仕方を以て此統計を作る事を思ひ付き早速之を執行致しました、其仕方は先づ厚紙で作た名札を取て表を男の部裏を女の部と定め左の掌に保ち鉛筆を右の手に持ち人に遇ふ毎に髪服履に目を注け何れなりとも日本風ならば直線西洋風ならば曲線を画き左から右へ列ねて第一表の様に印すのです、名札の表即ち男の方の一番上に在る印は散髪日本服下駄を示し其次の印は散髪日本服靴を示し名札の裏即ち女の方の一番上に在る印は髪服履凡て日本風で有る事を示し六番目の印は髪服履凡て西洋風で有る事を示すのです、他は推して知る事が出来ませう

私は中等以上で廿歳から三十歳迄と見ゆる者を択び混雑を避ける為後向の者は一切省き只歩行中に行き違

第一表

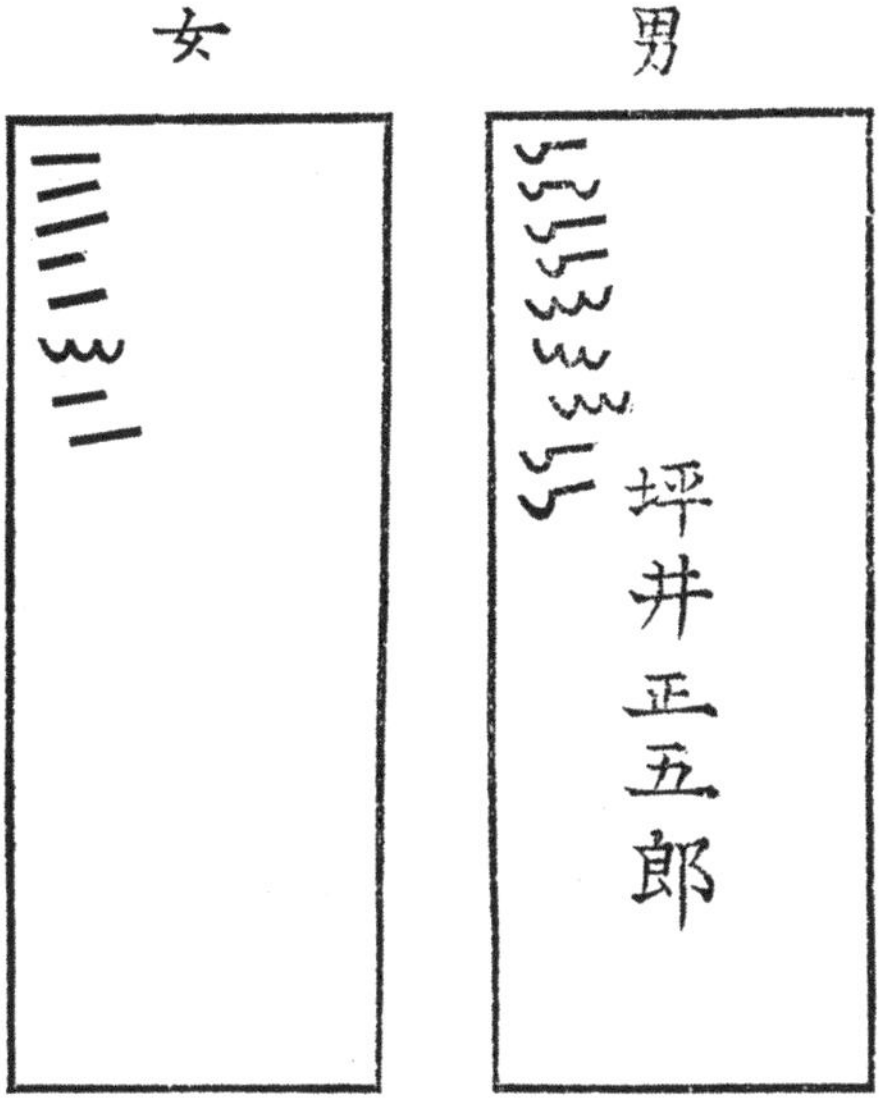

第二表

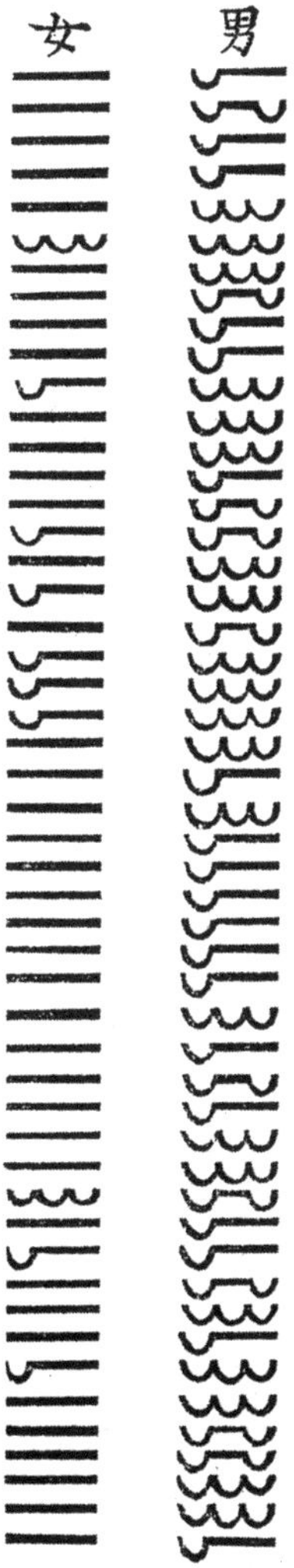

第三表

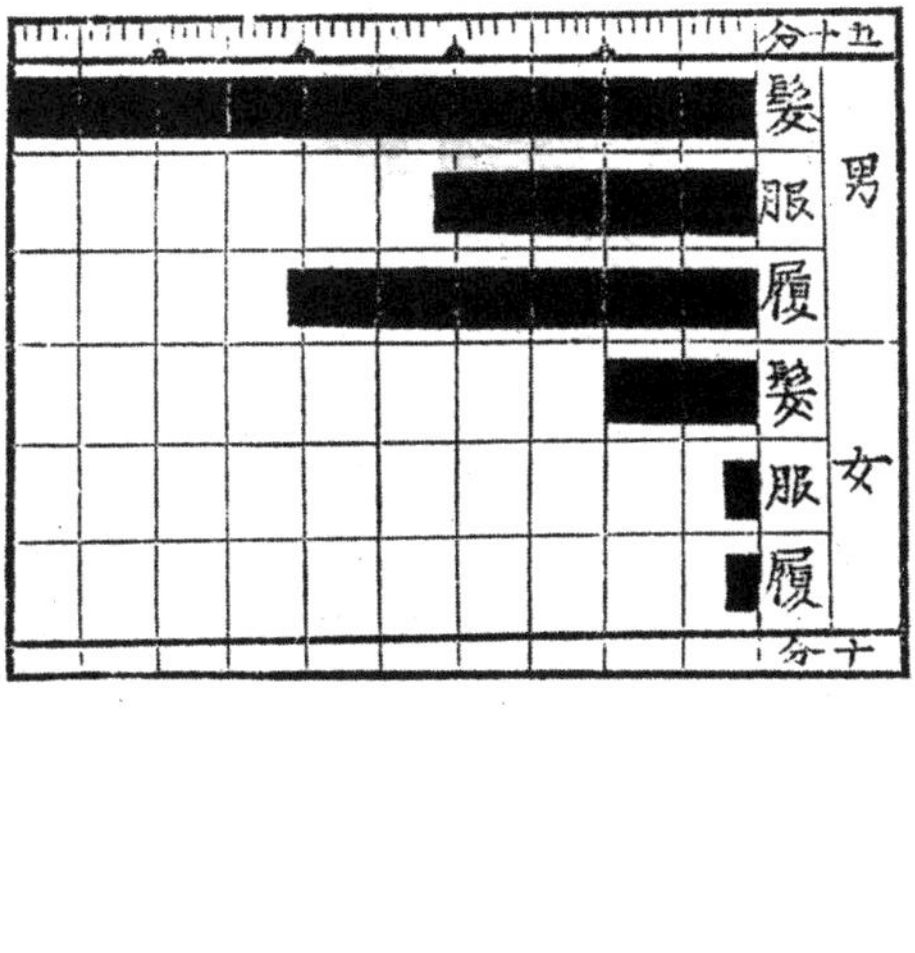

た者計りを男女共五十人宛《ずつ》記しました（男にて学校の制服を着た者は勘定に入れず）其成績は第二表に示す通りです、一目して男に西洋風多く女に日本風多き事が知れまする、

此表の中で曲線を算へ西洋風服飾の多寡を黒線の長短で顕せば第三表を得ます、上の目盛りは実数を示し下の目盛りは十分比例を示す《ママ》です、元来西洋風日本風の二種を髪服履と三つ宛列べるのですから男女共に二の三乗即ち八種宛有る筈ですが第二表で知れる通り此場合では両性共に西洋服で下駄を穿た者無く男には結髪一人も無く女には日本服で靴を穿た者と結髪で西洋服を着た者が無かつたのですから左の訳を以て各三種に減じました

男　$2^3-2-(4-1)=3$

女　$2^3-2-2-(2-1)=3$

第三表に就て申せば男では五十人中二十一人即ち十中四奇零二が髪服履凡て西洋風で残りの中十人即ち十中の二が散髪日本服で靴を穿き十九人即ち十中の三奇零八が散髪日本服で下駄を穿いて居たのです、去らば最も多いのは全体の西洋風次は上端丈の西洋風其次は両端の西洋風でござります、女では五十人中二人即ち十中の奇零四が凡て西洋風、残りの中八人即ち十中の一奇零六が束髪日本服下駄、四十人即ち十中の八が髪服履共凡て日本風です、最も多いのが全体の日本風次が上端丈の西洋風其次は全体の西洋風でござります

僅か五十宛の統計では考を述るに足りませんが只仕方を記して諸君の注意讃成を待のでござります、若し補助通信の労を取らるゝならば実検の時と所とを明記されんことを願ます、一つ場所で違た時に計れば風俗漸化の速度が知れ一つ時に違た場所で計れば風俗漸化の方向が知れまする

中等以上の者九百人の風俗を調べたる成績

明治二十年六月十二日
本会第三十一会にて述ぶ

私は本会第二十九会に於て風俗漸化を計る簡単法といふ事を述べました所大に賛成を得まして数日の間に千人近くの実撿表を作るに至りました

談話の趣は報告第十四号に載せ又東洋学芸雑誌の抜記する所と成りましたが是等には只男女ともに風俗を髪服履の三部に分ち日本風ならば直線西洋風ならば曲線と定めて左から右へ連ね記たと云ふ丈しか書きませんでした、然るに是では印しの呼び方に定まりが無くつて不都合ですから新に日本風を示す直線を東《トウ》と号《なづ》け西洋風を示す曲線を西《セイ》と号け三部連ねて呼ぶを風俗号と云ひ之を表す印しを風俗符と称へる事と致しました、一例を挙げて申せば散髪で日本服を着し靴を穿いて居る男の風俗号は西東西で風俗符は◡‾◡でございます

先には僅に女五十人宛《ずつ》に就て述べましたが此度は其後実撿したる者を加へ男女同数にする為四百五十人宛を撰んで記しましたから前回よりは稍《やや》一般に近い結果を得たと考へます、我々の撰んだ人は身分は何れも中等以上年齢は二十歳から三十歳まで実撿の時は明治二十年四月上旬場所は上野と向島でございます（学校の制服は省く）

第一表の中第一柱は風俗号第二柱は風俗符第三柱は男四百五十人中右の符号に相当する人数第四柱は右の百分比例第五柱は女四百五十人中右の符号に相当する人数第六柱は右の百分比例でござります、先づ男に就て申せば最も多いのが西西西で其数二百三十七即ち百中五十二奇零七、次が西東東で其数一百六十一即ち百中三十五奇零七、次が西東西で其数五十二即ち百中十一奇零六、東東東、東西東、東東西、西西東、東西西の五種は一人もござりません

女に就て申せば最も多いのが東東東で其数三百二十一即ち百中七十一奇零三、次が西東東で其数一百十一即ち百中二十四奇零七、次が西西西で其数十五、即ち百中三奇零三、次が西東西で其数三即ち百中奇零七、東西東、東東西、西西東、東西西の四種は一人もござりません

是等の統計の中西洋風を黒線で表せば第二表の通りでござります、第十四号に載せたる第三表と比べて大差の無いのは実に此表が中以上遊山風俗の一般を示すものたるを明に致します

男が結髪を変じて散髪にするのは極めて手軽な事で一枚の櫛と一挺の鋏が有りさへすれば出来るし時は費さず健康には好い所から頭丈けは容易に西洋風に成て終に此表の上端に黒線が達するに及びました、之と違て靴は大した功用も見へず下駄雪踏《せった》を穿きつけた者に云はせれば夏は熱く冬は寒く常に窮屈に思ふと欠点を挙げる位で買ひ求めるにも保存するにもヲツクウでは有るし日本風の家屋に上り下りするに不便で有るので之を用ゐる事は髷を切て散髪にする程に容易には行かず先づは官省学校会社抔《など》の様な西洋造りの家に出這入りする者のみが靴を穿く位で彼の「靴の外昇降を禁ず」の札が黒線を引き上げるに付て中々勢力を持て居るのでござります、今でも既に半数を超えて居りますが西洋造りが殖えて来ればずつと増すでござりませう

日本服を西洋服に着変へるのは下駄を靴に穿き変へるのから見ると又一層手重な事でござりますが制定や

第一表

風俗号	風俗符	男 總數	男 百分	女 總數	女 百分
東東東	—	〇	〇	三二一	七一、三
西東東	ᴗ—	一六一	三五七	一一一	二四七
東西東	—ᴗ	〇	〇	〇	〇
東東西	—╮	〇	〇	〇	〇
西東西	ᴗᴗ	五二	一一、六	三	〇、七
西西東	ᴗ—	〇	〇	〇	〇
東西西	—ᴗᴗ	〇	〇	〇	〇
西西西	ᴗᴗᴗ	二三七	五二、七	一五	三、三

第二表

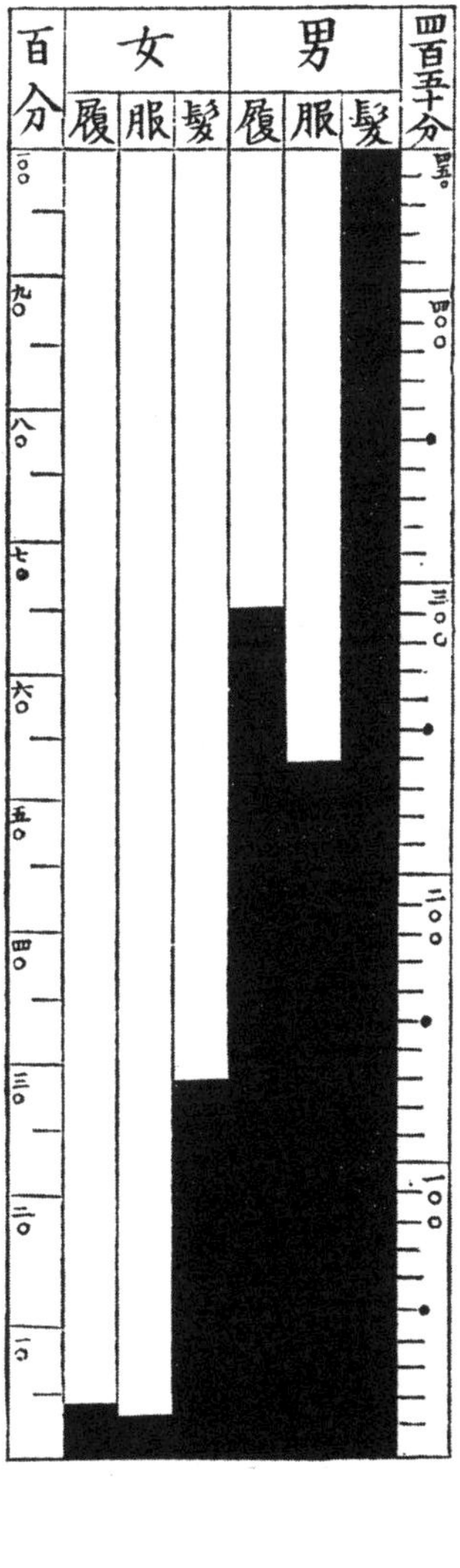

第三表

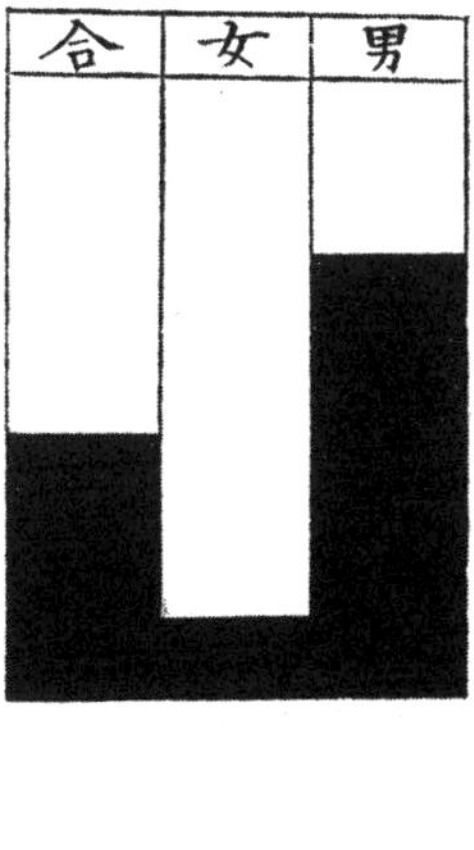

内諭の為か二三年来急に洋服を着る者の数が増加しました、明治の初年には随分西西東も有た様子でしたが今では中以下の者で無ければ左様な風は致しません、雨降りの時稀に見る抔は固より取り除けでございます、洋服を着る程の者は何れも靴を穿く事は表に就て明かに見るを得ませう、西西西は今僅に半ばを超えた計りですが全数に達するのは余り遠い事では有るまいと思ひます

扨《さて》女の束髪は近年起た事で新聞や演説で喧しく云ふ為め大分目立つ様に成ては来ましたが夫でもまだ全数の四分一位で男子西西西の半数を少し計り過ぎたのみです

婦人の靴も少々は行はれて来ましたが従前の日本服ではスソを曳くの恐れが有りますから男子の靴の様に洋風の髪に続いて用ゐらるゝと云ふ程には参りません、表中服と履と黒線が殆ど同じ高さであるのは靴を穿く者は大概洋服を着ると云ふ事を示すもので日本服で靴と云ふ態は実に稀でございます、最も学校通ひの小女には此風が随分有りますが夫は此表の示す所ではございません、男の部では黒の地面が白の地面より広く女の部では黒の地面が遙に白の地面より狭いのは一見して知ることが出来ますが尚一層明かにする為第三表を作りました、髪服履凡ての風俗を百と見る時は男では七十二が西洋風二十八が日本風、女では僅か十二が西洋風で残りの八十八が日本風でございます、此表に就て男女の両部を比べる時は女の西洋風は男の西洋風の六分一男の日本風は女の日本風の三分一たる事が解ります、更に両性の黒線を加へて見れば男女凡ての風俗を百とすれば西洋風が四十二で日本風は其残り即ち五十八たる事が知れまする、平常の外出と遊山とで風俗の異るのは重に女の服履でござりますが之は総数に対しては極めて少いものですから以上獲たる所の成績は明治二十年四月中等以上の身分で二十歳から三十歳までの男女一般の風俗に当てはまる者としても差問《さしつかえ》は無いと考へます

東京中三ケ所及び相撲三崎にて行ひたる風俗測定

会員山崎直方氏は東京中三ケ所に於て風俗測定を為されたとて其成績を寄せられましたが甚面白い事でござりますから少々言葉を副へて左に掲げます（「中等以上の者九百人の風俗を調べたる成績」を参看すべし）

第一表

	場所	東東東	西東東	西東西	西西東	西西西	合計
男	甲	一二	七七	二	○	一四	一○五
	乙	八	一○九	一七	○	二七	一六一
	丙	九	二二六	三三	二	八六	三五六
女	甲	六○	一	一	○	一	六三
	乙	七一	一二	一○	○	二	九五
	丙	九八	一三	一	○	二	一一四

表中甲と有るは本郷追分から板橋迄乙と有るは飛鳥山から道灌山を経て上野迄で共に本年四月十日の午後測り丙と有るは麴町区半蔵門から日比谷門迄で四月中一周間に測たので有ります、他の表も皆之に準ずるのです、私が第十六号に載せた成績は中等以上二十代の者に就て出したのですが此所に在るのは巡査兵士車夫車力坊主赤児を除くの他は年齢等級に係はらず悉く測たもので有ります、之を百分比例にすれば

第二表

	男			女		
所	甲	乙	丙	甲	乙	丙
東東東	一一、四	四、九	二、五	九五、二	七四、七	八五、九
西東東	七三、三	六七、七	六三、四	一、五	一二、六	一一、四
西東西	一、九	一〇、五	九、二	一、五	一〇、五	、八
西西東	〇	〇	、五	〇	〇	〇
西西西	一三、三	一六、七	二四、一	一、五	二、一	一、七

即ち男で云へば結髪日本服日本の履き物と云ふ出で立ちは場末に多く上野辺が其次で丸の内近くは又其次、散髪日本服日本の履き物も此順序で有るが頭から足迄西洋風と云ふのは全く之と反対で有りまする、散髪日本服靴は上野辺も丸の内も大概同様ですが場末はずつと少うござります、女に就て申せば頭から足迄の日本風は場末が一番で次が丸の内近く次が上野辺頭から足迄の西洋風は丁度之の逆であります、束髪日本服日本の履き物は上野辺と丸の内は先づ同様場末は甚だ僅です、束髪日本服靴は上野辺が最も多く他の二ケ所は極

稀です

尚ほ髪服履を東西で比べて見れば左の通り

第三表

	男						女					
	甲		乙		丙		甲		乙		丙	
	東	西	東	西	東	西	東	西	東	西	東	西
髪	一二	九三	八	一五三	九	三四七	六〇	三	七一	二四	九八	一六
服	九一	一四	一三四	二七	二六八	八八	六二	一	九三	二	一一二	二
履	八九	一六	一一七	四四	一三七	一一九	六一	二	八三	一二	一一一	三

之を百分比例にて示せば

第四表

	男						女					
	甲		乙		丙		甲		乙		丙	
	東	西	東	西	東	西	東	西	東	西	東	西
髪	一一、五	八八、五	五、	九五、	二、六	九七、四	九五、二	四、八	七四、七	二五、三	八六、八	一三、二
服	八六、六	一三、四	八三、二	一六、八	七五、二	二四、八	九八、四	一、六	九七、八	二、二	九八、二	一、八

履	八四、七	一五、三	七二、六	二七、四	六六、六	三三、四	九六、八	三、二	八七、三	一二、七	九七、三	二、七

甲乙丙の場所は前に記しましたが此表にあるのは其場所に住ふ人を測たのでは無く其場所を通行する人を測て作たのですから土地に依て風俗の違ふ事を示すものとするよりは是等の土地を通行する要ある人の種類に依て風俗の違ふのを示すとする方が適当でございます、此考を以て百分比例を見る時は左の如き事が知れまする

（一）男の西洋風は髪服履共丙即ち諸官衙の近傍を通行する者に最も多く乙即ち道灌山を通行する要ある者及び遊歩する者之に次ぎ甲即ち場末に往来する者に最も少し

（二）女の西洋風の中服は甚だ少く比較する価値が有りませんが髪と履は乙即ち道灌山を通行する要ある者（之は少数なる可し）及び遊歩する者（之は多数なる可し）に最多く髪にては丙即ち諸官衙の近傍を通行する要ある者之に次ぎ甲即ち場末を往来する者に最も少く履は丙甲の二ケ所共に極めて僅なり

扨《さて》三ケ所の測定を一纏めにして見ると左の通り

第五表

	男 実数	男 百分	女 実数
東東東	二九	四、六	二二九
西東東	四一二	六五、五	二六
西東西	五二	八、三	一二
西西東	二	〇、三	〇
西西西	一二七	二〇、四	五
総計	六二二	一〇〇	二七二

百分	八四、一	九、五	四、四	○	一、八	一○○

此百分比例を第十六号に出した二十代中等以上の者の百分比例に較べると左の通り

第六表

		東東東	西東東	西東西	西西東	西西西
男	一般	四、六	六五、五	八、三	○、三	二○、四
	中以上二十代	○	三五、七	一一、六	○	五二、七
女	一般	八四、一	九、五	四、四	○	一、八
	中以上二十代	七一、三	二四、七	○、七	○	三、三

去らば男では頭から足迄の日本風と散髪洋服日本の履き物と云ふ風は一般に云へば未だ存して居るが、中等以上二十代の者には其跡を絶ち、散髪日本服日本の履き物と云ふ風は中等以上の者に割が少く、頭から足迄の西洋風は中等以上二十代の者に割が多いのであります

女では中等以上二十代の者に割の多いのが東髪日本服日本の履き物と全体の西洋風で、割の少いのが東髪日本服靴と全体の日本風であります

次に髪服履を東西で比較すれば左の通り

第七表

		髪		服		履	
		実	百分	実	百分	実	百分
男	東	二九	四、七	四九三	七九、二	四四三	七一、二
	西	五九三	九五、三	一二九	二〇、八	一七九	二八、八
女	東	二二九	八四、一	二六七	九八、一	二二五	九三、七
	西	四三	一五、九	五	一、九	一七	六、三

此百分比例を第十六号に載せたものに比べれば次の通り

第八表

		髪		服	
		一般	中	一般	中
男	東	四、七	〇	七九、二	四七、三
	西	九五、三	一〇〇	二〇、八	五二、七
女	東	八四、一	七一、三	九八、一	九六、七
	西	一五、九	二八、七	一、九	三、三

履					
一般	七一、二	二八、八	九三、七	六、三
中	三五、七	六四、三	九六、	四、

西洋風は総じて中等以上二十代の者が割が多くございますが（女の靴は少数故省く）殊に多いのは男の洋服と靴でございます

以上は東京中の比較でございますが先月の中頃私が相模の三崎に参て居りました時彼地の人の風俗測定を致しましたから左に之を記します

第九表

	東東東	西東東	西東西	西西東	西西西	総計
男	五四	四〇	三	一	二	一〇〇
女	九九	一	〇	〇	〇	一〇〇

之は年齢等級に係らず測たのですから第五表と比ぶ可者でござり升、是等二表を比較せば左の成績が獲られます

三崎の男は全体の日本風が過半で有て其割は東京から見ると十倍程で有る、散髪日本服日本の履き物も少く散髪日本服靴も少いが全体の西洋風は極めて僅少で有る

三崎の女は殆ど皆全体の日本風で有る

尚ほ三崎と東京の髪服履東西比較を対照して見ると左の通りです

第十表

		男		女	
		東	西	東	西
髪	東京	四、七	九五、三	八四、一	一五、九
	三崎	五四、	四六、	九九、	一、
服	東京	七九、二	二〇、八	九八、一	一、九
	三崎	九七、	三、	一〇〇、	〇、
履	東京	七一、二	二八、八	九三、七	六、三
	三崎	九八、	二、	一〇〇、	〇、

即ち重《お》もなる点を挙ぐれば東京の男の結髪は三崎の男の結髪の十分一、三崎の散髪は東京の散髪の二分一、三崎の男の洋服は東京の男の洋服の七分一、三崎の男の靴は東京の男の靴の十四分一、女には束髪が一人有る丈で他の西洋風は未だ少しも入り込みません

風俗測定成績及び新案

明治二十一年六月十日
本会第四十二会ニ於テ

去年の三月私の考へ付ました風俗測定の事は屢《しばし》ば演述致しましたが今日も又成績の一つ二つをお話し申さうと思ひます、其前に勘定の仕方を一寸述べて置きませう（先の「風俗漸化を計る簡単法」以下三論文を参考す可し）、東東東、西東東即ち EEE、WEE 等は髪服履共に日本風の者髪計り西洋風で服履は日本風の者等の印として用ゐましたが是等に対する小字の eee、wee 等を以て是等の印に相当する者の総数を表はすものと定めませう、即ち

eee は EEE の総数
wee は WEE の総数
ewe は EWE の総数
eew は EEW の総数
wwe は WWE の総数
wew は WEW の総数

eww　は　EWW　の総数

www　は　WWW　の総数

又Sを以て測定したる全数と致しませう。然る時は測定全数に対する eee の百分比例は

S : eee : : 100 : x

$x=\frac{100\ eee}{S}$ 便利の為に aeee を以て之を現す。wee の百分比例は同じ仕方にて

$\frac{100\ wee}{S}$…………awee…………

ewe の百分比例は

$\frac{100\ ewe}{S}$…………aewe…………

他は推して知る可し

彼様にして得たるものは百人中で髪服履の日本風の者が何人履丈西洋風の者が何人髪丈西洋風の者が何人服丈西洋風の者が何人抔《など》と云ふ事を示します

着物や穿き物に関らず西洋風の髪の者が何人有るかと云ふ事を全数の百分比例で示すには W を以て初る凡ての風俗号に対する風俗数を見出し其合計に因て比例を作り算出す可きです

S : wee + wew + wwe + www : : 100 : x

$x=\frac{100\ (wee + wew + wwe + www)}{S}$

$$= \frac{100\,wee}{S} + \frac{100\,wew}{S} + \frac{100\,wwe}{S} + \frac{100\,www}{S}$$

$$= awee + awew + awwe + awww$$

此数を表すに b_1 を以てす

同じ様に髪や穿き物に関らず西洋服を着る者が百人中に何人有るかを知らうとするには中央に w の有るもの総てを集めて比例を立てれば宜しい、然る時は

$$\frac{100\,ewe}{S} + \frac{100\,wwe}{S} + \frac{100\,www}{S} + \frac{100\,eww}{S}$$

$$= aewe + awwe + awww + aeww$$

を得まする、此数を表すに b_2 を以てす

髪や服に関らず靴を穿く者が百人中に何人かと云へば同じ仕方で

$$\frac{100\,eew}{S} + \frac{100\,eww}{S} + \frac{100\,www}{S} + \frac{100\,wew}{S}$$

$$= aeew + aeww + awww + awew$$

たる事を知ります、此数を表すに b_3 を以てす

百人に付き日本風の髪の数は $100 - b_1$

百人に付き日本風の服の数は $100 - b_2$

百人に付き日本風の履の数は $100 - b_3$

扨《さて》髪服履と別々にせず総体引きくるめて西洋風が何程入り込んだかを見るには先づ髪の西洋風の者の小計と服の西洋風の者の小計と履の西洋風の者の小計とを作り是等三小計の総計を見出して測定全数の三倍に対する比例を作る可きです、測定全数の三倍とは一人に付いて風俗の変ず可き場所が髪服履と三つ有るから測定全数に於ては風俗の入り込む可き個所が其三倍と成るに因るのです、百分比例で表せば

$$3S : (wee + wwe + www + wew) + (ewe + wwe + eww + www) + (eew + eww + www + wew) :: 100 : x$$

$$x = \frac{100}{3S}\{(wee + wwe + www + wew) + (ewe + wwe + eww + www) + (eew + eww + www + wew)\}$$

$$= \frac{1}{3}\left\{\frac{100\,(wee + wwe + www + wew)}{S} + \frac{100\,(ewe + wwe + eww + www)}{S} + \frac{100\,(eew + eww + www + wew)}{S}\right\}$$

$$= \frac{1}{3}(b_1 + b_2 + b_3)$$

是をwにて表す

是が髪服履引きくるめて西洋風の入り込んだ数の百分比例、日本風の存して居る数の百分比例は

$$100 - \frac{b_1 + b_2 + b_3}{3}$$

是をeにて表す

以上は簡単極まつた勘定ではござりますが此順序に随へば聊《いささ》か手数を省きますから述ました、猶繰り返して申せば

（第一）に総体の日本風、髪計りの西洋風抔《など》と一種一種に付きての百分比例即ち aeee、awee……を見出し

（第二）に awee + awew + awwe + awww に因て西洋風の髪の百分比例を得 b_1 を以て之を表し同じ仕方で西洋服の百分比例 b_2 靴の百分比例 b_3 を得 $100 - b_1$ にて日本髪の百分比例、$100 - b_2$ にて日本服の百分比例、$100 - b_3$ にて日本履の百分比例を得

（第三）に $b_1 + b_2 + b_3$ を三で割て髪服履全体に於て西洋風の入り込んだ百分比例を得之を百から減じて日本風の存する百分比例を得るのです

私が初て風俗測定の事を述べた折に一つ場所で違た時に測れば風俗漸化の速度が知れると申しましたが今日は今年四月東京上野公園で測た者と去年四月同所で測たものとの比較を挙げやうと思ひます、今年の測定表は次の通り

測定者　丘浅治郎
測定時　明治二十一年四月十五日
測定地　東京上野公園
被測者種類　中等以上二十代の者（制服は省く）
測定総数　五六七（男三四九、女二一八）

男
wee = 一六〇　即ち総数の四六%
wew = 八　即ち総数の二%
www = 一八一　即ち総数の五二%
b_1 = 一〇〇　b_2 = 五二　b_3 = 五四
w = 六九

女

eee ＝ 一三三　即ち総数の六一％
wee ＝ 五一　即ち総数の二三％
wew ＝ 一六　即ち総数の七％
www ＝ 一八　即ち総数の八％
b_1 ＝ 三八　b_2 ＝ 八　b_3 ＝ 一五
w ＝ 二〇

去年の表を此形に書き直せば

測定者　坪井正五郎
測定時　明治二十年四月上旬
測定地　東京上野公園
被測者種類　中等以上二十代の者（制服は省く）
測定総数　九〇〇（男四五〇、女四五〇）

男

wee ＝ 一六一　即ち総数の三六％
wew ＝ 五二　即ち総数の一二％
www ＝ 二三七　即ち総数の五三％
b_1 ＝ 一〇〇　b_2 ＝ 五三　b_3 ＝ 六五
w ＝ 七三

eee ＝ 三二一　即ち総数の七一％

女

wee = 一一　即ち総数の二五％
wew = 三　即ち総数の一％
www = 一五　即ち総数の三％
b_1 = 二九　b_2 = 三　b_3 = 四
w = 一二

見易き為に是等の成績を並べて記せば次の通り

東京上野公園に於て測定したる中等以上二十代の者の風俗（総数の百分比例にて示す）

	種目	二十年四月	二十一年四月	増減
男	散髪和服和履	三六	四六	+一〇
	散髪和服靴	一二	二	−一〇
	全体西洋風	五三	五二	−一
	散髪	一〇〇	一〇〇	〇
	洋服	五三	五二	−一
	靴	六五	五四	−一一
	西洋風	七三	六九	−四
女	全体日本風	七一	六一	−一〇
	束髪和服和履	二五	二三	−二

女			
束髪和服靴	一	七	+六
全体西洋風	三	八	+五
束髪	二九	三八	+九
洋服	三	八	+五
靴	四	一五	+一一
西洋風	一二	二〇	+八

此表の示す所に因て考へれば男に在ては大に靴の数を減じ為に去年よりは本年の方西洋分子が四歩少く成ました、他の点に於ては差がござりません

女に在ては靴が著しく増し次に束髪次に洋服何れも増加して為に去年よりは本年の方西洋分子が八歩多くなりました

男女を合せれば西洋分子が二歩増加しました

次に地方に因ての違を述べませう

山崎直方氏は昨年の暮居を大坂に転じられましたが本年の始に彼地に於て風俗測定を為したとて次の通り申し越されました

　余ハ本年一月一日三日ノ両日大坂市街ヲ歩行スルノ際遭遇セシ男女二百八十三人ニ就テ風俗測定ヲ行ヒタリ其員数甚少クシテ以テ全豹ヲ推スニ足ラズト雖モ須《スベカラ》ク一斑ヲ窺フニ足ラバ亦以幸ナリトス

年首三日ハ一歳中ノ最佳節ニシテ何人ト雖モ皆常衣ヲ脱シ盛服ヲ装フノ時ナレバ此日ノ風俗測定ヲ為シ置

クモ強《アナガ》チ蛇足ニハ非ザルベシト思ヒタレバ即前記両日ニ於テ東区内重要ノ街及ビ中ノ島公園ニ於テ之レガ測定ヲナセリ而シテ余ノ測定シタル人物ハ年賀ノ客ト見ユルモノニ多ク行ヒタリト雖モ女子ニ到リテハ其通行スルモノ多カラザリシヨリ往々市街ニ遊戯セルモノヲモ算入セリト云フ

山崎氏が得られた成績を前に挙げたものと同様な表に作れば次の通りでございます

測定者　山崎直方
測定時　明治二十一年一月一日及び三日
測定地　大坂東区重要街及び中の島公園
被測者種類　一般
測定総数　二八三（男一九四、女八九）

男
wee ＝ 一一〇　即ち総数の五七％
wew ＝ 一四　即ち総数の七％
www ＝ 七〇　即ち総数の三六％
b_1 ＝ 一〇〇　b_2 ＝ 三六、b_3 ＝ 四三
w ＝ 六〇

女
eee ＝ 七一　即ち総数の八〇％
wee ＝ 一一　即ち総数の一二％
wew ＝ 四　即ち総数の五％
www ＝ 二　即ち総数の二％

女 eew ＝ 一 即ち総数の一％
b_1 ＝ 一九 b_2 ＝ 二 b_3 ＝ 八
w ＝ 一〇

山崎氏此表に付いて曰く

男子ノ頭髪ノ皆欧風ナルハ別ニ怪ムニ足ラズト雖モ其衣ハ全員ノ三分一強其履ハ五分ノ二強ナルヲ見バ微シク欧風ノ盛ナルニ驚クベシ然レドモ之蓋《ケダシ》当時欧風漸化ノ力強シテ中以上ノ人其風潮ニ浸ルモノ多ク故ニ今日佳節ニ会シ盛服ヲ装ハントスルニ方《アタ》リテ洋衣アルモノハ先之ヲ着洋靴アルモノハ先之ヲ穿ツモノナレバ比較的斯ノ如キ多数ヲ顕セシモノナルベシ

女子ノ洋服ヲ着シタルモノニ会タルハ僅ニ二人ナリ真ニ微細ノ数ト云フベシ靴ノ如キモ未タ十二分ノ一ニモ達セズ束髪ハ殆五分一ヲ示スト雖モ汎ク大坂婦人ノ頭ヲ見ルニ今日此多数ヲ得タルハ余自ラ訝《イブカ》ル処ナリ只此数ヨリ少キモ多キコト無シト見レバ過ナカルベシ

此測定ハ只大坂一部分ノモノナリト雖モ若又余ト同感ノ人アリテ他地方ニ於テ此測定ヲナセシモノアリテ之ト対照スルガ如キコトヲ得バ真ニ本会ノ幸ト云フベキナリ

私は同感の人でござります、私は本年の始東京で測定を致しました、其成績表は次の通り

測定者　坪井正五郎
測定時　明治二十一年一月一日より五日まで
測定地　東京芝京橋日本橋神田本郷の五区
被測者種類　一般（制服は省く）

測定総数　一〇〇〇（男五八三、女四一七）

男
eee ＝ 一 即ち総数の〇%
wee ＝ 三九六 即ち総数の六八%
wew ＝ 六八 即ち総数の一二%
www ＝ 一一八 即ち総数の二〇%
b_1 ＝ 一〇〇 b_2 ＝二〇 b_3 ＝三一
w ＝ 五一

女
eee ＝ 三五八 即ち総数の八六%
wee ＝ 四五 即ち総数の一一%
wew ＝ 八 即ち総数の二〇%
www ＝ 六 即ち総数の一%
b_1 ＝ 一四 b_2 ＝一 b_3 ＝三
w ＝ 六

此二つの表を比較すれば次の通り

明治二十一年一月の始一般人民の風俗（総数の百分比例にて示す）

	種目	東京	大坂	東京に対して大坂に於いての増減
男	散髪和服和履	六八	五七	−一一

男	散髪和服靴	一二	七	−五
	全体西洋風	二〇	三六	+一六
	散髪	一〇〇	一〇〇	〇
	洋服	二〇	三六	+一六
	靴	三二	四三	+一一
	西洋風	五一	六〇	+九
女	全体日本風	八六	八〇	−六
	束髪和服和履	一一	一二	+一
	束髪和服靴	二	五	+三
	全体西洋風	一	二	+一
	結髪和服靴	〇	一	+一
	束髪	一四	一九	+五
	洋服	一	二	+一
	靴	三	八	+五
	西洋風	六	一〇	+四

此表に因れば男女共に西洋風は大坂の方が多く男女を合すれば大坂の方が六歩の超過でござります
髪服履共凡て多い中で殊に多いのは男の洋服と靴でござります

猶手元に他の測定表もござりますが夫等に付いては又後日述べる事と致しませう

私は材料を沢山集める事を望みますが夫に付いて新案がござりますからお話をして置きませう、即ち測定する時に用ゐる印の事でござります、従来用ゐました抔《など》は風俗符としては解り易く甚便利でござりますが測定の時に方て画くには画が多くて不便でござります、三つの部分を一本の線中に顕さうとするから三部分共に印を付けなければ成らないのですが三部分の向を異にしたらば一々に印を付けずとも宜い訳です、ソコで私は三角に因て風俗を示す事と致しました、此三角（△）に於て左辺は髪の部下辺は服の部右辺は履の部と定めるのです、何れの部分でも西洋風ならば線を引日本風ならば線を引かず全く西洋風が無い時には零を以て之を示すのでござります、次に風俗種目、風俗号、風俗符、風俗略符の一覧表を掲げませう

風俗種目	風俗号	風俗符	風俗略符
全体日本風	東東東（EEE）		
頭のみ西洋風	西東東（WEE）		
服のみ西洋風	東西東（EWE）		
穿き物のみ西洋風	東東西（EEW）		

頭と服と西洋風	西西東（WWE）		
頭と穿き物と西洋風	西東西（WEW）		
服と穿き物と西洋風	東西西（EWW）		
全体西洋風	西西西（WWW）		

風俗符の総画数は二十でござりますが新案風俗略符の総画数は僅かに十三でござります、去れば測定に方て之を用ゐる時は大に手数を省きますから今後測定をさるゝ方は此略符を用ゐられん事をお進め申します

（厚紙の表裏で男女を分ち遇ふ人毎に印を付ける事は従前の通り）

東京、西京及び高松に於ける風俗測定成績

私は昨年（明治二十一年）の一月風俗測定を行ひまして其成績を本誌（東京人類学会雑誌）第二十八号に載せましたが今年も亦測定致しましたから此所に報道致します。

符号の意味は曾て定めた通り次の如くでござります。

eee＝全体日本風の者の数、wew＝髪と履とが西洋風で服が日本風の者の数、www＝全体西洋風の者の数他は之に準ず、b_1＝総数に対する西洋風理髪の百分比例、b_2＝同く西洋服の百分比例、b_3＝同く靴の百分比例。w＝総体の風俗に西洋分子の入り込んだ百分比例、e＝同く日本分子の存する百分比例。

測定者　坪井正五郎

測定時　明治二十二年一月二日

測定地　東京芝、京橋、日本橋、神田、下谷、浅草の六区

被測定者種類　一般（制服を着たる者、草鞋を穿きたる者、頭髪を剃りたる者は省く）

測定総数　九五五（男五三七、女四一八）

男

wee ＝ 三一二　即ち総数の五八％
wew ＝ 五五　即ち総数の一〇％
www ＝ 一七〇　即ち総数の三二％
b_1 ＝ 一〇〇　b_2＝三二、b_3＝四五
w ＝ 五八　e＝四二

女

eee ＝ 三六九　即ち総数の八八％
wee ＝ 四二　即ち総数の一〇％
wew ＝ 四　即ち総数の一％
www ＝ 二　即ち総数の〇、五％
b_1 ＝ 一一　b_2 ＝〇、五　b_3 ＝ 一、五
w ＝ 四、三　e ＝九五、七

是等の数を昨年のと対照すれば次の通り

東京に於ける一般人民の風俗（総数の百分の比例にて示す）

種目	明治二十一年一月	明治二十二年一月	増減
散髪和服和履	六八	五八	－一〇
散髪和服靴	一二	一〇	－二
全体西洋風	二〇	三二	＋一二

男	散髪	一〇〇	一〇〇	〇
	洋服	二〇	三二	+一二
	靴	三二	四二	+一〇
	西洋風	五一	五八	+七
女	全体日本風	八六	八八	+二
	束髪和服和履	一一	一〇	−一
	束髪和服靴	二	一	−一
	全体西洋風	一	〇、五	−〇、五
	束髪	一四	一一	−三
	洋服	一	〇、五	−〇、五
	靴	三	一、五	−一、五
	西洋風	六	四	−二
男女合算西洋風百分比例		三二	三五	+三

男に在ては散髪は極に達して増減無く洋服と靴殊に洋服は大に数を増し西洋分子は七歩の増しと成りました。

女に在ては凡て著しき変化無く唯少しく目立つのは束髪の減少でござります。女は髪を飾るのを一つの楽みと致す事故束髪論の喧しき時分には稍《やや》束髪に傾き掛けても少しく緩めば直に結髪の方に戻るのでござりませう。

女の西洋風は二歩の減りでござりますが男女を合算すれば西洋風は三歩の増しでござります。

私は他方との比較も望んで居りました所西京の塚本巳之吉氏は是に関して甚有益なる報告を送られました。

其全文は次の通り

「余ハ本会雑誌二十八号ニ記載セル風俗測定ノ事ニ就テハ大ニ坪井君ト同感ヲ抱ケル者ナリ即チ成ル可ク各処ニ於テ測定ヲ為ス可ク其測定ヲ彼此対照比較シテ各処欧化ノ多寡ヲ検スルコトニ同意スル者ナリ然ルニ風俗測定ノ本会雑誌ニ現ハルヽ者前後数回ニ過ギズ実ニ遺憾ノ至リナラズヤ今ヤ余幸ニ我校ノ冬期休業ニ際シ聊《イササカ》京都風俗測定ヲ為シタリ従来京都ニテハ未ダ風俗測定ヲ為セシ者アルヲ聞カズ故ニ此測定ヲ為ス強《アナガ》チ徒労ニ非ル可シ

十二月二十五日終天神ト称シ京都市民及接近郡村ノ人民等正月物ノ買入ヲ兼ネテ北野天満宮ニ詣スルノ日ナリ余同日午後二時二条寺町ヲ北ヘ旧内裡ヲ過ギ中立売通ヲ御前通ヘ御前通ヲ北ヘ北野ニ至リ北野天神裏門ヨリ今出川通ヲ東ヘ寺町ニ至リ寺町通ヲ西ニ二条ニ至リ男女七百十五人ニ就テ風俗測定ヲ行フタリ

本会雑誌二十八号ノ記載式ニ依テ之ヲ示セバ次表ノ如シ

測定者　塚本巳之吉
測定時　明治二十一年十二月二十五日
測定地　京都寺丁、今出川、中立売等ノ諸街
被測者　一般
測定総数　七一五（男五二二、女一九三）

男

wee = 四七七　即チ総数ノ九一、四%
wew = 一〇　即チ総数ノ一、九%
www = 一七　即チ総数ノ三、二五%
eee = 一七　即チ総数ノ三、二五%
eew = 一　即チ総数ノ〇、一八%
b_1 = 九六、五五　b_2 = 三、二五、b_3 = 五、三三
w = 三五、〇四　e = 六四、九六

女

eee = 一八八　即チ総数ノ九七・四%
wee = 五　即チ総数ノ二、〇%
b_1 = 二、六　b_2 = 〇　b_3 = 〇
w = 〇、八七　e = 九九、一三

余又本年一月一日京都市街ヲ散歩スル際遭逢セシ男女二百六十八人ニ就テ風俗測定ヲ行ヒタリ而シテ余ノ測定ヲ為セシ人物ハ多ク年賀ノ客ト見ユルモノニ行ヒタリ

測定者　塚本巳之吉
測定時　明治二十二年一月一日
測定地　京都寺町、室町、仏光寺等ノ諸街
被測者　一般
測定総数　二六八（男二三八、女三〇）

男

wee ＝ 一三九　即チ総数ノ五八・四％
www ＝ 四六　即チ総数ノ一九・四％
wew ＝ 九　即チ総数ノ三・七五％
wwe ＝ 二　即チ総数ノ〇・八五％
eee ＝ 四二　即チ総数ノ一七・六％
b_1 ＝ 八二、四　b_2 ＝二〇・二五　b_3 ＝一三、一五
w ＝ 四一、九三　e ＝五八・〇七

女

www ＝ 三　即チ総数ノ一〇％
eee ＝ 一六　即チ総数ノ五三、三％
wee ＝ 一一　即チ総数ノ三六、七％
b_1 ＝ 四六、七　b_2 ＝ 一〇、b_3 ＝ 一〇
w ＝ 二三、二　e ＝七七・八

前表ニ測定セシハ都鄙人民ノ混淆ナレバ男子ノ eee ヲ見ル十七人ノ多キニ達シタリ而シテ之ヲ細別スレバ僧侶八人結髪者九人ナリシ後表ニ於ケル wwe は新聞配達人ナリシ

余ノ測定シタルハ前記ノ如シト雖ドモ平時ニ在テハ京都ニテ婦人ノ西洋服ヲ纏フ者ヲ絶テ見ザルノミナラズ束髪ノ如キモ寥々タル者ナリ余ノ明治十九年京都ニ在リシ頃ハ上下男女大ニ欧風熱ニ浮カサレ束髪洋服ハ至ル処目ニ触レ洋服商ハ非常ノ繁忙ナリシガ今日聞ク所ニ依レバ京都洋服会社ノ如キモ得失相償ハザル様子ナリ以テ京都欧風熱ノ冷却ヲ徴スルニ足ル然レドモ婦人肩掛ノ如キハ大ニ上等婦人ノ間ニ用キラ

ルヽ者ノ如シ」

私は塚本氏の作られた年始の風俗表を取て直に私の作つたものと対照し東西両京一般風俗の比較を仕やうと考へましたが西京の方の測定総数殊に女の数が僅少でござりますから夫は止め西京の二表を一纏めにして新表を作り之を東京の年始のとを対照する事と致しました。

十二月二十五日から一月一日迄僅一周間に風俗上大した違が起らうとも思はれませんから此点に於ては二表を一表にしても差支はござりますまい。年の始と云へば着飾る風が有つて平日の風とは一所に出来ますまいが十二月二十五日も天神へ参詣の日とて平日とは異るのですから猶更合算する事に於て不都合が少うござりませう。

合算の表は次の通り

測定者　塚本巳之吉
測定時　明治二十一年十二月二十五日及ビ明治二十二年一月一日
測定地　京都市街
被測者種類　一般
測定総数　九七五（男七五二、女二二三）

男

eee	＝	五一	即チ総数ノ七％
wee	＝	六一六	即チ総数ノ八二％
wew	＝	一九	即チ総数ノ三％
wwe	＝	二	即チ総数ノ〇

男
eew ＝ 一 即チ総数ノ〇
www ＝ 六三 即チ総数ノ八％
b_1 ＝ 九三、b_2 ＝ 八、b_3 ＝ 一一
w ＝ 三七、 e ＝ 六三

女
eee ＝ 二〇四 即チ総数ノ九二％
wee ＝ 一六 即チ総数ノ七％
www ＝ 三 即チ総数ノ一％
b_1 ＝ 八 b_2 ＝ 一 b_3 ＝ 一
w ＝ 三 e ＝九七

私は僧侶を算入しませんでしたから塚本氏の表からも僧侶八人を減《ひ》き去つて前の表を作りました。此表の数と東京で得た数とを比べれば次の通り

東京西京一般人民風俗比較（総数の百分比例にて示す）

種目	東京（二十二年一月）	西京（廿一年十二月廿二年一月）	東京に対て西京に於ける多寡
男			
全体日本風	〇	七	＋七
散髪和服和履	五八	八二	＋二四
散髪和服靴	一〇	三	－七
全体西洋風	三二	八	－二四

散髪	一〇〇	九三	－七
洋服	三二	八	－二四
靴	四二	一一	－三一
西洋風	五八	三七	－二一
女			
全体日本風	八八	九二	＋四
束髪和服和履	一〇	七	－三
束髪和服靴	一	〇	－一
全体西洋風	〇、五	一	＋〇、五
束髪	一一	八	－三
洋服	〇、五	一	＋〇、五
靴	一、五	一	－〇、五
西洋風	四	三	－一
男女合算西洋風百分比例	三五	三〇	－五

此表で見ると西京は東京よりも日本分子を存して居る事が多く殊に男子の服履に於て最好く之を見ます。

結髪の男子は東京には殆跡を絶ちましたが西京には尚七歩存して居りまする。女子の風俗は両京殆同一で唯違ふは西京の方が束髪が少いと云ふ点丈でござります。

次に讃岐高松の風俗測定の事を記しませう。同地の福家梅太郎氏は昨年次の如き書を寄せられました。

「本年九月十五日高松八幡大祭ニ際シテ男女風俗測定ヲ試ミ申候初メテノコト故不完全ナル可ケレド御参考迄ニ差上候也

男	無帽散髪和服和履洋傘ヲ携フ者	五三〇
	無帽散髪和服和履和傘ヲ携フ者	二三三
	着帽散髪和服和履洋傘ヲ携フ者	二一三
	全体西洋風ノ者	五〇
	着帽散髪通常和服和履無傘ノ者	四九
	着帽散髪カミシモ和履無傘ノ者	九八
	着帽散髪カミシモ和履洋傘ヲ携フ者	七〇
	全体日本風ノ者	八〇
	無帽散髪カミシモ和履洋傘ヲ携フ者	九
	無帽散髪和服和履無傘ノ者	七
	総　計	一三三九
女	全体日本風洋傘ヲ携フ者	二七〇
	全体日本風和傘ヲ携フ者	五〇〇
	着帽束髪和服和履洋傘ヲ携フ者	二
	無帽束髪和服和履無傘ノ者	二五
	総　計	七九七

此表に因て髪服履の部類分けを作り出し例の式に随て記せば次の通りでござります

測定者　福家梅太郎

測定時　明治二十一年九月十五日

測定地　讃岐高松

被測者種類　一般

測定総数　二一三六（男一三三九、女七九七）

男
- eee ＝ 八〇　即チ総数ノ六％
- wee ＝ 一二〇九　即チ総数ノ九〇％
- www ＝ 五〇　即チ総数ノ四％
- b_1 ＝ 九四　b_2 ＝四　b_3 ＝四
- w ＝ 三四　e ＝六六

女
- eee ＝ 七七〇　即チ総数ノ九七％
- wee ＝ 二七　即チ総数ノ三％
- b_1 ＝ 三　b_2 ＝〇　b_3 ＝〇
- w ＝ 一　e ＝九九

私は最早場所塞げな表は添へませんが読者諸君は右の表の数と東京或は西京にて得た数とを比べて高松には西洋分子の入り方が少いと云ふ事を容易に知らるゝでござりませう。

東京に於ける髪服履欧化の波動

私しは本月十三十四の両日午後上野と向島に於て例の風俗測定を致しましたが其の結果は次の通りでござりました。（「風俗測定成績及び新案」を参照なさい）

測定者　坪井正五郎
測定時　明治二十二年四月十三日及十四日
測定地　東京上野公園及向島堤上
被測者種類　中等以上二十代の者（制服を着たる者は省く）
測定総数　一一〇八（男四八八、女六二〇）

男
wee ＝ 二二八　即ち総数の四七％
wew ＝ 六三　即ち総数の一三％
www ＝ 一九七　即ち総数の四〇％
b_1 ＝ 一〇〇　b_2 ＝ 四〇　b_3 ＝ 五三

東京に於ける髪服履欧化の波形(三年比較)

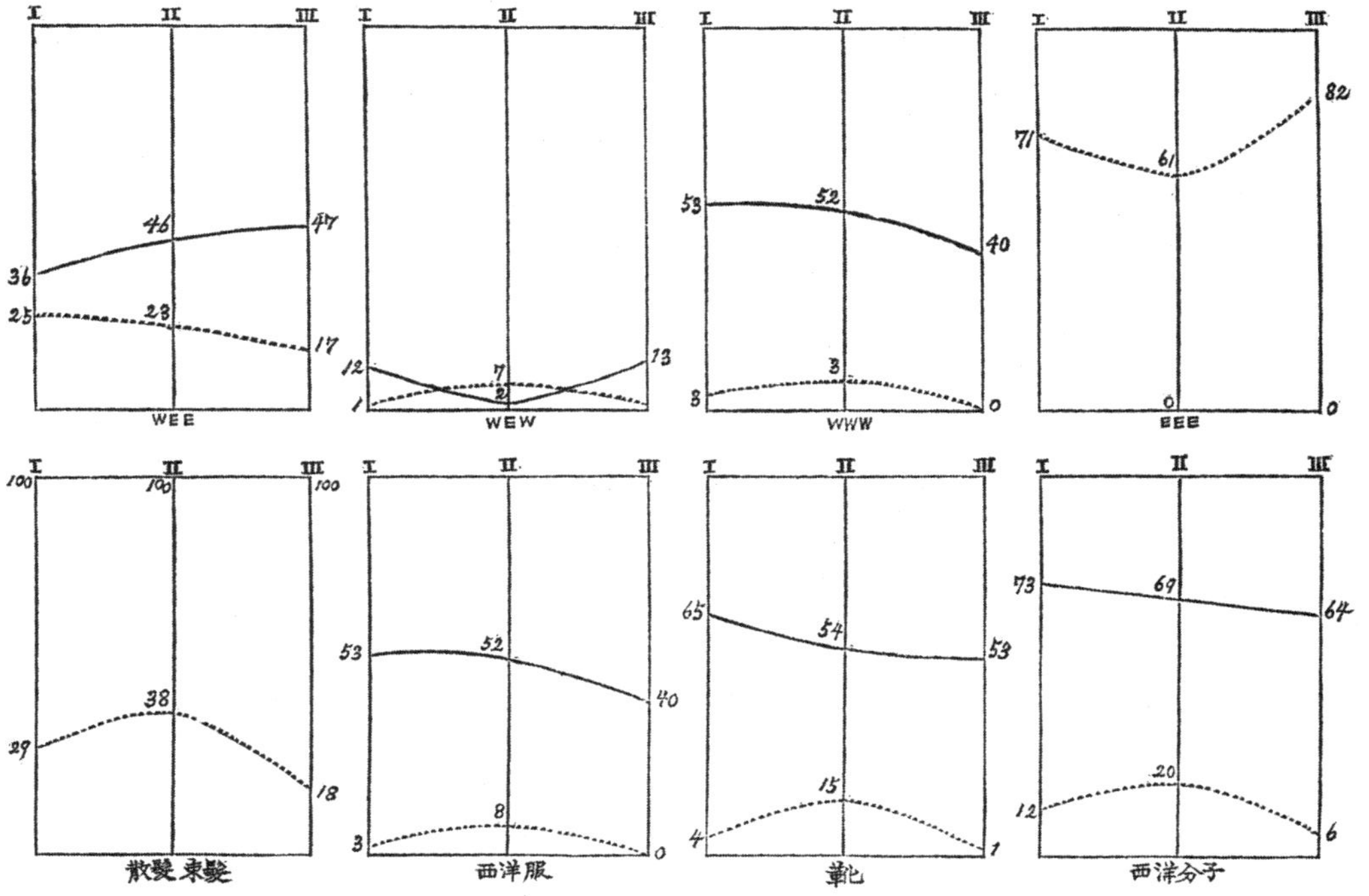

w = 六四

女

eee = 五一一　即ち総数の八二%
wee = 一〇四　即ち総数の一七%
wew = 四　即ち総数の一%
www = 一　即ち総数の〇%
b_1 = 一八　b_2 = 〇　b_3 = 一
w = 六

以上得た所の結果を昨年一昨年両年の四月に作た二十代中等以上風俗測定の結果と比べて波形を画けば前の表の通りでございます。Ⅰは明治二十年の測定、Ⅱは二十一年四月の測定、Ⅲは二十二年四月の測定、数は何れも百分比例でございます。

ピクとツー

七月九日
流行会席上

唯今、「知つてる会」といふ事に付て御話がありましたが、私の御話しやうと云ふ事も、題の上から云ふと其会への出品めいたものであります、さて題は「ピクとツー」としてありますが、何《ど》うしてさう云ふ奇妙な題を設けたかと言ふと此前の会の時に雑話の序《つい》でに私が「ピクとツー」といふことを言つたのであります、この次に私の話する番に当つて居ますからそれを話したら宜からうと云ふことになつたのであります、其席に御出での方は皆さん御承知の事でありますし、御欠席の方でも伝聞き御承知の方が有るかも知れませぬが或は未だ御存じの無い方も有るかと思ふ、元来これは何処の言葉であるかと云ふ疑もあらう、英語でも仏蘭西語でもありませぬ、確かに日本語である、其証拠が私自分で拵へたのですから是程確かなことは無い、さて日本語に違ひないが何う云ふ事であるかといふ事は段々御話して居る中に自からお分りになる様にしやうと思ひます、是は風俗の変化といふ事に付いて考へたことであつて西洋の文物が段々に日本に這入るに付けて急激の変化はしませぬで、或事柄は少しづゝ変つて来た、どの方面にも変化を見ますけれ共先づ人の服装、又身体の装飾といふ方から言つてみますると能《よ》く目に付く、仮りに大体を別けて見ると頭と衣服と、穿物の三つに分つことが出来る、そこで旧来の風俗が頭に残つて居つて衣服と穿物だけが新らしくなつたと云ふものも有るし又頭丈け新しくなつて衣服と足は旧《ふる》い儘であるものもあり色々組合せが違ひが有る、男女に随つてどう云ふ違ひがあり地方に依つても時に随つてどう変化するものである、それを調べて見やうといふ考を起したのであります、明治の極く初に一たび全くの混乱時代になつたそれは旧い錦絵などを見ると分るし、又旧《も》と出来た新聞雑誌の挿絵などを見ると銘々殆ど勝手次第に身装《みなり》をして居つて、一つの風俗とはなつて居らないが後段々に一方に片寄つて来るやうになつた、所謂風をなすやうになつたがその時代の事は迚《とて》も書現はすことは出来ませぬから其事は止めて稍々《やや》風俗と極まるやうになつてから後丈けの事を申さうと思ふ。

それに付いて西洋の風に這入つて来た重《お》もな点は何処で在るかといふと男子は散髪それから洋服、次に靴でこの靴も充分行はれない、洋服は後に慣れましたが兎に角日本で見た事の無い筒袍《つつぽ》、駄荷袋《だんぶくろ》の如きさう云ふ衣服が外から這入つて来た、正しい西洋とも云へないが、兎に角日本風で無い物が這入た、それから靴が行はれるやうになつた。斯う云ふ順序であります、婦人の方で言ひますると昔の髷が変つて束髪になりそれから靴を穿く者が出来て来、最後に洋服といふやうな事になつた、斯う云ふ事柄はチヨツと考へても分るで《ママ》すが何か統計的に調べて見やうといふ事を考へて見ると、一々束髪、散髪と書いて居るのは五月蝿《うるさ》い、何とかいふ符《しるし》を作つてそれで集めて見やうと云ふ考を起した、極く簡単に考へて見ますると○と△を附けても宜しい、頭は斯う胴は斯う足は斯うといふ事を示すのに頭の先に○を附け足の処へ△を附けるといふ様にしても宜いのですが、余り複雑ですからモウ少し簡単にしやうとすれば丁度占筮《うらない》に用ゐる算木のやうにして一本に繋つて居るのが旧来の風俗、真中の切れて居るのは新たな風俗として丁度三本置きまして、算木を列べるやうに乾《けん》だとか坤《こん》だとか理屈が立つやうにすることも出来る、所が一々それを帳面に附けると云ふ事はナカナカ五月蝿いことでありまして例へば男女に分けて坤下乾上といふやうな八卦で現はすことは見た処は面白いけれ共帳面を附けるのが五月蝿い、そこで簡略に出来るのは左から右とか右から左とか何方《どっち》からでも続けて書ける様にしたら宜からうと考へた、真直な棒と曲線と組合はせて頭から足まで旧来の風であれば真直な棒を引けば宜し頭丈けが新しい風で衣服と靴が旧来の風であれば始は曲線を書いてアトは真直に棒を引けば宜しい、さう云ふ風な符であると帳面へ附けることが出来る、それで容易に筆が走るやうに左から右へ書いて横文字綴りのやうにすれば直きに符が附くのであります。

斯う云ふ事をして段々に調べて見まするといふと直きに表が出来てそれで違つた時や違つた場所を比較することが出来る、所が符としては真直な棒と曲線だが唱へるのに真直な棒だとか曲つて居る線だとかいふのは五月蝿い、何とか簡略に出来た名を附けねばならぬ、そこで考へて昔からの風俗を仮に東洋風とし新たな風俗を西洋風とする、東西に分けて頭から足まで総て昔風であれば東東東と称しスツカリ西洋風であれば西西西と称するさう云ふ事を考へたのであります、所が斯う云ふ事は唯々日本ばかりにあるのではありませぬ欧羅巴人の中にも日本風を真似て居る人もあり支那などへ行つて見ると漢人が満洲人の風に化したのもあるからさう云ふ風に旧来の風と新しい風が混合して居るのを一々東洋西洋といふ風に分けるのはいかぬ、然らば新旧としたらどうか、新しいと旧いといふ時代にしたらどうかといふと是も或場合に当嵌らぬことはありませぬけれ共、違つた時代の事を云ふ時分に例へば日本で昔支那の風を入れた頃は丁度今日西洋風が這入つたやうに段々風俗が変つて来た、其時分の事を云ふにも均しく旧いのだから今日から新旧の別をすることは出来ぬ、符を其儘に曲だの直だのと云ふのも聞へが宜く無い、何とか好い名は無いかと考へた、そこで旧くから伝はつて変化なしに真直に来て居る棒をツーと云ひピクリと曲つたのをピクと言ふ、さうすると頭から足の爪先まで日本風であればツーツーツーであり、頭から足まで悉く西洋風だとピクピクピクである、是は心覚へにさう云ふ風な名を附けてやつたのだ、けれ共他に更に好い名を発見しませぬから相変らず其名を用ひて居る、是は多くの人には通じないことでありますけれ共自分丈けでやつて居つたのが不図此前の会で話したらそれは面白い其名の儘で宜いから之を話せといふので、遂に今日の話も「ピクとツー」といふことにした次第であります。

例を言ひまするとと前申しました通り頭から足までスツカリ日本風といふのは今日少いけれ共、角觝《すもう》の如きはツーツーツーである、唯ツーと云つても宜い、それから散髪で日本服に日本の穿物、是は珍らしく無いピクツーと言ふ、ツーツーといふのを一々言ふには及ばぬ一つ丈言ふ、それからピクツーピクといふ人がある、是は随分見ることでありまます殊に請負師の如き折鞄など持つて居るのを見るとピクツーピクになつて居る、ピクピクピクピクは西洋風でピクピクツーといふのは小石川の砲兵工廠あたりへ行くと幾らも居る、その他ツーピクピクとふのは是は常陸山や梅ケ谷のやうな人などがフロツクコートを着て靴を穿いた形、又ツーツーピクといふのは是は余程珍らしいですけれ共以前大学の賄ひ方にさう云ふのが居つた。

女の方で言ふとツーツーツーといふのは珍しく無い、ピクツーも沢山あります、ピクツーピクは女学生にあります、ピクピクピクも一時多かつたけれ共此頃では少くなつた、ピクピクツーといふのは他にもありませうけれ共大学病院の看護婦などはピクピクツーであります、西洋服だか何だか確かに日本服で無い物を着て妙な頭巾見たやうな物を冠つて草履を穿いて居る、赤十字あたりへ行つてもピクピクツーであります、それからツーピクツーといふものがある、是はタンと有りますまいけれ共矢張り大学病院の雑仕婦といふ者がありまます、看護婦以外の雑用をする者です、其中に日本髷で縞の筒袖、裾のパツとした衣服を着て草履を穿いて居る者が居る、之即ちツーピクツーである、さう云ふ事柄も一々口で言現はすことは六づかしいから符で覚へてピクとかツーとか言へば直ぐに分ります、それで方々段々調べて見ましたが之を帳面へ附けるのに、アツチを開けたり、コツチを開けたりするのは五月蠅《うるさ》いし多くの人に遭はふと云ふのに一箇所で止つて居つてはならぬ事でありますから、コツチが動くか向ふを動かすかしなければなりませぬ、人を動かすことは六づかしいコツチから行かねばならぬ、そこで歩きながら帳面を付けるには中々面倒だから簡単な事を思附いてそれを行《や》つて居る。

それは何かといふと此処に実例があります、甚だ失礼ですが皆さんのが混つて居るかも知れませぬこの古名刺を利用して名前の書いてある方を男としその反面を女として女が来たといふと裏の方へピクとかツーとか書く、又男が来ると表の方へ書く、是は色々変つた場所でやらねば面白くない、東京の中でも下町、山の手などに依つて変化を見やうといふことであると名刺の片隅にチヤンと書いて置く、是は上野辺とか、是は京橋辺とかいふ様にして置くとアトで見ても分る、帳面を用ゐるより余程便利である、名刺の紙を買つても宜いが丁度斯う云ふ名刺の旧《ふる》いのがありますと之を用ゐることが出来る、私は旧い名刺を演説の覚え書きにも使ふ、此所に持つて居るのが其実例でありますが一端に孔をあけて金の輪で繋いで置く、云はうと思ふ事をチヨイ〳〵書いて順を立てゝ一纏めにし話をするに従つてはねて行く、これは別の話しですが風俗の方の事に戻つて云ひますと実行に付いての注意を述べなければならぬ、第一に勘定外に置くべきは兵隊です、多勢来るのを一々ピクピクピクをやつて居つては大変だ、学校の生徒も同じく除外する、中学校などの門へ行つてピクピクピクとやつて居つては果しが無い、巡査にしてもピクピクやつては居られない、制服を一々やつて居つては仕方が無いから制服は止める、それから幼い子供は自分でどんな物を着やうといふ考なしに親

●名刺の表（男の部）

●名刺の裏（女の部）

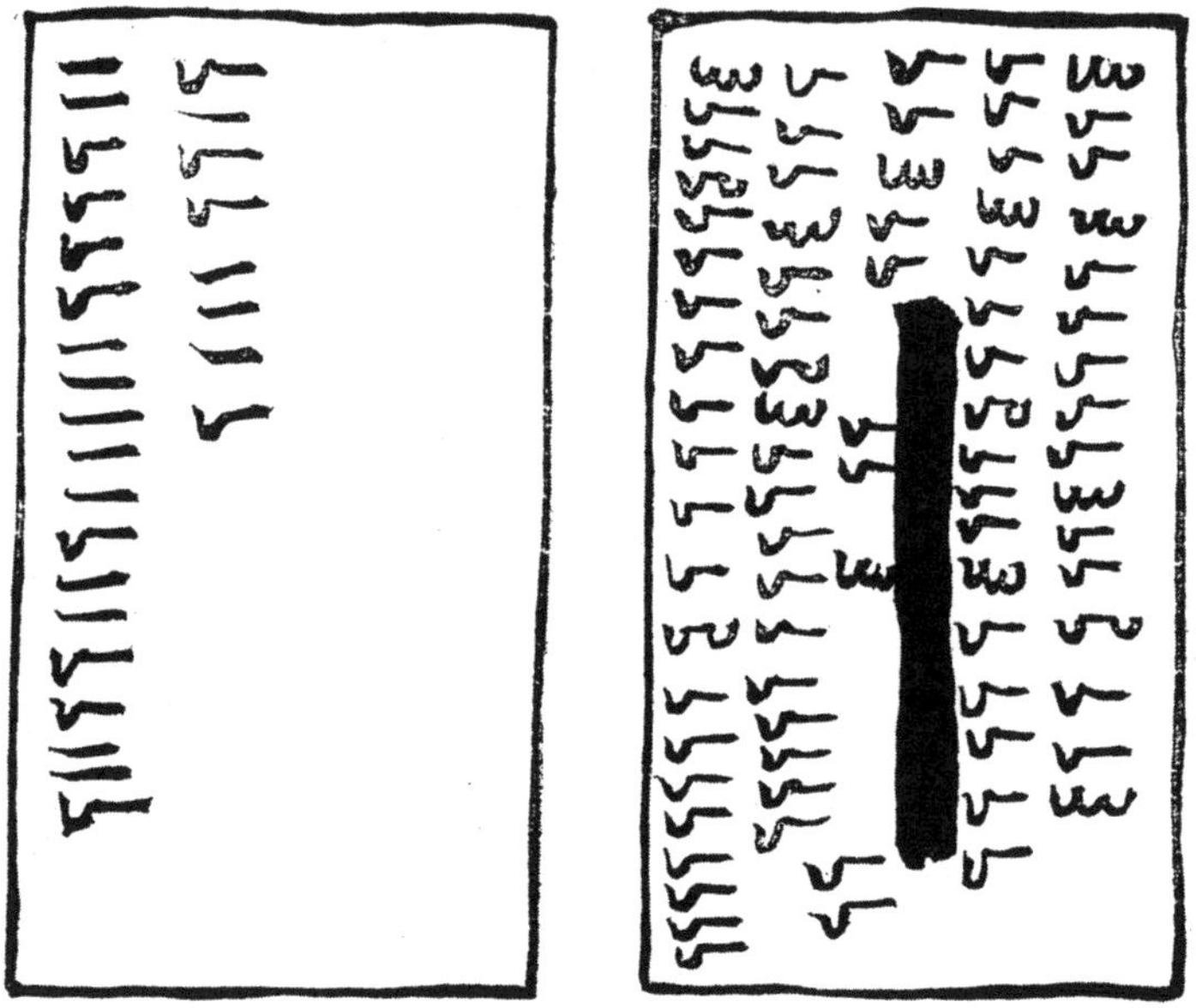

明治 43 年 6 月中 1,119 人を調査した中の一部（本郷西片町から上野公園迄の往来で出会た男 86 人、女 26 人）ᴗ ピク西洋風、— ツー日本風、ʊʊʊ ピクピクピク　ᴗ— ピクツーツー　ᴗᴗ ピクツーピク

がして呉れる通り其儘になつて居る、殆ど人形に衣服を着せるやうな考で親達が色々な事をさして居る、それを以て例に引くことは出来ない、さう云ふ者を省くとどの辺まで省いて宜いか分らぬから極く勝手な極方ではありますけれ共何とか制限を附けねばなりませぬから男女ともに二十歳以上とする、此二十歳といふのも目分量でシツカリしたことは言へぬ、上に間違つたり下に間違つたりしますが双方で消し合はされると思ひます。それで先づ二十歳以上として初めて私が試みたのは明治二十年であります、その時には年取つた人はナカ〳〵西洋風にならなかつた、それで三十以上の人は数えても旧が勝つて居るに極まつて居るといふ事を感じて二十から三十までの者を基にして調べて見た、即ち二十に達しない若い

人も省き三十以上の年取つた人も省いて、制服の者も省き其上色々な労働者人夫といふやうな者も省いて跡に残つた者先づは中以上の者丈けの統計を取つた、明治二十年に勘定したのは一度に九百人採つた、其後色々の材料から集めて八百九十四人略々《ほぼ》二千人ばかりになります、それで此頃もまた調べて見やうと思つて是も千百十九人丈け数へた、数としては可なり多いのであります、其結果を此処で百分比例にして御話しますが一々実数と比例とを云ふのは面倒だから百分比例丈けを申します、明治二十年に東京で測りましたのでは男子にツーは一人もなかつた、ピクツーが三十六人、即ち散髪でアトは日本風でありました、ピクピクピクが五十三人、ピクツーピクが十二人さう云ふ風になつて居る、総括して見ると頭の上では百人が百人悉くピクである、それから衣服はどうであるか、百人中五十三人は洋服で靴六十五人が日本服で靴を穿いて居ることになるから洋服よりも数が多くなつて居るのであります、所で是は制限を付しまして年齢に於て二十台の者で制服の者を省き労働者を省きましたのでありますが、さうで無しに幼い子供と制服を着た者の外は引括《ひつくる》めて何もかも入れた勘定にすると男子のツーが是は年取つた人も労働者も入れて五人、ピクツーが六十六人、此方は前より数が多くなつて居るといふものは洋服の方が少いからであります、洋服が制限を置いたのであると五十三に当るですけれ共一般に勘定して見ると二十人に当つて居る、ピクツーピクといふのが広く測つて見ると八となつて居る、それで総括して見ると頭の事に於て西洋風になつて居るのが全体の上で言ひまずると九十五、制限した方であると百が百、皆西洋風になつて居る、衣服は制限を立つた方は五十三でありますが一般の方では二十になつて居る、靴が制限した上では六十五で一般の方では二十九である、又地方の事を調べやうと思つて相模の三崎で調べたのですがそこで調べますと頭から足まで悉く日本風なのが百人中、五十四人、即ち東京に於ける十一倍といふことになつて居る、それからピクツーといふものが四十人、洋服が二人、ピクツーピクが三人といふ勘定になつて居る、即ち総括して見ると散髪が四十六人、洋服が二人、靴が五人、是は三崎で二十年かに勘定したのだから今日は恐らく変つて居りませう、今年になつてから調べたものであると男子の方を先きに言ひますが是は前と違つて年齢の上では二十以上の者を悉く採つた、何故かといふと今から二十年前に二十歳であつた人も四十位になつて居る三十の人は五十といふ風でありますから最早省く可き理由は無い、前には昔の風が残つて居つたが今度は年を取つて居る人と云つても以前の様な事は無いから三十以上を省くことは止めた、幼い者は親達が好きな衣服を着せるから之は省いて、二十以上の者は悉く採ることにしたが矢張り制服の者と労働者の類は除くことにした、それで勘定して見ると男子の頭から足まで悉く日本風といふ者は一人も無かつた、ピクツーといふ者は八十六人、是は大層多い、前に三十六人であつたが八十六になつた、それからピクピクピクといふ西洋服が前には五十三であつたのが十二、それからピクツーピクが前には十二であつたのが今度は二となつて居る、チヨツと考へると段々西洋風が日本には広がるやうに思ふのでありますけれ共、是は自分等が色々な会に出たりして感ずる事でありますが一時洋服が大層多かつたこともありますが、近頃では日本服が大分多くなつたやうであります、大学などに勤めて居る人の中でも日本服で来る者が幾らも有るから此統計の取り方が悪いので無く実際さう云ふ事が有るかと思ひます、以上は男子の方。

それから女子の方はどうであるか、明治二十年東京で調べたのだと二十から三十の中流以上の者で頭から足まで全部日本風のツーと云ふものが百の中で七十一、それからピクツーが二十五、今日から考へると意外に少いが実際さうであつた、束髪が二十五人、ピクピクピクが三人あつた、是も面白い、その頃は奇妙に女の西洋風が流行つたのでありまして百人中で三人見た、ピクツーピクが一人、総体から言ひますると西洋風の髪、少くとも日本風で無いものが二十九人、衣服の西洋風であつたのが三人、穿物の西洋風になつて居るのが四人であります、是は制限を立てた方、それから二十から三十まで、無しに三十以上の者も採り幼児で無い者は総て採る、さう広く採つたので見ますると、ツーといふ者は八十四です、制限を立てたのが七十一であるのに対して八十四、即ち年取つた者は幾らも日本髷があつた訳で、ピクツーが少くなつて十でありました、ピクピクピクが二人になつた、ピクツーピクが四人、是は割に多い、総体に勘定して見ると婦人の束髪といふものは十六人、洋服は二人、靴が六人といふ勘定になる、今年になつて測つて見るとそれは前に男で申した通り三十以上の者でも採つた、二十年に測つた人達が年を取つたのであるから制限を立てる必要は無い、幼い子供の外は皆採つた、但、制服の者は固より省いたのであります、前に看護婦の事を云ひましたがこれは制服でありますから省きました、そこで其結果を百分比例で云ふとツーが五十七、ピクツーが四十三、明治二十年に二十五であつたのが束髪が是れ丈け殖へて居る、洋服は却つて今日外を歩いても一向目に触れない、此表の上では皆無、総括して言つて見ると束髪が四十三人ある、前に遡りますが幼児丈を省いて他は皆籠めた勘定では明治二十年東京にての調べだと百人中でツーが八十四人であつたのが、三崎では九十九人、ピクツーが東京では全体で十人になつて居りますが三崎では一人、即ち束髪は一人しか見なかつたのであります、その他は東京に於てピクピクピクと云ふのが二人、ピクツーピクが四人でありますけれ共三崎では束髪が一つあつた丈で他に西洋風は無かつた、斯う云ふ風に地方の違ひや時の違ひで調べますると何処ではどう云ふ事があるか何う云ふ風に変化して来たかと云ふ事が唯々空に言ふよりは少しハツキリと言ふことが出来るのであります。

そこで風俗の変化の順を考へると色々遅速がありまして男子の髪の如きは一般に髷の有る時代に髪を斬つ

て短くするといふ事は初めは余程英断でありましたらうが元来余り身体を飾るといふ事には意を用ゐて居らぬ男子は、はさみでチヨン切れば訳の無い話しでありますから一時にその方に傾いてドン〳〵斬つて仕舞つた訳でありませう、初は六つかしいかも知れませぬが一時の傾きで其方へ早く進んだのであります、それから衣服とか靴とかいふものは建築法と釣合ふものでありますからどう云ふ頭でどんな家に這入れないといふことはありませぬけれ共、靴だとか洋服だとかいふ物は建築に関係するものでありますから頭の変る程に変ると云ふ訳にはいかぬ、だから或場合には洋服を着、靴を穿いても他の場合には同じ人が日本服を着たり日本の穿物を穿いたりする事も出来る。

女子の方で言ひまするると束髪は日本髷と違つて居ることは違つて居るやうなものでありますけれ共一体髷の結ひ方は色々ありますからその中の一つの方法として或結ひ方が出来たといふ丈の事であつてさう急激の変化とは言へない、即ち他の衣服や何か変へる程束髪になるのは六つかしく無いから数の上でも早く変化したものと思ひます。

此の如き事を統計として調べたのは頭髪、衣服、穿き物といふ側ばかりでありますが何事に付けても調べることは出来ると思ひます、是は唯々私が思ひ付きで、実行しては居ませぬけれ共諸君の中でそれを心掛けて下すつたならば往来に立つて数へるといふものか旅行の時数へるといふものか、何れにしても面白味が有らうかと思ふ、その一つは家屋です、幾つの部分に別けても宜いですけれ共チヨツと覚へ易いやうに三つにしても宜いかと思ひます、服飾で言ふと頭と衣服と足でありますが家屋で言ふと屋根と外囲《そとまわり》と内部の設備という風に別けても宜いと思ひます、今日東京に於て西洋造は大抵外囲と内部丈が西洋造で屋根まで西洋風といふものは少い、大学の建て物を見ましてもピクピクピクと云ふものは少い、大抵ツーピクピクで屋根はツーであります、総てが日本風であればツーであり総てが西洋風ならばピクピクピクといふ訳であります、それで屋根も日本風、外囲も日本風、内部丈け西洋風、歯医者の手術場などに好くさう云ふのがあります、これはツーツーピクであります、それからツーピクツーといふのは屋根が日本風の瓦で外囲が西洋風であつて内に畳が敷いてある、銀座の店などに適例が幾らもある、ちよつと西洋風と思つても屋根は多く日本風先づツーピクピクであります、ピクピクピクといふのは現在幾つ有るか思ひの外少い様であります。次に食事に付て考へて見ると先づ第一重《お》もな食物が日本風と云へば飯、西洋風と云へば麺麭《ぱん》、先づ主食を第一とし其次に菜を置きその次に飲料を置く、茶、酒の類は総て飲料に入れ汁の如きは菜の処へ入れる、さうしますと総てが日本風ならばツー総てが西洋風ならばピクピクピクであります、それで飯を喫《た》べてビステキ《ママ》などをやつて茶を呑むのはツーピクツーになる、麺麭を食べて味噌汁を呑んで茶を飲むとピクツーツーになる、日本酒と葡萄酒とを飲んだらどうするかと云ふと少しでも西洋風が加はればピクとするのです、全体の風としなくても一人一人に付いても云へる、誰の風はピクツーである、誰はツーピクツーの食を好むとかピクツーの儘お出で下さいとか晩食はピクピクピクにしようとか云ふのも面白い、此間も松居君へ手紙を書きましたが普通の日本の巻紙に墨で以て字を書いてさうして西洋風の状袋に入れた事があつた、それでツーツーピクで申上げますと書いて置いた、紙墨袋と云ふ順を立てゝ置けば西洋紙へインキで書いて日本の状袋に入れると、ピクピクツー、日本紙にインキで書いて日本の状袋に入れたならばツーピクツーであります、さう云ふ風に色々の事に付いて言ふことが出来る、是は唯々戯れといふばかりでありませぬで何事はどう云ふ風に変化して来ると云ふ事を見るには此法を用ゐるが便利だと思ひます。

　書物で言ふと先づ日本の紙、西洋紙、又印刷が活版刷、木版刷、表装が日本風に綴ぢた物と西洋風に綴ぢた物とある、夫れ等の取り合はせに対して名を附けると矢張り衣服や家屋や食物や手紙なども同じ様にピクとかツーとか名を附けることが出来ます、此他幾らでも応用が出来る、発音はチヨツト冗談のやうに聞へますけれ共記憶し易いと云ふ利が有る、材料を集めるのは誠に世話の無い話しですから慰みにやつて御覧ある様お勧め致します、服飾の事で一言注意を述べて置きますが、歩きながら印を付けるにも間違ひを避ける為め自分と同じ方向に向つて行く者は採らない、行き合つた者丈け採るさう極めて置けば幅の広い通りでも全体に目を配る事が出来る、電車では左右に目を配ることが出来ませぬけれ共電車の方が早いから行く人も来る人も一緒に調べることが出来る、最近の統計の材料は重《お》もに電車に乗つて片ツ方の窓から見て得たのであります、斯様に物を調べる土台を立てゝ、一時代の有様ばかりでありませぬで何年か経つてから較べて見る、何はどう云ふ風に変化する、どちらが速いか遅いか、或は又同じ方向に進んで行くものであれば往つたり来たり波が高くなつたり低くなつたりすると云ふ様なことを知る事が出来やうと思ふ、我々が雲や風を調べて略々《ほぼ》天気予報が出来ると同じやうに是は今斯うであるけれ共どつちの方向に向いて居るから斯うなるだらうと云ふ風に将来を推すことも出来る訳である。

尚モウ一言《ごん》して置かねばならぬ事はピクが何時までもピクぢや無《な》いそれが一般の風になればツーの中《うち》に組入れても宜いと云ふ事である、散髪の如きはモウ東京ではツーと言つても宜い、地方には髷が残つて居りますからまだピクとして置くけれ共、日本全国が悉く散髪ばかりになつたならば余処《よそ》から移つた風俗が日本の風俗になつたのであるから其時はツーとして差支ない、散髪であるから何時でもピクと言ふのでは無い、或一般の風が残つて居る間にそれをツーとして新たに加はつた方をピクとする、若し日本中の人が一般に洋服を着る様になつたならば洋服は日本服になつて仕舞ふ、今日の処では洋服をピクとして居りますけれ共その時はツーとして差支ない、穿物に付いても其通り、又是は日本種族に付いてばかりで無く他の者に付いてもこう言ふことがある、二三の例を取つて見ますと北海道のアイヌの如き総てアイヌ風で居ればツーであります、跣足《はだし》であるべきアイヌが日本下駄を穿き草履を穿く斯んなのはアイヌの側から言ふとツーツーピクである、日本種族に於ては下駄草履がツーであるけれ共アイヌでは下駄草履がピクである、暹羅《しやむ》に行くと旧《も》とは男子が頭の周囲《まわり》を剃つて中央の部分丈円く残し、腰に布片《きれ》を巻いて裾の後の真中を取つて腹の所に挟んで股引のやうな形にしたのである、之を暹羅人の方から見ると悉くツーである、然るに今日は上流の者には散髪になつて靴を穿いて居る者があります、而《そ》して服装は以前の通りでありますから暹羅の方から言へばピクツーピクであります、欧羅巴人の事を考へても頭は無論散髪でさうして日本の衣服を着て日本の穿物をつツ掛ける者がある、三越の店で写真を撮るのに能《よ》くさう云ふ人があります、それらは欧羅巴人から言ふとツーピクピクといふことになる、日本ばかりで無く余処の国の事もその風俗の変化して行く筋道を此方法で調べるのが宜いと思ひます。

以上話しの内容の乏しかつたのは自らも認めて居る所で有りますが、唱へや符丈《しるし》では他人に解かりさうに無い此ピクとツーは最初にも申しました通り見方に由つては或は「知つてる会」の出品と見做す事が出来やうかと思ふので有りますから得る所が無かつたとお感じの諸君は此意味に於て提出したものと御承知有らん事を希望致します。（拍手喝采）

ロンドン市中男女立ち止りの勘定

私は東京に居る中も市中を一人で歩くと兎角本屋の前へ立ち止まりましたがロンドンへ参つてからも其通り他の店には余り気が付かず本屋と云へば直に足が其方へ向かひます、夫で不図考へましたには自分は本が好きだから斯く本屋の前へ立ち止るのだが他の品物の好きな人は必ず其物の店前へ立ち止るで有らう、総体から云へば何店へ人が立つ事が多いか又男と女では好みに別が有りさうだがドンナ割合の者か出来るなら調べて見度いと、私は極めて容易に此調べをする事を思ひ付きました、簡単です、名札の様な厚紙が沢山有りさへすれば宜いのです、是等の札の一面を男の部他の面を女の部と定め町を通る時分に何店に男が幾人女が幾人立つて居たと云ふのを見て各の数を其店の名の下へ記すのです、譬へば本屋に男が三人女が一人立つて居たらば男の部に本三、女の部に本一と記すので一軒一軒に気を付けて見るに随つて直に記しさへすれば混雑の生ずる患《うれい》はござりません、実際店毎に人の立つて居るものではござりませんから此帳付けは決して閙《さわが》しい仕事では無く馬車に乗つて居ても充分に出来ます、併し注意を要するのは或る店の前へ立ち止まつた人が必しも其店の物に心が有るのでは無いと云ふ一条です、自分は心が無いが連れの人の付き合ひで立つと云ふ人も有り知り人又は馬車の来るのを待つ為に立つと云ふ人も有り、歩き疲れて立つと云ふ人も有り、煙草の火を付ける為或は物を食ふ為に立つと云ふ人も有る、是等は省かなければ成らない事で其見分けをするのは格別六ケ敷くはござりません、日本の店には番頭小僧抔《など》が見張つて居るのと暖簾の下げて有るのとの為に立ち止まるのがオックウで有るし又立ち止まつて居る者も暖簾の為に隠れて其数を確める事が難うござりますがロンドンの店は通例一ケ所に狭い開き戸が有つて他は凡てガラス張りで往来に向つた棚と成つて別段暖簾様の物はござりませんから立ち止まり易く且つ算へ易うござります、私は此勘定をする為とて故《ことさ》らに歩いた事はこざりませんが外出する毎に可成注意して立ち止り人の数を記しましたのが積り積つて男女合せて千三百人と成りましたから表に作つて見ました、東京では芝の神明前には本屋と古着屋が多く日本橋の中通りには道具屋が多く有るのと同様にロンドンでも町に由つて或る種類の店の多く有る事がござります、左様な所では其種類の店に立つ人が多い訳故斯かる事を避ける為、所々離れて様子の違つた町を撰んで測定を行ひました。

時は明治二十三年二月の末から三月の始其町名は左の通りでござります。

Oxford Street.	Poultry.
Regent Street.	Cheapside.
Quadrant.	Borough High Street.
Piccadilly.	Blackman Street.
Strand.	Causeway.
Fleet Street.	Newington.

Ludgate Hill.　Waterloo Road.
Church Yard.　Westminster Bridge Road.
Cannon Street.　Kennington Road.
West Cannon Street.　Kennington Park Road.
King William Street.　Clapham Road.

実数の表を最初に御目に掛けませう。

売品の種類	店の数	男の数	女の数	男女合計
指輪、腕飾時計、鎖類	二四	七五	五三	一二八
菓子、麺包類	二一	一八	二九	四七
帽子	一八	七	七二	七九
ランプ	三	五	○	五
衣服、附、手袋	七二	五八	二六一	三一九
陶器	六	三	一三	一六
硝子器	二	五	○	五
髪の飾	二	○	三	三
髢	二	○	五	五
花	七	三	一二	一五

書籍	二七	七八	六	八四
眼鏡	二	三	〇	三
写真	二三	五七	四五	一〇二
室内装飾品	九	二四	一九	四三
時計	九	二三	四	二七
絵画	一七	六五	二三	八八
煙草	三	五	〇	五
裁縫器	二	一	二	三
靴	一二	三一	一三	四四
刃物	二	三	〇	三
金属製碗鉢類	二	八	二	一〇
小児玩具	四	一四	一	一五
新聞雑誌	一二	五五	〇	五五
器械	五	一七	〇	一七
絵の具	二	三	〇	三
煙管	八	一七	〇	一七
誕生日祝ひの画札	五	二三	一三	三六

暖炉	一	二	○	二
ペン	一	二	○	二
種物	一	二	○	二
文房具	七	四○	二	四二
料理	二	二	六	八
地図	一	一	○	一
子守り車	一	一	○	一
櫛	一	○	一	一
古道具	二	二	一	三
漬け物	一	○	一	一
化装道具	三	二	四	六
飼鳥	三	一八	六	二四
酒	二	○	一	一
銕砲	二	六	○	六
体操道具	二	三	○	三
馬具	一	一	○	一
銕物	一	五	○	五

写真道具	一	二	○	二
ブリキ細工	一	○	一	一
カバン類	二	七	○	七
獣肉	二	三	○	三
鏡	一	○	一	一
総計	三四○	七○○	六○○	一三○○

右に由つて観ますれば最も多く人の立ち止まるのは衣服店、次が指輪鎖類の店、次が写真屋、次が絵画店、次が本屋、次が帽子屋、次が新聞屋、次が菓子屋、次が靴屋、次が室内装飾品屋、次が文具房屋……と云ふ順でござります、此所に掲げた所で申せばザツト一軒に付いて四人宛《ずつ》の立ち止まりが有る割りでござりますが表に記した店数は人の立ち止まつて居たもの計りでござりますから以上の測定を為した町に在る悉くの店数に比べれば何軒に一人と云ふ誠に僅少な割りに成るのでござります、衣服店は七十二軒で立ち止りが三百十九人、指輪鎖類の店は二十四軒で立ち止りが百二十八人、甲は一軒に四人強、乙は一軒に五人強の割り故是に由れば一寸衣服店の方が引力が弱い様でござりますが其実立ち止り人の数は「立たれ店」(人の立ち止まる店なり同種の店総てに非ず)の数の為に増減はしないと思ひますから一軒に付いての割りで無く総数に従つて順を立てる方が正しうござりませう、何故に増減しないと云ふかと申すに同種の店が二軒隣り合つて有る時分に両方に人が立ち止まつて居るとすれば此二軒が身代を別にして居ろうとも組み合つて一つの店に成らうとも立ち止まり人に関係の無いのと等しく二軒の隔たつたる時分即ち壁を以て界する代りに他の店を以

て界したる時分にも立ち止り人に映響を及ぼす事は無いと考へるからでござります、二軒の「立たれ店」に十人の「立ち止り」が有れば一軒に付いて五人の割り、二軒が合併して一軒と成れば一軒に付いて十人の割り、元の五人が今十人に成つたとて夫は店に在る品物の引力が強く成つたのでも無ければ「立ち止り」の心が変つたのでもござりません、去れば如何なる店に多く人が立つか、又男女好みの異同は如何と云ふ事を調べるには店数の事は姑《しばら》く傍に置いて宜しうござりませう。

私は「立ち止り」の百分比例表を作るに方《あた》つて前の表に掲げた店の種類四十九をば左の通り八つに大別致しました。

指輪、腕飾、時計鎖類○帽子○衣服○髪の飾○髱《かもじ》○眼鏡○時計○靴○煙管○櫛○化装道具○鏡 ｝服飾

菓子、麵包《パン》類○煙草○料理○漬け物○酒○獣肉 ｝飲食

ランプ○陶器○硝子器○室内装飾品○金属製碗鉢類○暖炉○古道具○ブリキ細工 ｝家内用品

書籍○新聞雑誌○地図………… ｝図書

写真○絵画○誕生日祝ひの画札…… ｝絵画類

裁縫器○刃物○器械○鉄砲○鉄物○

写真道具〇カバン類〇馬具〇種物〇
子守り車 }実用品
ペン〇文房具〇絵の具…………}文房具類
飼鳥、花、体操道具、小児玩具……}玩弄品

右の大別に随つて「立ち止り」の百分比例を表にすれば次の通り、

売品の種類	男	女	男女合算
服飾	三一	七〇	四九
飲食	四	六	五
家内用品	七	六	五
図書	一九	一	一一
絵画類	二一	一四	一七
実用品	六	〇	三
文房具類	六	〇	三
玩弄品	五	三	四

男女合算に就いて申せば「立ち止り」の最も多いのは服飾店ズット降つて絵画、図書店、男の多く立ち止まつて見る物は第一に服飾、次に絵画類、次に図書、女の多く立ち止まつて見る物は第一に服飾、次に絵画類、女の服飾を好む事男の二倍を超え男の図書を好

む事女の二十倍、

私は十歳位から以下の子供は勘定に入れませんでした、斯かる比例は時と所とに随って異同がございませう、以上記したのは明治二十三年二三月の交ロンドン市中男女立ち止まりの勘定でございます。

ロンドン人鉄蹄を珍重する事の考

一

私はロンドンへ参りましてから種々の席上にて多くの男女と話も致し往来にて夥多《かた》の男女を見掛けも致しましたが男女に限らず襟飾りの針に馬の鉄蹄の形を付けて居る者の多いのに気が付きました、何程に多いか勘定を致し度と思ひましたが人に出会ふ毎に其襟に注目すると云ふも六ケ敷事では有り細工の細い為遠目では見誤りをするの恐れも有りますから人に就いて調べるのは止めて襟針を売る店へ行き店に飾つて有る物に就いて勘定する事と致しました、併し女の飾り針は大小形状種々なる上男の飾り針の様に針が一一直立して居らず小さな物が幾つも集まつて居るのか大きな物が一つ有るのか見分けに苦む事さへござりますから此勘定は為さず男の飾り針のみを調べました、夫も店数が少いと店の風に引かれて正しい割り合ひの出悪《にく》い傾きがござります故外出する毎に成る可く離れた店を撰び十八軒に於て多くの品を見て次の数を得ました、

男子用襟飾りの針総数、…………二七七五、

内

即ち男子用襟飾りの針百中に鉄蹄の形を付た物が二十一強有る割りでござります、鉄蹄に縁故の無い物は種々雑多で心臓形の物と新月形の物が稍《やや》他より多い様ではござりますが両方合算しても迚《とて》も鉄蹄形の物の半数にも達せず其他を種類別にすれば一種一種の数は極めて僅かでござります、婦人用襟飾りの針に鉄蹄の形の付いて居る事は男子用の物に比べて多いとも少い事は無いと信じます、斯く鉄蹄の形を用ゐるのは襟飾りの針に限る事か如何で有らうと注意致しました所腕の飾りボタンや襟飾りの布の摸様にも鉄蹄の形を用ゐたのが有り状袋書状紙祝詞札の画にも之を撰んだのが有り窓や小鏡や写真立ての隻にも其形を採つたのが有り菓子の形にさへ鉄蹄の有るを知りました、ロンドンの人は何故彼様に鉄蹄の形が好か、鉄蹄其物を好み従つて其形を好むのであるか或は鉄蹄其物に関せず只其形を好むので有るか、更に眼を転じて諸方を見ますれば鉄蹄の形を大きく作り又は大きく画いて家の印として有るのに気が付きます、殊に目立つのはトツテンハム、コート、ロード二六四至二六七料理店（The Horseshoe）の家根に乗せて有るガラス張りの大鉄蹄とヴヲクスホール、ステーシヨンの筋向ひハイ、ストリートの角の手軽料理店（The Horseshoe）の表壁に画いて有る大鉄蹄でござります、此二軒は共に家名をホースシユウ即ち鉄蹄楼或は馬靴屋と申しますので之丈では家名に従つて目印しを作つたのか目印しに因《よ》つて家名を定めたのか解かりませんが他の居酒屋の例を以て推せば鉄蹄をば目印しに撰び之に因つて家名を定めたのと思はれます、尚ほ穿鑿《せんさく》して見れば鉄蹄を以て家の目印し又は一個人の印しとする事は随分他にも有る事で多くは他の物と取り合せて用ゐます、例を挙げれば鉄蹄三個、鉄蹄と馬、鉄蹄と太陽、鉄蹄と小鳥、鉄蹄と鹿角、鉄蹄と獅子、鉄蹄と冠、斯く鉄蹄を印しに用ゐると云ふ事は近頃始まつたのでは無く可成り古くから有たのでござります、鉄蹄と獅子と云ふ居酒屋の名は西暦千七百零三年六月のポストマンに見え、ドリュウリイ、レーンの鉄蹄と云ふ居酒屋は西暦千六百九十二年迄は慥《たしか》に有り、タワアヒルの鉄蹄と云ふ居酒屋の名は西暦千六百八十一年五月三十日のインテリジェンサアに出て居りガッタア、レーンのウィリヤム、グレインジは西暦千六百六十六年に於て既に鉄蹄と鹿角を自己の印しに用ゐたとの事、然れば鉄蹄を以て印しとすると云ふ事は少くとも今を距る二百二三十年前から有つたのでござります、扨《さて》何故に鉄蹄と云ふ物は昔から人に好まれて居るのでござりませうか、若しも鉄蹄其物が貴む可き性質を有して居る訳ならば摸造、画又は名計りで無く真の鉄蹄も珍重されさうな事でござります、真の鉄蹄は果して珍重されて居るか、諸所を注意して見ますれば真の鉄蹄或は実大の摸造が黒色又は金色に塗つて家の入口に打ち付けたり棒に付けて出したりして有るのに気が付きます、是等は家の目印しか何かと申しますに是等の有る家は馬に鉄蹄を着ける事を業とする者の家か然らざれば乗り合ひ馬車の帳付けの居る小家でござりますから仮令《たとい》幾分か他の意を含んで居るにもせよ職業に縁有る物を以て看板或は装飾にすると云ふが主で有らうと思はれます、馬に関係有る職業の者が鉄蹄をば看板或は装飾に用ゐると云ふ事は一般に鉄蹄を好む事の元と成りませうか、若し若し左様ならば釣道具屋の看板なる魚の形、質屋の看板なる三つ玉も人が好みさうなもの、魚や三つ玉が好まれずに鉄蹄が好まれると云ふには何か原因が有りさうでござります、私は未だ実見を致しませんが聞く所に由ればロンドンの町外れや田舎へ行けば家の入り口の戸又は鴨居に真の鉄蹄が其儘で打付けて有るのを屢《しばし》ば見るとの事でござります、アウブレイ氏の雑記（Miscellanies.—Aubrey.）には

「鴨居に鉄蹄を釘付けにして有るのは珍しい事では無く之は魔法の力を防ぐと云ふ意で有る、ロンドンの西外れの家の過半は皆其鴨居に鉄蹄を付けて居る、鉄蹄は自身で拾たので無ければ役に立たぬ（中略）寺抔《など》では神聖の水で充分に魔法を追ひ退けさうな者だのにサッフォルクのスタニンフィールド、チャアチと云ふ寺では魔法除けの為とて瓦の上に鉄蹄の乗せて有るのを見た」

と有つてブランド氏は之をイギリス民間故事（Observations on the popular antiquities of Great Britain.—John Brand.）に引き次の通りに書かれました（第三巻ページ一七）

「モンマウス、ストリートには今に尚ほ鉄蹄を鴨居に釘付けにした家が多く存して居る、アウブレイ氏の記したのも此所の事で有らう、ホルボーンのリットル、クヰン、ストリートの角にも一つ有る」

之は西暦千七百九十七年の言葉其後此本の増補者エリス氏（Sir Henry Ellis.）は千八百十三年四月二十六日に右のモンマウス、ストリートで十七より少からざる鉄蹄の鴨居に釘付けにして有るを見千八百四十一年には僅に五つか六つ残つて居るのを見たとの事、是に由て考ふれば鉄蹄を戸口に打ち付け置く風は古盛にして今衰へた様でござります、アウブレイ氏の言に由つて鉄蹄の魔除けの類たる事は知れましたが之を打ち付け

るのは家の鴨居に限るのではござりません、バッセット氏に随へば（Legends and superstitions of the sea.— Fletcher S. Bassett.）サッチャア氏は千八百廿一年に水夫が鉄蹄を用ゐた趣《おもむき》を記しチーヴァア氏は同じ頃に水夫が魔除けの為に鉄蹄を帆柱に打ち付けんとの事を主張した趣を記しロックウェル氏は千八百四十一年に水夫が屢ば鉄蹄を用ゐた趣を記したとの事、即ち鉄蹄は船中に於ても魔除けの類として用ゐられたのでござります、恐らくは今日も見る事が出来ませう、ミッソン氏がイングランド紀行に鉄蹄を戸口に掲げる事を珍しさうに記したので考へるとフランスには鉄蹄を魔除け類に用ゐる事は無い様でござりますがアムステルダムの賤業者が拾ふか盗むかした鉄蹄を火焚き場に置けば其家に福が来ると信ずる趣を書いた物を見（西暦千六百八十七年）ポメラニヤの水夫が鉄蹄を船中に置けば雷除けの用を為すと信ずる趣を書いた物を見れば（Volkssagen aus Pommern. Tenne.）鉄蹄に関する妄信はオランダにもドイツにも有つて其範囲は中々広いとの事が知れます、此妄信が斯く広がつて居るのは諸所に於て似寄りの妄信が独立に起つたのに因るか一ケ所に起つた妄信が彼方此方と移つたのに因るか或は一つの本元から諸所に枝分れしたのに因るか今明に云ふ事は出来ませんが何れにしても斯かる妄信が鉄蹄に付着した由来を考へるに於ては大差違は生じないと思ひます、

二

抑《そもそも》鉄蹄には如何にして妄信が付いたのでござりませう、「鉄蹄は自身で拾つたので無ければ役に立たぬ」「拾ふか盗むかした鉄蹄を火焚き場に置けば其家に福が来る」とは前に記した事でござりますが拾ふの盗むのと云ふ事は如何にして入り用なのでござりませう、ボイル氏は其随筆（Occasional Reflections.— Boyle.）に

「此国の俗人は鉄蹄を見付けると運が好く成ると言ひ伝へて居る、此妄信に随つて自ら喜ぶとは愚な事では有るが自分も鉄蹄を見付た時に拾はうとして身を屈めた事が有つた」

と記しましたが此書は西暦千六百六十五年の物で更に古い書メソン氏の魔術考（Anatomie of Sorcerie. 1612.—Mason.）にはイギリス人が古い鉄片を見付けるのを幸福の前徴と妄信する趣が記して有つてブランド氏は之が即ち鉄蹄を見付けるのは幸福の前徴と云ふ妄信の本で有ると記しました（民間故事第三巻ページ二五一）鉄片を見付けるのを何故幸福の前徴と云ひ出したか今之を記す事は出来ませんが一旦斯かる妄信が起れば鉄蹄の拾はれるは怪むに足りません、之を盗むと云ふは恐らく拾ふと云ふのから転じたのでござりませう、鉄蹄を拾ふと云ふ事は之で解かつたとした所が鉄蹄を戸口又は帆柱に打ち付けると云ふ事は未だ解かりません、鉄蹄を拾ふと云ふ事が幸福の前徴で有るならば拾ふと云ふ行ひ丈で用が済んで居る訳で有るのに拾つた物を更に珍重するとは何の故でござりませう、鉄蹄を拾ふと云ふ行ひの他鉄蹄其物にも珍重す可き性を備へて居る様ではござりませんか、

鉄蹄は魔法の力を摧《くだ》く、

鉄蹄は悪魔の来るを防ぐ、

鉄蹄は落雷を避ける、

鉄蹄は幸福を招く、

とは前既に記しましたがラムセイ氏の言に因れば（Elminthologia.— Ramsey.）魔法遣ひが其戸口に鉄蹄を釘付けにするとの事でござりますから

鉄蹄は魔法の力の去るを止める、

とも信じられるのでござります、引き括つて申せば鉄蹄には魔物の往来を止め或は幸福を招く性が備はつて居ると信じられるのでござります、避邪と招福とは甚似寄つた考へで互に相移る事が有りさうに思はれますが此場合では如何でござりませう、「姥と猫物語り」（Gay's fable of the Old Woman and her Cats.）に魔法遣の言葉として

—Crawds of boys
Worry me with eternal noise ;
Straws laid across my pace retard,
The horseshoe's nail'd (each threshold's guard) ;
The stunted broom the wenches hide,
For fear that I should up and ried ;
They stick with pins my bleeding seat,
And bid me show my secret teat.

と有りヒュヂブラス（Hudibras.）にも魔法遣ひの言葉として

Chase evil spirits away by dint
Of sickle, horse-shoe, hollow flint.

とあるので考へれば鉄蹄に付いた妄信は避邪の方が強い様でござります、一歩進んで鉄蹄は何故に魔物の運動を妨げると信じらるゝかを考へませう、魔物の運動を妨げるとは鉄蹄計りに付けられた妄信か又は或点に於て鉄蹄に類した物一般に付けられた妄信か、ヒュヂブラスに鎌と云ふ語の有るので見れば鉄製の

彎曲した物が魔物の運動を妨げると信じられて居る様でござります、ヘリック氏は次の通りに申しました

（Hesperides.— Robert Herrick.）

Hang up hooks and sheers, to scare
Hence the hag that rides the mare ;
Till they be all over wet
With the mire and the sweet,
This observed the manes shall be
Of your horses all knot-free.

又ラアウード氏ホッテン氏合著の看板考（The history of signboards.— Jacob Larwood and John Camden Hotten.）には鉄蹄に関する妄信の事を述べた後に左の通り記してござります、

「下等社会の者の家には入り口の柱又は戸の裏に労動者の靴の鉄踋《てつふ》が付けて有る事を屢《しば》ば見る」

然らば鈎《かぎ》も鋏も鉄踋も鎌や鉄蹄と等しく魔除に用ゐらる丶ので魔除けの力は鉄蹄計りに付けられたのでは無く鉄製の彎曲した物一般に付けられたものと見えます、モウ一歩進んで斯かる力は鉄製の彎曲した物に限られて居るか如何と問ひませう、イタリイとスペインでは子供には二ヶ股珊瑚を魔除けとして頸に下げさせ家畜には猪の牙一対で作つた新月形の物か木製の二ヶ股の物を魔除けとして体に着けさせイタリイの南部では婦人が新月形の物を魔除けとして身に帯びる由でござります、彎曲した物の両端が稍《やや》延びて其向きが並行に近付けば二ヶ股形と成る二ヶ股の物の両端が開いて二枝の繋がり目が鈍い丸みを帯びれば彎曲形と成つて此二つの形状の差は極めて些細故是等の魔除けは相互に関係して居る様に思はれますが安全の為二ヶ股珊

瑚と木製二タ股を省いて見ても尚ほ魔除けの力は彎曲した物に付けられたので必しも鉄製品たる事を要さないと云へませう、ブリチシ、ミュウジアム所蔵のイギリス発見ローマ古物（西暦四十三年から同四百十年迄の間の物）中にも猪の牙一対を連続して作つた新月形の物と青銅製の新月形の物がござりますが其用は、現今イタリイで行はれて居る物と同様で有つたらうと思はれます、ナイト氏は（The symbolical language of ancient art and mythology.— Richard Payne Knight.）グリーク鬼神談に随へば月はエイリシヤと称して分娩を司る女神（ジュノ、ルシナ又ダイアナとも云ふ）で有る、婦人が一般に新月形の護りを用ゐたのも是に由る、此風は今もイタリイの南部に存して居ると云ひ（ページ一〇〇）又日月を男女に配する事は諸国に行はるゝ事で有るが古代のローマ人民中には男子が黄金の円板を帯び婦人が新月形の物を帯びる習はしが有つて此風は今もイタリイの南部に存して居ると申しました（ページ一三〇）イタリイの女が新月形の物を護りとするのは月が分娩を司ると云ふ考へに因ると云ふのか日月を男女に配するに因ると云ふのかナイト氏の言は甚不明でござりますが何にもせよ月は女の尊敬すべき物なるが故に其形を以て女の護りとすると云ふに於ては誤りはござりますまい、新月形の物を女が護りとする訳は之で解かりましたが、家畜の身に着けるは何故でござりませう、月は万物の発育成熟を司ると信じられた物故恐くは其意に基いたので有らうと思ひます、尚ほ古代の風俗図を彼此見ましたらばセルト人民中のドルイド（Druide）が新月形の物を携へて居るのに気が付きました、フォスブローク氏の説明に曰く（An encycropædia of antiquities.— Thomas Dudley Fosbroke.）

「劣等ドルイドは冠を着ず、（中略）手には六日目の月の形の物を持つ、彼等がミスレトー（宿り木）を切るのは丁度此時故其為に用ゐる黄金の鈎の形も六日目の月を摸したので有らう」

鈎の形は兎も有れ角も有れ、ドルイドの携へて居る物をば図に因つて考へるに大さと云ひ形と云ひ日本の巡査の帽子の前庇の様で格段な柄は無く中央の部で握るの故此物が即ちミスレトーを切る鈎で有るとは思はれません、高等ドルイドが頭に槲《かしわ》葉冠を頂き手に笏を携へて居るのに比べて見れば劣等ドルイドの持つて居る月形の物も位階の印しとか護身牌とか云ふ物の様でござります、何れにしても月を尊び随つて其形を尊ぶと云ふ事は慥《たしか》で有らうと考へます、

日月を尊ぶの風は古今諸国に在る事で今更例を引くにも及ばず、日は常に円く月は夜々形を変へるが故に日月の形を摸するに方《あた》つて一は円形一は彎曲形とするも例の多い事、私は鉄蹄妄信の源は此所に在ると思ひます、月を尊ぶ心は新月形を尊ぶ心を生じ此心は広がつて彎曲形を尊ぶに至り、随つて彎曲形の物は避邪招福の力有りとの妄信起り、鉄片を拾ふは幸運の前徴と云ふ妄信と混じて彎曲形の鉄片を拾ふは好き事と信じらるゝに及び、彎曲形の鉄片にして拾はるゝ折の多き物は鉄蹄なるが故に終に鉄蹄其物に避邪招福の力有るが如くに信じられ更に転じて其摸形其名称さへも珍重さるゝに至つたのでござりませう、私は鉄蹄形を好む者が必しも妄信を抱いて居ると云ふのではござりません、其好まるゝに至るには斯かる順序を経たので有らうと申すのでござります、

旅する人類学者

銚子紀行——貝塚掘りと海岸巡り

五人合筆

此頃人類学教室員中の三君及び十二歳弱の長男、都合四人と連れ立つて銚子地方へ行き、貝塚を掘りもし、海岸を巡りもしたが、紀行は分担で書かうと云つて鬮《くじ》を引いた結果役割りが左の通りに定つた。

発端から松岸停車場下車までの記事　坪井正五郎
滞在中の雑記　柴田常恵《じょうえ》
貝塚発掘記事　松村瞭《あきら》
たうがらし一件　坪井誠太郎
海岸巡りから出立までの記事　三好勇

斯く別々に筆を執る上は連続を欠く所も出来やう、重複も生じやう、文体精粗も一致は期し難い。大小厚薄有紋無紋の破片を集めて土器の全形を想像する心を以て此文に対されんこと僕の読者諸君に望む所である。本文に入るに先だつて坪井正五郎緒言めいた物を添ふ。

●発端から松岸停車場下車までの記事　坪井正五郎

明治三十八年七月二十四日、休暇中では有るが教室関係の雑務を行ふ日と極めて置いた月曜日に相当するので、午前出校して見ると、松村瞭、柴田常恵、三好勇の三君も来合せて居て余山の貝塚へ行つて見ようかとの相談中。余山とは千葉県海上郡海上村の大字で曾て野中完一君も行かれた所では有るが未だ大発掘は試みられずに有る上、新たに大きな土器を掘り当てたとて地主信田《しだ》傭之助氏から之を大学へ献納されたので、汽車の便は有り余り遠くも無い所だから出掛けようでは無いかと云ふ議が生じたので有る。僕も近日何所かの海辺へ子供を連れて行かうと思つて居た所、此遺跡は銚子の附近で有るから、海岸巡り旁々《かたがた》発掘に行くに丁度好い、僕も子供連で同行しよう、諸君に差支へが無くば明日直ぐにでも行かうじやないか、夫れ宜からうと云ふので評議一決。

　明くれば二十五日、雨でも構はぬと云つて居たのに、降らず照らずの誂へ向き。両国停車場に寄り合つて乗り込んだのは午前八時発の汽車。煙草好きの三好氏マッチを持たずに来たので、はがゆがる事水族館へ連れて行かれた猫の如し。千葉の停車場で漸くマッチ売りを見付け買ひは買つたが箱ごと隠されたり火を吹き滅されたり、煙草をけなされたり、同行者にさん〴〵悩まされた揚げ句、かくしから取り出したシガレットに火を移してスッパスッパ遣つた所、如何にも美味さう。漫《そぞ》ろに嗜好品の人類を支配する力の大なるを感じつゝ、こちらも敗けずに用意の菓子パンを味ふ。乗り合ひの一婦人我々に向つて「成東《なるとう》へ行くのでございますが何所かで乗り代へなければ成りませんでせうか」と問ふ。誰で有つたか時間表をズット見て「此汽車は銚子迄乗り代へ無しですから成東行きは此儘で好いのです」と大に汽車通を振り回はしたのは宜いが、佐倉へ着いたら「何とかは後ろへ」と云ふ声が聞こえて何だか周囲の様子が変。彼の婦人も駅員の注意に従つて下りて行く。汽車通の言葉に安心して居た者及び汽車通彼れ自身もチト不安心に成つて来て駅員に探ねて見ると銚子線の人々は後ろの客車へ移る様にとの事。急いで引き越すと間も無く列車は二分され、今迄乗つて居た客車は其前方のものと共に他へ走り去り、取り残された客車の前には別の機関車と客車とが着いて銚子の方角へ進行を始めた。うつかりして居ると見当違ひへ連れて行かれる所。海流に従つて人類の分布したのも先づ斯う云つた様な訳だらう。

我々の乗つたのは三等車。これ必しも経済上の為では無い。成る可く多くの人を見ようと云ふ学術上の意味も有るのだが、乗り代への時忽《たちま》ち其功が顕れた。我々は新たに乗つた車の中に若い唖の男の居るのを発見したので有る。其出で立ちは和服でゴムカラ、携帯品は風呂敷包みと木札。此木札の大さは短冊掛けを二つに打つた位で、書いて有るものが余程妙。先づ一番上に国旗と聯隊旗の交叉が写して有つて、其下に歯茎と歯が画いて有り、下に筆太に入歯業と書いて有る。口の利けぬ者が口の中の療治をして口を糊するとは奇と云はざるを得ない。傍の人、からかひ半分頻りに手真似をする。唖の方では所謂お手のもの、手を動かす事甚し。謀らず仕方言葉の実例を見、更に精い観察をしようとする中、或る停車場へ着いたらば肝腎の唖は下りて仕舞つた。惜い事、惜い事。暫くは彼方に意を引き着けられて唖に等しい無言の有様で有つた我々再び口舌を動かし出し又も喫煙攻撃が始まつたので三好氏は為めに煙に巻かれ、終に歎声を発して「楽みの妨げをする鬼の様な人達だ」と叫ぶ。やがて飯岡に着。此所で乗り込んだのはデップリした洋服の紳士。所謂鬼の様な人達の前に鍾馗髯《ひげ》厳めしくドツかと座を占めた。

近村に有ると云ふペスト患者の事が元と成つて話は夫れから夫れへと伝染。其口振りで此地方の人と察し、余山への道を髯紳士に問ふと「何しにお出でなさる、貝殻塚でも見るのですかナ」と云ふ。「さうです貝塚を掘つて見ようと思ふのですが地主の家へ寄る為めには猿田で下りるが宜いでせうか松岸で下りるが宜いでせうか」と重ねて聞くと「猿田から近道も有るが松岸からの方が分かり易い、今に目印しに成る松の大木が見えるから教へて上げませう、」とて話は古物遺跡の方に移り、果ては曾て何某が土器を得て大学人類学教室の坪井博士に送つて礼状を貰つた抔《など》と云ふ言葉さへ出た。斯う成つては名乗らずに居る訳にも行かず、名札を渡し且つ同行者を紹介する。「ア、あなたが坪井さんですか私は銚子の医者で」と云ひつゝ取り出した名刺を見れば露仙堂医院長柳堀喜一郎。道理こそ、ペスト談が精しかつた。聞くならく鍾馗は疫病の鬼を駆る神なりと。院長の美髯故有る哉。さるにても露と云ひ、柳と云ひ、喜と云ふ、其称への優しさよ。談話益々佳境に入り院長先づ一服とシガレツトを薫らさうとしたがマツチを持たず。同病相憐む三好氏「これを」と彼の千葉仕入れの箱を渡す。シユツと擦つてスツパと吸ふ。さすがの鬼共も鍾馗髯に向つては悪さを為さず。一点の火も饗応の一つ。お蔭で同行者迄も面目を施す。邪魔した事は煙に成れ、煙に成れ。「余山近くには相当の宿屋は無いから銚子へお泊りが宜からう、唐子《からこ》の高安《たかやす》は堅い旅店です、其所で好ければ直ぐに沙汰を為て置きませう、さうすればあなた方は余山へお出でなさつてゆつくりお着きでも差支へる様な事は有りません」と柳堀氏の親切な注意。好意の程を深く謝し、何分宜しくと頼む中、人に好く似たけだものゝ猿田の駅もいつか過ぎ、汽車の左りの窓越えて、遙かに見ゆる大木は、正しく遺跡の松ぞとよ、之れを目掛けていざ行かん、下り立つ駅はいづこぞや、待つ間程無く松岸の停車場にぞ着にける。

時に正午十二時、我々五人は此所で下車直ちに余山の貝塚に向ひ柳堀氏は銚子へ。

●貝塚発掘記事　松村瞭

（一）地勢及現状

貝塚は、字を貝殻貝塚と呼ぶ所の、信田傭之助氏の所有地内に在つて、北方は僅かに数町で、海の如き利根川の下流に達し、西南は広々たる田畠と相接し、其の地たる東方より西方に傾斜する丘陵で、其面積約二百坪、現今は叢林と畑地と相半ばするけれども、畑地となりたるは、極めて近年にあるようだ。表面採集で得たるものは、土器の小片と石斧の類で、今回は其の他の物は、絶えて採集する事を得なかつた。

（二）発掘概況

二日間に亙り、人足四名づゝを傭ひ、発掘を試みたのであるが、先づ此を三手に分ち、相隔たる場所三ケ処に於て発掘し、柴田、三好の両君及び予の三名にて、各一ケ処づゝを専ら監督し、坪井博士は此等総てを指揮さるゝと共に、種々の注意を与へられ、為めに予等は尠《すくな》からぬ教示を、辱《かたじけの》うしたる次第である。人足は主として遺物発見迄の準備に従事せしめ、愈々《いよいよ》遺物が断面に現はるゝに至れば、監督者自ら此を発掘したのであるが、柴田、三好両君は共に熱心に自ら発掘を試みられ、殊に柴田君の監督する所に於ては、五尺許の塹壕的穴を穿ち、常に完全せる断面を現はしつゝ発掘を進め、同君も人足と共に、鍬を取て発掘せられた熱心さには、敬服せざるを得なかつた。又坪井博士の令息が、小なる馬鍬を以て、自ら諸所を発掘せられ、何か遺物の出づる毎に、此を博士に示し、教を乞はるゝ様は、見る者誰も令息の熱心に感ぜざるはなかつた。

既に記した通り、三名相分れて発掘した故、自然互に競争して、遺物及新事実を発見するに務め、甲よりは完全なる土器、乙よりは浮嚢の口、丙よりは角器と云ふが如く、其れ〳〵相応の発見物あるなど、一時に暑さを忘れて、盛んに発掘を試みた。

（三）貝層

柴田君の監督せる所及び予受持の場所に於て、殆んど垂直なる貝塚の断面を出し、此を測定したるに、四尺乃至四尺三寸で、此を蔽ふ土層は五六寸にて、他地方の貝塚と大差なき様であつた。其の他貝層に就ては別段特筆すべき事項は認めなかつた。

（四）発見物

（イ）人骨

顱頂骨《ろちようこつ》（？）の一部、下顎骨の左半部同骨の左一小部分、及び大腿骨の一部、大腿骨は坪井博士の発見、他は予の採集。下顎骨の左半部には、第一（？）大臼歯存じ、此等の骨中では、稍々《やや》見らる可きものであるが、諸先輩の研究結果と比較調査するの暇がなかつたから、詳細の報告は略して置く、其の他顱頂骨の如きは、真の一小破片に過ぎぬ故、残念ながら研究の材料にならぬかと思ふ。

（ロ）土偶

図の如き顔面部の一部、頗る《すこぶ》扁平の点は土盤的であるが、矢張土偶であらふと思はれる、発見者は柴田君。

（ハ）土器

土器は完全不完全の物を合すれば、数十個に及ぶけれど、一々其の説明をしても、図がなくては、充分でないと思ひ、其の内特に図に示した三個に就て記さう。

椰子を中央から縦断した様なもの、完全、坪井博士発見。」

三個の小ツマミを有する円錐形的のもの、完全、三好君発見。」

片口形小土器、直径一寸二分位、完全、柴田君発見。」

朝顔形のもの大小数個、其の他種々なる土器十数個を得たが皆完全でない。然し内には手を加へれば、完全となるものがある。


此の貝塚からは、厚手薄手の土器相混じて出で、総じて模様には見らるべきものが少く、又底部も多くは無紋で、僅かに木葉を印するもの一個と、網代を有するもの二三個あるに過ぎなかつた。

（ニ）石器

石器としては磨製石斧三個を得たのみで、打製石斧は一個も発見せなんだ。其の内坪井博士の採集せられた一個は、非常に磨滅した刃部を有し、他は皆胴部であつた。」

尚此の他に棒形の自然石の胴部に物を打つに用ゐた跟跡あるもの二三個を発掘した。

（ホ）角骨器

浮嚢の口、長さ一寸二分程、完全、予発見。（図参照）
槍、上《アゲ》を有するもの、柴田君発見。（仝上）
銛大小十二本。柴田三好両君予発見。（仝上）

（ヘ）貝輪

貝輪は完全なるもの不完全なるもの合せて六七個出で、内には図の如き精巧なるものもあつた。

（ト）哺乳動物の骨及角

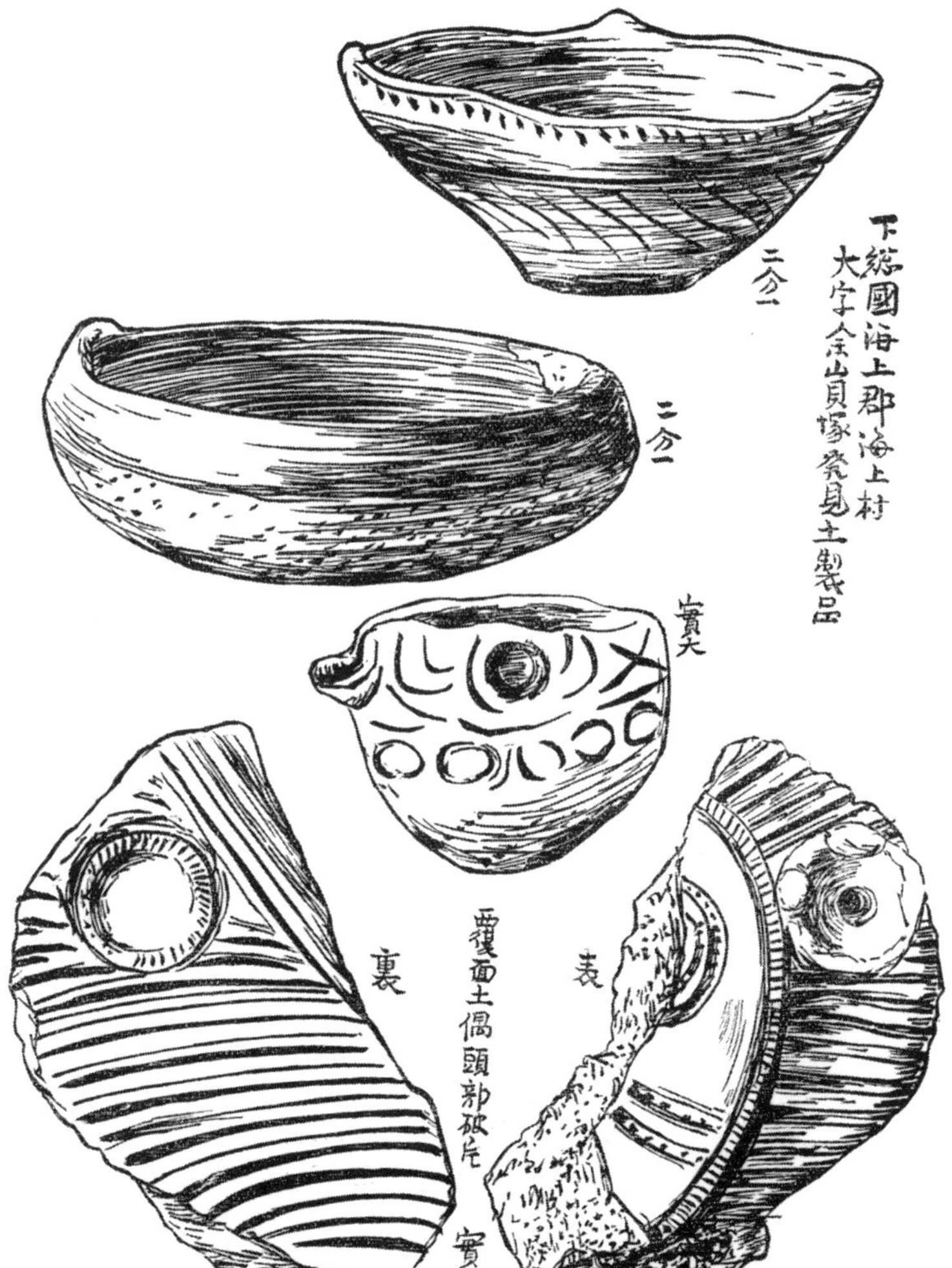

下總國海上郡海上村大字余山貝塚發見土製品

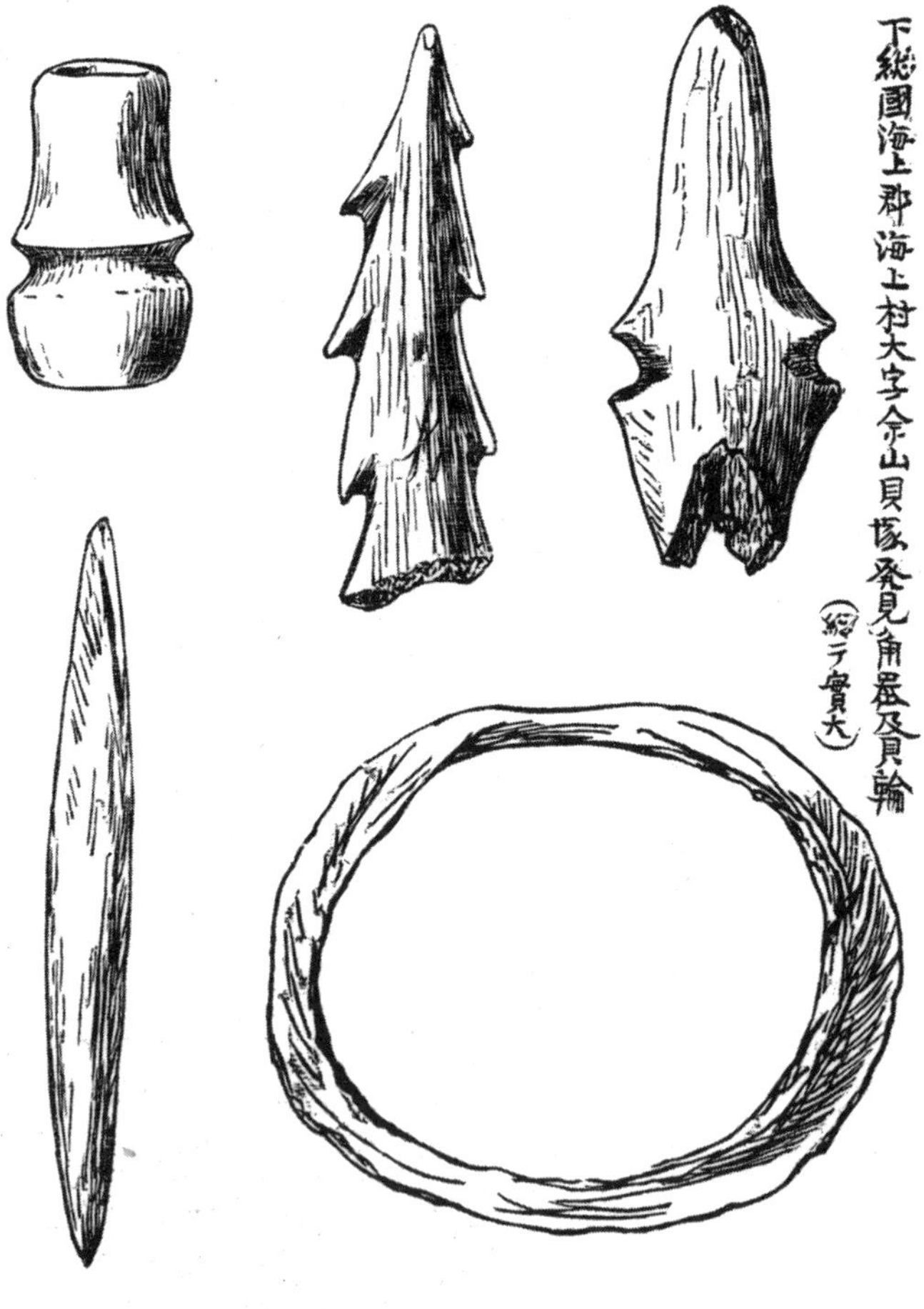

下総國海上郡海上村大字余山貝塚発見角器及貝輪（總テ實大）

鹿猪の下顎骨及び長骨、鹿の角。鯨の脊椎等。鹿の角は非常に多く発見せられ、大小混じて其の数数十個に及んだ。斯くの事実から考ふると、恐らく此処は角器の製造場にはあらざりしかと推察される。

哺乳類の骨は右の如きものであつたが、此の他に魚骨、魚鱗の貝層中に存ずるをも採集した。貝類は従来発見されたものと異ならぬ様であるが、尚専門学者の調査を仰ぐため、一通りは携へ帰り来つた。

（五）結論

此の貝塚の状態及び遺物は前述の如くであるが、此を要するに、該貝塚は其の面積の割合には、遺物に乏しく、石器類に至ては殆んど皆無と云ふ程で、鹿角の著しく発見せらるゝに比しては、石鏃類の発見に乏しかつた。勿論貝層中からは石鏃の出でぬ方が通例であるが此の貝塚は其の附近に於ても遂に一の石鏃をも採集し得なんだ。然し比較的多く角骨器が鹿角と共に発見されたのは、恐らくは同所が角骨器製造場であつたらふと、推察されるのであるが、又石器類の欠乏と共に、角骨器は其の用途広く、従て従来銛と称へ来たもの丶内、殊に小形のものは、石鏃と同様矢の根に使用した事もあつたらふと推考されるのである。唯角骨器は通常其の材料に乏しいのと製造に困難なるとは欠点であるが、利器としては、石鏃以上の功あるものと思ふ。其の他此の貝塚に就て、特筆すべき点は認めなんだ。茲《ここ》に貝塚の概況を報じ、諸君の教示を仰がんとする次第である。

終りに臨み一言したきは、地主信田備之助氏が、種々便宜を与られた厚意には、一行の深く感謝する次第である。」

●滞在中の雑記　　柴田常恵

我々の泊るべき宿は銚子の高安に取つて置く事に、汽車中でお医者様に頼んだから、余山の貝塚発掘を夕暮少し前に止め、村役場に預かつて居いた荷物を受取つて、淋しい街道を銚子へと向つた。時々家に皈《かえ》る荷馬車が、通つて塵を立てるから、五人並んで通る事が出来んと、三好君は天下の公道に不届な不平を吐くのである。一時間程歩いて人家の立並んで居る所へ這入つたが、目指す高安はまだ達し得ない。何でも真直に行けば達すること丶思つて進んだが、奚《いずく》んぞ知らん一寸横道へそれて居るのに気が付かず、また道行く人に之を尋ねなかつた為め、四五丁行過ぎて同じ道を引返した。洋服着の大小五人がぞろ〳〵と通るので、所のものが視線を我々に向け、余りに体裁が善いものでなかつた。

宿へ着いた時は既に火が付けてあつたが、韓国留学生の一行四十人足らず投宿せる為め大混雑を極め、お医者様のお蔭で利根川に面した二階の八畳が明けてあつたが、我々の一行が五人であるとは宿の主人は知らなかつたらしいから、外には適当の坐敷がない。儘よと寝る迄に今一間の都合を頼み、本陣を此八畳に定めた。出立の時に心配した天気も雨降らず、気候は涼しい。眺望も好いので、汗に染んだ服を浴衣に換へ、お定まりの湯にも入り、晩餐も済んだ頃は先刻まで利根を行きかふ白帆も、何時しか川霧淡く立つて、対岸の灯火が其方此方に光り、暗を馳ける汽船の笛が澄んで聞ゑて、また一段の景致を添へた。此間に話頭は今日の発掘談、お隣の韓国人などから、果ては誰やらは怒るとか怒らぬとか、転々して尽きる時もなく十時に及んだから、明日の策戦もある事とて、松村、三好の両君と僕とはやつと都合して貰つた一室に眠るべく階下へ降つた。

床には就いたもの丶未だ眠られない。三好君は丁度真中に寝られたが、夜中には時々大寝返へりの為め、頭足の位置を交へる事があるとの警報を発した為め、足で擲《な》ぐられてはと松村君と之れに応ずる方策を談ずるなどやつと寝たのが十二時近く。

翌日も朝から余山へ発掘にと、握飯の用意を命じ、汽船に乗つて松岸まで利根川を溯り、其処から昨日の街道を余山へ向つた。途中で松村君から赤痢の妙薬ゲンノシヨウコや、肺病の奇薬タウコギを採集して実物の指示があり、幸に我々は有用植物の一部を知り得たが、更に同君は田一枚隔つて昼貌の咲いて居るのを取りに行かれ、我々は遠慮なく進むと向ふから一人の大男で、しかも馬鹿の乞食が来た、色は黒く、体は汚なく、着物は飽まで穢らしいのである。我々に対しては何事もなく行き過ぎたが、後れて同君がやつて来て、乞食の着物に赤い糸で変に縫つてあるのに気を取られ、今や行き過ぎんとする一刹那、乞食先生両手を拡げて同君を抱かんとするので、相悪《あいに》く杖もなければ傘もなく、之を支ゆる武器一つもないのと、不意を打たれて応ずべき術なく、危急の際には逃ぐるに如かずと、一散に駆けて我に追ひ附かれたが、其時の同君の顔色も声音もチト変はつて居つた様で、平常強がりの同君も此時ばかりはゾツトしたと後までも云つて居られるが後ろに眼があつたら、此活劇が見えたのに、見落して残念至極である。

今日は三時頃に貝塚の発掘を止め、間道から松岸へ出て汽車で宿へ帰ること丶為り、写真器や発掘品の重なるものなぞは携へたが、丁度先生と僕とが何物も持たなかつた所から、写真器の脚を溝（此辺でミヨと云ふ）で而かも水のあるのを横切る毎に、先生と僕は持ち代はる事にして松岸の停車場へ着いたが、まだ時間が少しあるので、昨日食事をした茶店に一寸休息した。

昨日から松村君に鳥の講釈やタウコギ草の説法を聴かされたので、僕は何かで一つ返礼せようと思つて居ると、丁度茶店の隣に一羽の鶏が居るから、ソット其種名を聴き終つた所へ折善く松村君が来られたので、早速鶏の名を聴かしたまでは善かつたが、其処に羽の小い薄黄色の鳥（カナリ）が飼つてあるのに松村君の眼が付き、あれは何んだとの質問に、僕は実際鳥なんかに就いて多く知る所なく、また其迄は尋ねて置かなかつたから、少し戸迷ひはしたもの丶、儼然たる態度を以て口から出まかせに曰く文鳥……折角の苦心も之れが為め空しく一行の笑柄たるに過ぎなかつた。

此日の晩餐には唐辛事件なるものがあつて、三好君の為め我々は大笑を為すべく余儀なくせられ、紀念端書は之れが為に出来ると云ふ始末であつたが、此事件に就いては別に担任の誠太郎さんがあるから此には云はない。晩餐後には例に依つて色々の話が出て来て、十時頃に床に就く事と為り、我々三人は昨日の室は面白くなしと、少し狭いが本陣の直ぐ隣室で寝る事にした、其広さ一人分一畳と二分の一の割である。

明けて廿七日と為つたが、之れからは三好君が筆を執る番であるから之れで御免を蒙ること丶する。

●たうがらし一件　坪井誠太郎

僕たちの泊つて居た、銚子の高安と云ふやどやに此の頃、韓国留学生が来て居た。或る夕飯の時、彼はとーがらしに醤油をかけて食ふと聞き、其れを食はうと思ひ、僕たち五人居るので、一人前位は皆で食へば、どーかこーか無くなしてしまふことが、出来るであろーと思ひ、女中に頼んで、彼等の食ふとーりにして、もつて来させた。其れは青とーがらし十本ばかりを、刻んで深い皿に入れ、これに醤油を掛けたのであつた。

彼等はこれが無ければ生きて居られない抔《など》といつて、幾度もおかはりをするそーであるが、そんなには食べられない。先づ柴田さんは一番多くて七切、父は四切、三好さんと僕はやつと一切口に入れたが、非常にからいため、真赤になつてうがいをつかひ等、大さはぎをして、やつと口のからいのが直つた。松村さんは僕たちの様子をみて、一切も食はなかつた。こー云ふ様で僕たち、五人掛りでも一人前はさておき、わづかに五分の一も食ふことが出来なかつた。

●海岸通りから出立までの記事　三好勇

銚子へ参りましてから今日二十七日で三日目、前両日は貝塚掘りに日を暮し別項記載の発掘品を得た事でも有りますから今日は帰るつもりで銚子見物を致す事に定めまして午前八時頃に宿を出ました、当日早朝少雨で有りましたが直に晴れました、案内の労を取つて呉れましたかたは、前にも一寸書て有ります、柳堀氏の御子息幸作君であります、先づ第一に銚子一番と申します通を行きましたが別に之と申す事も有りませんでした、その通を東へ参りました、つきあたりに観音堂が有ります、通明殿と書た額が上げてあります、之は銚子の人が一番信仰して居るそーで有ります、かなりな堂で本堂はや丶古い様に思はれますが仁王門は極く新しく有ります、仁王の後の方には生死川の老婆と閻魔の像が有りました。本尊は十一面観音で有ります、本堂には其外三面の観音（?）と不動明王が合祀されて居りますがその不動明王の前にアイヌのイナヲの様なものが有りますから土地の人に聞きましたが削り葉と申して舟の中での燃付だと申しました、全くイナヲの系統を引た物としか考へられませんが如何な現象で伝はつた者で有りましよー他にも削り花と申して同様

な物が有る様には聞き及んで居ります、
境内はさほど広く有りませんが右の部分に多宝塔及び其の廻りに宝篋印塔《ほうきょういんとう》が、五六基有りまして銘には天文天正の年号が有りました。
境内を出て道を左へ取つて海岸へ出ました、そこに小さい山が有りまして神社が有ります、川口の明神と申します、丁度利根川の川口であります、眼の下には銚子の町が見え右の方には白く長く利根の流を跳め前方近く常陸の一部を見ます、舟は凡て明神の所へ来て帆を下すそーで明神に対する一つの礼式で有ると云はれました、丁度眼下利根の海に入らんとする所に六千噸《トン》許りの船が沈んで居るそーであります、そこから少し右方海岸にそつて行きますと小高い丘があります、其の頂には水難救済会の見張所が建てられて居ります、其の下の所には千人塚と申して溺死した人を埋める塚がありますが開け行く世遂には其の塚の必用を見ない位に救済の道が発達して来る事と思はれます、実に遠望万里波又波の壮大な海の景色は俗腸を洗います、思ふに貝塚の地を去る一里乃至二里の範囲の勝景定めし先史時代の住民も共に其の勝をたゝへた事も一再にして止まらなかつた事でしよーが又一面には文明な現世にさへ船の沈没とか溺死等の絶へないのをましていや遠き昔しの事で有りますればかゝる惨な出来事もくり返して有た事で有りましよー、海は永しへに当時の水をたゝへ山はとことわに変らぬ緑りの彩をかざつて居るでしよーが当時を語る者は只無文の古記録に依て何分かをしのばするのみで有ります。
次ぎは夫婦が鼻土地では目と鼻と申す処へ行きました、
大きな岩が海へ突出して其の岩がうつろになつて丁度目と鼻に見える事からかく呼び習らつたものでありましよー、だん〳〵海辺をたどつて犬吠へと行きました、途中瓦焼く所二三ケ所又は榎本武揚氏の北海に逃れんとした時の三河丸が沈没したと云ふ場所及び殉難者の碑等を見て君ケ浜と申す所へ出ました、此の所には大神宮があります、名産銚子砥の産出所は此の辺で有りまして盛んに切り出して居ります。
灯台は明治七年の建造で凡て廻りの屏迄も白色に塗て有ます、高さは海面から十六丈、基礎から九丈有りますそーで燭光は白色で六万七千五百燭光力は十九海里四分の一迄達すると云ふ事で有ります、
灯台の下が即ち銚子の海水浴場で有ります、此所で今日の目的を達し得られました事で有りますが殆ど三里程歩いたそーで有ります、
こゝからは予定通り柴田君、松村君と予の三名は帰京する事にして、銚子へ急ぎました、然し予定通り推《ママ》行したのは松村君のみで、柴田君と予は翌日帰京致しました、」
以上銚子に居たのは短日で有りましたが夫れに依て獲た実質上学術上の利益は無限で有りました、之も先生始め御同行のかた〴〵の御蔭と深く感謝致ます、
猶柳堀父子両君の御案内に対しても厚く御礼を申し上ます。

●結末　坪井正五郎

銚子出立の記事は三好氏受け持ちの筈で有るが、同行者はまち〳〵に此地を去り子供連れの僕が一番後に立つ事に成つたのであるから、緒言発端を書いた因縁も有り旁《かたがた》、結末として此所に数行の追加をする事にした。

扨《さて》も其後松村、柴田、三好の三君は海水浴場暁雞館で柳堀幸作君及び僕等親子の三人に別かれ三時四十五

分発の汽車に乗つて帰京しやうと云ふので最早三時が鳴つたにも頓着せず、一里余の道を走り通さうとの意気込みで銚子停車場に向つて出掛けられた。此方の三人緩りと休んだ上、帰途に就き、健脚家の噂を仕ながら歩を運び、途中で柳堀氏に分かれ二人で旅宿に近付いて見ると我々の座敷の窓に手拭だのシヤツだのが掛けて有る。ハヽアと思つて階子を上り座敷に入ると、思つた通りのハヽアにて、時計の針と競走した三君は終に優勝者たるを得なかつたのである。不覚を取つた主なる原因は行き掛けに預け物をした家をば帰り掛けに見失つたのに在るとの事、松村氏は終列車で帰京。後に聞けば忙しい中で方角違ひ一人競争と云ふ珍無類の運動を行はれたとか。他の二氏は「今夜は利根川夜船、先づ八時まで休息して先刻の草臥《くたびれ》を癒やさう」と云つた所は大層うまかつたが、下婢が聞いて大笑ひ「東京行きの船の出るのは朝の八時です、夜船に乗つては土浦へ行つて仕舞ひますよ、マア随分です事ネー！」

是等の出来事は人事の兎角に予期に違ふ事を実験的に示した貴重なる雛形と認められる。犬吠遊覧後に於ける三君の行動決して犬骨に非ず。

宿に一泊するとなれば態々《わざわざ》船で遠廻りをするでも無からう、又一時一刻を争ふと云ふ程の急用も無いから破格の早起きをするにも当らないと云ふので柴田三好の両君は二十八日の二番汽車で出発された。僕は地方有志者の望みと云ふ事で午後まで引き留められる事と成つた。午前柳堀幸作君の案内で浜口氏の⌃サ印醤油製造所へ行つたが夏季汗を絞りつゝ醤油を絞る者、仕事に熱中しつゝ麦を熱する者を見ては世渡りの辛き事を感ぜずには居られなかつた。宿に帰り昼食を済ませ暫く休んで居ると中学から迎ひの車が来た。即ち手荷物及び活きた巾着と合ひ乗りで同校に趣き、応接室で所蔵の石器時代遺物数点を見、講堂で「人類学要領」を講じ、三時四十五分の発車に遅れぬ様にと早く切り上げて急ぎ停車場に至る。此日の聴講者中には彼の韓国留学生の一行も加はつて居た。遊び半分に来た者が講演をすると云ふのもだが、銚子で朝鮮人に人類学を聴聞させる抔《など》とは実に調子の狂つた話し。中学校長、中学生徒総代及び柳堀氏父子の四君は態々車室前まで送つて来られ、我等の為め種々意を用ゐられた、最早発車の時。「どうぞ又」「いづれ又」「さよなら」「さよなら」を窓の内外で交換する中に今迄目の前に在つた停車場は遙か後の方にすさつて行つて仕舞つた。（終）

京阪行

京都帝国大学文科大学の参考品中にエジプト太古遺物が有るとの事は兼ねて聞いて居たし、近頃洛陽、遼東地方の発掘品も大分蒐集に成つたと云ふ事で何時か見に行き度と思つて居た所、二月の中頃出掛ける事が出来る様に成つた。丁度此時児童用品研究会幹部の人の間に大阪の子供博覧会を見、大阪毎日新聞社懸賞募集の玩具遊具審査の下調べをし且つ大阪と京都で講演会を催さうと云ふ議が起こつて居たので自分も其人々と行を共にする事とした。新橋を発したのは十五日の午後六時。一行八人で寝台車一輛借り切りの姿。腰掛けに寄つて談笑したり。食堂に入つて飲食したりする中《うち》、左に当たつて見える月が追々と光を増して来、右に当たつて聳え立つ雪の富士が朦朧と現れて来、嘆賞の極暫くは無言、恍惚として夢みる心地、軈《やが》て寝台の用意が出来たとの知らせに人々と共に枕に就けば眠中反つて夢を見ず、グツスリ寝込んで、目が覚めると十六日の朝日は既に高く上つて居る。大阪に着いて汽車を人車に乗り換へて旅宿に達すると昨夜月と雪との清く気高き印象を受けた身も忽ち変じて今朝は陽気で落ち着き難い花屋の客と成つて仕舞ふ。湯だ、朝飯だ、電話だ、訪問者だ、日程相談だ、モウ昼飯だ、車の用意が出来た、サア出掛けると云ふ騒ぎ。最初に楫棒《かじぼう》の向かつたのが子供博覧会、掛かりの人の案内で場内を一巡する。動物の檻の鉄柵に其動物に縁が有つて、兼ねて子供の聞き知つて居る様な事柄を画いて額面としたものを掲げたのは好い思ひ付き。慾を云へば画く事をも少し考へ、仮名遣ひをどうにか一定して置き度かつた。成績品では草木の葉を台紙に貼り付けて色々の鳥の形を現したものが特に面白く感ぜられた。本館内の列品分類は子供相手として妙味の有る所も認められはするが、何々室と云ふ題の中には解《げ》し難いものが無いでは無い。名和靖、平瀬与一郎両氏の出品と同じ棚に私の計らひで人類学教室から貸与する事に成つた品を列べて、其棚に三先生室と云ふ札を掲げた抔《など》は殊に甚しいもので有る。取り次ぎをして呉れた人も矢張り先生の一人《にん》で有ると云ふ訳なので有らうが、余りに他の部分の名称との釣り合ひが取れて居ない。品物は中々好く集まつて居て当事者の苦心はお察しするが、陳列法にはモウ一層の工夫が望ましかつた。今回の催しには関係の有る事では無いが屋外に在る大鯨の骨骼と古代の船とに付いては管理者に於て何とか優遇の途を講じられる様に致し度ものと思ふ。

会場で連れの人々に別かれ、富田町《とんだまち》の知人を訪問しやうとした所、土地不案内と車夫の勘違ひとの為め大まごつきを演じて予定よりも遅く其家に至り、挨拶用談もソコソコに、晩餐を終るや否や大急ぎで講演会場たる三越支店に駈け付ける。自分の演題は「諸人種の人形」。会場の整頓、聴講者の静粛共に感服の至り。

宿に帰つて雑話、雑食、雑飲、口の働きの止んだ時は余程夜が更けて居た。明くれば十七日、午前迎ひの人に従ひ一行車を連ねて気合ひ運動と云ふものを見に行く、其場所は北野学校（後に聞けば第二北野学校と云ふのが正しい称への様子）。途中で大の男が三人紛失する。広い道場で多勢の男の児が掛け声勇ましく揃つて竹刀を振る様子、誠に可愛らし。兎角ヤアと抜け勝ちの声を力を籠めてヤツと言はせる様にするには中々骨が折れたと指南者の話し、さも有るべし。此所を去つて大阪毎日新聞社に至り募集の遊具玩具を瞥見する。中々多い。何れ東京で緩《ゆっ》くり見せうと云ふ事にして、社長に導かれる儘、工場を巡覧し、終つて日本ホテルへ行き昼食《ちゆうじき》の饗《もてなし》を受ける。皿が二三度取り換られた時、紛失者の中二人が忽然として現れる。何れ珍談有るべしと思はれたが、時刻切迫の為め聞き糺《ただ》す暇も無く、ナプキンを卓上に置くが早いか、一行打ち連れて、講演会に向ふ。場所は昨日の通り三越支店、今回は子供相手との事で、自分は「諸人種の子供」と云ふ事を話した。大分小さい児も見えたが皆好く注意して聞いて居た。一体に静かでは有つたが活気は充ちて居て、菅原君が様々の色の円盤を二つ宛《ずつ》組み合せて「これとこれとを一緒に廻したら何色に成るでせう」と云ひ乍ら「サアお幾ら」然と高く差し上げた時には「鼠! 鼠!」との叫び声に次いで「猫!」抔と雑《ま》ぜ返した子さへ有つた。講演会が済む、約に従つて大阪ホテルにて開催の招待会へ行く。晩餐が終る。主客の席上演説が終る。車をステーションへ飛ばす。危く間に合つて汽車に乗る。見送りとして駈け付けられた諸氏に挨拶する。ピー! 身は早、京都に向つて運ばれて居るので有る。車中のお慰みに紛失者の実歴談を聞く。笑ひの収まらぬ中、京都に着。今宵の宿は木屋町の大津屋。楼に登れば鴨川の月景色。其美《うるわ》しさは眼に映ずるのみか、深く脳に滲み込んで、此時迄も耳の底に付いて居た大阪電車の響きも、之が為に消えて仕舞ふ。入浴を済ませ、第四回目の食事を為し、暫時《しばし》雑談の後、一行二箇所に別かれ、皆、東山を学ぶ。

十八日、早起きをして松居、武田の両氏と共に宿を出で唯何所かへ行つて見ようとてブラ〳〵歩く。電車の通るのから思ひ付いて北野が宜からうと云ふ事に成る。直に来る。サアと云つて乗る。京都だと何だか電車の音までが静かな様な気がする。緩々《ゆるゆる》と参拝、見物を了へ、再び電車に乗り、同じ道を通つて宿に帰る。朝飯の後皆連れ立つて京都帝国大学へ行き文科大学所蔵の標本類を見る。貴重な物が中々多い。自分と柴田氏とは予《か》ねて期して居た用向きを弁じ、自分丈は一人別かれて親戚を訪ねる。正午には約に従ひ祇園の某亭に落ち合ひ、一同食事を共にし、口のみならず、耳をも目をも娯しめ、此所を立ち出で、清水《きよみず》に赴く。途中、清水焼きの玩具の作り方や色の着け方を見る。観世音を拝し舞台を廻《めぐ》り、忠僕茶屋に休む。時に六花紛々たり。暫くして小降りと成り、更に又小降りと成る。去つて三越支店に向ふ。途に陶器製造所を見る。支店にては友禅染を作る順序の説明を聞く、同所にて晩餐の後、講演。自分は「諸人種の衣服」に付いて述べる。此所でも聴講者の熱心は大阪に譲らない。終つて宿に引き上げ、又々食事。高島氏と自分とは真夜中の汽車で帰京の途に就く事とする。此日も喜劇的出来事多く人々互に語つては笑ひ、聞いては笑ふ。雪を犯して停車場に至れば、汽車延着三十分との事。徒然に苦む筈の処、見送り人との笑ひの交換で待ち合ひ室は大賑ひ、時も忘れ、寒さも忘れる。彼れ此れする中汽車が来て、二人は車中の人と成り、間も無く寝台に横はれば頭に浮かぶ此数日間の楽しかりし思ひ出で、繰り返し又繰り返す、京の夢、大阪の夢。

西欧の海上より

明治四十四年九月十二日
ビスケー航行中北野丸にて

流行会并びに児童用品研究会々員諸君、諸君は御揃ひ御機嫌好い事と遙察し此所に祝意を表しますが、私も七月五日出発以来常に健全憚《はばか》りながら御休心を願ひます。扨《さて》旅中の事何か御報致度とは存じますが取り立てゝ申す程の事もありませんから唯道順と何を見たとか云ふ事の個条書きでも列記する事に致しませう。日本内の事は抜きにして、先づ上海から始めると、面白かつたのは数百艘の小舟の集まりから成り立つて居る水上生活の有様、城内の支那人町見物は人の好くする事ですが桟橋を渡つて舟の中を覗いて歩くと云ふ事は余り試みられない様です。舟の部屋の入口には、普通の家で見る通り「福」がどうしたとか「財」がどうしたとか、イヤモウお芽出度くツてお芽出度くツて仕方の無い事ばかり書いた赤い紙が貼つて有ります。蘇州へも行きましたが途中の汽車の中でボーイが熱い手拭ひを持つて来るのは好い趣向。ベロリツとやるとスーツと好い心持ちに成る。上海にも蘇州にも子供用の竹椅子の可愛いのが沢山有りました。蘇州では立ち習ひの子供を入れて置く赤塗りの桶を見ましたが感服したものでも有りません。

香港の支那町には大道で賃仕事をして居る女が幾らも居ました。これは上海蘇州では見なかつた事。此所では又風呂敷の様なものを用ゐて子供を負ぶつて居る女を多く見掛けました。此の品は売物には無かつたので新調して東京へ送つて貰ふ様にして置きましたから、後日実物を御覧に入れる事が出来ようと思ひます。

シンガポールにはマレー人も居れば印度人も居る。支那人も居ればヨーロツパ人も居る。皮膚の色は白から黒までお望みのが揃つて居る。マレー人印度人の身体に纏ふ布《きれ》は派手な色のものが多いので、諸人種入り交ざりで往来して居る所は実に水彩の絵の具に足が生えて箱から飛び出した様です。菅原君の一瞥を煩はし度いジヨホール国へも渡つて見ました王宮には日本品が沢山有ります。宝物も拝観しましたが、中には「所謂」を冠らせなければ成らない物も有りました。

ペナンでの見ものは支那人の建てた極楽寺、山の間の殿堂、崖の麓の廻廊、自然と人工と調和宜しきを得て居る。境内の巌石には様々の詩句が彫り付けて有りました。コロンボの土地では差したる事も有りませんでしたが、道程《みちのり》では七十四マイル、汽車の時間では四時間の距たりに在る山の上の旧都ヨンデーへ一夜泊りで行つて幸にして常には見難い珍らしいものを見ました。夫れは何かと云ふに一年一度しか催されない仏教信徒の行列です。カンデーにはお釈迦様の歯が安置して有ると云ふお寺が有る。此貴い遺物は曾て焼けたので有るが、どうとかしたら其灰が何所とかの蓮の葉の上に飛んで来て自然に集まり、終に固まつて元の通りの物に成つたと云ふ、巌谷君の畑に有りさうな来歴が伝はつて居るのです。併し今有るのは人の歯には似も付かぬもの、此所等がホンノ「お歯無し」と云ふのでせう。扨行列は此のお寺の前を出発点として動き出すので時刻は夜の八時半、月は有るが路はたいまつで照らす。奏楽舞踏も有りますが忘るべからざる印象を人に与へるのは二十五頭の象の行列、「印度の象だから印象だらう」と云ふ洒落はどなたかにお譲り申す。

スエズはちよつとの寄港。ポルトサイドで上陸してカイロに向ひました。云ふまでも無くエジプト太古の遺蹟を探り遺物を見んが為めです。カイロ以外の所ではギゼとメンフイスとサツカラとへ行きました。ピラミツドスフインクス、大石像、墳墓上の石室《いしむろ》、神聖なる牛の葬穴等を巡覧し、カイロ博物館に日参する事一週間。ポルトサイドに戻り、予定通りに入港した北野丸に乗り込んでマルセールに向ひました。これが八月三十一日の事。

夏のエジプト旅行、日中の沙漠通過、熱いには熱かつたがデレ〳〵に熔《とけ》もせず、カラ〳〵に乾からびもせず、両方の働きで中間を保つたものか、先づ〳〵旧《もと》の通りの身体をヨーロツパへ運ぶ事が出来ると云ふ仕合せ、マルセールでは市中見物をしましたが、電車以外、妙な乗り物に乗りました。其一つは山に上る傾斜リフト、其一つは川を横ぎる運動釣り橋共に大した物に違ひありませんが、全体が何と無く懸賞玩具に有りさうな形をして居ます。

宮崎神社には、二千五百六十年祭の時、地方の有志者に招かれて日本太古事物に関する講演をする為め彼の地に赴いた際に参詣しましたし、北野神社には今春児童用品研究会幹部諸君と京坂行を共にした折に参詣して「京に居て神詣でせぬ日はあらず、但し滞在たゞの一日」と云ふ歌さへ遺しましたが斯かる因縁の有る故か宮崎、北野を名とする船に乗つて誠に平穏《せい》。昨夜即ち九月十一日の夜中には強い雷鳴を聞きましたが、天神様と云ふ事を考へて見ればこれはマア拠《よんどころ》無し。

船中の様子は日本の船で居心が好いと云ふ丈に止めて置きませう。

事務長が扇子を持つて来てエジプト旅行をなさつたさうですが何か夫れに関係のものを書いて下さいと云ふ。見ればキリンビールの配り扇、これならば遠慮に及ばずと直に筆を執つてエジプト文字で北野丸と綴り、其下に

御垣《みかき》もるエジプト文字に写すなり社《やしろ》にちなむ北野てふ名を

と書いて傍らに安全を意味するお守りを画いて置きました。海上実に平安無事。同船の乗客中にはドイツに赴かれると云ふ海軍の山本英輔氏も居られるのですが、立派な書画帖を開いて是非何かとの所望、段々見て行くと伊東、東郷、上村、石黒抔《など》と云ふ顔触れ、これは大に遠慮に及ぶので辞退したのですが聴き入れられず。そこで

英輔と云へど独逸へ行く君よ山本にても海ではたらけ

と書きました。山本氏曰く「有り難う、有り難う、働きます、働きます。」心丈夫なる哉此言！　帝国万歳！

付言

一体此手紙にはポケツトデスクの紙を用ゐる可きですがいろ〳〵の事に使つたので残り少なく成つたのと眼の前に船中用紙が沢山あるとの為め彼れを措いて此れを採つたのです。使つて居ないのか抔と思はれるといけませんからちよつと御断り致して置きます。それからひかへの紙を入れる袋のまはりが弱くて直にすりきれました。丈夫にする様製造者に御注意を乞ふ。

世界の名物

流行会及び児童用品研究会々員諸君、会員中の或るかたがたへは時々はがきを上げましたが、諸君宛てとしては暫く御無沙汰に打ち過ぎましたから、既に御報を致した方に対しては重複に成る点が有るに関はらず、前便後一体何所にどうして居たのかと云ふ事を大略申し上げやうと思ひます。

愈々《いよいよ》船を去つて陸上の人と成つた第一の場所はイギリスの都ロンドン、博物館巡り其他に十日許りを費した後の九月二十五日、サウサンプトンへ行つて夜船で向ふ岸のハーブルへ渡り、ちよつと博物館を見て、直に出発。フランスの都パリスへ着いたのが二十六日の夕方。脳味噌に様々の物をしみこませる事一週間、北のステーションへ行つて車中で眠りに就くと翌朝眼が覚めた頃にはドイツの都ベルリンに着いて居る。万国衛生博覧会が早く見度ので、此所の用は後廻はしとして即日ドレスデンへ行き、出し抜けに訪問して宮島幹《かん》之《の》助《すけ》氏を驚かす。児童用品研究会選定の日本玩具、三越調製の日本風俗人形にも久々にて面会。宮島氏「竹の間で御相談した時には此所でお目に掛からうなど丶は夢にも思ひませんでしたナア」と云ふ。ところがマーストヘンゲル流にぐるりと廻はつて此所で出会つたから面白い。衛生博覧会とは世を忍ぶ、でもあるまいが、仮りの名。実は人類学博覧会とも云ふべきもので、陳列品を見たり掛り員の説明を聞いたりで、目と耳の忙《せわ》しい事甚しく、胃袋抔《など》はそつちのけと云ふ様な場合さへ有つて、衛生どころの話しに非ず。博覧会の他専門関係の博物館をも縦覧二日で切り上げてベルリンに帰り、三日間知識慾を満たせ、予《か》ねてローマで開く筈で有つた万国地理学会へ同道して出席する約の有つた山崎直方氏、会合の為め、ヤアヤア国を去つてウイウイ国に逆戻り。イタリーではトルコとのごた付きで所謂伊土の乱れ、こんぐらかつてはコングレーも開かれないと云ふので会は無期延期。集つた人も地理地理バラバラ。僕は序《つい》でを以てだからまだ好いが、山崎氏はわざ〳〵遠路御来会だのに、都合に由りおやめと云ふ事では御気の毒千万、折角来たものだ何所か廻はらう。三大国の都も見た。風変りにスペイン行きはどうだ。夫れ宜からう。と話しの半ば、同じホテルへ着いたのが思ひ設けぬ有坂鉊蔵氏。図らずも出会つた此三人は人類学会の古株で、転がり寄つたのも奇遇で有るが、聞いて見れば有坂氏も職務上兵器製造所を見る為めイタリーへ行かうとされたので有るが時節柄夫れは止める事とし一先づ用達しに此所へ来られたのだとの話し、これから先きはと尋ねると、スペインのヲビヱドへ行く積りとの事。それは妙だ。我々も斯く斯くの訳でスペインへ行かうと云つて居た所、それでは一緒に行く事にしやうと評議一決。十月十四日の晩、山、坪、両人海軍造兵大監にくツついて大砲の弾の如くに飛ぶ。そこでマトではない、マドリッドに命中したのが翌日の真夜中。次の一日と其次の半日丈は三人行動を共にしたが、有坂氏が予定の横筋へ曲がつて以来、道連れは膝栗毛の式に適つた二人と成る。孰《いず》れ彌二やら喜多八やら、話しの種を作りつゝ歩き廻はつた道筋は、トレドはちよつと日帰りで、次はモナコにモンテカロ。チュリンへも行きミランも見。ローマをば経て、ネープルス。プゾリ、ポンペイ、ヴェスヴィヤス。ローマに戻つて向きを変へ。フロレンスからヴェニスへ行き。一飛び飛んでブダペスト。道を東南にトルコ国コンスタンチノープルに着きにけり。これ丈の所を通る間には「かうも有らうか」もちよい〳〵出来る。
モナコには入海が多く、海に臨んだ山には犬の頭と呼ばれる岩が有るので、

名にしおふ犬の頭の岩の裾
あちらにも湾こちらにも湾

ヴェニスには夕方着、ステーションから宿までの間、例の小舟に乗る。時に雲散じて鏡の如き月現はれ、水面銀波を生ず。思はず「ア丶絵の様だ」と叫ぶ。

絵の様とたとへて云ふもつきなみや
きらめく中を進むゴンドラ

十一月十四日山崎氏はコンスタンチノープルから乗船、帰朝の途に就かれる。夕方ガラタの塔と云ふ火の見の塔に上る。見晴らし好し。同行何人的の楽書きで壁が大分汚れて居る。其中に四角な字も有るので近付いて好く見ると阪谷《さかや》芳郎の四字。これは捨て置き難しと塔の絵はがきに次の一首を記して同氏に贈る。

谷にのぞむガラタの阪の塔の壁に
高くも仰ぐ君が芳名

留まる事更に二日、十六日の夜汽車で再びヨーロッパの中心に向ふ。其後立ち寄つた所はヴィエナ、ミュニック、スタットガルト。それからスウイッツァーランドに入つてツリヒ、ルセルン、ベルン。此所からパリスを経、カレー、ドヴァー線に由つてロンドンに着。と云ふと如何にもスラ〳〵と海陸無事平穏の旅をした様だが、実は海の方が少々有事不穏で、十二月十日の午後一時十一分カレーを発して、二時三十五分、即ち一時間半足らずの後ドヴァー到着の筈の船が、暴風雨の為め五六時間漂つて夜の八時辛うじて船着き場に

達したと云ふ次第、常ならば夕方の五時少し過ぎにはロンドンに居るべき身が、十一時に成つて漸くチャーリングクロスステーションに着。流行児は結構だが漂流児は余り好いものでは無い。併しヴェニスに名月を賞し、イギリス海峡に荒浪を味はつて、モヤの季節にロンドンへはいつて来れば、世界の名物は大分片付く訳に成る。着後の事は次回に譲り、先づ今便はこれ切り

明治四十四年十二月二十二日　ロンドンにて

海外旅行記

○

横浜を立つたのは去年（明治四十四年）の七月五日、帰朝したのは今年の三月の廿九日、正味九ケ月の短い旅行であつた。此の短日月の間に、特に珍らしい地方へ行つたといふでもなければ、例へば南極へ行つたとかいふ様な特に人の注意をひく様な話はない。

急ぐ旅人は西比利亜《シベリア》鉄道に乗つて陸路欧洲に行くのであるが、自分は郵船会社の宮崎丸に搭乗して、態《わざ》と印度洋を廻り方々寄り道した。日本は省き、最初に上陸したのは上海であつた。上海には新しい街もあるが、旧い支那風の町を見るのも面白い点があるので、曾遊の地であるが、今度も城内へ行つて見た。船の上の生活は何時見ても面白い。河中に多くの船を浮べて、陸から桟橋が架かつて、恰《あたか》も一の村落、一の市街の観を作つて居る。上海に碇船中、時があつて蘇州へも行き、其辺の風光を眺めた。有名な寒山寺をも見た。寒山寺のつまらない所であることは、曾て聞き知つて居たが、今度は如何につまらないか、其つまらない程度を見に行つたのであるが、予想以上につまらなかつた。寒山寺は月落烏啼……の詩で有名であるが、考へて見れば此詩には、景色が佳いから来て見よなど、は決して書いてない。それを読む人が勝手に意味を附けて、実際行つて見て失望する。これは詩そのものが悪いのではなく、読む者の罪である。之に類したことは世に多い。

○

シンガポールで特に面白かつたのは水上生活であつた。これは上海のそれとは異り、船の上で住居するのではない。海中に杭を立て、、其上に住居を作るのであるが、これも海上の村落の観を呈して居る。新嘉坡《シンガポール》から汽車で行ける所まで行き、それから狭い海を横るとジョホールに行く。其処には馬来人《マレー》の外、印度や支那からも来て居て、種々の生活をして居る。労働者などを見ても種々の色の者が混じて居るが、最も特色を発揮して居るのは掲示場の掲示で、其の支那文の方を見ると、一般多数の者に示すには、「告各色人等」或は「告各式人等」とある。如何にも種々の人種の集合地たることを示すに適した面白い掲示文である。ジョホールには公許の賭博場があつて、それには高等のものと、誰でも行ける下等なものもある。王宮へは新嘉坡の領事の斡旋によつて観覧を許され、種々の宝物を見せて貰つた。

○

次にペナンを見物した。此処も矢張馬来人、印度人、支那人の混合地で、支那人の建設した極楽寺といふ立派な寺院がある。自然の岩山の上に堂宇を建て階廊を設け、自然と人工とを兼ね具へた建物で、建物もよし景色もよい。宗教上の信仰から参詣に来る者もあり、景を賞し美を探る遊覧の客も多く、中々賑かである。此の岩山には種々の詩文が刻まれてあるが、多くは仏教の有り難いこと、景色の勝れて居ることを賞したものであるが、中に「勿忘祖国」といふ文句を彫つたものがあつて、他のものとは異り、特に眼立つて見えた。

コロンボに碇船中、セイロンの山際のカンデイへ寄つた。丁度仏教信徒の一年一度の行列のあつたで《ママ》、山に宿つて之を見た。カンデイには釈迦の歯なりと信ぜられて居るものが安置してあつて、其の寺の前から行列が始まるのである。時は夜、月光は上を照らして、炬火は下を照らした其間を、種々に飾をつけた人や象などが行列する。殊に珍らしきは象の行列である。見上ぐるばかりの大きな象が二十五六位続き、其の背には人を乗せ、それが町中を練つて歩く。数多の人が町の両側に垣を作つて見物するが、それは慰み半分、面白半分ではなく、神聖なものに対するといふ態度で之を見るのである。自分はセイロンの山上にあつて之を見て、一種奇妙な感がした。

○

コロンボを去りてポートサイドに寄港、此処から埃及《エジプト》に行く積で宮崎丸に別れカイロに出掛けた。カイロ迄汽車で五時間かゝつた。町は新旧の二に分れ、古い方は入り組んで居て、入ると出られない風であるが、新しい方は西洋式の街路で分り易い。カイロにも見るものはあるが中にも時を費したのは博物館で、そこには埃及の諸地方の古物が多く陳列されてをる。

キセフには有名な大きなピラミツトが三つもあり、スフィンクスなどもあつて、是非共行かねばならぬ所であるから、其辺は驢馬に乗つて方々見物した。尚ほ時の都合から言へば、南方にも行けたのであるが、多くの時を博物館に費して、サッカーラとメンフイスの跡だけを見、それより南へ行かなかつた。砂漠を通つたのが八月の中旬で、気候よりも砂のほてりで、恰《あたか》も火事場の跡の如くであつた。三週間の後ポートサイドにもどり、郵船会社の北野丸に乗り、ヨーロツパ大陸に行く人はマルセールから上陸するのであるが、自分は地中海を西に向ひ、ジブラルタルの海峡を過ぎ、ビスケー湾を渉つて、先づテームスの河口から倫敦《ロンドン》に入り、暫く倫敦に滞在して居た。

○

サウサンプトンから仏蘭西のルアーブルに至り小さい而《しか》も整つた博物館を見、次に巴里《パリ》から伯林《ベルリン》へと、博物館其他自分の専門学の参考になるものを見乍ら遂にドレスデンに着いた。ドレスデンには万国衛生博覧会が開催されて居つた。名は衛生博覧会であるが、人類館が其中心になつて居て、人類学の博覧会の観があつた。再び伯林、巴里に行き、次には、最初の予定ではローマに開かるゝ万国地理学会の人類学に関する部へ行く筈であつたが、かの伊土戦争の為めに無期延期となり、それに当てゝ置いた時日が浮いたので、それを予定以外の旅行にあてんと、スペインに入り、マドリツド、トレドを見物した。

モナコは遊び場として有名の地だが、此処に海洋学博物館と人類学博物館との二個の博物館があるが、前者は殆ど完成して居た。

○

次に道を伊太利に取り、チリン、ミラン、ローマ、ネープルス、ポンペイ、ヴェスヸアス、オスチア、フロレンス等の諸地方を遊歴し、ヴェスヸアスよりブタベストに進んだ。伊太利旅行中には、種々の博物館をも見、万国博物館も見たが、殊に興味のあつたのはオスチアの遺跡発掘場であつた。ポンペイの発掘場は人も知つて居るが、実際はオスチアの方が面白い。大きな建物の敷石などが掘り出され、見て居る間に綺麗に洗はれ、昔のまゝの生地《きじ》が出るなど面白い。ローマでは天長節で大使館の招待を受けた。

ヴェニスでは有名なゴンドラといふ舟で、停車場から宿に着いたのであるが、其時恰《あたか》も夜にあたり、灯光水に映じてキラ〳〵とするもよいが、よく油絵などで見馴れて居る月夜のヴェニスはまことに得難きものである。雲間を透して鏡の様な月が水に映つた光景は、寔《まこと》に忘れられぬものである。

○

伊太利を去つてブタベストに来た。こゝは建築の点に於て欧羅巴の他の諸国とは異る所がある。一言に言へば形式に囚はれないといふ風で、一つ一つ他と異つた珍らしいものを作るといふ有様である。

○

次にバルカン半島諸地方を週りてコンスタンチノープルに向つた。汽車の窓から見たゞけでも其間の光景は面白かつた。コンスタンチノープルでは博物館も見たが、一般の風俗著しく他と異つて居る。殊に眼をひくものは、男子といふ男子は悉く赤帽を被つて居る。廂のない、頂きには総のついた赤い帽子である。婦人は頭から眼ばかり出して頭巾を被り、衣の裳も長く、靴の尖だけしか見えぬ。であるから往来では眼と靴先だけしか見ることが出来ぬ。

有名なトルコ風呂にも入つた。蒸風呂であるが、多数の人が一緒に入り、三助の出て来る処など我国の銭湯に似て居る。日本では以前よく風呂の中で種々の歌を歌ふ者があつて、殆ど一種の娯楽場の如き有様であつたが、コンスタンチノープルでも其の通り、種々の点が日本に似て居る。

テラピアへも行つた。処は実に勝景の地である。コンスタンチノープルに大使館や公使館を設けてある諸国でも、一年中の或る時期に於て此のテラピアに役所を移す設備が出来て居る。そしてトルコ帝国でも或季節に政治の中心を此処に移すと云ふ有様で、いはゞ政治団体の別荘地である。

○

ウヰン、ミュンヘン、スタットラットを経て瑞西《スイス》に入り、ツーリヒ、ルセルン及びベルンに行った。此等の地方にも面白いことが多かつたが、特に注意すべきはルセルンにある氷河園である。太古の氷原時代の遺物なる種々の面白い物、例へば岩の中に擂鉢形の凹が出来て、それに円い石が入つて居る様な、氷河の残りの如きものを園にしたもので、学問上他に比類なき有益な所である。又ルセルンには戦争及び平和博物館なるものがある。戦争の恐るべきこと、平和を愛すべきことを表示するものを陳列する筈であるが、事実は戦争に関するものが多い。中には日本軍の旅順口砲撃の光景を写した模型があつて、砲弾の飛び方などは針金で示して居る。ルセルンに於て旅順口陥落当時の状況を見て一種異様の感に打たれた。

○

巴里よりドバー海峡を渡りて再びロンドンに向つた。英吉利海峡は平生でも険悪な所であるが、自分が其処を通過した時は丁度荒れて居る最中で七八時間も波浪にもまれた。午後五時着く筈なのが翌日になつた。其日の各新聞は此の暴風の記事を以て埋められたのを見ても如何に其の甚しかつたかゞ想像される。

ケンブリッヂ、オックスフォード等の博物館や大学などで、見るべきものを見、会ふべき人に会つて倫敦に戻り、サウサンプトンから紐育《ニューヨーク》に向つた。船はかの世界第一の巨船オリンピック号四万五千何百といふ噸《トン》数である。其後建造された姉妹船はタイタニック号であるが、過般初航海に於て氷流に衝突して沈没の悲劇を起した。自分はオリンピック号に乗つたので、おのづからタイクニック号のことも想像せられる。

オリンピックはあまりに大き過ぎて乗心地は極良いとは言はれぬ。食堂でも談話室でもあまりに立派過ぎて、遠慮気も起り窮窟気でもあつた。

○

ニユーヨークに着いて必要な調べものをしたが、それ以外にヒラデルヒア、ボストン等で博物館や大学を見物し、次にシカゴに行つた。途中ナイヤガラを見たが、それは三日二日のこと、其日も雪が降つては居たが、前々からの降り積んだ雪で、往来には人影も見えぬ。自分は一人二頭引の馬車を雇つて瀑布を見に行った。瀑は大部分氷結し、一部から水が噴出する状は、恰《あたか》も綿繰から綿を繰り出す様、飛沫はあたりの木や石にかゝつて凍るので全体がまるで綿細工の如き奇観を呈した。

埃及の砂漠を過ぎたのは夏の最中《もなか》、こゝでは其正反対の寒中、人によると耳を掩ふ頭巾を被るのであるが、自分は関はず普通の帽子で行つたら、寒気の為め耳が凍り、霜焼の様になつて固くかたまつて了つた。

○

シカゴでは同大学の倶楽部に宿ることが出来、客としての取扱を受けた。それよりシアトルに出で帰朝せんとしたが、シアトルの停車場に着くや否や、日本に帰つた様な気がした。赤帽が日本人、ホテルのボーイも日本人、更に高等な職に従事するものにも日本人が多い。或る町には蕎麦屋もあれば料理屋もある。日本風の行灯、雑貨店には紺暖簾の下つたのもある。此地はアメリカの最後の町といふよりも寧ろ日本の始まりである。アメリカが終つたのではなく、日本が始まつたのである。

○

帰りは郵船会社の阿波丸に搭乗した。噸数は六千でオリンピックよりは遙かに小さいが乗心地は却つてよい。殊に一等船客十一人、殆ど日本人で、まるで日本に居ると異ならぬ。一体此頃の季節には太平洋の北の方は海が穏かでなく、私の乗つた前の船は日米間に三日の延着を来したが、幸ひに阿波丸は暴風の後々となつて、其禍を免れた。(談)

海外旅行みやげ——五月の流行会に於ける演説

私は近い九ケ月ばかりの間に方々歩きましたが道筋の事は先頃一度御話しましたから其事は申しませぬが、道々見た物に就て今茲《ここ》に御集りの方に多少の面白味を与へる事が出来やうと思ふ事柄丈けを抜いて御話する事にします、今ザツと衣食住といふ様な大きな別《わか》ちにしまして衣服といふ事を述べる時に持物も一緒にし食物の時には食器を其部類に入れ住の時には室内の装飾或は文房具夫等の道具をも入れる、左様な物も入れる事にしたならば、衣食住と云ふ別ちで私の持つて来た物は皆中に籠める事が出来るかと思ふのであります、御話をします序《つい》でに何処で何う云ふ物を見たといふ事をも述べ又私の持つて来た物を何う云ふ風に応用したら宜いかといふ事をも申して見るつもりであります。

先づ衣服及び身体に着ける物に就て言つて見ますと、私の行きました場所は印度の方或は亜非利加《アフリカ》の方、夫等に籠つて居る事でありますから僅かに腰の周囲しか蔽はない者も見たし又欧羅巴諸地方や亜米利加へ行きましたからちやんと着物を着て居る者も見たし、又土耳其《トルコ》へも行きましたから、眼丈け出して頭から布を被り全身を布で隠して僅かに靴の先丈けを出して居るといふ、極端に身体を蔽うた女も見たのであります、併ながら夫等の場所に就て唯々人種研究の上から色々違つた服装が有つて面白いと云ふ位の事で、今茲《ここ》で精しい御話をしても何等の御参考になるといふ事もありませぬから省くことにします、扨茲《さて》に在りますのは、是はチヨツと御覧では何だか分りますまいが、支那では普通子供を負ふといふことはありませぬが、香港あたりでは船頭の女房などが子供を船の上に放して置いては危いといふので子供を身体に着けるに斯う云ふ物を用ゐる即ち夫婦で船を漕いで居る時に子供が彼方此方《あちらこちら》這つて歩いては危いから斯う云ふ物を用ゐる。是は肩から紐を掛けて下の方を縛つて茲に子供の尻を入れる様にする、尚此類でモウ一つ布の上の部分を伸ばして外の方へ折り下げ二重にしたのもある、此部を子供の頭にかぶせると頭巾の用をする、これは唯風俗の違つた所を御目に懸けた丈で別段日本に応用しやうといふ様な考があるのでは無い。

それからズツト飛んで欧羅巴の風俗に就いて言ひまするると男の風俗としては大して違ひも見えませぬが先づ帽子の事に就て、以前は巴里《パリー》でも倫敦《ロンドン》でもシルクハツトが普通であつて紳士と名の附く者に於ては必ずシルクハツトを被らねばならぬ随分窮窟な思をしたことでありますが、此度見た所に依りまするると巴里でも倫敦でもシルクハツトは余程少い、今茲に統計表は持つて来ませんでしたが可なり多くの人数を計つて見ましたのに倫敦でシルクハツトが乗つて差支ない頭に何う云ふ帽子が乗つて居るかと云ふと多くは、山高、中折であるといふ様な訳で、数百人を計つた結果、シルクハツトを被るべき者と思はれる人で実際之を被つて居るのは総数の十一分の一であつて、色々な時に計つて

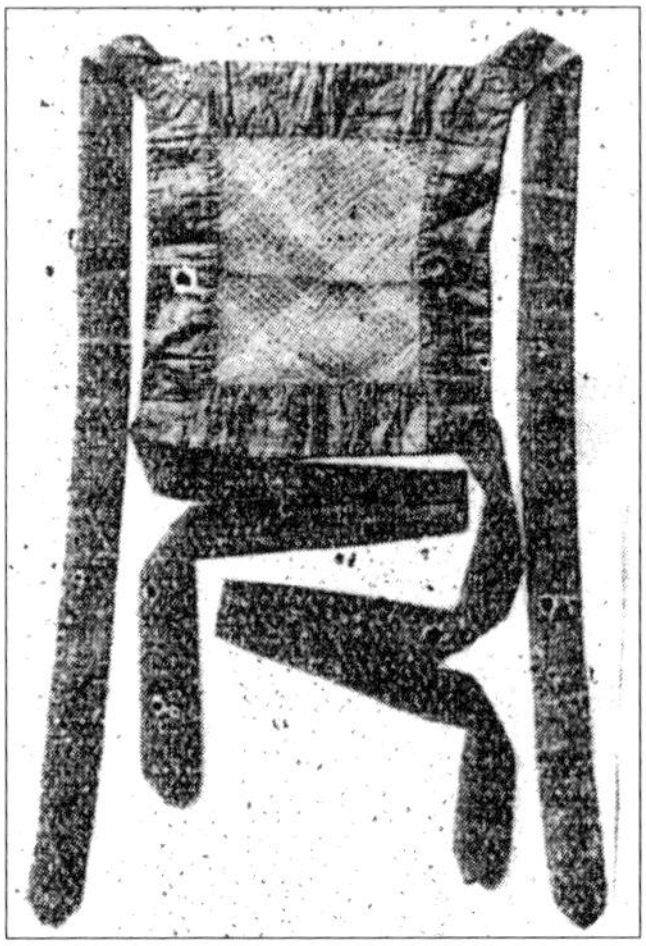

支那人の子を背負ふもの

見ましたが日曜日にはお寺参りをやるのでさう云ふ人はシルクハットを被るから日曜日には多い、平生には少い、尤もシチーなどの繁華な処に勤める人はシルクハットを被るのが常でありまして他の土地とは違ひますから私は統計を作るのに一方に片寄らぬ様に色々の土地で材料を集めたのであります、是はシルクハットを被るのは五月蠅《うるさ》いとは元とから人が考へたが習慣上拠《よんどころ》なくやつて居る、といふのが段々簡略になつたといふのも一つの原因でありますが、モウ一つには自動車が多いに影響して居るかと思ふ、自動車で出るにシルクハットを被るのは一層五月蠅いから山高又は中折を被る様になつた、さう云ふ事であらうと思ひます。

次に婦人の風俗を言ひますると帽子が色々に飾られて大きくなつた、近頃は少し小さくなつた様子でありますけれ共兎に角極端まで達したと申して宜いでありませう、それで物見遊山に行つた時に婦人が前に坐はれば後ろから全く物が見えなくなつて来る、日本では普通活動写真といふものは子供が見に行くとか幾らか階級の低い者が見に行くといふ事に成つて居るのですけれ共欧羅巴亜米利加に於ては随分身分あり真面目な大人が大勢見に行く様なことになつて居る、女のお客様は邪魔で困る後ろに坐つたら帽子で何も見えない、尚、其上に長い針を帽子に刺して居るので危なツかしくて仕方が無い、ポンチ画に此針で眼を刺された者だとか帽子で頭を押されて居る者だとかいふものが幾らも描かれて居る位、此二つの事柄は直きに注意されることであります、さう云ふ処からして帽子を取つて呉ろといふ意味を色々の興行物で書出すことがありますが、或活動写真の興行場に於ては画

大きな帽子の絵はがき

を映して居る間に文字を書いたのを出したがそれには『御集りの皆さんの中で大きな帽子を被つて居られる貴婦人方がそれを取つて下すつたのは誠に難有い、興行人は深く感謝の意を表する』と書いてあつたさうです、さう云ふ逆まの方から行《や》つて帽子を取らせる様にしたのも有るが又『大きな帽子を被つた人は他人に迷惑させぬ様に取つて下さい』と露骨に書いたのもあります、取つて下すつた方に感謝の意を表するといふ方が余程円滑であり、又被つて居る者に恥かしいという念を起さして利目が強い、私は国民新聞に少しばかり漫画を描いて送つたけれ共、途中から忙がしくなつて送ることは止めにしましたが材料は沢山あります、其中に斯う云ふのがあります、婦人と男子と一緒に列ぶといふと男子の方の帽子は小さく、婦人の方の帽子は大きいから列んで歩くと身体を近付けても好い工合に嵌り込む、所が女と女で歩きますと帽子と帽子と突つ張り合ふので近付き難い、異性は相近《ちかづ》き同性は相斥けると云ふ事に成るので画にして見ると中々面白い、又斯様に大きな帽子に目立つ様に作り花を飾り着けると、まるで植物園の様になる、又鳥の羽や獣の皮などを着けたのは動物園の様に見える、動物植物が斯んなに有るから其中に地質学的の帽子も出来るだらうと思つて居たらヴエスヴイヤスの山の様な形の帽子で先きの尖つた処へ赤いリボンを着けたのを見掛けた、どうしても噴火の形としか見えない、飾り沢山の大帽子は倫敦の町でも見え巴里でも見た、亜米利加へ行つたら一層突飛なものを被つて居る女が多く有りさうだと想像して居ました所実際夫れ程ではなかつた、倫敦巴里の方が斯う云ふ点に於て甚だしいのであります、斯様な帽子を被るといふことは真面目な女では無い、人の注意を惹く為に態《わざ》と仕て居るので、一般の風と見ることが出来ないと云ふ人もありますけれ共、被る者の誰なるかは別として兎に角好く目に触れるので有ります、所が帽子の大きいに対して着物の方を見ると誠に窮屈で、肌一パイにした様な物を着て、胸の辺《あたり》はまだ宜いですが足の方は細くして居るから歩くのに足を充分伸ばすことが出来ない、袴が広くなり狭くなるといふことは、昔から西洋婦人間の流行として繰返し〳〵現れて居る、近頃のは狭い極端で歩くのに足が突つ掛かつて好くは歩けない位になつた、これに付いても様々のポンチ画の絵葉書が出来て居る其中に細い袴を穿いた女が歩いて居る其側に亀の子が這つて居るので有るが前に建てゝある決勝点の札に亀の子の方が先きへ達して居る、又同じ様な絵葉書の細い

婦人服装と帽子の時代比較

袴を穿いた女がちよつとした水溜りを越すことが出来ずに困つて居る所の画もあります、モツと極端な巴里流の画で言ふと便所へ這入つて困つて居る所などもあります、さう云ふ風に袴が細くなつて居る。茲《ここ》に持つて居りますのは是はニユーヨークで出来た画でありますが亜米利加でも斯う云ふ細い袴を穿く女があるので其姿を写したのであります、古今の変化はこれで能《よ》く分る、此画の左の端が千八百九十一年の風、其次は千九百一年の風、それから千九百十一年といふので十年々々で斯う云ふ違ひであります、マア此方の端にある千九百十一年といふのは今日の実際の風でありますす、此方の男は驚いて見て天が自分に更に十年の齢を仮して呉れたならばどう云ふ珍しい物を見るだらうかと言つて驚いて居る、是はポンチ風のお負けを付けて画いたので無い実際の形を写したのであります、此方にあるのは、千八百六十一年とと千九百十一年、即ち五十年間の違ひを描いたので袴の大きい時には斯んな風、

狭い時には斯んな風、此方は少しお負けが書いてある、是程ではありませぬが極端に走つた風は好く諷してあります。

それから持物の事に就て御話致します、色々細かい事もありますが、大きい物から先きに御話すると先づ斯う云ふ様な手提の袋があります、遠方から御覧になつては何の特長も無い様に見えるかも知れませぬが、是が当り前の袋として使ふことも出来るのでありますが、口の金具の所に環があつて此留める所から環を外づすと此袋が斯う云ふ風に長くなる、小さい物を入れる時に当り前の大さにして何か大きな物を買つた時には長くして入れる、葱でも胡蘿蔔《にんじん》でも何でも這入るのでありまして、用達に出た序《つい》でに人に観せて都合の悪い様な物を買つても此中へ入れゝば這入る、斯う云ふ風な長さに出来る、二つに折ると中位の大きさに成る、一つ袋で三段の大きさにすることが出来る様になつて居る、同じ様な袋で留方を違へて拵へたのもあります、それは手袋の釦《ぼたん》のやうな風にしてあつて、斯う云ふ様な玉になつて居る、パチンと押すと嵌まる様になつて居る、此処を開くと斯う云ふ風に広くなつて半分に折ば、此《かく》の如き大きさになる、他では斯う云ふ類の袋は見ませぬ。此二つはミユンヘンで得たも

半分開いたところ

のこらず開いたところ

のであります、斯う云ふ物を造るのは六つかしく無くて用ゐるに誠に便利でありますから日本でも造つて宜いと思ひます。

それから茲《ここ》にありますのは一種のブラッシであつて畳み込むと小さい箱に這入つて了ふ、起すと此毛が立つて来る、着物に塵埃《ごみ》が附いた時に掃ふのに都合が宜い、人の家へ行く時に玄関でチヨツと汚れた処を擦れば大きなブラッシを持つて歩かぬでも済む、又人の処のブラッシを借りなくても済む、茲にありますのは是は髪毛を撫でる為のブラッシとして造ったので、此方に鏡が入れてあります、是は必ず頭髪《かみ》に限つたことは無い、着物を擦るブラッシにしても差支ない、私自分に用ゐて居るのは是は着物の塵埃《ほこり》を取る丈けに使つて居ります、鏡を附けたのは思付の様でありますが、附け様をモウ少し巧くしないと取れて仕方が無い、若し鏡を附けるならば下に凹まして附けるとか何とか工夫がありませう。

それから是は銭入で斯う云ふ様に入れ場所を幾つも拵へたのは珍しく無い、日本にも幾らもありますけれ共、唯各《おのおの》の覆ひの上に金だとか銀だとかニツケルだとか書いた丈けが珍しいので、日本でも斯んな物を拵へたら重宝であらうと思ひます。尤も日本で蟇口に金貨を入れるといふことは殆ど無いから銀にニツケル、銅の、印丈けを附けて置けば宜いと思ひます。

鏡ブラシ

懐中紙入

又茲にあります懐中紙入は是は一方から云へば衣服に附く処の持物とも云はれるが一方から云へば一種の文房具とも云はれます、全形は普通の紙入の様ですけれ共中に幾つも仕切がしてあつて、それ〴〵字が書いてあります、それを読んで見ると此上の方の仕切は返事をした手紙、その次は払ひの済んだ書付、即ち受取書、其次が金券それから色々な覚書、其次が汽車の切符、それから此方の側は未だ返事を書かない手紙、即ち返事を書かなければならぬ、借になつて居る手紙、其次が請求書で未だ払ひをしない分、其次にあるのが是が郵便の葉書、それから名札、それから郵便の切手、斯う云ふ物を持つて居ますと、どの隠袋《かくし》へ入れて置いたかと云つて大騒ぎをして探し物をすると云ふ様な事は無くて済む、其上に手紙の返事を出さねばならぬのを怠つて居ると紙入れが脹れて来るので何時も催促されて居る様な気がして早く整理が付く、日本でも然る可き部類別けを立てて斯う云ふ物を拵へたなら好からうと思ひます、詰り小さな事務所を持つて居る様なものでありますから広く行はれやうと考へます。

それから飲食物に就ては別段云ふ事も有りませんが、道具の事をちよつと申しませう、其一つは匙《さじ》であります、子供に汁物を呑ませる為に造つた匙で面白いのがあります、普通の匙は汁を入れる部と柄とが一本筋に成つて居ます、これでは子供を抱いて、何か汁を呑ませるのに甚だ持ち悪《にく》い、近頃出来た匙に柄の向きが汁を入れる部の向きと直角に成つて居るのがある。それだといふと抱いて呑ませるに都合が宜い。それから是は葡萄酒なり麦酒の口を抜いた跡に挿して置くコルクでありますが、是は瑞西《スイツル》で得ました。下は岩のやうになつた上に鳥が居る、鳥の足は針金で出来て居る、モウ一つは木を円錐形に切つて其上へ鳥を附けて、円錐形になつて居る処に焼き絵で鳥の足が現はしてある、此方が雅致が有つて面白い。

それから住居といふ方で云ひますと、方々歩きました中で水上生活の様子を殊に面白く感じました、新嘉坡《シンガポール》でもジヨホールでも水上住居を見ましたが、それは海の底に杭を打つて其上に家を造つたものであります、それから上海では川に浮かべた船を家として居るのを沢山見ました、それからエジプト旅行中には土の固まりの様な粗末な家を見ましたが又ニユーヨーク其他の亜米利加の都会の地では丈の高い素晴らしい家を見ました、ニユーヨークには四十階だの五十階だのといふ家があります、色々意匠を凝らした面白い家といふものは今度私が歩いた中ではブーダペストで多く見ました、ブーダペストといふ処は家屋ばかりで無しに種々な物に付て何か新規な物をやり出さう、古い形式に捉はれずに面白い物を考へやうと云ふ事に意を注いで居る様で、殊に建築に於て多くそれが見える様です。

それから家の内の物に付て言ひますると額の類にチヨツと面白い物がありました、茲《ここ》にありますのは是は仏蘭西のアーブルで求めましたが、他でも随分拵へたら宜からうと思ふ、日本でも造るのは訳は無いと思つたから持つて来ましたが蟹の甲です、普通捨てゝ了ふべき蟹の甲、御《お》咒詛《まじない》などに軒へ下げて置くのもありますが家の飾にすることは、是まで日本で見なかつた、方々で捨てゝ了ふのを取つて置いて色々な物を造ることが出来やうかと思ふ。是はアーブルの港の景を作つたものだが、例へば江ノ島では江ノ島の景色のを二見浦では二見浦の景色のを御土産物として売つたら宜からうと思ふ、モウ一つ茲にある額は瑞西のツーリヒで買つたのでありまして、絵葉書を入れる額であります、真中の四角な透かしには横にしたのと縦にしたのとありますが此所に夫れに応じた絵葉書を入れるのです、見本に持つて来たのは横の物であります、家の内から窓越しに景色を見る様に作つてあるので絵葉書が引立つて見える、あたりが黒ずんだ色に成つて居るから一層結果が好い、奥行の僅かな処を芝居の道具立の様にして巧く作つて有る、卓《テーブル》の影の床の上に映つて居る処などは色を変へてあります、日本の座敷なり四阿《あずまや》なり色々な形を取つて此類の葉書入に拵へたら宜からうと思ふ。

蟹の甲の額

それから文房具の類でありますが、机の近所へ置く物で此物は殊に面白いと思つたのは剝取りの日記であります、斯う云ふ風に一日〳〵と剝取る日記は日本にも幾らもありますけれ共多くの処で用ゐて居るものは方々の店から年玉によこした家号書き入れの広告半分のものか又さうで無くて特に買ひ求めたものでも様式に於ては同じ様で一向雅致が無い、然るに今度歩いた所では彼方此方《あつちこつち》で種々違つた物を見ましたが、殊に多くの種類を見たのは維也納《ウインナ》であります、是などは花の形をしたリボンを附けたのであります、チヨツと女の子の部屋の壁に掛けるとか机の上に置くとかするに体裁が宜い、魚屋か八百屋から貰つた様なものよりも体裁が宜い、それから是も同じ類ですが茲《ここ》に木の枝があつて小さな鳥の形が拵へ附けてある、下に剝取りの日記が付けて有る。斯う云ふ物は日本でも幾らも出来やうと思ふ、先刻も下で見ましたが木の皮に何か画を描いてある柱懸の様な物がありますが、唯だ柱懸といふ丈けぢや一向面白味が無い、剝取り日記を添へると是で何処に下げて置いても飾りと実用とになる物が出来る訳である、日本在来の色々の技術を斯う云ふ事に応用したら宜からうと思ふ、是も其類であります、是は猫の形が天鵞絨《ビロード》で作つてあります、茲にあるのは其類でありますが鳥の羽で小さい鳥の形を造つてある、是は燕でありますが鸚鵡《おうむ》なども美しく出来て居る、此下の方に剝取り暦が付けてある、是も同じ類でありますが拡げると猫の形になる、半ば玩具でありますけれ共チヨツと子供の机の辺に置くには面白いと思ひます、モウ一層滑稽なのは手足を動かす人形で、これにも剝取り暦が付けてある、玩具と暦と両方兼帯したやうなものであります、極く真面目な物に屏風形のがあります、これは毎日剝取るのではありませぬ、月によつて

絵はがき立

嵌め変へる様にしてある、是だといふと机の上に置いても体裁が好い、硯屏《けんぺい》の様で面白い、従来の日本の暦は雅致の無い物ばかりでありますが是等を手本として造つたならば色々面白い物が出来やうと思ふ。

それから是は極く簡単に金を曲げてそれに革を張つて作つた書類挟みであります、二つで一組みに成つて居ますが、其一つは赤い色にして返事済みと書いてある、此方は黒で未だ返事をしないものと云ふ意が書いてある、方々から来た手紙などを挟んで置くに、誠に便利である、輪の様に成つて居る部へ書類の先きを入れて狭く成つて居る方へ引きさへすれば直に挟まる、外へ引けば直に取れる、実に工合好く出来て居る、是はチヨツと車か菊の花の様に見える名簿であります、電話番号を書く為の帳面でＡＢＣ別けにしてある、頭字の音に当る部で手元へ引き付けると其部が出て来る、当り前の帳面だと探すのが五月蝿《うるさ》いがこれだと世話無しに目的の部が出る、四角な帳面では形が良く無いが斯う云ふものならば装飾 旁《かたがた》机の上に置いても差支ない、是は電話番号帳としてあるが唯の宿所帳でも其他の覚でも此通りにして差支ない、それから是は花形ですが、用は留め針刺し（ピンクッション）であります、全体が向日葵《ひまわり》の花の形に成つて居て針を刺すとこれが蘂《しべ》の様に見えるのです、下に置いても宜し又釘へ掛けても宜いのです。

カレンダー

是は何でも無い紙切りの篦《へら》でありますけれ共柄の処に眼鏡が附いて居る所が面白い、新聞なり本なり見て居つて小くて読み悪《にく》い字のあつた時態々《わざわざ》眼鏡を取り出さなくてもこれで用が弁ずる、又自分の眼の悪くなったことを余り人に知らせたく無い人はこれを持つて居るとちよつと重宝でせう。

電話番号帳

是は郵便切手を貼つたり或は状袋の封をしたりする道具で此中に綿が這入つて居る、水を入れて搾ると好い位に綿に湿りが付く、先きの方が平らになつて居て茲所《ここ》に湿気が出て来るから郵便の切手を附けるなり或は状袋の封じ目を附けるなり之を以て擦れば宜しい、これ丈の事なら珍しく無い、さう云ふ道具は以前からコチラの店にも置いてありますが今御覧に入れる物にはローラーが附いて居る、此ローラーをころがすと切手でも封じ目でも巧く着く、此所が珍しいと思つて参考に持つて来ました。

茲《ここ》にあります万年筆、ペンの部は是まで有るのと変つたことはありませぬ、が柄の方に少し違つた細工がしてある、それは何かといふと此処は郵便切手を入れる処にしてあつて捻ると中に巻き込んである切手が此処から出て来ると云ふ仕掛です、併しまだ工合の好く無い点があるからモウ少し考へなくちやいかぬ、それから是は鉛筆を失くさない様にしたもので着けてある糸を引出して物を書き用が済んで放すと糸と糸巻の中に巻き込まれる、類品はこれまでもありましたが、好きな長さの所で勝手に留めて置く事の出来ると云ふのが違つた所です、上の方には安全ピンが喰付いて居ますから着物へでも何処へでも附け度い処へ附けて置ける、糸を引き出して一方の突起を押すと其所で糸が留まる、用が済んで他方を押すと糸が走り込むと云ふ仕掛けに成つて居るのです。

それから茲にありますのは、細かくて飛んで了ふから箱に入れた儘に致しますが、中に這入つて居る物は斯う云ふ赤い紙で作つた指差しであります、裏に糊が附いて居りますから何所へでも貼り附けられる、是は手紙を書き又は論文を書いて殊に茲に注意を要するといふ処へ之を貼る、此処だといふことを示す為に貼る、赤圏《あかまる》を附けたり棒を引張るよりも此方が面白い、一箱に随分数多く這入つて居る、是も拵へるが宜からうが、私はモツと大きく本当の手或はそれより大きいのも拵へて集会所とか懇親会会場とかいふもの丶指差とした ら好からうと思ふ、色々の会で指差しを出す必要の有る時に絵心の有る人を連れて来ようなんぞと言つて居ると間に合はなく成つて了ふ事があり、素人が描くと六本指やら三本指が出来る虞《おそれ》がありますから、初から斯う云ふ物を切抜いて置いて何方へでも用ゐられる様にするが宜いと思ふ、斯んな小さいのも入用だが大いのも十五枚とか二十枚とか袋へ入れて売出すと買手がありませう、色々な会などで始終入用な物でありますから、是等も拵へたら行はれること丶考へるのであります。

それから是は呼鈴、或は食事を知らせる鈴で、金属で造つたのは珍しくありませぬが是は硝子であります、日本でも風鈴には硝子で拵へた物がありますから此位な事は思付きさうなものでありますが、未だありませぬ、ナカ〳〵好い音が出ます、此摘みは兎の形で中に釣るしてある舌は胡蘿蔔《にんじん》の形に成つて居ます、摘みが猫で舌が鼠のもありました、幾らでも意匠は立てられませう、飾りにもなり又実用にもなつて余程面白いと思ふのであります。

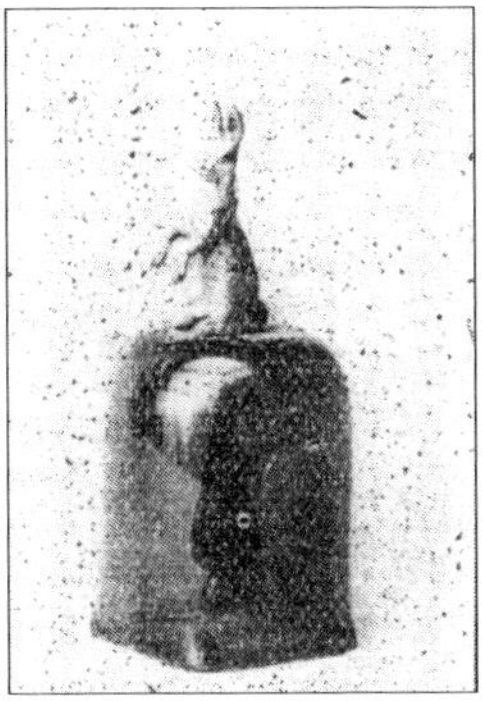
ガラスの呼鈴

それから是は壁画であります、大人用よりは子供向きのもので、児童《こども》博覧会の玩具の部に置いても宜い訳でありますけれ共既に何処からか出品がありましたから私は態《わざ》と出さなかつた、会場には硝子を嵌めた額に入れてありますが、実は壁を飾るものであります、色々な面白い画が描いてありますから後で御覧下さる様に願ひます。

それから室内の物としては直接の関係はありませぬけれ共、印刷物の事を言ひました序《ついで》ですから申しますが、茲《ここ》にありますのは荷札の形をして居る物で、子供に贈物をするに附けてやるのです、誰某《たれそれ》へ誰某よりとして茲にチヨツと面白い画が描いてある、クリスマスや新年に物を贈るとか何かの祝日に物を贈るとか云ふ時に斯う云ふ札を附けてやる、好い思ひ附きと思ふ、日本でも作るが好からう、それから茲にありますのは絵葉書の様な形をした物で、絵葉書の用はしませぬが一種の玩具であります、これも児童博覧会の参考品中に出して置いて宜かつたのですが置いた丈では面白味が分らないから出しませんでした、今話しの序に御覧に入れる事としました、一方の画は女が牛の乳を搾つて居る形、遠くから見えないか知れませぬが茲に硝子罎《びん》があつてそこへ乳が溜つて来る、乳は硝子紙の中に細かい白砂が落ちて来る仕掛けに成つて居るのです、裏の方を見ますると赤児の口の処へ徳利を当てゝ居る形になつて居つて赤坊が乳を呑む、グイ〳〵呑む、無くなつて了ふと裏返しにする、復た乳を搾る、搾つて持つて来たのをまた呑ませるといふ訳に成る、茲にあるのは同じ様なものでありますが、それは坊さんが樽から葡萄酒を徳利に入れて持つて来て呑む、グイ〳〵呑んで了ふと御代りを復た樽から出す、なか〳〵面白い、此間此赤児の方を三島君に観せましたら倒《さかさ》まにしたので赤ん坊の口から乳が出る様に成つた、それでは倒さまだと言つたらナニ赤ん坊が呑過ぎて吐いて居る処だと言はれました。

是はホンの御笑草であります、地球の図が有つて下の紙を引張ると亜細亜亜非利加《アフリカ》欧羅巴の形が髷になつ居る此所に女の顔が現はれる、紙を押込むと地球と成る、次のは若い女が年寄つた阿婆《おばあ》さんになる形であります、下の摘みを引張ると阿婆さんになります、変る処が余程巧く出来て居る、是までも似寄りの物がありましたが、どうも斯うスラ〳〵と巧く動く様なのは出来て居らぬかと思ひます。

是は唯だ目を引繰返す丈けでありますが、此処の風琴の動き方が面白いので持つて来ました、口の処から舌を出すのは幾らもありますけれ共、口を開く様になつて居るのは珍らしい、下唇が下がるので口が動く様に見える。

是も矢張り其類ですけれ共丁度英吉利の戴冠式紀念として拵へたものです、摘みの出し入れによつて皇帝の御肖像が変つて皇后の御肖像になるのです、男が女に変るといふ理窟はありませんから、日本で造るなら浦島が急に老人に成るとか又花咲爺が枯木に花を咲かせるとかいふ事にしたら面白からうと思いひます。

それから是も序にお目に掛けますが、此備忘帳は中が日月火水木金土の七曜に分けてあつて個々に捩《ち》切《ぎ》ることが出来る、何時何処へ行くとか何日に会が有るかと云ふ事を書いて置いて其事が済むと取つて了ふ、下には紙が重なつて居るから、又後の事が書かれる、誠に重宝なものです、これでは大き過るから隠袋《ポケット》に這入る位に小さくしたら宜からうと思ふ。

是も同じ類で机の上に立てゝ置く様に出来て居る、是は手紙を書く台で茲に矢張り何曜日に何をするといふ事を書き附けて置く部が設けてある。

それから茲にありますのは今説明しませんで皆さんに御判断を願つた方が面白いかも知れないのでありますけれ共、多くの方々に一々御話を伺ふ暇もありませぬから申して仕舞ひます、チヨツと楽器の様な形をした物でありますがこれは櫛の垢を取る物であります、歯の間を針で掘つたり一本の糸で捺《な》でたりしても汚れは巧く取れないものですが是を使ふと垢が能《よ》く取れる、弓の様に反つた部が二つにして金で継いであるのは糸の弛まぬ為めなのです、糸が弛みかゝると金の部が突つ張る訳に成るのです、是は余処《よそ》で見ませぬ、ミユ

櫛の垢取りブラシ

ンヘンで買つたのであります。

今日の御話は唯だ方々へ行つてチヨツと見当つた物を持つて来ましたから其品物の説明を兼ねて日本で出来さうな物であるから拵へたら宜からう或は斯う云ふ物を基にして何か新規に作り出す様にしたら宜からうといふ事を申上げたのであります、旅中の珍談といふことになると中々沢山ありまして迚《とて》も一夕では述べ尽せません、中にはお話し仕度事もありますが、他は総てお預かりにして置きます。（拍手）

（煙崖速記）

玩具と児童博覧会

新案玩具「燕がへし」

三越の店に在る「燕がへし」と云ふ玩具は私の思ひ付きで拵へ出したものですから其由来と使ひ方に付いて茲《ここ》に一通りの事を述べて見ようと思ひます。先頃より催された小児会《こどもかい》の時にも席上でちよつと話しはしましたし、其後作られた袋にも略《ほぼ》説明を記して置きましたが、聴かなかつた人や見ない人には唯「燕がへし」と云つた丈では何だか分かりもしますまいし、実物を手にした所で何の面白味も有りますまい。又話しを聴き文を読んだ方々でも好く意に落ち無いと云ふ事が無いにも限りません。今記す所に由つて此玩具の趣味が一層広く知られ子供も大人も男も女も盛に用ゐる様に成るならば多少考へを廻らした甲斐も有つたと云ふべき事で私は満足に存じます。

世界諸地方の野蛮人を見まするに他の点に於ては誠に進歩しない愍《あわ》れな事を為て居ながら生活に必要な食物の原料を集めるに当つては種々の道具を用ゐ様々の手段を廻らし、我々をして興味を感ぜしむる事が少く有りません。オーストラリヤ土人の使ふブーメラングと云ふ道具の如きも其一例で有ります。これは木の幹から枝へ掛けての自然の彎曲を利用して作つた「へ」の字形の物で、薄く削つて有りますから、丁度板を

「へ」の字形に切り抜いた様に見えます。大小色々ですが先づ端と端との隔たりが二尺位と云ふのが常で有ります。

此ブーメラングと云ふ道具は見掛けは誠に簡単で斯んな物が何に成るかと不審に思はれる位で有りますが、実際の用を知るに及んでは誰も其の働きに驚かされるので有ります。此道具は主として鳥を捕るに用ゐられるので、土人は飛ぶ鳥を見ると夫れを目蒐《めが》けてこれを投げる。其仕方は先づ道具の一方の端を右の手で把《と》り一旦高く上げ後方から前方へ掬ひ上げる様に動かし、強い廻転運動を与へつゝ、目差す所に向つて投げ放つのです。道具は手を離れるとキリ〳〵〳〵ツと廻つて風車を斜めにした様に成り前の方で且つ上の方の空中高く滑り上つて行く。上手な者だと八十間も先に達する。そこで鳥に当たると強い力で打たれるので鳥は何所か傷けられて下へ落ちる。道具も此の為めに力を殺がれるので廻転もせず進みもせず、鳥と共にパタリと地に落ちる。これ丈の事なら手頃の棒を投げさへすれば事が済むので別段な形の道具を作る必要は有りません。道具の特徴は覘《ねら》ひの外れた時に顕れる。当たる時の為めで無く当たらない時の為めを謀るとは変な様ですが、此所に面白味が有るのです。

普通の棒を投げて鳥に当たらなかつたらどうなるでせう。云ふまでも無く棒は更に遠くへ飛んで行つて投げた人からは余程離れた所に落ちるに違ひありません。再び此棒を使はうとするには態々《わざわざ》拾ひ取りに行き、其上に草原でゞも有れば彼方此方《あつちこつち》と探し廻らなければ成りますまい。所で曲て作つて有るブーメラングだとどうかと云ふと、覘ひが外れた時分には最早其先きへ行かぬのみか、来た道をズツト舞ひ戻つて投げた人の足許に落ちるのです。これは此道具が空中で烈しく廻転して居る時には丁度物理器械のジヤイロスコープの様な訳で平面の位置を変へずに居るので或る所まで行つて前進の力を失ふと、斜めに置かれた円盤が其面の向きを同一に保ちつゝ重りの為めに地に落ちやうとするのと同じに成る。空気の抵抗が有るので真直には落られない。廻転の面と同一の面に副うて落ちるのが最も抵抗の少い自然の動き方で、其結果丁度行つた時の道筋を辿つて投げた人の側に帰つて来ると云ふ事に成るので有ります。覘《ねら》ひが外れた時には道具が元に帰つて来るのですから、遠くへ探しに行く必要が無く、世話無しに拾ひ取られる。斯くして後から来た鳥に向ひ時を移さず又投げると云ふ事が出来る。ブーメラングと云ふ道具は実に重宝な物では有りませんか。

実用を離れて見ても此道具は注意の価値が有ります。廻り乍ら飛んで行くのが既に面白いが、元の所へ帰つて来るのは更に面白い。実用から云ふと鳥に当たつて落ちるのが肝腎で有りますが、慰みから云ふと当たらずに帰る方が宜いので有ります。実用の道具も其儘で娯楽の用に供せられはしますが、元来鳥を傷けて殺す程の物で有りますから仕損ずると投げる者自身痛い思ひをしたり、傍に居る者に疵《きず》を負はせたりする様な事が起ります。イギリスでの話しですが、或る人がオーストラリヤから来たブーメラングを力任せに投げた所が何所へ行つたか分らなく成つて仕舞ひ其儘数年経つた後其所から程遠からぬ寺院で雨漏りがすると云ふので足場を掛けて家根を調べた所、彼の行衛《ゆくえ》知れずに成つたブーメラングが堅い瓦を打ち破つて其先を家根裏に現はして居るのが発見されたと云ふ事で有ります。

幾ら面白くても斯んな危険な物は娯楽用には適しません。危険な点を去つて面白い点丈を残す法は有るまいか。其形を何かに模する事は出来まいか。更に運動、競技の役に立てる工夫は有るまいか。是等種々の条件を充たす様にと考へて作り出したのが即ち新案の玩具「燕がへし」で有ります。

其構造を云ふと、厚紙を大工の使ふ金の尺《ものさし》の様に切り抜き各《おのおの》の枝を長さ四寸位、幅五分位とし、曲り角の所へ薄い紙で作つた燕の体を貼り着け、頭を直角の中の方、尾を直角の外の方に向け、各の枝を翼に見立て、

全体を相当に着色したので有ります。

斯んな小さい物は手で投げた丈では廻転もせず遠くへ飛びもしませんから、棒で打つて其力を添へる事にしました。

先づ燕の背を上方に向け左の指で右の翼の端を軽く摘まみ、左の翼の端が持つ者自身の右の方に向ふ様な位置にするのです。さうすると頭は斜めに右の手前を指し、尾は斜めに左の遠くに向ふ。斯う持つた儘で左の手を前へ高く出し、燕を少し向ふ上がりにし、尚ほ右の端即ち燕の左の翼の端を体の部よりも稍々《やや》高くして右の手に鉛筆なり何なり円味の有る棒を持ち、夫れで此稍々高くして有る翼の端に近い所を急に強く且つ向ふ上がりに打ち上げる。燕は時計の針と反対の向きに早く廻り乍ら前の方へ高く舞ひ上がつて行つて、物に当たりさへしなければ或る高さの所で後戻りの運動を始めキリ〳〵廻つゝ、打つた人の足許へ舞ひ戻る。

扨《さて》前下りや水平にして打つては向ふへ飛んで行つた切りに成るし、右の端を体と同じ高さにしたり、夫れよりも低くしたりすると、舞ひ戻る時右の方へ行つて仕舞ふ。丁度打つ人の前へ来る様にするには前に述べた通りにするのが必要で有ります。

どの位に傾けるのが好いか、どの位の強さで打つのが好いか。夫れは実物の出来に由つて多少斟酌しなければ成らぬ事で、練習を積んで覚えるより他に仕方が有りません。打つ棒は有り合はせの物でも差支へ有りませんが、成らば太鼓の撥か、反物の心か、ボール紙の細い筒の様な物が、翼を損ねない点に於ても、打つ力を強める点に於ても優つて居るので有ります。

「燕がへし」は廻り方が面白いし、舞ひ上がつて舞ひ戻る様子は一層面白いが、唯夫れ丈では、手を動かすのと帰り方を見るのが主に成つて、幾分かは身体運動の為めにも成り、幾分かは目を楽しませるとは云ふもの、度々繰り返せば飽きて仕舞ひます。然るに此所に一案を加へると、飽きるどころでは無く何時までゝも続け度ひ様に成つて来ます。一案とは他でも有りません。舞ひ戻る所を左の手で捕へる事にするのです。初めは加減がむづかしく唯一度成功しても愉快に感ずる位で有りますが、慣れて来ると、幾度でも引き続いて捕へられる様に成る。捕へたら直に持ち変へて位地を正して打つ、舞ひ戻る所を又捕へて又打つ、幾度続けられるか夫れを試みるのも中々面白いのですが、落としたら他の人が代はる事として幾つ貸した幾つ借りたと云ふ様にすれば一種の競技とも成つて更に面白味が増します。これは二人でも出来ますが、人が多ければ組を二つに分けてする事も出来ます。甲の組の人が落としたら乙の組の人が代はり、其人が落としたら、乙の組の別の人が代はると云ふ様にするのです。

幾つと云ふ事は掛け声をしないと忘れて仕舞ふ恐れが有りますが、唯「一ッ借した」「二ツ借した」と云ふのも燕の事としては不似合ひですから、「一羽取つた」「二羽取つた」と云ふが宜からうと思ひます。それで借りに六で落して他の人が代はつたとしませうに、此度の人が燕を打つて旨く捕へた場合には、六つ借りて居た所を一つ返したのですから残りは五つに成る。これを覚えて置く為めに「五羽残り」と云ふ。続いて又捕へたら今度は「四羽残り」、それから「三羽残り」と減らして来て、「一羽残り」の次には「無し」と云ひ、尚ほも重ねて捕へられたら、自分の方で新たに取る事に成るのですから「一羽取つた」「二羽取つた」又は「一羽」「二羽」と数へて行くのです。

斯様に取りつ取り返されつして居ては果てしが有りませんから幾つ取つたのを以て競技の終りをすると云ふ定まりを付けて置くのも宜いでせう。それには五十位が適当かと思はれます。

此遊戯は座わつて居ても出来るし、立つて居ても出来る。座敷の内でも出来るし、外でも出来る。併し遠く飛ばせ、奇麗に返らせ、巧みに受け留め様とするには邪魔物の無い広い場所に於て立つてするには越した事は有りません。「燕がへし」は子供に適すると同時に大人にも適します。「燕がへし」は男子に適すると同時に女子にも適します。子供の一度捕へたのをば大人の二度捕へたのに当てると云ふ様にすれば子供と大人と一緒に遊ぶ事も出来ます。慣れない者は走り廻はつて捕へても宜し、慣れた者は一歩も動かずに捕へなければ成らぬと云ふ様にすれば段違ひの者が一緒に遊ぶ事も出来ます。

「燕がへし」は室内遊技品とも成り室外遊技品とも成り、一人でも玩《もてあそ》ぶ事が出来、数人でも玩ぶ事が出来、子供と大人、男子と女子、誰にも用ゐられて、運動一方のものとする事も出来、競技の用に供する事も出来、危険が無くて携帯に便利で有ります。私は広く読者諸君及び諸君の好意的取り次ぎに依頼して一層多くの人々に此遊技品を紹介し、之を用ゐる興味をば実地に付いて感得せられん事を希望して居るので有ります。

新案玩具「亀と兎」

「モシ〳〵亀よ亀さんよ」と云ふ歌はどなたも御存知でせう。亀は歩みが遅くても弛《たゆ》まず進めば油断する兎を追ひ越すと云ふのが彼の話の筋で、其処に教へが含まれて居るので有ります。併し亀が必ず勝つと極まつたものでは有りません。兎が油断せずに好く飛びさへすれば亀よりも早いは当然で有ります。シテ見ると勝負は兎が休むか休まぬかに由つて定まると申して宜しい、此事を本として拵へたのが此度世に出した「亀と兎」と云ふ玩具であります。

道具は焼き物製の亀一疋、兎一疋、赤の投子《さい》一つ、白の投子一つ、六十の目の盛つて有る細長い盤一面で有ります。競走は亀一疋と兎一疋とでする訳なので有りますが、之を動かして遊ぶのは二人には限りません。三人でも四人でも五人でも六人でも出来るし、相手の無い時には一人でも出来るので有ります。同じ玩具でどうしてそんな勝手な事が出来るのかと云ふと、一人の時には亀でも兎でも好きな方を自分のものとし、他の方と競走させるので有りますし、二人の時は云ふ迄も無く、一人が亀一人が兎を動かし、三人の時は一方が一人一方が二人で亀組と兎組とに分かれ、四人の時は二人と二人、五人の時は二人と三人、六人の時は三人と三人と云ふ様に組を分けて亀と兎を動かすので有ります。

扨《さて》競走を始めやうとする時には先づ盤を展べ出発点の所に亀と兎を並べて置き、動かす人は盤の両側に盤を隔てヽ向ひ合つて座を定めるので有ります。赤い投子は亀の投子、白い投子は兎の投子でありまして二人で遊ぶ場合は極簡単で、亀方に成つた者が赤い投子を採り、兎方の者が白い投子を採つて一二三と声を合はせて両方一緒に投子を投げ出すので有ります。さうして現れた数に従つて亀なり兎なりを前に進める。一組が二人か三人かの時は順に投子を投げれば宜し。但し何時も相手と揃つてする事は一人と一人とで遊ぶ時と同様。又一人で遊ばうとする時には赤い投子と白い投子とを片手に握り一緒に投げ出し、亀と兎を相当の数丈進める。斯様に一人でも出来五六人でも出来るので有りますから、遊び度が相手無いからとて不足を訴へるにも及ばず、人が多過ぎるからとて或る人を仲間外づれにさせて置くにも及びません。

赤い投子即ち亀の投子は二か三しか出ない様に目盛りがして有る。精しく云ふと六面の中三面には二、三

面には三が示して有るのであります。白い投子即ち兎の投子は出れば七か八で有るが、零の事が度々有る。此方の投子は二面丈に目が盛つて有つて残りの四面には数が現してないので有ります。亀は休み無しに進むが二か三より多くは進まず、兎は七だの八だのと飛ぶ事は有るが兎角休みたがる。此目の違ひで面白い勝負が出来るので有ります。六十番目を越えさへすれば余りの多少に関《かま》はず勝ち、亀と兎と同時に越えた時も矢張り余りの多少に関はず、あひこ。

一勝負には六十が大抵頃合で有りますが、もつと道程を長くしたければ往復にしても可し、行つて帰つて行く事にしても可いので有ります。盤には六十の仕切りが有つて一間一間の両端に数字が記して有りますが一方を漢字一方を算用数字として置きましたから誰にでも分るで有りませう。之に便《たよ》らず一つ二つと間を算へても可いので有りますが、暗算の出来る者は二に三足す五とか、七に八足す十五とか云つて進ませても可し、さうすれば幾分か算数上の練習にも成るでありませう。帰り途の方は減き算に成る訳で有ります。

亀と兎の位置は前足を投子の数に相当した間の中に置いて定めるので有りますが、興を添へる為には唯算へるのよりも亀ならばノタ、ノタと云つて進め、兎ならば指を折りながらピヨン、ピヨン、ピヨンと云つて進めるのも一案で其場合兎の投子が零の時には眠つて居る形故グウーグウーと云ふが可いと思ひます。

一体勝負と成ると勝つた者が威張るとか負けた者が悔しがるとか、其極嘲る怒る抔《など》と云ふ忌はしい事も生じ兼ねないので有りますが、此競走は何処までも兎と亀とにさせて遊ぶ者は各《おのおの》の声援をする体にして有るので有りますから、折角の娯楽に悪感情が交ぢる様な患《うれい》は万々無いので有ります。

何れの点から見ても品の可い玩具と信じます。皆さんどうぞ十分に御使用の上、世間に広く行き渡る様御吹聴の程を願ひます。

ずぼんぼの用ゐ方

「ずぼんぼ」と云ふ玩具の事は週報号外「竹の若葉」の中に私自身もちよつと書いて置きましたし、児童用品研究会の去年今年《こぞことし》と題する文中にも記してありますが、其用ゐ方に付いて一言致しませう。品物は既に三越で売つて居るので有りますから夫れで皆さんご承知の事とし、更《あらた》めて説明するのは止めに致します、何時頃から有つたものか明かで有りませんが一時は盛んに流行したもので子供が弄んだ計りで無く、大人も之を動かして打ち興じ、三味線を鳴らして調子を取る事さへも有つたので有ります。曾て大道店で売つて居るのを見た事も有りましたが、跡を絶つてから久しく成り、此玩具は殆ど人に忘れられて仕舞つたので有ります。此度之を再興するに付いては現に出来て居る者よりも少し新案を加へたかつたので有りますが、種々製作上の面倒があるので思ふ通りの物を作り出す事が出来ませんでした。併し動く理屈や用ゐる時の面白味には変つた事はありませんから実際の玩具としては此儘で十分なので有ります。用ゐ方と云つた処で、唯畳んである儘を箱の様に広げ、頭の所の厚紙を少し下向きに折る様にし、扇か団扇であふぐと云う丈の事では有りますが無言でするのも調子が乗らず、訳無しに声を出すのも面白からず、昔行はれた歌はどうも下品に聞こえますから、私は新たに調子を取る為めの歌を作つて見ました、即ち左の通り。皆さんあふぎながら歌つて試みて御覧下さい。

むかしはやつたズボンボは
　獅子舞ひ姿の細工もの
紙のからだに貝の足
　扇子であふげば飛び廻る
ふるきをたづねておもしろき
　玩具をあらたに作らんと
これにもとづきさまざまの
　四足の形を写し出し
たゝめば袋の中に入り
　ひらけばからだをふくらめて
くびをあちこち振りながら
　動く様にと仕立てたり。
張り子の犬も獅子舞ひも
　張り子の虎も一様に
団扇や扇の風の為め
　ひよこ〳〵動くおかしさよ

ずぼんぼあそび

座敷か屛風の隅ならば
　ふわ〳〵高く舞ひあがり
一つ据え置き周囲《まわり》から
　一緒にあふげば躍り出す
二つを向ひ合はせつゝ
　二人でだん〳〵あふぎ寄せ
頭突き付け倒し合ひ
　勝負させるも面白い
紙のおもちやに魂が
　はいつて動くと見えるまで
凧をば送れパタ〳〵と
　あふげやあふげパタ〳〵と

動物形の玩具

此度児童用品研究会が皇孫殿下方の御玩具を拝借する光栄を得ましたに付いては拝借証を差出し、旁《かたがた》早速御礼の為め斯波《しば》工学博士と私とが会員総代として御殿へ参上致しました。折柄上野公園へ御出ましの御留守で従つて御養育の御役の主な方には御出会ひ致す事が出来ませんでしたが、偶《たま》ま詰め合つて居られた方からして殿下方の御平生の事を仄かに拝承するを得ました。深き御興味を持て見そなはせられるのは動物の類にて、絵画にもあれ、玩具にもあれ総て動物の形したる物を殊に御好みあらせられるやに承り及びました。動物形の玩具と申せば私の案出して新たに作つたもの、人に勧めて作らせたもの、何れも之に当たるので、私の脳裡に面白い物として浮び出した品々は計らずも殿下方のお好きの様に伺ひました物と一致して居つたので有ります。

新案玩具の一は以前作りました「飛んで来い」であります。厚紙をへの字形に切り抜き、左の端を左の手で持つて高く捧げ、右の手に持つた棒で右の端を急に向ふへ打つとへの字形の厚紙が斜めに飛んで行つて、又元の方角に舞ひ戻る。運動を見るのが主意ならば之丈でも済みはしますが子供に一層の楽しみを与へやうと云ふには動物の形を写すに越した事は無いと考へて先づ燕の形を作り、引き続き蝶、蜻蛉《とんぼ》、鳩、雀、鶴、鷺等の形を作りました。此玩具の発売所は三越で有ります。出来始めには沢山飾つて有りましたが、後から段々と新奇な物が殖えて来たので今は余り目立つ所には置いて無い様で有ります。併し貯へは幾らも有ると信じます。元来一時的の流行を目当てに作り出したのではないので有りますから、既に御承知の方も、未だ試用されない方も、続々玩具売り場の者に御註文有つて、普《あまね》く広がり且つ長く伝へられる様にとの私の希望を充される様御助力有られん事を願ひます。私は諸所の知り合ひの所へ「飛んで来い」を贈りましたが、夫れに対し種々の礼状や挨拶を受けた中、京都大学の谷本文学博士からの言には

「飛んで来い」飛んで来たので子等大喜び

と有りましたし、越中魚津に居る親戚からの書面には

飛んで来い、まふて来い、鳩もつばめもてふてふも、ふくら雀も諸ともに、蜻蛉がへりでとんで来い。

と云ふ歌が書き添へて有りました。又備中倉敷精思女学校長庄司善吉氏からの文通には

生徒は勿論の事、年多き教師まで好み殆ど競争にて拝試仕り居り候この有様を見て小生は失礼なることながら「飛んで来い」の別名として「若がへり」と申す事も有之候これは老教師もこれを手にせば若がへりし様子なる故に御座候云々。

と有りました。

昆虫類や鳥類に象つた玩具は幸に斯く歓迎されたので有りますが、私は先頃又爬虫類と獣類とに象つた玩具を作りました。「亀と兎」が即ち夫れで有ります。此事はみつこし週報の第一号に精しく述べて置きましたから、今此所に繰り返す事は致しません。「飛んで来い」は空中を飛ぶ動物形玩具。「亀と兎」は平面を進

む動物形玩具。一方は打つ力で飛び、一方は投子《さい》の数に随つて進む。此の二つの動き方は全く違つて居ますが、尚ほ他の方法に由つて動かす玩具が色々有ります「ずぼんぼ」と云ふものも其一つ。これは紙で箱の様な物を作り下向にして其四方に紙の足を貼り足の端に重りを付けたもので有ります。古い形ではこれが大神楽の獅子の形に成つて居て、足の重りは蜆貝《しじみがい》に限つて居たので有ります。扇なり団扇なりであほぎ立てるとヒヨコヒヨコフワフワと舞ひ上がる。何時の頃から有つたものか詳《つまびらか》で有りませんが、嘉永三年版、釈迦八相倭《やまと》文庫十五編の袋絵には既に之が写して有ります。近頃知る人が少く成つた様で有りますから再興したら好からうとの事を三越の人に話しました結果、多少の新意匠を加へて売り出す事に成りました。形は獅子舞ひと、張り子の虎と、犬張り子で、何れも玩具に因んで作つては有りますが基く処は皆獣類で有ります。座敷の隅や屏風の側であほいでも飛び上がりますが、一番面白いのは二人なり三人なりで周囲《まわり》からあほぎ立てるので有ります。少し試みると直にこつを覚えますが、思ひ掛けない動き方をして誠に興味の深いもので有ります。

以上皆動物形の玩具で有りますが、偶ま殿下方の御好みに有らせらるゝと承り及びし物に縁が有るとの事を知りまして実に喜ばしく感じました次第であります。

七曜を書いた筆筒

此度三越の文房具部で拵へて売り出す事に成りました『七曜筒』と云ふ物が有りますが、それは私の考へた螺旋状七曜表を筆筒に応用したもので有りますから、其使用法と効用とを記して読者の御参考に供へやうと思ひます。普通の七曜表と云ふものは縦横に線を引いて作つたもので、どちらか一方の端に日月火水木金土と七曜を順に現し、これに直角をなして居る方の端に一月とか二月とか云ふ月を示し、各《おのおの》の月の行と各の曜の行と出会つた所に夫れに相当する日が列記して有るか、さうで無ければ月々に対して一枚一枚の表が有つて単に一方の端に何曜何曜と云ふ事を示し、夫れに当たる行に幾日と幾日と云ふ事が記して有る丈のもので有ります。これでも用は弁じますが、一つの欄に多くの日が書いて有るのも紛らはしく、月毎に表が一枚づつと云ふのも煩しい話しで有ります。日曜丈の表だと十二箇月の行に夫れ夫れの日が書き入れて有るに過ぎないので余程簡単では有りますが、月火水木金土の六曜を知る為には一々日曜から算へ行かなければ成らぬと云ふ面倒が有るので有ります。右は四角形の表に付いて申したので有りますが、又大小二つの円盤を重ねて別々に廻転の出来る様にし、各の盤を車の輻《や》の様に仕切つて七ツづゝの区劃を作り、一つの盤には七曜

七曜筒

を書き、他の盤には七日目七日目の日を書き、月に従つて廻はして曜と日とを合はせる様にしたものも有ります。大分便利の様では有りますが、円盤は滑り易く時として違つた所を向く恐れが有ります。

尚ほ其上に四角な表だと一行の終りの日と次の行の始めの日とが離れて居て何日から何日までが幾日と云ふ事を直ちに知ると云ふ事が出来ず、円い表だと字が色々の向きに成つて居て甚だ見難《みにく》い。

此他には円い棒に七行の線を画き其間に七日目七日目の日を記し、棒の端には別に七曜を記したものを嵌め込んだのが有ります。これは月の替り目に抜き取つて差し替へるなり、廻はすなりして曜と日とを適当に向き合はせる様にしたもので有りますが、前のと同様、必要以外の時にも滑ると云ふ事が有り勝ちで有ります。殊に嵌める方のものが屢《しばし》ば抜き差しする様な性質の物だと尚更位置の間違ふ憂ひが多い。日の方も七日で一周りする様に書いて有ると、七日が一日と隣り合ひ八日が十四日と隣り合ふ事と成つて、幾日目と云ふ日数を知らうとする時に誠に不便で有ります。

是等の欠点総てを除く様にと工夫して作り出したのが即ち螺旋状七曜表なので有ります。全体を七角形の棒とし、これに床屋の看板の様に斜めに巻いた線を画き、斯うして出来た仕切りの中に日を示す数字を順々に書いて置く。さうすると七角の棒の一つの面に一、次の面に二と段々に進んで八に成ると丁度一の次に並ぶ、モウ一廻りすると十五が八の次に来る。螺旋状に日を示して置くとグルグル廻りで一日から三十一日まで続きもするし、七角の中の一つの面丈を見ると七日七日も判かる。棒には七角の筒を輪切りにした様な帯を嵌めるので有りますが此帯の表には七曜が順に書いて有る。今筆筒に応用したものに付いて云つて見ると、筒の上の文字は筒を自分の前に横たへて置いて見る様な位置に書いて有るので、帯は左の端に押し遣つて有るのであります。帯の曜と筒の日とが適当に向ひ合ふ様にして有ると筒を廻して目指す所を出すのは容易《たやす》い。筒が七角で有りますから平らに置くと上の方の一つの面が丁度の正面に現れる。日曜は幾日かと云ふ事が知り度ければ筒を置いた儘でゴロゴロと転がして日の字の行が出る様にする。幾日が何曜と云ふ事が知り度ければ同じく転がして其日の所を出す。月の終りに成つて次の月の七曜を知らうと云ふには先づ左の端に有る帯を右の端の被せ蓋の上迄滑らせ、終りの日の何曜と云ふ其次の曜の所（例せば日の次の月、火の次の水）に右の手の拇指を当て帯と共に蓋を抜き取り、左の手の指先きで筒を廻はして一即ち一日の示して有る部分と右の手の拇指で抑へた曜とが向ひ合う様な位置にして蓋を嵌め、其上で蓋の上に被さつて居る帯を左の端の位置に戻す。これで次の月の七曜が明かに示される事に成る。毎月此通りにさへすれば何時までも用ゐて行かれるので有ります。筒が角張つて居るのは帯の滑るのを防ぐ役にも立ち、全体の転がるのを止める役にも立つので有りますが、尚ほ其上に望む所丈を判然《はつきり》と目の前に現し出すと云ふ大なる功が有るので有ります。七曜筒は筆を入れる事も出来る様に作つては有りますが、単に七曜表として机上に備へて置いても重宝で有ると信ずるので有ります。

児童博覧会の効果——来賓坪井理学博士の演説

今日は開会式でもありませぬし、閉会式でもなく、褒賞授与式のことでありますから、出品に就てのことか、或は審査に就てのこと、又は褒賞を得られた方々に就て特別に申すこととかさういふやうな種類のものが最も適した話題でありませうが、前々からのお話で其のことは尽きて居ると思ひますし、又既に授与式も済み、又それに就ての御挨拶も済んだことでありますから、最早何事もなくなつてしまつた次第でありま す、然らば私が此処に立つ要もないやうでありますけれども、諸君が此場所にさま〴〵のものを出された御趣意といふものは、唯審査の結果、どういう風に段を附けられるか、それを試みて見やうとか、或は賞を得れば、それで仕合せだと思つて居り、賞に入らなければ折角出した物も何も賞を得られなかつたと失望される、さういふやうな事柄ではないと思ふのであります、即ち審査の結果からして等級を附けるとしても、大体此所に出された品物の中のどういふものでも、諸君が熱心に此会に賛同されて出されたものであるといふことには、決して甲乙の附く筈のものでない、斯様に考へて見ますれば、此式は褒賞授与式といふことではありますけれども、同時に此会に御賛同下さつた諸君、又直接出品なさらずとも、同情を寄せられて、種々御注意があるとか、或は他の人に御紹介下すつたとか、さういふ方々に此席で御話することは、適当であらうかと思ひます、それ故に私は今お話することは、直接褒賞といふやうなことには関係して居りませぬけれども、此児童《こども》博覧会といふことの全体に就いて申す積りであります。

実際を見ませぬで、児童博覧会といふ言葉を聞き、其文字を見て、人がどういふことを考へるかといふと、それはいろ〳〵に考へられませうけれども、凡そ四通の考方はあると思ふのであります、先づ第一には何《いず》れ児童博覧会といふことであるから、子供を育てるとか或は子供に或る事を教へることとか、さういふ事の品物が集めてあるのであらう、是も一の想像であります、又一つには児童博覧会といふからして、何れ子供の成績品でも列べて置くとか、或は子供の拵へたものを大人に示す会であらうといふ、是も一の想像であります、もう一つは子供博覧会といふから、何れ子供を楽ませる、知らず識らずの間に子供の知識を発達させるとか或は子供に愉快な感じを起させるといふやうな設備のある所であらう、是も一つの考へであります、もう一つは児童博覧会といふから、何れ吾々大人のやるやうな博覧会を子供風に拵へて、詰り申せば博覧会の子供といふやうなものでもあらう、斯ういふやうにいろ〳〵の考方があつて、何方《どちら》にしても子供博覧会といふ名で其様なことを想像しても差支ないのであります、所が此場所に来て実際を見ますると、其一方に偏しませぬで、子供を示すものもあり、子供を導くとか或は育てるといふ方の側のものもあるし、子供を楽しませるものもあり、全体の組織が博覧会の子供といふやうな風にもにもなつて居る、子供博覧会といふ名でありますけれども、此四つの見方、四つの事柄が総て此所に集つて居るやうな次第でありますから、何れの方面から見ても、此児童博覧会といふものが起つたことと違つて居る考へといふことは云へませぬ、其思つた想像よりも以上である、此通りのことが此所に実現されて、誠に好成績を得たと思ふのであります、是だけのことでは別段お話する必要もありませぬが、此場所に来て御覧になれば、どなたでもお分りになることでありますが、私の考へる所では思ひ残して居られることはないか、考へが漏れて居る点がないかといふことが二つあるのであります、知らず識らず或事をして居るけれども、其ことを気付かずに居るといふことがありはしないかと思ふのでございますから、それをちよつと述べやうと思ふのでありますが、それも長く申す必要はない、斯ういふ点であるといふことを云ひさへすれば、後はお分にならうと思ひます、其一つは何であるかといふと、此児童博覧会といふもの丶ある為にどういふことが起るかといふと、是は一体子供の見る為のものでありますけれども、亦《また》大人の見るものといふことも出来る、詰り子供が一人でちよつと来て見やうと思つても、余り混雑してはあぶないとか、或は道が分らぬといふやうなこともあり、又親が一人で行かうと思つても、児童博覧会といふ名であると、一人で行くのはきまりが悪いといふやうなことで、親が見たいと思つても児童博覧会といふ名のある為に、親が子供を連れて此博覧会を見に出掛けて来る、勤人などは日曜日には何所かへ行かうといふ目的があるのだから、尚更今度の日曜に何所かへ行かうといふ場合には、先づ第一に児童博覧会といふものに指を折る、さうしますると平素でも親と子といふものは親密になつて居る訳でありますけれども此会が媒介をして一層親密にして楽しませるといふことなる、さうして親子一緒に此博覧会に来て話をしたり、或は面白いものがあると、親が買つてやり、又家に留守をして居る者にはお土産を持つて行くとか、或は親類の子供の喜びさうなものを買つて帰ることもある、それから又外の家の子供にも、彼所《あそこ》へ行つて御覧なさいといふ風になつて、親と子ばかりでなく、大人と子供といふ者の間が極親密になるといふことがあります、他にも種々の方法で親と子を近づける道もありませうが、児童博覧会といふやうなものは親と子、又大人と子供といふものを能《よ》く結付けるといふ役をして居るのであります、尤も最初の趣意は斯様な考へから設けられたのではありますまいけれども、此児童博覧会といふものが出来上つた後、知らず知らずのことでありますけれども、斯様な利益があるのであります、それからもう一つの利益は何であるかといふと、既に唯今も申した通り児童博覧会といふ名が附いて居るので、大人ばかり行くのはきまりが悪いと思ふのでありますけれども、工合の悪いといふのは抑《そもそ》もどういふ事であるかと云へば、浅草などへ行つて見ると実際大人が見ても面白いと思ふけれども、子供らしくて見せ物などを見ても居られない、幸ひ子供が行かうといふから、それ程進んで居らぬものをダシに使つて子供を引張り出すのか、引張り出されるのか分らぬやうなことで、浅草へ行つて見せ物などを見るといふことがある、自分の心の中には、自分には鬚や白髪が生えて居るといふやうな、自分の年齢から考へても、見せ物などを見て居るのは工合が悪い、何か知らぬが恥いとは思ふが、矢張見て居れば面白いことは面白い、外へ立つて絵葉書や何かいろいろ面白い講釈をして売付けて居るのを見ると面白いけれど、どうも好い年齢《とし》をして、斯ういふ所に立つても居られないといふ詰らない見えからズツとそこを通るのであるが、それを天真爛熳といふことから考へて見れば、年老《としと》つた者でも変りはないのでありますけれども、年老つた者が、飴細工や糝粉《しんこ》細工や玩具屋を見て居ることは面白いが、ちよつとしにくいから、外ではさういふことが出来ないけれども、斯ういふちやんと囲ひの中では、噴水がブウ〳〵出て居て、独楽《こま》が廻つて居るのを大人が面白がつて見て居る、汽車の中でいろ〳〵の景色や活動写真の動くのは子供に見せる為に拵へたのではありませうが、大人が大分入つて居る、先頃こちらに来て見ると、大人が大勢入つては子供に見られないやうになるから、子供だけに見せるやうにしたら宜からうといふやうなことを聞きましたが、矢張大人が大勢来て面白がつて見て居ると此所に来て居る中は屋根の上で汽車の動くのや、玩具の列んで居るのや、活動写真の動くのを見て、外のことは忘れてしまつて、自分が子供にかへつてしまひ、子供と一緒に楽しむといふことが出来る、外にどんなことがあつても考へないで、子供の心になつて喜ぶといふことは、誠に結構なこと、思ふのであります、家に居つては忙しくていろ〱な心配をして居る人でも、此所に来ると全く子供に戻つてしまう、此博覧会の為に子供と親とが一層近しくなり、大人は一層子供のことを能く思ふといふやうなことが知らず識らずの間に出来て来た一の効《ききめ》であります、又大人が子供のやうな心になつてしまつて、無邪気になるといふことも宜いことであると思ふのであります、前に申しました児童博覧会といふことが四ツの見方がある、即ち四ツの功績が一ツの場所で挙つたといふことも喜ぶべきことでありますけれども、之を企てた人も心付かず、品物を出品したり或は此会に賛同した者又同情を寄せられた人が自から自覚して居らぬことであつて今申しました二つの点といふものは此会の為に吾々の得た大きな利益であると思ふのであります、さうして出品された皆さんにはそれ〲褒賞を上げたといふやうな、さういふ側のことは最早何にも申すことはない、出品をされたと同時に又此会を斯の如く盛にされた方であるさうでありますから、此会が如何なる効果を挙げたといふことを皆さんに申すのは私は之に関係して居る側から云ふと、お互に仕合せ、お互に喜ばしいことであつて、特に皆さん方に向つて他に御参考になるやうな種もないので、お互に誠に能く出来て喜ばしいといふことを申すに過ぎないのであります。（拍手盛に起る）

一ふじ二はと三かすみ

週報の編者から児童《こども》博覧会全部に亙つての感想を記して貰ひ度との望みを受け、何か書かうとは為たもの丶何事から始めたものかと不図机上を見ると眼に入つたのが児童博覧会の徽章で、胸部に着ける様にとて自分にも配られたものでありました。菱形の七宝細工、上の半分は富士の形、下には真向きの鳩が現して有つて、上下の界に霞の様な横線が三本有る。富士は駿河町、三本筋は三越、鳩は玩具の代表で、好く三越主催の児童博覧会と云ふ事を示して居る。本来の意味は斯うで有るとした所で考へ方に依つては此印が児童博覧会に付いて更に多くの事を語つて居る様に思はれるので有ります。

場外では真の富士が見え、場内では中庭の背景の富士が見える。富士は高いとか秀麗で有るとか様々な点で形容に用ゐられて居ますが、裾が張つて居る所からして我々に安定と云ふ感じを与へて居る。児童博覧会は三越の企てから起つたとは云ふもの丶諸方面の人の寄り合ひから成つて居る児童用品研究会も事に関《たずさ》はつて居るので有りますから、皇孫殿下の御玩具拝借の栄を得たるを始めとし、種々の設備に於て基礎の確乎たる事が現れて居る。私は富士を以て其状《そのさま》に譬やうと思ふので有ります。鳩は東洋流に解すれば三枝《し》の礼を知

る鳥、西洋流に解すれば好い便りを伝へる鳥。或る販売所に於ては強売《おしうり》に等しい事を行ひ、或る商店に於ては店員が監視の態度を以て来観者に付き纏ふ。共に不快甚しい事で有りますが、三越に於ては更に斯かる弊風を見ず、児童博覧会の番人も販売係りも皆好く客に対する礼を心得て居ると思はれる。陳列品中には売品もあれば参考品も有り、売品中にも性質上或は価格上、事実参考品と見做すべき物も少く有りません。児童博覧会は三越に取つて名声を揚げ顧客を増すと云ふ間接利益は有つても直接営利の業では無く、小さいながらも其名の通り博覧会に相違無く、発起者と賛助者とは力を協《あわ》せて児童と保護者とに福音を伝へて居ると申して宜しい。即ち何れの点から見ても此催しに付いては鳩の性質が思ひ浮ばれるので有ります。

霞は誠に長閑《のどか》なもの、山も海も此為めに趣を増す。児童博覧会の表面に立つて働く人々も、内部に在つて画策する人々も、各自興味を有し、相互に同情を表し、且つ楽み且つ扶《たす》け和気靄然《あいぜん》として事に従つて居る様子、春霞の棚引くが如き此有様は総ての事に活気を与へ、従つて会場に集り来る人々の多くは自ら之に化せられて快い感じを得ることゝ察せられる。

児童博覧会全体に付いての私の感想は此の如く、総て徽章に現れて居る三つのものを譬に引いて述べる事が出来るので有ります。一富士、二鳩、三霞、成功の原因も実に此中に含まれて居ると思はれる。私は事実に基いて斯く申すので有ります。決して夢を語つて居るのでは有りません。

『三』の字尽し——第三回児童博覧会褒賞授与式に於て

諸君此の児童《こども》博覧会も此度で第三回になつた訳でありますが、外の囲《かこい》を見ますると三国一の富士の形が現はしてありますし、中に這入つて見ると浦島が三年帰るを忘れたといふ龍宮の飾りがある。又出品の数を伺ひますと先刻の御話で三万と何位《どのくらい》、出品者が三百と何位、頻《しきり》に三に関係を持つて居るのでありますが、私が此席で御話することに付ても実は初め、塚本君に御頼みする筈であつたが御差支があつたので、斯波《しば》君といふことになつた、是亦《また》御差支といふことになつて、三番目に私に廻つて来た、三たび辞しましたけれ共聴かれないので、此席へ立つことになつた、前回にも前々回にも出ましたから、私が茲《ここ》に立つのも第三回となつた次第であります。此《かく》の如く三に縁の有ることでありますから三と云ふ数に付いて一場の御話をしやうと思ふのであります。

総て物は第一が初めで、第二がそれを継ぎ第三に至つて継続するか止めて了ふかといふことが極まる、此三つといふ処が極く大事な処であります。他の事に付いても同じことでありますけれ共、世間で屢々《しばしば》繰返へされることは雑誌に関することでありまして一号二号は勢ひよく行くけれ共、三号になつて或は材料が乏しくなり或は経済が立たないといふ処で止めになつて了ふ、之を三号雑誌と申しまして外の処にも此言葉が用ゐられるやうな訳になつて居る。此の如く三といふことは余程用心をしなければならぬことでありますが、展覧会の類も其通り此位のことで宜からうといふので、一回二回と同じやうに三回もするといふ事がありますると仏の顔も三度といふもので、コチラが余り同じやうな事を繰返すといふと人が宜くは思はない、又此の如きことを自覚して三番目にはどうであらうかなどと思つて愚図愚図して居る、是は諺に言ひます「居候三杯目にはソツと出し」ソツとやつてマア試みヨといふ様にビク〳〵したやり方、此の如く或は厚顔《あつかま》しく同じことを、繰返し或はビク〳〵してソツと出して見たりするやうな事であつて、是は設計者に於ても又出品される方々に於ても縦覧する人に於ても気乗りがしませんで、御互に誰が良い誰が悪いといふやうな事になつて、所謂三すくみになつて了ふ、世間の同情を得たものでも此の如きことがありますれば、所謂三年の恋も醒めて了ふといふやうなもので全く役に立たぬことになつて了ふ、斯様な事は有勝でありますが、此児童博覧会はどうである。段々考へて見まするに三番叟《ばそう》ともいふべき第一回の時から誠に好い勢ひでありまして、先刻巌谷君が三年経てば三つと云はれましたけれ共是は人間ばかりでは無い桃栗も三年経てば実が結ぶといふやうな訳で随分盛んになつたので、此度の会の如く三人寄れば喧ましく評判をしまして、三尺の童児も之を知るどころでは無い、三尺の童児の方が先に知つて、親達を引張つて来る。子は三界の首枷などゝも云ひますけれ共、三千世界に子を持つた親は皆子の為を思ふのでありまして来て見ると色々良い事がある、孟母の三遷などゝいふ教を重んずる人々は来て一見三嘆するやうな訳であります。此の如く盛大になつたといふのは抑々《そもそも》故あることでありまして、此設計をせられた人達が色々の人へ相談をされる、此店の楼上の一つの隅には竹の間といふものがあり、一つの隅には重役室、一つの隅には食堂があります、此三箇所に集つて色々な評議をする、三人行へば我師ありとも云ひ、三人寄れば文殊の智慧ともいふのでありまして此会員は三人どころか、アッチにもコッチにも三人〳〵といふやうになつて、幾組もの師があり幾組もの文殊がある、是等の人々が日に三たび省みる程の注意を払ひ、三面六臂の働きで段々に研究した結果として、斯う云ふ会が催されたことでありますから、此の如き盛大になつたことゝ思ふのであります、斯様に発達したものでありますから此先きの事を考へて決して悲観すべきものでは無い、先刻日比会長の御話中にも是切りで止めるといふ事はしない、若し止めるならばそれは三日天下といふ者である、三遍廻つて煙草にするといふ事を言はず三つ子の魂百までも続けるといふ精神たる事は明かであります。我々御相談に与《あず》かる者に於ても乞食さへも三日すれば忘られぬといふやうな楽みがある、況《いわん》や此の如く面白い計画の御相談に与かることは、迚《とて》も忘られぬものでありませぬから、出来る丈けのことは御手伝をしやうと思ふのであります。此の如く設計者に於て色々な考があることを御聞きになりましたならば出品された方々も間接直接に此会の為を図られた方々に於てモウ嫌やだと飽きて了つて三日坊主になるといふ様な事が無くて「世の中は三日見ぬ間に桜かな」と云ふ世間の変化するのに負けないやうに、其熱心なる事に於ては設計者も三舎を避けると云ふ位にして、更に此会の為に御同情を表されるやうに希望する。又斯くなることを固く信ずる次第であります、斯様に三拍子揃つて進む時には此後益々好い結果を現はすことは明かなことでありまして、過去現在に依つて未来を推し三世の相を観じて喜びに堪へませぬ。茲に三寸の舌を揮つた次第であります。（拍手）

『三』の字尽しの演説を聞きて

井上剣花坊氏

お名前も三字でおはす正五郎
御苗字も『ツボ井』と読めば三字也

海と人の関係を示す児童用絵本に付いて

三越呉服店では一昨年（明治四十二年）と昨年と続けて児童《こども》博覧会を開きましたが今年も其第三回を催す事と成り、児童用品研究会の人々も之に付いての相談に関《あず》かつて居る次第であります。何時も余興には目先きの変はつたものをと当事者が苦心するので有りますが、先き頃は三越本店の敷地から洪積期のものと覚しき古い鹹水《かんすい》産の貝殻を発見した縁故と同店の地下室を作る為にとて掘つた大穴を何かに利用しやうと云ふ事とからして此度は趣向を海に採る事とし、肝腎の余興は固より、外囲ひ、飾り棚懸賞募集品に至るまで海の関係を保たせる事と成つたので有ります。附けたりの仕事として海を主題とした絵本をも作らうと云ふ議が起り、児童用品研究会員の分担で、「海の動植物」とか、「海と歴史」とか「海とお伽話し」とか、色々のものが出来る事に定まりましたが、私も「海と人」と云ふ題で一冊纏める事を引受けました。絵本の大きさは縦七寸横五寸、頁数は表紙共十六頁と云ふ規定。成る可くは、片仮名さへ知つて居れば読めると云ふ位の程度にとの事で有りましたから、総て其心持ちで筆を執りました。絵はウードの人種誌其他に基き私が下絵を書いたのを専門家が直す事にしたので有ります。四月で無ければ発売の運びには成るまいと思ふ位で有りますから此所に出来上がりの絵に付いての御紹介は致すを得ませんが、予《あらかじ》め凡その図取りの事を述べ、之れに施す言葉書きを記し、併せて私の意の在る所を明かにして置かうと思ひます。三越から出版せらるべき「海と人」を生徒用とすれば此一編は教師用に当たるので有ります。読者諸君中若し「海と人」を子供に購ひ与へらる場合が有つたならば、本編に載せる所に由つて臨機の附言を致される様希望致します。絵と伴はずに見ましても左記の諸事は又何等かの参考には成らうかと思ふので有ります。

表紙には水上生活の有様を写して置きました。これは「ニューギニー」土人の建てた海中の家に基いたので「海と人」と云ふ題の字を紅白の段ダラにしたのは此地方の彫刻物を模したので有ります。海と人の関係を示すには極めて適切であると考へたので此家の形を表紙絵に選んだので有ります。此図様は変へるかも知れません。

開巻第一の絵は「フイジー」土人が海中に飛び込んで戯れて居る体を二頁に亙つて示したので、一隅に太平洋の一部の地図を掲げ日本に対する「フイジー」の地理的位置を明かにする様にして置きました。書き入れは左の通り。

但し原文は総て片仮名

これは「フイジー」と云ふ所の女や子供が「リリキ」と云ふ事をして遊んで居る所です。斜掛《はすか》けに成つて居る丸太を駈け登ぼつて水の中へドブンドブンと飛び込んでは岸に泳ぎ着き、又駈け上がつては飛び込むのですから中々賑かです。島国の人丈有つて誰も皆此様に海に親んで遊んで居るのです。

絵の説明は先づ尽きて居るのですが、私が「フイジー」土人を選んだのには「メラネシヤン」の例を示すと云ふ考へも含んで居るので有ります。

第二の絵も二頁に跨がつて居ますが、写し出して有るのは「アンダマン」の景色で、土人の漁業の様を画き一隅に前のと同様日本との地理上の関係を現す図を添へて置きました。説明は次の通り。

此所は印度の側の「アンダマン」と云ふ島です。此所の人は色が黒く、頭を剃つてクリクリ坊主に成つて居る者もあるのです。陸に居る人は三人で捕まへて居る魚の頭を打《たた》かうとして居ます。舟の上で弓矢を持つて居る人は泳いで居る魚を覘《ねら》つて居るのです。遠くの岩に居る人も何か海の物を拾つて居るのでせう。前の絵で人が海に親む様子を示し、此絵で人が海中の産物を採る様子を示したのです。其方法には岸を探すのと水中に入るのと、舟を用ゐるのとが有るとの事もザットこれで解かるであらうと思ひます。人種の関係から云ふと「アンダマン」土人は「ネグリト」の部に入るべきもので有ります。前の「メラネシヤン」も此の「ネグリト」も共に「ネグリチック」と呼ばれる大部類の中で有りまして、髪は縮れ膚は暗褐色で有りますが、「メラネシヤン」は体が大きいが「ネグリト」はズット小さいので有ります。

第三の絵も二頁大で有りまして、「マーキサス」島の舟を現して置きました。地図を掲げた事は前の通り。解説は次の如くで有ります。

これは「マーキサス」島の舟です。乗つて居るのは此島の人ですが、頭には鳥の羽根の飾りを付けて体には入れ墨をして居るのです。近いのでは向ふ側に成つて居て見えませんが、遠くの舟を見ると丸太の縛り付けて有るのが直に解かりませう。これは舟の引つくり返らない様に付けた浮きです。小さい舟でも斯うして有ると安心して乗り廻はす事が出来るのです。うまい考へでは有りませんか。

舟の用は第二の絵でも略《ほ》ぼ解かりはしませうが、あれは主として、人を水上に浮かせる働きを示したので有りますから、此所には交通機関としての舟を画いたので有ります。舟の附属装置には、浮きの他に帆も有るので有りますから、此絵に由つて夫れ等の説明も出来ませう。此所の者は人種の上からは東「マレーヤン」即ち「ポリネシヤン」の一例と見るべきものなので有ります。

第四の絵も二頁大。写して有るのは「アメリカ」極北地方の景、地図の事は前同様。解説は左の通り。

これは北アメリカの北の端《はず》れの景色です。立つて居る白い物は氷の塊です。これを見た計りでも此の辺の寒い事は察せられませう。此所に住んで居るのは「エスキモー」と云ふ人種です。此所で魚や海の獣を捕るに使う舟は框《かまち》に獣の皮を張つたもので、全体が浮き袋の様に成つて居るのです。乗る人は上の孔から体の半分を舟の中へ入れるのです。舟が行き合ふと巧く操つて一つの舟が他の舟を乗り越えるのです。運送の為め舟も獣の皮で張つて有りますが、形は常の舟の通りです。

舟の用から云ふと前に述べた、漁業、交通の他に運送と云ふ事が説けるし、舟の構造から云ふと木で作つた物の他に獣の皮で張つた物の有る事が語られる。「エスキモー」は人種としてはアメリカ人種中の極北地方部に属するので有ります。「エスキモー」は世界中で最も小さい者の様に誤り伝へられて居ますが、実は日本人位な者で有るのです。太平洋諸島の土人の膚を露はして居るのに比べると此所の者の毛皮を以て全身を覆つて居るのが殊に目立ちます。

第五の絵も二頁大。写して有るのは「ニューギニー」の海上住居。地図は前同様。解説は次の通り。

これは「ニューギニー」と云ふ所の人が海の中に建てた家です。此所では地面の上にも家を拵へますが、所に由ると一つの村が全く水の上に出来て居る事が有るのです。斯う云ふ家は魚を捕る人の為にも便利ですが、他所の者に攻められた時防ぐのにも都合が好いのです。此所の人は近所へ行くにも舟に乗らなければ成らないのですから、自然と舟を使ふのが上手に成つて居ます。

陸と違つて、海の上を往き来するには舟が無ければ成らぬので、海上の住居は陸上のものに比べて用心が好い。詰まり城壁の周囲に濠が有るのと同じ様な理屈なので有ります。争ひ事が有つて他から責められる時分敵も水を利用して舟に乗つて来る訳では有りますが、陸の上で種々の物に隠れて忍んで来るのよりも此方が遙かに見出し易い、随つて防ぎ易いと云ふ事に成るので有ります。他の利益に付いては精く説く必要はありますまいが、防備上の事は特に語るが好いと思ひます。表紙に写して置いたのも此類の家の一つで有ります。「ニューギニー」土人は人種上「パプアン」と呼ばれて居るもので、前に挙げた「ネグリト」「メラネシヤン」と同じく「ネグリチック」の一部で有りますが、髪は縮れて居ながら長いので、頭は丁度大きな帽子を以て覆つた様に成つて居ります。「パプアン」と云ふ名は髪のフワフワして居る事を指した「マレー」語から出たので有ります。

第六の絵も二頁大で写して有るのは「ニュージーランド」の軍船《いくさぶね》であります。地図は前同様。解説は左の通り。

これは「ニュージーランド」と云ふ所の軍船です。漕ぐ人は櫂を持つて両側の水をかいて居るので短艇《ボート》の漕ぎ方に似て居る様ですが、皆船の首の方に向かつて居るのです。調子を取る人は立つて棒を振つて居ます。此所の人は常には柔かい蓆《むしろ》の様な物を体に巻き付けて居るのですが、戦の時には裸に成つて仕舞ふのです。此所の軍船には雷とか何とか色々勇ましい名が付けて有るのです。

戦争に用ゐると云ふのも船の用の一つで有ります。前に述べた海上の家は防備上に益が有るので有りますが、軍船は又海を利用して敵を襲ふ為のもので有ります。岸近くを往き来して居て防ぎの無い所を見付けて上陸するとか、一箇所を襲ひ直ちに他に向ひ其所を襲ふとかすれば、責められる方は始終受け身に成る訳で有ります。之に応じやうと云ふには矢張り軍船を用ゐなければ成らぬ。斯くて相互の競争上戦争に船の力を藉りる事は段々に発達し、船の構造操縦も次第に進歩して来るので有ります。「ニュージーランド」人は自ら「マヲリ」と称して居ますが、人種上の関係を云ふと、前に記した「マーキサス」島土人と同様「ポリネシヤン」に属するので有ります。

第七の絵も二頁大。写して有るのは日本の海岸。遠景に商船軍艦を現はし、近くに海産物をあしらひ地図には日本周囲に対する地理上の関係を示して置きました。此絵に添へて書いた事は次の通り。

前に書いたのは皆開けない国の事ですが、夫れでも海の有る所の人が海を恐れず、海の物を採り、舟で海の上を自由に往き来すると云ふ事は解かつたで有りませう。開けた国の人が海を役に立てるのは尚ほ更の事で有ります。日本が段々盛んに成つて来たのには色々の訳が有りますが海で取り巻かれて居ると云ふのも其一つです。此の国を益々好く仕度いと願ふ者は一層海に親み、海の産物を採り海を思ふ儘に使ふと云ふ事を心掛けるのが肝腎で有ります。

海と云ふものは元来陸の境界を成して居るもので有りますから其儘では人の分布を制限しますが、其上に舟を浮べるとすれば大に人の移住を早めます。人が方々に出掛けて色々様子の異つた土地に住まふ様に成ると云ふのは、人類繁殖の為めにも、人智増進の為めにも効の多い事で、間接には之が開明を促すと云つても宜しい。舟を使ふ事が進歩すれば、交通、運送、漁業、戦争の上からも海を利用する事が出来、其結果人の開明の度が高まつて来る。広く人類全体を見ても海を用ゐる事の如何に有益で有るかゞ察せられるが、文明人に付いて其今日に至つた跡を探ねると海に負ふ所が中々多い。総体論の応用として日本の過去を考へ現在を見、将来を想ふ時は、是等数葉の絵も或は子供を教へ励ます具とする事が出来やうかと思ひます。地理と人種に関しても多少意を用ゐました。私は何卒此小冊子が単におもちゃ絵本としてのみ見られぬ様にと深く望んで居る次第で有ります。

児童博覧会に於ける海の趣向

今回の児童《こども》博覧会に付いて感想を述べる様にと編者から依頼を受け、何を云はうかと考へて見ましたが、題目は自ら二つに分かれるので有ります。一つは博覧会全部に亙つての事、一つは其内容たる陳列品に関しての事。そこで陳列品に関しては審査の結果も発表に成る事で有りますし概評も褒賞授与式の時に誰氏《どなた》かの口から出る訳で有りますから、此所には全部に亙つての事のみを述べる事と致します。総べての趣向を海に採ると云ふのが此度の設計の大方針で有りました。其立案の元は会場敷地の土中深い所から古い貝殻が掘り出されたと云ふ縁と、本店新築の準備として穿つた地下室を何かに用ゐようと云ふ考へとに在つたので有ります。外囲ひの画は海浜の景色、会場入り口の飾り門は龍宮式、陳列棚は珊瑚の柱と貝殻の飾りで囲んで有り、食堂の欄間には魚の作り物が下げて有る。魚形の投書箱、河豚《ふぐ》の提灯、彼れも此れも海本位から割り出して有る。欄に倚《よ》つて中庭の砂《いさご》を望めば身海辺に佇む感が起りますし、余興室に入つて演伎を看れば身海底を逍遙する思ひが生じます。懸賞募集切紙貼絵の題も海に因んで居ますし、児童用品研究会員の分担で海に関する種々の絵本も出来る筈で有りますが、私は伸縮自在の波形文鎮と云ふものを案出し、既に其実現を見るに至つた次第で有ります。坪井の井は大海を知らぬ蛙《かわず》の居る所で海とは大分縁が遠いが、設計の相談相手たる巖谷小波君も高島平三郎君も波と云ひ島と云つて海を離れない所が面白く、速記の必要が有れば荒浪君を招く筈とは愈々《いよいよ》妙。これでは縦覧人が潮の如くに寄せて来るのも当然と云ひ度く成ります。以上は寧ろ楽屋話しで有りますが、見る方に廻はつて考へるのに、外囲ひの海浜の書き割りを眺めつゝ会場内に這入ると其所此所が海に縁有るもので飾つて有る事に気が付く。陳列品、売品を見終り、食堂なり、余興室なりに歩を移すと此所も海の趣向で充たされて居る事が知れる。何故斯う云ふ案を立てたか、誰が其の事に関はつたか、そんな事の穿鑿《せんさく》は別として、有意識にもせよ無意識にもせよ全体に通じての海と云ふ観念は自と頭に遺る。これは慥《たしか》に会場に於ける離れ離れの事物を心中で結び合はせ、且つ夫れ等に付いての記憶を確実にするのに功の有る事で有ります。海事思想の普及も望ましい事では有りますが、夫れを主とするのならば他に為すべき事は沢山有ります。若し彼《あ》れ丈で海に親しむ念の強く成つたと云ふ様な事が有つたら、夫れは副産物と見るべきで有りませう。種々の事物を或る題目で結び付けると云ふ事は心の散漫に成るのを防ぎ、或る考へが首尾に通じて居ると云ふ事は又全体に関する興味を深からしめるもので有ります。これは強《あなが》ち海の場合に限るのでは有りません。既に第二回の時には庭に交通機関の雛形や玩具を置き、余興としては汽車旅行の活動大写真を映し出したので有りますが、今回の海の趣向の方が好く行き渡つて居る為め設計上から見た効果は一層多大で有ると信じます。これが先づ博覧会其ものに関する私の感想で有ります。

智識の雑種――第四回児童博覧会褒賞授与式に於て

私は此児童《こども》博覧会の第一回の時からチヨイチヨイ出入りをして居りまするので、其時々々の建物であるとか、陳列法であるとか、装飾であるとか、態々《わざわざ》調べるといふことでもありませぬが、気を附けて見ると色々な特長がある、此度の会はどうであるかと言ひまするとの飾りが花に埋められてある、造花もありますが、また本当に咲いて居る生きた花もある。先刻巌谷君の御話で尚武主義といふことでありましたが、さう云ふ元来の成立の方の事を私は申すので無く、装飾の方から考へて見ると花の沢山あるといふのが特長と思はれるのであります。それで飾りに用ゐるのに色々な造花があつて美しいが、其もとは何であるかといふと自然の花を見て拵へるのでありますから、間接に自然の花を見て居ると同じである、美しい物をよく花の様だといふことを言ひます。其花の美しいといふのは何であるかといふと唯だ赤いとか黄い《きいろ》とかいふばかりではありませぬ。大い小さいに応じて色がそれ〴〵違つて居つたり、一つ花であつて絞りであつたり、種々の物が交つて居つて美しく見えるのであります、唯だ色丈けを離して極めて珍しい色で無くても、形が面白く調和して居る、大小色々交つて居るといふ辺に面白味が有るのであります。然らば此花の美しく見えるのは色々な変種が有つて其中から綺麗なのを抜き出して列べるから殊に美しいので、野に行つて花を見ましても、全体を見ては美しいのだけれ共、一々採つて見ては格別美しいとは限らない。一体に美しい物でありますが其中から殊に美しい物を抜き出して、或は生花にするとか、或は鉢植にするとか、又は庭へ植ゑるといふ様に選び出すと、更に美しい。詰り種々な変種の有る中から選択して持つて来て、美しい物を我々が見ると云ふ様な訳であるので、原《も》と有る物の変化である。あの中にある様々な変種といふものが、我々に美しいと感じさせる基になつて来る、牽牛花《あさがお》でありましても、花菖蒲でありましても、菊でありましても原との種類といふものは余り沢山は無かつたのでありまして、種々人工で以て色々な肥料をやつて見たり、様々に交ぜて見たりして、色々な変種が出来て来た。所で此変種を造るのにどう云ふ方法が有るかと申しまするど、色々な肥料《こやし》をして育て方を変へて見るといふことも一つであるが、最も肝要なことは花を交ぜる一方の花粉を他の花へ附ける、又接木をするといふ様に、種々変つた物を寄せて、間《あい》に子を拵へて、それを又更に他の物に合せて間の子を造る。斯様に交ぜることに依つて思掛けない物が出来る。其の結果が必ず良いとは限らぬのでありますが、種々な物を造つて置いて、其中から良いのを選り出して、其種を継続させると、是まで無かつた様な珍しい物が出来る。殆ど変種とは考へられない全く別な物と思はれる物さへも出て来るのであります。

斯様な事は啻《ただ》に花ばかりではありませぬので智識に関係した事も其通りであります。或一つの事柄を段々発達させやうといふのには、常に注意を怠らずに居れば其儘でも発達するに違ひないけれ共、更に他の物を交ぜて心の中で智識の間の子を拵へる。間の子といふとどちらにも付かない様に聞えますけれ共、必ず新たなら宜しいといふのではありませぬ、丁度花を植ゑると同じ様に頭の中に間の子を予想して心の中で植へて見て結果が良く無いと見たら捨てゝ了ひ、良い物を集めて其中から雑種を造つて、其中の良い変種を造つて、また他の奴と合せる。斯様な事を幾度も〳〵やると美しい花が出来る。と同じ様に知識も美しい結果が現はれて来るといふ次第であります。是は何事に付けても言ふ事が出来ることでありまして、詰り遺伝といふこと丶変化といふことを総ての生物に当嵌めて言ふことが出来るのであります。で同じ様な事が知識の事にも当嵌めて言ふことが出来る。

斯《かか》る会を催して色々な物を集めたといふ様な事も始めてゞは無く、是までも屢々《しばしば》有つたことでありますが、今度の装飾として花を用ゐてあるので、私は深く感じた、ために此事を申上るのでありますが、多数の人が之を見る際縦覧人といふ側で見ますると、色々な美しい物があるとか、珍しい物があるとか、種々の事を考へて其物丈けを求めて用ゐる人もありませう。何も買はないでも、此処へ来て見て来れば、金は払はないけれ共、此催しの御蔭で智識を頭の中で結び合せて、他日自分が何かする時にさう云ふ物を結びつけて、一々自覚はしないでせうが、自から頭の中で雑種が出来て来る様な訳になる。それは一般縦覧人の側から申す事でありますが、出品者諸君の側でありますると、既に出来て居る物を世に弘める人、或は新たに造り出して売弘める人即ち製作する方と何《いず》れにしましても、此処で得られた智識といふものを唯々頭の中に入れるといふ丈で無くて、其結果を現はして実際御銘々の業務に応用することが出来るといふ様な訳であつて、諸君が此処に物を出された出品人であると同時に、其場所を御覧になれば出品人であつて且縦覧人であるのでありまます。只の縦覧人よりは一層此利益を享《う》くることが多いといふ位地に立つて居られるものと見える。能《よ》く世間では人真似をする、何か物真似をすると言つて如何にも智慧の無い様な事に言ひます。曾ては日本人は外国人から真似は上手だけれ共新規に考へることは出来ないと言はれた、真似をするのは猿にでも出来ることであるといふ所から日本人は猿だなぞと云はれる。然し真似るといふことは、悪い事でありませぬ、たゞ猿といふものは真似をするものでありますから、反対に考へて真似する事を猿の様だと悪口を言ふ様になつたのであります。追々に其批評も少くはなつて来たでありませうけれ共、何か日本人の悪口を言ひたい者は直きに其事を持出して、真似はするけれ共新規な考は出来ないと斯様に言ふのであります。所が此真似といふものは、総ての物の発達に肝要なものでありまして、管々《くだくだ》しう申す必要はありませぬが、物を学ぶといふ事は手本が有つて其通りするといふことから出来るので、真似るといふ考が無ければ何事も覚える筈は無い。唯々茲《ここ》に違ふことは簡単な真似と智識を発展させる真似との差である、といふものは極く簡単な真似といふのは一つの物を真似てそれで終つたと思つて居る。それは誠に易い低い真似になる。然るに此真似といふことを一つに止めて置きませんで、甲の物をも真似をする、乙の物をも真似をする、其他の物をも真似をする、方々の物を真似をしまするとどれにも同じである事が出来ない。色々な物を同時に真似るといふと違つた物になつて来るのであります。他の事から言つて見まするとゝ人は銘々子供を持つて居る、而して子供が親そのまゝになる。と、斯う云ふ事を言ふ人もあるが実際は親に似ては居るけれ共親の通りといふ事は有る可からざることである。それは何故かと言ひまするとゝ父と母と寄つて出来るものでありまして母一人で子供が生れ、父一人で子供が生れるものであるならば、父の通り母の通り遺伝して其通りの者が出来るといふことは有り得るけれ共、両親と言ふ以上は一つ身体で父の性質母の性質を等分に受ければ五分々々であるか或は二分八分とか、一分九分とか、種々の割合で性質を受けますから、親に似るといふことは同時に親に似ないといふことであります。それが必ず宜いか悪いかといふ事を極める訳には行きませぬけれ共、親と違つた者が出来るといふことになつて来る、物を真似るといふのは其通りで、若し一つことを其儘に真似たならば、未だ野蛮の人劣つた人といふ訳で、複雑な人間の様な身体を持つて居る者には有り得るものでありませぬ。尤も、下等の動物に於ては丁度粟餅を拗切《ちぎ》る様な風でポツ〳〵と出来て来る様に発育して行くものもある、或物を真似て一つの物をそれ丈真似して居るのは丁度是は下等動物が出来ると同じ様なものであります。二つの性質を受けて下等の動物のやうな性質を受け乍ら変化するといふのは、一つで無しに二つ、或は三つの物が集つて更にモウ一つの物と和するといふ様な風に、色々の方面の物を同時に真似るといふ結果になつて居るのであります。然らば真似の賤むべきことは唯一つの物を真似ることである、其真似るべきものを一層深く真似しモツと広くモツと欲張つて真似る、アツチもコツチも真似る、一つの物を五つも六つも真似るといふと、其結果は手本とは違つた様なものが出来る。必ずそれが良いとは限りませぬけれ共其中には良い物が出来て参ります。丁度此処に出品した品物でも布片《きれ》で造つた物もあり、木で造つた物もある。陶器もある。斯う云ふ物を見て陶器を造るにしても、何時も同じ様な陶器ばかり持つて来て、大きくしたら宜からう、或は色を濃くしたら宜からう淡《うす》くしたら宜からう、さう云ふ事のみを考へて居てはいかぬ。織物をする人は此糸を太くしやうとか細くしやうとか、染方をどうしやう、さう云ふ事を思つて居るばかりで無く、織物をする人又は織物を売捌く人も、他のまるで違つたものを見て参考して是は形が面白いから、斯う云ふ意匠の織物を拵へて見やう。又是まで金を造つたものも、それを泥で拵へたらどうなる、土で拵へたら此形が如何にも良いから此を買つて造つて見やうといふ風に、木で造るものは始終木の物を参考にし土で造る事に慣れた人は始終土で造る物ばかり参考するので無しに、斯様な物を御互に見合つて参考にしますると心の中で思掛けない雑種が出来て来る訳であります。是は平生でも方々の店を見て歩いても宜い位でありますが、幸ひに斯様な種々な物を集めて居る場所があるから其心で見さへすれば、此場所から実に沢山の利益を得ることが出来るといふ事を確信する次第であります。同じ真似でありましても一つ真似で無く、飛離れた色々な物を真似ると、同時に是が進歩の基になる。今の御話の中にも段々変つた物に拵へる様にといふ御注意がありましたが、唯々腕組をして居つて考へても良い考は出るものではありませぬ。斯様な物が沢山集つて居る処でアツチコツチ見て、此処を真似てやらう、此点を真似てやらうといふ風に、色々の物を真似ると、其結果として面白い物が出来るに違ひない。斯様な事は常に行つて居る方もありませうから私の述べた事は別に耳珍しく聞えないかも知れませぬけれ共、唯々さう思つた丈けで無く実際行《や》つて頂きたい。今日でも此会といふものは唯、褒賞授与式といふのでありまして、閉会式では無いのであります。まだ数日の間は有るのでありますから、既に斯様な事を考へ行つて居られる方は尚それを継続されん事を希望します。又さう云ふ事を思ひ乍ら実行しなかつたといふ御方がありまするならば、此残つて居る数日の間に其事を実行されん事を希望するのであります。

斯様に色々な点からして丁度雑種を造る様に花の変種を造る様に、種々の物が出来ましたならば、此次の会の時には今見るよりもモツと面白い物を沢山見る事が出来やうと思ふ。先刻、此建物或は装飾に付て、色々特長の有ることを申しましたが、此度の建物を見ると地面の下に穴を掘つて低い処に拵へてある、天井を見ますと左右が切下げてあつて上に硝子が嵌つてある。どう考へて見ても温室《むろ》としか見られない建物である。此温室のやうな中で花の培養といふ様な事を申すのは、誠に適当な事と自ら考へるのであります。諸君の御記憶の為にもなりませう。大きな温室のやうな中で、花の事を聞いたつたがと、それから想ひ出して見るといふと常に自分等の行つて居る事も花を培養すると同じ様な風にして新規な物を造ることが出来やう。斯う云ふ風に記憶を喚起《よびおこ》して下すつたならば記憶の助けにもならうかと考へる。斯様に皆様が同じ様に思つて下すつて、此次又此次の会に、其様な花の美しく咲かして、其妍《けん》を競はれる様にならん事を希望して居る

のであります。（拍手）

夢に夢中

四十六夜三十二夢

在ロンドン

明治二十三年三月二十五日朝起きました所が前夜見た夢を誠に好く覚えて居りましたから忘れぬ中にと朝食前に手帳に書き付け自ら味つて繰り返し繰り返し読んで見ました所意外に面白みが現れて来ましたから其後は目が覚めるとは夢の事を考へ考へ思ひ出せば記し記して一種の奇妙な記録を作りました、左に是等記事の総括に因つて得た果結を記しませう、

夢を記憶する度の強弱、目が覚めた時に夢を見たか知らんと考へても思ひ出さず終に其儘に成つて仕舞ふ事も有り、顔を洗ふ時に至つて不図思ひ出す事も有り、朝食の時に至て思ひ出す事も有り、一つの夢の事を記して居る中に他の夢の事を思ひ出す事も有り、如何にしても思ひ出さぬものが半日も立つてから不図心に浮ぶ事も有り、夢中の事柄は精しく覚えて居る事も有り、ボンヤリと只何の事柄と云ふ丈を覚えて居る事も有り、夢を見たと云ふ丈は覚え有るも何事で有つたかを記憶しない事も有る、

夢を忘却する時の遅速、夢の事を思ひ出し心中にて繰り返しイザ記さんと筆を採つて手帳に向ふと早忘れて如何にしても思ひ出さぬ事有り、夢中の事柄の題目丈を記して置いて日を経て考へるに其事柄丈は記憶す

る精細を思ひ出す事の出来ぬ事有り、五月八日の夜見た夢を同月十九日には全く忘れて居たり、題目丈は記して置きし故覚え有り、

夢を見る度数、私が夢中の事柄或は夢を見たと云ふ事丈を覚えて居つた度数は次の通り、

月日	夢数
三月廿四日	一
同二十五日	二
同二十六日	一
同二十七日	一
同二十八日	一
同二十九日	一
同三十日	一
同三十一日	○
四月一日	○
同二日	○
同三日	一
同四日	○
同五日	○
同六日	○
同七日	二
同八日	○
同九日	○
同十日	○
同十一日	○
同十二日	○
同十三日	二
同十四日	○
同十五日	○
同十六日	○
同十七日	○
同十八日	○
同十九日	○

月日	夢数	同二十九日	○
四月二十日	三	同三十日	一
同二十一日	○	五月一日	○
同二十二日	二	同二日	二
同二十三日	○	同三日	三
同二十四日	一	同四日	一
同二十五日	○	同五日	○
同二十六日	○	同六日	○
同二十七日	四	同七日	一
同二十八日	○	同八日	一

即ち四十六日間に三十二の夢を見た覚えが有るのでござります、併し前にも申した通り心に止まる事の極めて薄い夢も有れば覚えて居つても忘却し易い夢も有るのでござりますから固より夢と云ふものは之丈しか無かつたとは云へません、此表を御覧の諸君中には只之丈でも度数の多いを疑ふ方が有るかも知れませんが私も自ら驚きました、私の体は健康で有るし差し掛つた心配と云ふ事も無いのでござりますから此表は平時のものと見て宜しいでござりませう、然るに斯く夢数の多いと云ふは如何にした事でござりませうか、私は之は夢の記録を作らうとの念が有るからで有らうと思ひます、私は三月二十五日以来常に枕元に紙と鉛筆を置き目が覚めれば夢は如何で有つたかと考へ少しでも思ひ出す事が有れば直に書き付ける様にしたのでござ

りますから夢を記さうとの念が無く深く考へる事の無ひ時に比ぶれば記憶する夢の数が遙かに増したのでござりませう、実に私は夜中に目が覚め暗闇で手探りにて手帳に夢の題目を記した事もござります、「此頃は夢を見ない」抔《など》とは好く人の云ふ事で私も屢《しばしば》人に申しましたが今考へて見れば明瞭にして久しく心に遺る程の夢を見ないと云ふ丈の話で目覚めの時落ち付いて考へたので無ければ前夜夢を見たか否かと云ふ事は断じ難い事と思ひます、

夢の句切り、夢の始と夢の終は丁度山に掛つた霧の散る時と再び集まる時の様で何時とも無く物が見へ出して又何時とも無く物が見えなくなるが常でござりますが目覚めにて終る時は勿論終丈は多少判然として居ります、一夜の夢を表中に二三又四抔と記したのは連絡した夢を勝手に切つたのでは無く一つの事柄が始つて消え失せ別の事柄が始つて消え失せたのを一つ一つとして算へたのでござります、但し四月二十日の三夢と同二十七日の四夢中の三夢は一つの事柄と他の事柄との間が全く離れて居たか或は近く接して居たか判然致しません、一夜数夢の場合には各夢の前後を覚えて居る事と覚へて居らぬ事とがござります、

半夢半現、四月二十七日の四夢中で慥《たしか》に独立した一夢は夢中の事柄が目覚めの後にも引き続き夢中では実に身自ら其場に居る心持で居り目覚めの後には其場の事を心中で想像して居りました、

夢中の事柄、三十二夢中実歴の事柄を其儘に見たのは二度、斯く為さん或は斯かる事有らんと考へて居た事を其儘に見たのは二度、是等四夢の他記臆するものは皆種々の事柄が新たなる組み合ひにて現れたのでござります、

夢中の我が身、夢の中でも我が身は我が身として存在を知つて居るのが常でござりますが三月二十四日の夢と四月二十四日の夢では我が身が我が目で見える一人物として現れました、後の夢では自分が友人と連れ

立つて向ふから歩いて来るのが自分に見え前の夢では自分が友人に別れるとて挨拶して居るのが自分に見えました、併し妙な事には挨拶をする時の握手は慥《たしか》に自分の手に感じました、
夢中の人物、五つの夢に於ては人を見ず、五つの夢に於ては多数の人を見て一々識別出来ず、他の夢に於ては自分の他に三十二の人物を見る、内十六人は知人（但し二度宛《ずつ》現れた者二人）三人は知人に好く似た人、残りの十三人は見覚えの無ひ人、日本婦人が五人、黒人男が一人、白人男が二人、他の二十四人は皆日本の男（内二人は二度宛現れた者）
夢中の物品、手近に在る物品で夢中に現れたのはランプ、ガラス瓶、塩入れ、招待状、
夢中の場所、日本の夢三、外国の夢十七、内十五はロンドン、此他は夢中の事柄の起つた所詳ならず、
夢中の感覚、食はず嗅がず故に味と香の感覚を知らず、握手の時には触覚有り、人語は聞えても他の音は耳に入らず、日光を見ず、灯火を見ず、物の色は凡て濁りて見ゆ、
夢中の感情、或る書を読んで其文句に深く感じた時には落涙致しました、（後に考へれば其文句は一向感ず可きものでは有りませんが）或人に戯に嘲弄された時には怒つた真似をして其人の肩を軽く打ちました、（後に考へれば私の受けた語には嘲弄の意は少しも含んで居ませんが）イギリス人の多勢集つて居る所で急に席上演説を需められた時には甚迷惑に思ひました、
夢中の考察、私が一株の木を見て居つた所へ或人が来て手拭を長く引き延ばし之にて木の高さを測る様な風をして其儘側へ行きました、其時私は成程手拭は長さの定まつて居る物だから時に因つては尺度の代用をもするナと心中に思ひました、又或料理屋へ行きました所第一番にサラドの皿が出たので、サラドと云ふものは終りに出る筈だのに何故に此所では最初に出すだらうと不審に思つて色々に考へました、又或所を通行

して居つた時に子供の徒《いたず》らがきの画を幾つも見て、子供の手に成つた画も未開人民の画と同じ様に集めて調べたら面白からう好く見覚えをして置いて宿へ帰つたらば早速手帳に写し留めやうと綿密に注意して画を見ました、(是等の画は後迄も明かに記臆して居りましたから手帳へ写し留めて置きました)又或書を見ましたらば其中に丈の低いアウストラリヤ土人三人の画が有りましたが此画を見た時私はトピナアド氏はアウストラリヤ土人には二つのタイプが有ると云はれるが此画に示して有るのは丈の低い方のタイプと見えると心中に思ひました、又或湯屋(日本風の)の前を通つた時軒に赤い布で作つた達摩が下げて有るのを見掛け湯屋の看板に達摩とは如何なる訳で有らうと頻りに考へましたが終に考が付きませんだつた、

夢中の不条理、私は友人に或物の名を書き付けて貰はうとして一つの隠しから鉛筆を取り出し他の隠しから紙を取り出さうと致しましたが手に当らず、ガラスの小瓶が有つたのを其儘に出して此瓶に鉛筆で字を書いて貰はうと致しました、(滑つて書ける訳が無いのに)又或書中で強く感じた文句(前にも記したる)を友人に示さうとして其書をば手に取らず側に在つた手袋を取て表を見たり裏返しにしたり繰り返し繰り返し無駄骨を折りました、(手袋に字の書いて有る筈は無いのに)、

夢中の不思議、一株の木が見て居る中に台ランプに成つたり又元の木に成つたり又ランプに成つたり致しました、(ランプの火は見えず)又幅四寸計り長さ七八寸の通常の西洋紙に幅一寸五分計り長さ四寸計り厚さ三四分の羊羹が二切れ貼り付けて有るのをば紙の下の端を持つて立てた所丁度紙一枚の時と同じ様に真直に立ちました、又髯《ひげ》を剃らうと思つて鏡に向ひましたのに私の面には一面に長さ五六分の毛が生じて居りました、(此時には自分乍ら少し驚きました)、総て夢の中では自分の運動は格別心に止まりませんが二つの夢に於ては殊に身が軽く、此山を越えて向ふの景色が見度と思へばフワフワワフワと体が浮き上がつて風船にでも乗つ

た様に自然と高い所へ行つて景色が好く見え又彼の二階へ上がらうと思へば戸も開けず梯子段も踏まないのにスウーと其場へ行く、実に我が身が煙か雲の様な物に変つたかと思ふ様な心持が致しました、（夢の中では少しも疑ひませんだつたが）

夢か実事か、前に記しました子供の画の夢は誠に判然と覚えて居りまして其所も近所では有り其事柄も起りさうな事柄故目覚めの後にも或は昨日実際に有つた事では無いか知らんと暫時迷つて居つた位でござります、私は実際子供の画にも注意して居りますから若し夢の事を考へる事をせずに居て程経て彼の夢中の事が心に浮かんだならば実事と混じたかも知れません、

実歴の一部と夢の一部との関係、二つの夢に於ては実歴を其儘に見たとの事は既に記しましたが他の夢の中にも幾分か実歴に関係の有る様に思はれる事柄がござります、左に夫等の中で最も縁の近いもの丶表を掲げませう、

実事	夢
パリに居りし時分M氏と料理屋へ行きしが其時左の方に黒人の客居たり、	三月廿七日Y氏と料理屋に在り、其時左の方に黒人の給仕居たり、
アウストラリヤの一地方にては土人が人の形を画くに決して口を画かずとの事を人種誌にて見たり、	四月三日子供の画を見るに人の形には皆口無し、
四月十三日一友人と同道してケンニントン公	四月十三日或人（夢中にては知人の様なりしが後

園辺を通行せり、	考ふるも如何なる人たるを知らず）と同道してケンニントン公園の辺を通行せり、
四月十二日或集会にてアイヌの話をせり、	四月十三日我が面に長さ五六分の毛一面に生じたるを見たり、
四月二十日カナリヤ島民横穴住居の記事を読めり、	四月二十二日埼玉県吉見の百穴へ行けり
四月二十三日西洋婦人の日本服を着たる形の油絵を見二十六日同写真を見たり、	四月二十七日西洋男子の日本服を着たるを見たり、
五月二日或人より招待状を受けしが先約有る故断りの手紙を出せり、	五月二日或所より招待状を持ちし使来りしが先約有りとて断りの伝言を頼めり、

夢中の事柄と其後に起りたる実事との類似、五月七日に西洋人のみ二十人程集りたる席上にて私が何か頻《しきり》に話し掛けられた夢を見ましたが十三日に或イギリス人から招待状を受け十六日に其所へ行きました所始の間は日本人は私一人他の二三十人は皆イギリス人にて頻に話し掛けられました、夢中の場所も二階実事の場所も二階、

夢と実事との識別、夢中の或事柄は実際に起り得べき事柄故程経て其事が心に浮かんだ時は夢か実事かと疑ひ或は夢を実事に混ずる事もござりませう、多くの時を過ごさぬ中でさへ実事か夢かと迷つた事も有り又半ば夢半ば現と云ふ例もござりました、実歴を其儘に夢に見たる抔《など》は後日考へ出しても実歴の他に同様の事

を夢にも見たとは思ひ付く事が難いでござりませう、然れば一つの夢の事柄が十の八九実歴と同じで一二丈相違し且其相違した部が実際にも有り得べき事柄なれば後日考へ出した時分に夢中の事柄を実事と思ひ違へる事も有りさうでござります、実に今私が過去に起りたる事実と記臆して居る事柄の中にも強く見た夢の一部が混じて居るかも知れません、併し之は到底断言の出来る事では無し、若し夢が事実に混じて居ると分かつて居るならば其夢は事実から引き分ける事が出来る即ち事実と混じては居ないのでござります、私が記臆に存する事柄は之は実事之は夢と判然区別し得るのは道理を土台としての事で我が身がフワフワと浮き歩く筈が無い、我が身が自分に見える筈が無い、前夜寝床に入つた儘で有るのに他の場所に行く筈が無い、遠方に居る人急に此所へ来る筈が無い、不条理な事をする筈が無い、不思議な事の有る筈が無い抔《など》との考に因つて或事柄は慥《たしか》に夢で有ると断ずるのでござります、

夢と知識、今私が此様な筈が無い彼様な筈が無いと心に思ふのは何に因るのでござりませうか、浅薄乍ら兎に角学問をした為でござりませう、幾らか知識が進んで居る為でござりませう、私にして若し学問と云ふ程の事もせず知識の度も現在よりは更に低かつたならば今にては斯かる筈が無いと云ひ居る事柄をも或は実に有り得可きかと思つたかも知れません、実事と思つたかも知れません、

夢と云ふ一種の現象、実事を離れて夢といふ一種の現象が有ると云ふ事を私は如何して覚へましたらう、自得したのではござりますまい、何れ誰から習つたのでござりませうが知り始めの事は覚えがござりません、併し明治五年に一つの夢を見た事は今に明瞭に覚えて居りますから私は九歳の時から以来は慥に夢と云ふ事を知つたのでござります、（此古い夢の事柄と其時の明治五年なる事は要無き故此所に記さず）夫より前は如何、知る由がござりませんが未だ実事を離れて夢と云ふ一種の現象の有ると云ふ事を知らない時分には夢中の事柄を

も実事に混じて其間に区別を立てなかつたでござりませう、小児の時知識の度の低い中には不条理なり、不思議なり、斯かる筈無し、斯かる訳無し、謂はれ無し、道理無し抔とて記憶中の事柄に多く疑を挟む事も無く体を動かさずとも我が身が遠方へ行く事も有り、遠方の人も急に我が側へ来る事も有り、一つの品物が忽《たちまち》に他の品物に変化する事も有ると思つて居たでござりませう、

夢中の事柄の解釈、夢と云ふ一種の現象の有る事を知らぬ間に記憶に存する事柄の中平常起る事と違つた事をば稍《やや》不審に思つて他人に問ふた時夫は夢と云ふもので実事では無いとて段々に夢の講釈を聞いたならば変な事とは思ひ乍らも左様な訳かと会得するでござりませう、若し又夫は実事で有つて眠つた後とは誰の身もフワフワ浮いて歩くもので体は動かなくとも我が身の一部分は諸所を彷《さまよ》ふので有る、人の身は形の有る体と形の無い魂魄と云ふもので成り立つて居る、フワフワ浮いて歩くのは其魂魄で有るとて追々に魂魄の談議を聞いたならば妙な事とは思ひ乍らも之亦《また》左様な訳かと会得するでござりませう、知識の度の低い者には何れの解釈が早解かりが致しませうか、甲か、乙か、虚心平気で考へれば乙の方と思ひます、

夢中の事柄の信仰、夢と云ふ現象の有る事を知らない間は夢中の事柄をも実事と思ふ可く疑を人に質した時に斯かる事は実に有る事だとの解説を得る事も有らば益々夢中の事柄に信を措くでござりませう、私にして若し実事外に夢と云ふものゝ有る事を人からも聞かず自らも悟らなかつたならば前に記した三十二夢も悉く実事と思ひ是等よりして左の結果を得たでござりませう、

（一）睡眠中に我が身が諸所を彷ひ歩く事が有る、時としては自ら我が身の見える事が有るから我身は二つの部分から成り立つて居るに違ひ無い、起きて居る間は二つが一所に成つて居り眠ると一つは其場に留まり一つは彷ひ出すので有らう、彷ふ方の一つは誠に軽くてフワフワし戸を開けずに室へ入る事も出来楷子を

踏まずに二階へ上る事も出来遠方へも忽《たちまち》に行けるから、雲か煙の様な物らしい、去らば我が身は固形の部分と雲煙の様な部分とで出来て居るのだらう、

（二）「雲煙の様な我が身の部分」も衣服を着け器物を持つ所を見れば是等の物品にも固形の部分と雲煙の様な部分とが有るのらしい、

（三）訳は解からないが一つの品物が他の品物に変化する事が有る、

（四）「雲煙の様な我が身の部分」が彷《さまよ》つて居る間に新しい知識を得て来る事が有る、

（五）「雲煙の様な我が身の部分」が出遇つた事柄と好く似た事柄が其後起る事が有る、

斯かる事共が事実で有ると心に銘じた以上は人の魂魄の存在する事、無生の物品にも魂魄の如きもの丶存する事、魂魄には新しい知識を得又は未来の事件を前知する力の有る事等を信仰するは容易でござりませう、

野蛮未開人民の夢、野蛮未開人民が夢を見たらば如何なる考を起しませうか、丁度私が知識の低い時の事を想像したのと同じ様な考を起すでござりませう、彼等は如何なる事柄を夢に見ますだらうか、丁度私が実歴の事柄をも見、斯く為さん或は斯かる事有らんと考へて居た事柄をも見、種々の事柄が新たなる組み合ひに成つたのをも見たと同じ様に曾て為したる争闘漁猟の事、殺さんと心掛くる敵を殺したる事、恐る可き敵に襲はれし事、知らざる地に至り知らざる人に会ひたる事抔《など》を見るでござりませう、其中には樹木がランプに変化した様に女が海に飛び込んで岩に成つたり男に翼が生じて天へ舞ひ上がつたりする様な事も有り、羊羹を貼り付けた紙が直立したと同じ様に小児が大石を頭に頂いて走り廻つたり、老人が蜘蛛の網に引き掛かつて泣き叫んだりする様な事もござりませう、自ら夢を実事と思ひ（仮令《たとい》平常の事柄とは異同有るを感ずるにしても）人も之を実事と云ひ、自ら我が身に雲煙の如き部分有るを信じ人も亦《また》之有りと云ふ、斯かる知識の境界

に在る者夢に死者に会ふ時は人体死して尚ほ魂魄の滅えざるを信じ、一物の他物に変化するを見平常決して起るまじき事の起るを見れば不思議なる事も実に有ると信ずるでござりませう、既に体を離れて魂魄の有るを信じ一物の他物に変化するを信じ不思議も実に有ると信ずれば妖怪悪魔を信ずるは只一歩、種々の妄信も随て起るでござりませう、

夢の研究、夢は如何にして起るか、夢と成つて現れるのは何で有るか、斯かる問に答へるのは生理学者心理学者の務、今私の云ふ可き事ではござりません、私は人類学に志して居ります、人類学に志す者には夢の研究は如何なる面白みが有るか、魂魄存在の考は夢に基すとの説は諸君の好く御承知の事でござりませう、私は妖怪悪魔の考其他種々の妄信も夢に基するものが多いと考へます、妖怪悪魔の考と同時或は之に引き続いて起るものは善神の考呪《まじな》ひ御護りの類、開化の度は高くも有れ低くも有れ、知識の度は高くも有れ低くも有れ、風俗習慣の上に鬼神の考や呪ひ御護りの考の現れて居る事は実に多く現に斯くとは見へもせず知れもせざる事物にも其源を共にして居るのが幾らもござります、私は是等の起源を調べるには知識の度の低い者が夢よりして起す考は如何で有るかを知るのが大に益の有る事と思ひます、併し之を知るは甚難い事と思ひ、野蛮未開人民が夢と実事とを区別せず或は夢と実事とを混ずとする以上は彼等に向つて如何なる夢を見たかと問ふ事は出来ません、夢の夢たるを知らざる者には夢の話の出来る筈がござりません、彼等が実事として人に告げて居る事の幾分が夢で有ると云ふ場合もござりませうが真の実事にも誤謬妄信を混じて語る事有る以上は何れ丈が実事何れ丈が夢と他より推し量る事は出来得可き事ではござりません、よし又彼等の中に夢の夢たる事を知る者が有るにしても夢中の事柄を充分に精確に些《いささか》の増減も無く人に語ると云ふ事は望み難い事でござります、然らば彼等が夢よりして起す考は到底我々には知る事が出来ぬかと申すに茲《ここ》に一つの推知

の法がござります、此法に因れば幾分か否、余程明かに、彼等の考を察する事が出来ます、其推知法とは別ではござりません、調べやうとする人が自分の夢を確実に記録に止め多く集まつた後に好く比較を為し是等は夢中の事柄では有るが若し実事と思つたらば如何で有らうと熟考するのでござります、私は少しは本を読んだ者でござりますが夢の中では不条理な事もすれば不思議をも見ます、才学兼備の人と雖ども夢の中では如何で有るか甚疑はしく思ひます、私は三十二夢の記録（詳細のもの別に有り）よりして右に述べた結果と考案を得ました、夢の研究は生理学者心理学者に計り面白い事ではござりません、人類学を志す者にも中々面白い事でござります、睡眠中に材料蒐集が出来て誠に時を経済的に用ゐる此上も無い好い研究、私は夢の記録を作り始めてから楽しみが一つ殖えました、寝床へ入る時には、今夜は如何なる夢を見るで有らうかと思ひ、目が覚めれば前夜は如何なる夢を見たらうと考へる、時々意外な事が有つて一人で笑ひます、筆と中の好い諸君には記録を作る事は格別面倒ではござりますまい、湯治にでも行かれる方は心掛けて御覧有れ、数日にして夢想兵衛、夢助物語、未来の夢抔《など》の向ふを張る面白い本が出来ませう、楽み乍ら、慰み乍ら、遊び乍ら、笑ひ乍ら、人類学研究に一つの助けを与へる事が出来ます、我々の夢に因つて野蛮未開人民の心を推し之に因つて種々の妄信の源を察する事が出来たならば私は実に一富士、二鷹、三茄子、春の初の春駒なんどよりも遙に目出度事と思ひます、

真夢実録　貘の食ひ残し

明治二十三年ロンドン滞在中、夢の記録と云ふものを作つて見た。其結果が案外面白かつたので「四十六夜三十二夢」と題して東洋学芸雑誌に書き送つた（前出）。それには総括丈しか示して置かなかつたが、実は一々の例の方が趣味が深いので有る。人類学、生理学、心理学の側から見ても益が有ると信ずるが、慰としても中々妙で有る。大概な短篇小説よりも余程好いと思ふ。夢に托して志を述べるとか、夢に擬して談話《はなし》を作るとか、夢を飾つて文章を綴るとか云ふ事は珍しく無い。利益娯楽兼ね備へた真夢の実録は是等とは趣を異にして居る。川柳に曰く「贅沢な貘《ばく》蚊帳ごしの夢を食ひ」。貘と云ふものは随分食好みをすると見える。此所に其食ひ残しを拾ひ出して諸君に一箸御振る舞ひ申す。甚だ失礼な御馳走では有るが兎に角珍物として御試みを願ふ。

▲真夢実録第一例　無言の対面

■此夢を見た時——明治二十三年三月二十四日夜

■此夢を見た所——ロンドンの下宿

月日は扨置《さて》き、時刻も更に分からず、何時何所から来たとも無しに、我が身は或る家の座敷に坐つて居た。広さは六畳計りも有らうか、庭に面した一方は椽側《えんがわ》無し障子無しでガラリと開いて居り、其方に向つたとして云つて見れば、後は壁で高い所に窓が有り、左は庭寄りの半分が壁で他の半分の所は朦々として居て何とも見別けが付かない。右は奥の三分の二程が壁、庭寄りの方は隣室への通路で二枚の障子が奥に寄せて有る。此隣室の広さは慥《たしか》には分からぬが矢張り六畳位かと思はれる。通路に接した所は板の間で薄縁が敷いて有り、奥には風呂が有る様子。外を見ると雨垂れ落ちに差し渡し三四寸位の鼠色の丸石が規則正しく一列に並べて有る。其先きの庭全体は此所よりも一尺計り低く成つて居て、高さ一尺程有る靴脱ぎ石の上面と、少し左に寄つて此低い所に据ゑて有る飛び石の上面とは二尺計りの高低を現はして居る。一跨ぎに下りやうと仕た所で迚《とて》も下りられるものでは無い。次の飛び石は其先きで稍々《やや》右の方に在る。靴脱ぎも飛び石も総て根布川石で有るが其色は常に見るものよりも余程赤味が強い。庭木には大いものが一つも無くて茶だの椿だの、せいぜい三四尺位のもの計りが沢山に繁茂して居る。右の方植ゑ込みを隔てゝ小池が見える様で有るが、慥で無い。庭の先きには一つの建て物が有る。右の方一間計りは雨のしみ抔《など》有る古びた横板の羽目、左の方一間計りは開け放しで下は土間、薄暗くて内の様子は分からぬ。屋根は瓦葺きで庇が無い。羽目の右、土間の左、瓦二三列の上、総て朦々として何が何だか見別けが付かぬ。近く室内を見るのに中央《まんなか》に四角な盆が斜めに置いて有る他には器具一つも無し。空は曇り、風は吹かず、何の音も聞えず。天地総て陰気の中、暑からず寒からず、何を感ずるとも無く、唯空々として居る所に忽然《こつねん》として二人の人影が目に入つて来る。一人は男子で服装は黒味勝ちの着物に光沢《つや》の無い黒の羽織。誰ぞと見れば兼ねて知り合ひの大山綱介氏。一人は

婦人で服装は茶と鼠と黒との粗い縦縞の絹の着物に、黒の帯黒の帯留め。髷は日本風とは見えるが何髷とも分からず、前髪も無く櫛簪《かんざし》も見えず。顔を見れば正しく大山氏の夫人ひさ子君。大山氏と夫人とにはパリで初めて近付きに成つたので、見覚えて居るのは洋服姿、場所は何時でも西洋間で有るのに、どうしたものか此の日本風の邸宅に於て和装の両君に出会つたので有る。自分は自分として自覚もするが、時々自分の一部が身体から脱け出す様な気がして自分の挙動が自分に見える事も有る。斯く自分の挙動の見える事が有りながら、自分の服装に付ては一向何も分からない、和服か洋服か其辺さへトント気付かず。見慣れぬ家で見慣れぬ様子の両君に出会ひながら、別段奇異に思ひもせず、此方から言葉も掛けず、彼方から言葉も掛けず、笑ふでも無く、怒るでも無く、何の意味も無く三人唯無言。用が済んだと云ふでも無いし、何所へ行かうと云ふでも無いが、自分は漠然と此所を去らうと云ふ念を生じた。総てが日本風であるのに拘らず、暇《いとま》を告げやうとして夫人に近付き常の通り西洋流に握手する。大山氏は庭下駄を穿き靴脱ぎから二尺も下の第一の飛び石に苦も無く下り立ち、続いて第二の飛び石に足を運び、此石の上に彼方向きに直立する。自分は下駄無しで庭に下り掛け室内を顧みると夫人は室の中央《まんなか》に在る盆の側に自分の方に向いて行儀好く坐り、芝居の御殿女中の様に掌を逆に突き、少し頭を下げた儘で身動きをせず、三人依然として無言、総て此儘静止。暫く活人画の様な風で居る中、何も彼も煙の如くに消

え失せて仕舞ふ。

（参考、一）大山氏と夫人とには近くパリ滞在中、心安くして居たので、お互の挨拶には西洋人同様に握手を交換するのが例で有つた。

（参考、二）椽側無しの座敷と雨垂れ落ちの石の様子は十余年前に住んだ下谷の旧宅のに似て居る。

（注意、一）周囲《まわり》の有様が総て陰気で有る。

（注意、二）色は赤味を帯びたものの他、総て黒ずんで居る。

（注意、三）運動が不活潑で有る。

（注意、四）意外な所で意外な服装の人に会ひながらそれを意外と思はぬ。

（注意、五）自分が自分に見える。

（注意、六）二尺も有る所苦も無く下りられる。

（注意、七）下駄を穿かずに庭へ下りやう抔《など》として敢て怪まぬ。

▲真夢実録第二例　硝子と鉛筆

━此夢を見た時――明治二十二年三月二十五日夜
━此夢を見た所――ロンドンの下宿

常に居る下宿の便所の前で友人日高真実《ひたかしんじつ》氏に遇ふ。自分が病気と云ふでも無し、何を作らうと云ふでも無いのに何だか或る薬の名を日高氏に聞く。
日高氏は「書いて遣らう」

と云つて紙と鉛筆を出せと云ふ様な手付きをする。日高氏は日本服で袴を穿いて居るのか自分ながら分からないが、かくしへ手を入れた所を見ると洋服らしい。左のかくしから短い鉛筆を取り出し、右のかくしから紙を取り出さうとしたが、紙は無くて高さ二寸計りの硝子ビンが手に触れる。其んな物が紙の代用と成る筈は無いのに、極めて当然の様な心持ちで鉛筆とビンとを日高氏に渡す。日高氏之を受け取つて同じく極めて当然の様な面付きで硝子の上へ鉛筆で字を書かうとする。自分は何を思ひ出したと云ふでも無いのにどうした訳か、それを遮つて

自分「イヤ覚えて居るから書いて呉れなくても好い」

と云ふ。斯く云ひ終るか終らぬに四辺が朦々として来て、人も物も家も総て弁別出来なく成つて仕舞ふ。

（参考、一）此日日高氏からの手紙を受け取る。

（参考、二）硝子ビンは下宿の寝室に置いて有るのと同様。

〔注意〕硝子に鉛筆で字を書くと云ふ様な事を企てゝ怪しまぬ。

▲真夢実録第三例　大木かランプか

此夢を見た時――明治二十三年三月二十五日夜

此夢を見た所――ロンドンの下宿

どうしたものか自分は不図木の柵の前に立ち止まつて居た。其柵は下に横木が有つて之を土台とし直径《さしわたし》三四寸の丸太を五寸隔て位に立て並べたものが有つた。柵は五間四方計りの地に廻らして有る様子で有るが、自分の居た柵外の場所からは身に接した棒五六本、向ひ側の右寄りの棒五六本、及び右側で近い所に在

る棒五六本が好く見えた丈で総て左の方は不明瞭で有つた。柵で囲まれた地の中央には直径三四尺の榎だか楠だかの大木が有る。総高さは何程か分からぬが枝下は六尺位に見えた。向ひ側の柵の右の隅に出入口が有つて此所から三人連れの人が入つて来た。最初の人は四十格好髭無し商人風の男。栗色縮れ毛鍔無しの低い帽を被り、黒ずんだ衣服、鶯茶の角帯、白足袋畳付き駒下駄と云ふ出で立ち。羽織は着て居たに違ひ無いが、色合は覚えず。頸には白フラネルの襟巻きを巻いて居たやうでも有り、さうでない様でも有り判然記憶せず。ホロ酔ひと云ふ様子で懐手でヨロ〳〵しながら大木の前を通り過ぎて左の方へ行く。次は三十前後の女。頭は簪《かんざし》無しの丸髷、着付けは羽織無しで黒ずんだもの。白足袋黒塗りの駒下駄穿き、右の手には蝙蝠傘を下げて居る。前の男は色黒、此女はお白いを付けて居る。確《しか》とは覚えないが男に付き添つて左の方へ行つた様子。其次の人は二十五六の男。色白で女の様な容貌。服装《なり》は羽織無し角帯締め、色合は覚えず。足には白足袋と畳付き駒下駄とを穿く。此男は前の男よりも一層酒が廻つて居る様子。矢張り大木の側へ来たが、青白半染めの手拭ひをしごいて青の端を右の手で握り棒の様に下げて之で枝下の高さを測る様な風をする。自分は之を見て「ハヽア成る程あゝ遣つて高さを測ると宜いナ」と詰らぬ事を感心して居る中、此男は測る様な風をしたのみでそれを止めて左の方へ行つて仕舞ふ。自分も「ナニあんな事をしなくつても下宿へ帰つてランプの台を測りさへすれば済む事だ」と一向訳の解からぬ事を自問自答すると、柵は消え失せ大木は見る〳〵変じてランプと成

る。これは下宿に在るものと全然同一。上は光沢消し丸ぼや、下は青色に白の草花模様有る大コップ形。台の方は其儘で上の方は暫くすると木の枝と成る。枝葉の繁り方が彼の大木と同様で、大木かと思つて注目すれば幹の所はランプの台、して見ると此台は余程大きなものだと再び上を見上げると枝も葉も跡形無く、ちやんと丸ぼやが嵌まつて居る。矢張りランプかと思ふと枝が生える木かと思ふとランプ。ほやかと見れば枝。ランプ……大木……枝……ほや……終に何も彼も消え失せる。

〔参考、一〕若い男は大学予備門時代の同窓永原俊方氏に似て居た。

〔参考、二〕ランプは全く下宿に在るのと同様。

〔注意、一〕夫れ丈の価値の無い事を大に感心する。

〔注意、二〕ランプを測つて木の高さを知ると云ふ様な理屈の無い事を理屈の有る事の様に思ふ。

〔注意、三〕大木ランプの変化を格別不思議とも思はぬ。

▲真夢実録第四例　一合の量と信長の手紙

此夢を見た時――明治二十三年三月二十六日夜

此夢を見た所――ロンドンの下宿

机掛けの無い木地のテーブルに二三十枚宛《ずつ》で黒い表紙を付けた日本の本が二三冊斜に置いて有る。自分は椅子に倚つて其一冊を取つて開いて見た所が罫引き真片仮字の木版本で書名は「人の何」とか云ふので有つたが確に覚えて居ない、何でも西洋嫌ひの人が書いた様な風で有つたが、其中に、日本の一合は西洋の何に当たる抔《など》と云ふ事を調べるのは無益な話だと云ふ意が普通文体で述べて有つて、結末の所に

「一合は幾ラダツテモ好イジヤナイカ」
と此一句丈口語体に記して有つた。事柄も詰まらないし書き方も変だのに甚しく感服して之を
「一合は……幾らだつても、好いじやないか」
と句切りを置き、節を付けて読んで見た所、意味に付いてだか、文に付いてだか、一層強く感動して自然と涙が出て来た。斯く当て途も無しに感に入つて居る時後の方から声を掛けたのは白井光太郎氏。羽織袴は有つた様でも有り無かつた様でも有り、判然と覚えては居らぬが兎に角黒ずんだ日本服で足には草履を穿いて居た。
白井氏「何を読んで居るんだ」
斯く問はれて
自分「一合は幾らだつても好いじやないか、と云ふ所を読んだが、じつに面白かつた」
と此「じつに」に力を籠めて如何にも面白かつたらしく答へた。何故此句が夫程までに面白かつたのか後で考へても一向解からず。答へた丈では物足りないとでも思つたものか自分ながら判断出来ないが、其部を出さうとして傍に在つた表栗色裏黄色の手袋を取つて、之を裏返しにした。固より書中の文が手袋から出やう筈も無いが、三つ四つの手袋を一つ一つ裏返しにし、繰り返し又繰り返しゝたが、見付からないので手を止めた。此時
白井氏「此本の中で一番面白いのは何某が信長に送つた手紙と信長が夫れに対した返事で好く文句を暗誦して居る人が有る」
と云って一合云々よりも此方が面白いと云ふ様な語気。何某と云ふのは慥《たしか》に名乗りで有つたが後からは思

ひ出せない。白井氏は後の方の机の上に積んで在る前同様の書物二十冊計の中から目指す一冊を抜き出して信長の文と云ふものを得意気に朗読した。其中に

「これをしも…………………止まんのみ」

と云ふ句が有つて点々の所が余程奇妙で有つたが残念ながら忘れて仕舞つた。又其続きで有つたかどうか

「後藤三郎一人の日本に非ず」

と云ふ句が有つた。自分は白井氏の朗読を聞きながら

「ア、後藤三郎か、象二郎の幼名だな、此本は古い本だと思つたが維新頃の事が載つて居る所を見ると余り古くも無いな」と心中で思つた。夫れ切りで後は何事も無く、辺りの物も皆失せて仕舞ふ。

（参考、一）此夜睡る前に白井氏の事を思つて居た。

（参考、二）白井氏が曾て西洋嫌ひの説を述べた書を好んで読んだ事を自分は好く覚えて居た。

（参考、三）自分は人類学上の利益を得る目的を以て内外を問はず「人の何」とか「人と何」とか云ふ題の書物を買ひ集めて居た。

（参考、四）手袋は自分使用のものと同様。

〔注意、一〕感服すべからざる事を感服して涙迄も出す。

〔注意、二〕奇文を奇とも感じない。

〔注意、三〕書物を開くのを間違へて手袋を裏返しにしながら其行ひを甚しい不条理とも思はぬ。

〔注意、四〕知らぬ事を知つた事の様に思ふ。

▲真夢実録第五例　うまい物が食ひ度ければ逃げろ

此夢を見た時――明治二十三年三月二十七日夜

此夢を見た所――ロンドンの下宿

場所は下等な飲食店、食卓も粗末、倚子も粗末、食卓の上には定まりの布も無く、塩入れの他には薬味台さへも無し。何故と云ふ訳も無いが只何と無く此所はブリチッシ　ミュユーゼアムの門前の家で有るやうな気がした。自分は其所へ食事をしに来たので有るが、偶然出会つたのだか、初めから連れ立つて来たのだか、右隣の席には山田喜之助氏が和服で居た、食卓の左側にも知つた人が居たが誰で有ツたか後から思ひ出されない。給仕人は黒い洋服を着たネグロで自分の左の方に立ツて居た。第一の皿がサラドとジヤガ芋。次には何を注文しやうかと献立て書きを探がしたが見当たらず。給仕人に向ッて「ブリング　ミーエ何々」と云はうとした。此何々が常に用ゐない余程不思議な言葉で有ツたが後から考へてもどうしても思ひ出されない。云はうとして幾度も心中で繰り返しながら何故か終に云はずに仕舞つた。其中何所から出て来たか食卓の上に幅四五寸長さ七八寸の紙札が現れた。裏面には幅の向きに横書きで「此名札御返し可被下候」と書いて有ツた。表面には食物の名らしい横文が数行印刷して有ツたが他は覚えず真中の一行の始めは判然記臆に存して居るそれは「チムネイ」と云ふ言葉で有ツた、何でも「チムネイ何」とか云ふ熟字の様だツた。奇妙な事には此行の上と下とに四寸に一寸五分厚さ三四分の羊羹の様な物が横たへて貼り付けて有ツた。上の方のは三段に成つて居て其色は鼠色と栗色だツたが、どう云ふ組み合はせか覚えず。下の方のも矢張り三段、中央が栗色上下が緑色。薄い紙札に割り合ひに重いものを付けたので有るから突ツ張ツて居らう筈は無いのに左の手で札の下端を持ツて上げたら、板の様にちやんと立ツて此羊羹の様なものは何だらうと右の人差し指で

其右の端を押して見た処指に着いたので離さうとしたらば紙の方から少し剝がれた。斯くしながら隣席の山田氏に向ひ「これにしやうと思ふがどうだネ」と相談した。此時左の方の人何か前に在る物を見ながら、右の手で塩入れを取り上げ、振り向きもせずに後の方へ高く捧げ

左方の人「ビット！　ビット！」

と云ふ。給仕のネグロ何か解からぬ様子で

ネグロ「サア？」

と問ひ返へす。

左方の人「ビット！　ビット！」

其他何も云はず。塩入れを食卓の上に置く。何事か更に解からず。

山田氏「君はどんな物が食ひ度のだ？」

自分「うまいもの、うまいもの」

山田氏「それでは先づ此所を逃げるといゝアハゝゝゝアハゝゝゝ」

自分は其時何故か之を以て嘲弄の言葉と思ひ何とか云ひ返しながら右の手で山田氏の左の肩を扣《たた》いた。さうして不図思ツたには、一体洋食ではサラドは最後のものだにどうして此所では最初に出したのだらう、それに云ひ付けた覚えも無いに不審なことだ。斯く考へて居る中に何も彼もポートして仕舞つた。

（参考、一）ブリチツシミユーゼアムの前に実際飲食店が有る。

（参考、二）自分に対する送別会が富士見軒で催された時、或る事柄に付いて山田氏と大笑ひをした。

（参考、三）室内の様子はパリで或る日本人と食事を共にした家のに似て居る。

（参考、四）塩入れは下宿常用のものと同様。

（参考、五）此夜日本人会で日本食の話しが有ツた。

（参考、六）此夜高知県人は好くピットと云ふ言葉を使ふと云ふ事を不図思ひ出した。

〔注意、一〕夢が覚めた時考へてブリチッシ　ミューゼアム門前には飲食店が無いと思ツた処、後に行ツて見たら慥に有ツた。恐らく夢中で記憶が喚び起されたので有らう。偶然の暗合とか、不思議な夢の告げとか云はれるもの丶中にも此類が有らうと思はれる。

〔注意、二〕重い物を貼り付けた紙が立つと云ふ様な事を不審に思はぬ。

〔注意、三〕何でも無い事を嘲弄の様に思ふ。

▲真夢実録第六例　子供の画

此夢を見た時――明治二十三年四月三日夜
此夢を見た所――ロンドンの下宿

ロンドンのクラパムロードでケンニントンの方から来て右側の人道を歩いて居る中、敷き石の上に白墨で画いた子供の画の沢山有るのを認め、好く覚えて居て後に書き集めて見ようと思ひつ丶進んだ。其中で後に成つても忘れないのは三つ有る。其一は口の無い人の顔、之を見た時「ハ丶ア矢張り鼻が左向きだな」と思つた。其一は鼻も口も無い人の顔。他の一は丁度子供が画き掛けて居る所で有つたので其終るのを待つて居た処、人が馬に乗つて家の門に居る形が出来上がつた。子供は十二三歳帽子無しの乱髪、栗色の服を着て居た。只これ丈の事。

（参考、一）同日昼間クラパムロードで子供の楽書きの画を見、写し集めて見ようと思つた。

（参考、二）人の顔は野蛮人の画に似て居る。

（参考、三）乗馬の人物は博物館で見た古代土偶に似て居る。

〔注意〕種々の点に於て昼間の事実に類して居る。或る点に於いては昼の事実か夜の夢か識別が出来ない。時が経つた後には斯う云ふ夢の記憶は事実の記憶と混じて仕舞ひさうで有る。溯つて考へれば事実の記憶として信じて居るもの、中に夢の記憶が有るかも知れない。過去の事を想ひ起こすに当つては大に注意を要する事と考へる。

▲真夢実録第七例　我々の穴と紀文

此夢を見た時——明治二十三年四月七日夜

此夢を見た所——ロンドンの下宿

入り口の石段を二三段上つたかと思ふと、取次ぎに遇つた覚えも無く、戸を開けた覚えも無いのに、身は自然と廊下の左に当たる室に入つて居た。右の壁に接して書棚が有り、左の壁に接して直角に寝台が有り、其先きに机が有つて、其先きに又寝台が有る。二つの寝台と机とには白い布《きれ》が被ぶせて有つて、夫れ丈は判《はつ》然《きり》見えたが、四辺《あたり》は一体に薄暗い。第一の寝台に寄り添ひ書棚を背《うしろ》にして座を占めて居たのは戸水寛人氏。

自分は寝台の手前の所に戸水と斜《はす》に対して居たので有るが、何の挨拶もせず行き成りに寝台の上の書物を手にして見た。それはアウストラリヤ土人の事を書いたものらしく、挿図の中に木の枝を束ねて負つた者が三人画いて有つた。左方の二人は立つて居る形、右方の一人は屈んで居る形。自分は此図を見て心中で「アウストラリヤ土人には大小二つの形式が有るがこれは丈の低い方の者だな」と思つた。戸水氏表紙の失せた厚い日本書を示し

戸水氏「これまで余程好い様に思つて居たが変な事が書いて有る」

とて中をヒヨイト開く。丁度入用の所が出たと云ふ様子で其所を自分に見せる。されば右の方のページで人の顔の縦割を右向きに画いて咽喉《のど》の構造を示した解剖図で有つた。さうして奥の所から左の方に線を引いて其先きに「我々の穴の有る所」と云ふ説明が付けて有つた。戸水氏が変な事と云はれたのは此言葉らしい。どうしてか自分は此書の著者は村上と云ふ人で有ると云ふ事を知つて居た。戸水氏は又フランス語の書物を取り出して

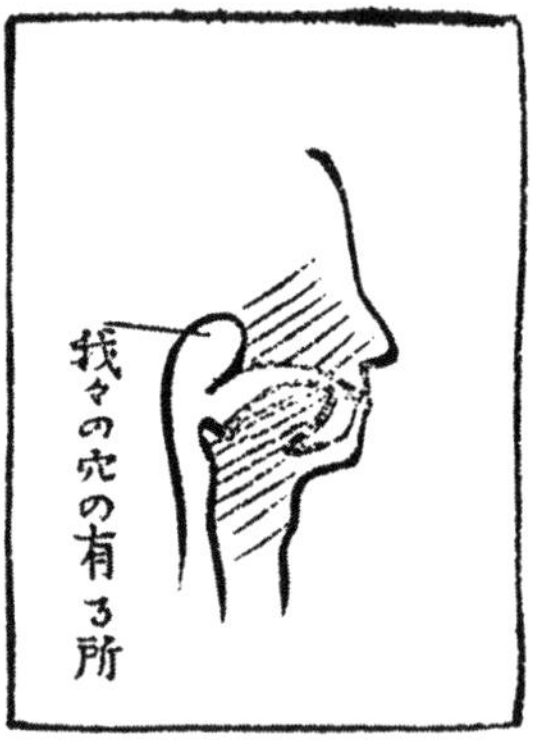

戸水氏「これも好いかと思つて居たが今見れば紀の国屋文左衛門の事しか書いて無い」

と言はれた。自分は返事は為なかつたが心中で「そんなものだらう」と思つた。戸水氏の言も自分の所感《かんがえ》も後に考へて見ると何の事か一向解らぬ。

（参考、一）村岡範為馳氏から近日ロンドンへ行く故宿所《やどや》の世話を頼むと云ひ越されたので、近所の戸水氏の所には寝台が二つ有ると兼

ね兼ね聞いて居るから其所へ案内をしやうと思つて居た。

〔参考、一〕アウストラリヤ土人の画はウードの人種誌に在るものに似て居た。

〔注意、一〕何の覚えも無く自身の体が容易に室内に入る。

〔注意、二〕奇異《ふしぎ》な文を読み奇異な言を聞いても、さして奇異とも考へぬのみならず、理に適つた事の様にさへ思ふ。

▲真夢実録第八例　外国の蕎麦屋と着物の裏地

此夢を見た時――明治二十三年四月十三日夜
此夢を見た所――ロンドンの下宿

ケンニントン公園の所を垣に沿つてロンドン橋の方へ行くと後から栗色と黒色との弁慶縞のゴリゴリした日本服を着て栗色の帯を締めた日本人が来た。頭はチヨン髷で有つたとも思ふが判然《はつきり》とは覚えて居らぬ。穿き物も記憶しない。誰とも思ひ出せぬが何にしても知つた人で、彼れ此れ話しながら一緒に歩いて居ると頻りに空腹《すきばら》だと云ふ。不図左を見ると丁度其所に格子作り日本風の蕎麦屋が有る。格子には掛け行灯が有り、右の方には二枚障子の入り口が有る。此所へ入らうではないかと云ふ中、階子段も踏まないのに二人共スーツト二階に上つて仕舞ふ。他に客《ひと》無し。栗色に黄の交ざつた様な日本服を着た十四五の小女襷掛《たすきが》けで注文を聞きに来る。其先きはどうしたか分からず、自分丈は何時の間にか二階を下りて此家の前に立つた。其所に帽を被らずに屈んでズボンの皺を延して居る人が居た。誰ぞと見れば金子堅太郎氏。
金子氏曰「我輩はパッチを穿くのが好きだが、そんな事は内所内所、足袋を穿くのも内所」

洋服で有りながら白足袋を穿いて居られたかと思ふ。

母上忽然と現れ給ひ此言葉で思ひ出したと云ふ様な風で
母上「昔し着物の裏に付ける切れの直《ね》が大層上つた事が有りました」

と言はる。父上又忽然《ひよつくり》と現れ給ひ
父上「諸侯方から出す踊りの衣装もさうだつた」

と言はる。後に思へば何の連絡も無い様で有るが夢の中では、金子氏のパツチを穿かれるのはズボンの裏の損ずるのを防ぐ為、母上の御言葉は裏地は特製で価が高いとの事、父上の御言葉は踊りには着物を動かす事が多いから丈夫な切れを要するとの事で、一々関係の有る話しを聞き取つて居たので有る。

〔参考、一〕此日村岡氏を案内してケンニントン公園からロンドン橋の方へ行つた。

〔参考、二〕東京で友人と蕎麦屋へ行つた時の事を二三日前に不図思ひ出した。

〔参考、三〕金子氏には近い頃出会つた。

〔参考、四〕自ら脛の毛を撫で、見て斯う剛くては着物の裏が幾らか損じるかも知れぬ抔《など》と思つた事が有る。

〔注意、一〕自分の体はフハフハと何所へでも行く。

〔注意、二〕他人も忽然《ひよつくり》と現れる。

〔注意、三〕有る筈の無い家を見、居る筈の無い人に出会つて敢て不思議とは思はぬ。

人類学者の誕生

坪井正五郎小伝

「日本之小学教師」記者、中村軍治氏同雑誌に掲載せんとて余が小伝を記し「乞御校閲」と朱書きして之を余が許に郵送されたり。文章は美なれども誤聞過賞あるを奈何《いかん》せん。訂正抹殺する時は前後の連絡を失ふの恐れ有り。さればとて一旦予定されたるもの、之が掲載を見合はせられん事を乞ふ訳にも行き兼ぬるの事情有り。余は世に示す程の効も有せざれど又人に秘す程の過も有せず。生まれて茲《ここ》に三十六年、経歴無しと云ふ可からず。職を大学に奉ず固より、学事に縁無きにあらず。幼時よりの意向の変遷は自ら辿り見るも面白きもの、打ち開け話しは返て読者の慰さみとも成らんか。余は微力を人類学の為に尽さんとする者。予告に三史家の一として名を掲げられたるは寧ろ迷惑の至りなり、正誤の意を以ても一書を寄するの必要あり。大家を真似て自伝を作るを笑ふ勿《なか》れ。左に記す所は、唯「こんな男で有る」との自白に過ぎず。決して他の伝記と同一視する勿れ。余は目先を変へると云ふ点に於ては、此一篇も全く無用に非ざるを信ずる者なり

坪井正五郎識

生まれたる場所は江戸浜町。生まれたる時は文久三年正月五日。正五郎の名は之に基く。父は信良。母は坪井信道の女。二歳の時、生母を失ひ、以後義母に養はる。祖母九十一歳、父七十七歳、義母六十八歳、皆健在。兄弟育せず。余も幼稚の頃には多病なりしが、長ずるに随て強壮となれり。五歳の時（明治元年）一家静岡に移る。父は旧幕の奥医なりしかば徳川氏に従ひ転住したるなり。静岡に御薬園とて小なる植物園有りて鶴岡某氏管理し居れり。余屢《しばし》ば此所に至り植物培養の状を見、面白き事に思ひ、家に在りても小草を植え、種子を播き、花実を画き、名の知れぬ草には何々草と勝手なる名を命じ楽みとせり。又色の異りたる石、形の奇なる石等を拾ひ集めて小箱に貯へ置けり。其頃或る寺に珍物展覧会の催し有りしが余之を見て早速真似を試み父母に乞ふて二三の小道具を取り出し貰ひ、自ら採集せし草花、小石等と共に陳列し家人朋友に向ひ、好い加減の説明をして遊び興じたる事有り。一人児なりとて大事にされたると、親戚の女子の同居し居たる為其友なる女子の出入り多かりしとに因りてか、余は常に女子と共に「ま、ごと」「お隣ごつこ」等の遊びを為せり。紙を截《き》り、土を煉り、竹を削りて細工物を為すも余の好む所なりき。細工物の嗜好は今尚ほ脱せず。余は紙鳶《たこ》揚げ、独楽《こま》廻はし、竹馬乗りの如き男らしき遊戯は曾て為したる事無し。父は著訳に従事する事多く、玄関に居りし書生某は画を善くせしかば、余も彼れ此れを見習ひ筆執る事を喜べり。八歳の時（明治四年）書を吉田氏に学び、漢籍を杉浦氏後に奥村氏に学び、画を長坂氏に学べり画号小梧と云ふ。父の命名にして音を正五に取れるなり。露木氏に就きて英語を学びしが暫時にして廃せり。草花小石の事に付きては種々小冊子を作りしが追々に失せて、今は唯、九歳の時（明治五年五月）に著したる「草花画譜」（父の命名上中下三冊（総紙数二十葉の小冊子）を残すのみ。小さき乍らに着色写生図、果実解剖図、根の形状図、培養注意等を集録し、寄生虫図さへも添えたるは我乍ら可笑敷《おかしく》思ふなり。其頃如何なる書を見しや記憶せざれど、多分は父の手許に在りし西洋植物書抔《など》より影響を受けしものならん。又人体解剖の事を見聞し、自ら何物をか解剖し見度しとの念を生じ、多くの蛙を捕へて屢《しば》〻小刀を下したり。導き呉るゝ人有りしにも非ず、人に忌まるゝを以て、忍び忍びに為せし事とて、好く理解の出来やう筈は無し、僅に消食器系統に関し幾分かの知識を得たるのみ。此年世界国尽、究理図解等福沢氏一派の書を得、大に面白みを感じ、母に小さき本を綴ぢ貰ひ諸書の抜き書きを為せり。又他家より雑書を借り来りて之を抜萃せり。五冊を一帙として目録を添へしもの数帙に達せり。小人国の群書類聚とも云ふべきか。今も尚ほ其幾分を存す。可なり大なるいろは字引きをも書写せり。十歳の時（明治六年二月）両親に従ひ東京に帰る。相田氏に就て漢籍を学び、沢氏に就て書を学ぶ。自然の儘なる植物培養の嗜好は転じて、小盆栽及び箱庭の嗜好と成れり。是れ田舎を去りて都会に移りし結果ならんか。小石を集むる念は依然たり。十一歳の時（明治七年三月）湯島麟祥院内、湯島小学校に入る。或る女教師余に向ひ「鶴には何本足が有りますか」と問ひ掛けし時、余りに馬鹿馬鹿しかりし故無言にて居りし為、大に叱られし事有り。余は兼ねて家に在て種々雑書も読み少しは詩を作る真似抔も為し居りし事とて、小学校の学科は誠に詰まらぬものとの感を生ぜり。同級中にては余最も画を善くすとて白紙を持ち来り余に画を需むる者多し。其頃の得意は近江八景なりしが、粟津の晴嵐の意匠には大に究したる事、今に忘れず。当時名所図会、節用集、何々便覧と云ふ類の書を好み、自らも種々編集著述する所有り。其中「幼学必携」と題する小冊子は今尚ほ手許に存す。又父の医事雑誌編輯に従事するを見習ひ、何々雑誌抔と題して見聞録様のものを作れり。東京帝国大学の前身たる開成学校の官費生林繁次氏（今の臨時博覧会事務官長林忠正氏）屢ば来訪ありしが、余は大に其地位を羨み、官費生とは非常に名誉なる事と思ひ、前途の目的を問はるゝ毎に官費生に成ると答へたり。十二歳の時（明治八年三月）神田淡路町共立学校に入り、程無く入塾す。此頃は大に算術を好み試験の時賞品を得し事二回有り。小学校通学の時分と異りて課業の復習、準備に忙しきと、塾舎の自宅程静かならざるとの為に博物学的小標本を集むる事と随意に小冊子を編述する事とは一時殆ど中絶せり。但し以前と違ひ自ら小遣ひ銭を扱ふ様に成りしかば自然と古銭（所謂変り銭）に意を留め、之を通用銭中より見付け出しては貯ふる事を始めたり。休日には必ず帰宅し、友人と遊び歩く抔と云ふ事は絶えて為ざりき。至て弱虫にて争ひがましき事を為しゝ事無し。人に打たれし事二度。人を打ちし事一度。（自身には記憶せざれど打たれたりと云ふ当人の話故致方無し）取り組み合ひて打ち合ひし事一度。此他には其後も喧嘩をしたる事無し。十三歳の時（明治九年九月）英語学校に入学、次で入塾。訳読試験の節、トップ、ヲフ、エ、トリイ、と云ふ所に至り、トップには独楽の意も有り、頂上の意も有り、単に此所丈にては樹木の頂上の事か木製の独楽の事か不明なれど前後の関係に由りて樹木の頂上なる事を知るなりと奇妙なる講釈をして大に教員に笑はれし事有り。余は腕力沙汰は不得手なりしも口は随分達者にて中々小理窟を云ひしなり。此頃演説討論と云ふもの大に流行して校内にも種々の団体有り。然れども少年寄宿生の方には未だ発起する者無かりしかば同宿生某々等と謀りて一社を組織せり。社名は何とせんかと相談の末、口調の好きが第一なりとて、勝手次第に種々の音を出し見、カイシン社が好からんとて夫れに決し後より開心の二字を当てたり、少年の相談気楽なるものならずや。其癖、輸出入の不平均がどうしたとか、こうしたとか云ふ様な事を議論せしなり。細工物の嗜好は此時分にも折々現れたり。或時教場にて密かに白墨を削り、コップの形、下駄の人形抔を拵へて机の上に並べ置きしに教員某氏之を見付け取り上げて全級に示し「坪井さんは中々白墨細工が上手です、此出来ならば満点を付けても宜しいが残念な事には此学校には白墨細工と云ふ学科は有りません」と云ひしかば全級大笑ひに笑ひたり。英語学校の寄宿は共立学校のよりも整頓して居りし故、落ち着きて机に向ふ事を得たり。此に於て筆持つ癖は旧に復し、兼ね兼ね従来のいろは字引の不便を感じ居りし事とて、英語の字書の如く、仮字のみを列ね記し、其下に漢字を配し、間々図画を交へたるものを編輯し始めたり。着手後十五ケ月にして脱稿「分類字林」と題す。十四歳の時（明治十年九月）大学予備門に入学。次で入塾。校内に起りたる諸事を収録し月曜雑誌と題し筆記して学友に示せり。後毎週雑誌と解題し再び小梧雑誌と改題し数年継続す。此頃随筆類を読む事を好めり。是れ渡瀬庄三郎氏瀬脇寿雄氏等と交はりて其嗜好に化せられしものと考ふ。小学校及び共立学校時代には離れ離れの事実を数多く並べ書きたるものを好みしが、随筆を見るに及んで、時代を異にし、地方を異にする、諸事実を比較するの面白味を感じ、英語学校時代に発達し掛かりし小理窟は転じて諸種の考証の方に向へり。小梧雑誌には多く此類の記事を載せたるなり。別に小梧雑誌及び群書抜萃を編輯せり。共に数年の後迄廃せず。寄宿舎内には様々の慰みを為す者有りしが、余は酒も煙草も用ゐず、勝負事も好まず、詩歌を作る事もせず、只雑書を読む事と写し物をする事と見聞録を編する事を此上も無き楽しみとせり。運動は遠足と落しつこ（横たへたる棒の上に向ひ合ひて相手を落し合ふ事）を好めり。前記二氏の他白井光太郎福家梅太郎の両氏は意の合ひたる友なりき。此頃大学教師モールス氏大森にて貝塚を発見したりとの事を伝聞せり。十六歳の時（明治十二年）井上円了、渡辺環等の諸氏と共に夜話会を組織し、演説を練習す。此年十一月八日大学内の邦語演説会に於て佐々木忠次郎氏の常陸陸平《オカダイラ》貝塚談を聴き大に興味を覚えたり。翌年渡瀬氏札幌農学校に転学、通信中アイヌ土俗、古物遺跡等の事少からず。古物調査人種研究の念萌《きざ》し来る。曾て予備門に在りて後工部大学校に移りたる佐藤勇太郎氏は余が和書を読み散らしたるに引き代へて博く英書を見たる人なり。佐藤氏又考古に意有り。故に屢《しばし》ば余の為に何の事項は何書に詳なりとの事を注意し、余をして内外古物遺跡に関する外人の説を窺ひ知るの便を得せしめたり。十八歳の時（明治十四年）動物学専修の志願にて東京大学理学部に入る。父は専門の撰択に付きては一言もせず、全く余自身の意に任したるなり。余は何故に此学科を専門として撰みしにや今は当時の考へを正しく思ひ出す能はず。友人は多分文学部に入るならんと思ひ居りしと云へり。余が幼時の博物学的傾向と、モールス氏佐々木氏の動物学者なりとの事実とが余を此学科に導きしにもや有らん。此年荒井郁之助氏より陸奥及び後志の古物を預かり親しく之を手にし、益々考古の念を強めたり。考古の念強まるに随ひ人種の異同、人類の発達を探らんと意も愈《いよいよ》深く成れり。余は日本の雑書を読む事を止めざりしのみならず、更に古物及び人種の事を記せる洋書をも彼れ此れ眼を通し始めたり。余は暇さえ有れば、否強ゐて暇を作りて、図書閲覧室に入り、人類に関する和洋の書を繙《ひもと》くを平日の業とし、休日には主として遺跡探りの遠足を事とせり。余は人類学と称する学問の存在を知りて之を修めんと心掛けしにはあらざれども、余の志し所自らの此学問の趣旨に適ひ居りしなり。余は先輩及び友人より古物遺跡に関する談話を聞きし事屡なりしが、常に考古学或は進化論の一部として聞きしなり。余は此の如き見方を以て満足する能はざりき。余は朧気乍らも人類学の面白味を想い遣れり、余は余りに意を人類学に傾けし結果、正課を怠れり。試験不合格。余は理学部第一年級を再びせざる可からざる場合に立ち至れり。親戚中、余の前途を気遣ひ、正課外の事に時を費すを誡め呉れし者有り。余は好意を謝し誓書の如きものを認めて大に慎み居りしが終に全く禁ずる事能はざりき。此年佐藤勇太郎氏より岩代発見の石鏃を得、石器時代遺物採集の志生ず。此時迄は古物の調査をも好み、遺物の実践をも好みしが、自ら古物を採集保存せんとの意は無かりしなり。十一月八日福家梅太郎氏（当時駒場農学校在学）目黒村に於て石器時代遺跡を発見す。余も同氏と共に屡ば該遺跡に赴き石器土器を採集せり。翌年四月谷田部梅吉氏の勧めに随ひ福家氏と連名にて「目黒土器塚考」と題する一篇を東洋学芸雑誌に寄せたり。是れ余が此類の考説を世に公にせし初めにして又余の書きし物の板に上りし初めなり。此年七月理学部第一年を卒へ、動物学科に入る。規程の時間中は正課を修め居りしが、他の時の多くは人類学書の閲覧と古物の採集とに費せり。白井光太郎氏も当時は余と志を一にせられしが、後に至りて植物学者と成られたり。余は福家、佐藤、白井の諸氏と会し又在札幌の渡瀬氏と文書の遣り取りを為して、常に人類学的知識の拡張を謀り居れり。一方に於ては斯く真面目の事に意を注ぎ居りし傍、一方に於ては小説家南新二氏甥なる谷村太刀馬氏と交りを結びて狂歌戯文に心を傾けたり。余が出来ぬ乍らも演説に聴者を飽かしめず、文章に読者を倦ましめざる工夫を為すは此辺に基因すと考ふ。二十一歳の時（明治十七年）動物学教室員に随ひ白井氏と共に北陸地方動物採集旅行を為せし途次、能登島に於て塚穴二ケ所を調査し又諸地方にて横穴を見たり。余が塚穴横穴の実地調査を試みしは此時を以て始めとす。翌年十月同志と謀りて人類学会を設立す。多年編述し来りたる小梧雑誌、小梧雑記は徐々に変遷して人類学的雑誌の体を成すに至れり。次の年、即ち明治十九年二月初刊の人類学会報告（後に東京人類学会雑誌と改題）は或る点に於て是等記録の変形とも見るを得可きものなり。此年七月大学卒業、余は籍を動物学に置きしも、有体に云へば心は人類学中を彷《さまよ》ひ居りしなり。動物学を卒業したる者大学院に入らん事を願はゞ其専攻学科として同じく動物学を撰ぶ可きは固よりなるに余は人類学研究の為め大学院入学の許可を得たるのみならず給費をも受くる身と成れり。人類学の三字は此時始めて大学の公文に載りしなり。余が天下晴れて人類学を修むるを得るに至りしに付きては当局諸先輩に対し深く謝する所なり。官費生と成らんとの幼時の希望も、人類学を専修し度しとの年来の希望も、此時一時に達するを得たるなり。今にして之を思へば余が動物学を修めたるは動物学者たらんとして為したるにあらず、人類学者たるの準備として為したるが如き感あり（人類学を修めんには動物学的知識必要なり）夏期休暇中、時の大学総長渡辺洪基氏に従ひ下野足利に赴き公園内の古墳を調査せり。最初より学術上の目的を以て特に古墳を調査せし事本邦に於ては之を始めとするならん。大学にモールス氏の大森貝塚発掘以後徐々に集り来れる、内外の古器物有り、又アイヌの土俗に関する標本あり。曾て佐々木忠次郎氏の管理する所なりしが、何時ともなしに余の手にて整理する事と成れり。余が年来採集したる物も総て是等に混じて一ケ所に置きしが、其陳列場としては始めに一ツ橋外の倉庫を用ゐ、次に本郷なる大学構内の一室を用ゐたり。此年、天皇陛下大学へ御臨幸有り。余は少許《すこしばかり》の人類学的標本を陳列し、天覧に供し、無位無官の一書生たる身を以て咫尺《しせき》し奉るの栄を得たり。足利公園古墳発見品及び之に関する余が報告書は後に至りて、皇太后宮陛下の御覧を辱《はずかし》ふせり。十二月遠江に於て横穴を調査し種々得る所有り。二十四歳の時（明治二十年）伊豆諸島を巡り、同伴したる写真技手をして人類学上必要と認めたるものを撮影せしめたり。此年八月武蔵松山の近傍なる吉見に於て横穴を調査し、覆土を去りて新たに二百二十余穴を発見せり。二十五歳の時（明治二十一年）人類学上調査の目的を以て本州南半三十ケ国を巡回せり。此年五月、皇后宮陛下大学へ行啓有りて人類学標本陳列室へも御立ち寄り有り。余は咫尺し奉りて親しく説明を奏上せり。夏期北海道を旅行して古物遺跡及びアイヌの土俗口碑を調査せり。此頃より標本増加の傾向を生ぜり。九月理科大学助手拝命。翌年パリ万国博覧会へ人類学上参考とすべき図画を出品せり。是等を送り出さゞる前、青山英和学校の嘱託を受け之を壁上に懸けて、日本古物遺跡に関する講義数回を試みたり。余は屢《しばし》ば演説を為したれど、講義と云ふは此時始めてなり。大学にて地理学専修の為留学の内話ありしが、某教授の注意も有り、余自身も初志を枉《ま》ぐるを遺憾と思ひしを以て之を辞せり。程無く依願解職と成り、人類学研究の為め三年間英仏二国に官費留学を命ぜられたり。是れ明治二十二年、余が二十六歳の時の五月なりき。余は航路を印度洋に取り、支那人、マレー人、印度人、アラビヤ人、アフリカ諸蛮人等を見つゝ、マルセーユに着、先づパリに赴きて、万国博覧会中人類学に関する部を見、諸博物館に就て参考品を調査し、書林を巡り歩きて人類学書を購求し、万国人類学会、万国地理学会人種部、万国土俗学会等に入会せり。余は人類学に関し既に或る意見を有し居りしが之に適したる授業を為す学校も見当らず、学者にも巡り合はず、さればとて自信を捨つ可き必要をも認めざりしかば、此の如き事を為して独学自修し居りしなり。ロンドンに移りてよりも、諸博物館を以て修学の場所となし、参考書の購求閲読を以て館外に於ける主なる業となし居れり。フランスにトビナール氏有るを知らざりしに非ず。イギリスにタイラア氏有るを知らざりしに非ず。然れども余が人類学に対する考へは此両氏の所説と其趣を異にせり。余は余の主張を守り独歩前進するを得策と固信せしなり。二十八歳(明治二十四年)の九月帝国大学の代表者、東京人類学会の代表者としてロンドン開会の第九回万国東洋学会に出席。「東京近傍に於ける横穴二百余の発見に付て」と題し、吉見にて発見せる横穴に関する考説を演述せり。此会に提出されし論文百五十中、審査の上名誉賞牌を贈与すべきもの五篇と定まりしが、余が考説は謀らずも其撰に入れり。賞牌は金色の物にして、余の分には特に菊桐の御紋章を付しあり。翌年ハウエス、ハツドン両教授の紹介にて英国人類学会々員に選挙さる。八月ブルセル開会の万国刑事人類学会へ参列すべき旨文部省及び帝国大学よりの命有り。即ちイギリスを去りてベルジヤムに向ふ。ベルジヤムにては、国王陛下に拝謁の栄を得たり。露国開会の万国人類学会へも出席すべき旨文部省より命ぜられしが、其会期刑事人類学会と殆ど重なり合ひ居りしを以て露国行は見合はせ、パリを経て帰朝の途に就けり。東京に帰着せしは明治二十五年の十月なり。同月理科大学教授に任ぜられ、人類学教室及び人類学標本陳列場に関する諸事を整理し、人類学随意講義を始めたり。翌二十六年九月人類学講座担任を命ぜらる。以来理科大学動物学科、地質学科学生の為めに人類学を講じ、又文科大学博言学科其他の学生の為め特別の講義を為して今日に至れり。余は又余暇に哲学館、早稲田専門学校、史学館、明治義会夏期講習会、帝国教育会夏期講習会、等に於て人類学を講じたり。諸学会にて為し、演説、諸雑誌に寄せたる文章に付きては一々詳記するの要無し。余は唯、余の筆に成れるものを登載せし雑誌殆ど七十種有る事と其登載篇数四百を下らざる事とを述べて、余が人類学の進歩普及に志せる者なる事を読者諸君に告げんとす。人類学に関する余の意見、人類学の趣味、人類学の効用、人類学に対する我々日本人の任務の如き別に記す所有る可し。余は以上の身の上話しが幾分たりとも読者諸君の同情を惹くを得ば実に望外の幸福と思惟す可きなり。

名士の学生時代実話

○御尋ねに従つて私の学生時代の御話しを致しますが私一個の経歴に付いては何の面白い事も有りませんけれど、これに交へて当時の有様を述べたならば今の学生諸君に幾らか珍らしいと云ふ感じを与へる事は出来ようと思ひますから予備門入学以来の事を少し申して見ませう。

○予備門とは東京大学三学部へ入学する者の予備として諸学科を学ぶ所で、真の名は東京大学予備門、三学部とは法学理学文学の三つを指すので詰まり今の帝国大学の前身、随つて予備門は先づ高等学校に当るのです。

○他の学校は何々学校とか何々学舎とか云つて居たのに此所丈風変りの名が付いて居た為め其意味を解し兼ねて居た人も有つた様でした。或る友人のお母さん抔《なぞ》は「よびもん」と云ふのをぞんざいとでも思つたか「よびもの」と称へて居ましたが、多分生徒を呼び込む所だから呼び者だらう位に思つて居たのでせう。

○私が此予備門へ入つたのは明治十年の事で丁度十四歳の時で有りました。学校の位置は今の高等商業学校の真向ひで其建て物は三学部と続いて居り、寄宿舎はズツト南の方に在つたのです。当時は高等商業学校の所は外国語学校で其門前は南北に走つて居る一ツ橋の通り計りで之と直角を作す東西の道は有りませんでした。

○寄宿舎も三学部と一緒でしたから入舎生は今で云ふと中学生、高等学校生及び大学生をごた交ぜにした様なものだつたのです。それで一方には未だ子供の癖に大人にかぶれて嗜好も娯楽も其方に傾いた者が有るかと思ふと又一方には大きな男が子供らしい戯れをして喜んで居ると云ふ様な有様でした。私は入学の初めから校内新報と云ふ小さな毎日新聞や月曜雑誌と云ふ小さな毎週雑誌を編輯し（無論筆記で）校内の雑報や自己の考説抔《など》を友人に示すのを楽みとして居ましたが、後之を毎週雑誌と改題し、更に小梧雑誌と名を変へて数年間執筆を絶ちませんでした。此毎週雑誌の中明治十一年五月の分を見ると「此頃寄宿舎では竹馬棒渡り綱渡りが大流行」と云ふ事が記して有ります。随分無邪気な事をして遊んだものでは有りませんか。

○新聞雑誌編輯も亦《また》一つの流行でした。他の人の手に成つたもので今覚えて居ますのは次の通り。

探穴新聞　　松平康国氏（今の早稲田大学講師）編輯

酔多珍報　　故成田錬三氏編輯

天狗新聞　　武藤某氏編輯

笑草珍聞　　宮岡恆次郎氏（今の外交官）編輯

抱腹珍誌　　故小倉鉡八郎氏編輯

何れも明治十年から十一年へ掛けてのもので其後は何時と無しに無く成つて仕舞ひましたが、私の編輯したもの丈は継続して雑報の範囲が拡がり、校内雑誌の性質が失せ、考説が大部を占める様に成り、其系統が今日の東京人類学会雑誌に連なつて居るので有ります。

○私は父を見習つてか幼少の時から筆を持つ事が好きで有りまして、予備門入学前、英語学校に居た時も、英語学校入学前、共立学校に居た時も、共立学校入学前、湯島小学校に居た時も、（各一年づゝで、小学校在学の時は明治七年、十一歳）常に筆記集録を楽みとして居たのですが、予備門に於て渡瀬庄三郎（今の理科大学教授）瀬脇寿雄（今開業医）白井光太郎（今の農科大学教授）等の同好と交り益々筆硯《ひつけん》に親む様に成りました。多数の学生中には酒を飲人も有つたのです、寄席に通ふ人も有つたのです、楊弓店抔《など》に出入する人さへも有つた様子です。併しながら、私は志を堅くして居たのと幸にして益友に取り巻かれて居たのとの為め道を踏み外す事も無く、日課を修め、準備復習を為す傍、彼の雑誌の他、更に小梧雑記、群書抜萃等の編著に従事して居りました。

○雑誌だの雑記だの抜萃だのと種々なものに手を出して居ましたが特に深い興味を感じて居たのは古物や風俗の研究とか考証とか云ふ事でした。古物の事を考へれば、勢之を遺した人の事をも考へる様に成り、風俗の事を考へれば自ら之を為す人の事をも考へる様に成る。兼ねて有して居た博物学的嗜好に是等が混ざり込んで心の中に人類学研究の念がボーッと浮かんで来ました。人毎に何等かの慰みと云ふものは有るものですが私に於ては此ボーッと浮かんだ念が段々に強く成つて来て夫れに関した事をすると云ふのが此上もない楽みと成りました。最早志を堅くして居るだの友を撰ぶだのと云ふ事を思つて居る様な隙は無く、実に心が人で充たされて仕舞つたのです。道楽と云へば道楽。私は人類研究道楽に耽つて居たのです。私は他人の耽つて居た様々の道楽を詰らぬ事と思つて居ましたが定めし夫等の人々は私の道楽を詰らぬ事と思つて居ましたらう。

○其頃大学では邦語演説英語演説の催しが有りまして大学及び予備門の生徒に正科以外の知識を与へる様な

仕組みにして有りましたし、又校外には当時予備門の教師で有つた故江木高遠《たかとお》氏管理の江木学校講談会と云ふものが有りまして、心掛けさへ有れば月に二三回は耳新しい事を聞く事が出来たのです。私が貝塚調査報告や、人類進化論を聞き得たのは全く是等の会の賜物で、元来其傾きは有つたと云ふもの、教場に於て知る事の出来なかつた事を、教場に於て出会ふ事さへも無かつたモール氏だの佐々木忠次郎氏（今の農科大学教授）だのから学んだと云ふ事は私の身に取つて強き奨励と成つたので有ります。

○私が人類研究に近付いたのは、初めは自然の成行き、中頃は道楽で有つたのですが、此時分に至つては一つ遣つて見ようと云ふ考へが湧き出して来ました。人の話しを聞いた丈では満足が出来ない。人の説を読んだ丈では満足が出来ない。自ら遺跡探究も試み、自ら風俗調査も企て、自分執筆の雑誌に説を載せ、自分等の設立した会で考へを述べ抔し初めました。

○校内雑誌の事は前に云ひましたが、大学及び予備門生徒間の演説会も中々盛なものでした。明治十三年に作つた「校内演説開会日表」（小梧雑誌掲載）を見るのに左の通りで有ります。

第一第三日曜の夜	晩翠会
第一第三火曜の夜	夜話会
同前	十三社
第一第三水曜の昼	成器社
毎週木曜の夜	興話会《きようわ》
第一、第二、第四土曜の昼	共救社
第二、第四水曜の夜	戊寅社《ぼいん》

同前　　　　　　　　共話会
第二、第四木曜の夜　　潜淵会
第二、第四金曜の夜　　晩成会
第三火曜の夜　　　　　求益会

殆ど毎日演説会の催しが有つた訳です。此中夜話会と云ふのは井上円了渡辺環の二氏と相談して私が設立の事に関《あず》かつたもので、其性質は一種の同窓会の様なものに変じては来ましたが今尚ほ継続して居ります。他の会は皆どうしたか其後の音沙汰を聞きません。渡辺氏は死去、井上氏は隠退、明治十二年創立当時からの関係を保つて居るのは私一人《にん》と成りましたが追々加入の人も有りまして時々懇親会を開くを得るのは誠に喜ばしく思ふ所で有ります。私は予備門在学中からして此会で屢《しばし》ば人類研究に縁の有る事を演説して居りました。

○私が人類研究に志したのは人類学と云ふもの丶存在を知つて居て夫れを修めようとて為出したので有りません。自分の心掛けて居る様な事柄は人類学と云ふもので有るとの事を後に至つて知つたのです。当時人類学を世に紹介すると云ふ人も有りませんでした、今日ならば人類学的研究と認むべき事を当時は斯く云ふ事さへ行はれなかつたのです。予備門を終る頃からして私の人類学的傾向は著しく成つて来まして、読書も旅行も之を本位とする様に成り、明治十七年大学の生物学科第二年生の時、同志と共に人類学会を組織致しました。学生時代の回顧としてはまだ申し度事が沢山有りますが、今どうも其暇を有しませんからこれ丈に止めて、又話すことにしましやう。

名士の学生時代——大学在学中の事

一　当時要せし一ケ月の学資金
二　好きな学課と嫌ひな学課
三　勉強方法
四　当時の娯楽及苦痛
五　当時の理想と希望

大学在学中の事に関し色々御尋ねを受けましたが其中、一ケ月の学資金はどれ程で有つたか空には覚えて居りませんが同時代の誰氏かから答へが有らうと思ひますから第一問に付いて彼れ此れ取り調べる事は御免を蒙ります。他の項に付いても御望に適ふかどうか分かりませんが先づ思ひ出すに従つて記して見ませう。

私が生物学を専門に選んで其科に入つたのは明治十六年九月で丁度二十歳の時の事で有りましたが、当時は未だ東京帝国大学と云ふ名は無く、其前身は東京大学と呼ばれ、医学部の他の法理文の三学部は一ツ橋外で、今日の高等商業学校の真向《むこ》ふの所に在つたので有ります。生物学科は理学部、即ち今で云へば理科大学に属して居たので有りますから私は此時東京大学理学部の生徒と云ふ謂《わけ》で有つたのです。そこで好きな学課と嫌ひな学課と云ふ第二問に付いてお答へを仕やうと思ひますが、夫れには専門を定めた事情から述べなければ筋が通り悪《に》くからうと考へますから話が前に溯りますが其事をザツト申して置きませう。此時分の制度では理学部の中の何学科と云ふ専門科に入る前に理科共通の理学部一年と云ふのが有つて、其下の予備門から本科に移る時には何学部と云ふ事を決すれば宜いので有つたから、私は先づ理学部を志望したので有ります。夫れはどうして極めたかと云ふと私の父は全く放任主義で「自分で判断して修め度い学科を修めて成れる者に成れ」と云ふ様な次第で有りましたから、差し向き理学方面に対しての傾きを有して居たので、先き先きの遠い考へも有りませんでしたが理学部を望んだので有ります。然らば其傾きはどうして生じたのかと云ふと、私の父は医者で有りまして静岡の病院に関係して居ましたので、私は幼い時から人体解剖の事とか動植物や金石に関した事とかを耳にし、又折々は解剖室を窺いて見たり、御薬園即ち植物園へ遊びに行つたり、蛙を捕へたり、石を拾つたりして居た所から何時と無しにさう云ふ事に趣味を有するに至つたものと見えるのです。斯う云ふ訳ですから理学と云つても心は博物掛かつた方にのみ有つたのです。理学部一年は理学共通学科を修める所で有つたのですから、どうも総べてが一様に好きで有つたとは言へない。尚ほ其上に性質として諸事物の考証を好み、随筆類を読み且つ抄するのを楽みとして居たので、いやなものは其方除《そつちの》けにして横道の方にのみ耽つた為め、正科の方の成績は甚だ面白くなかつたので有ります。

博物学的趣味と雑書から得た知識とが結び着いて、太古人類の事を調べて見度い、風俗変遷の事を調べて見度い、人種の事を調べて見度い、一言にして言へば人類の理学的調査がして見度いと云ふ考へが強く成つて、愈々《いよいよ》専門を定めると云ふ頃には生物学に入つて其中の動物学科を選ばうと云ふ事は最初理学部に入つた時よりも心中で確として居たので有ります。

但し之は自分の志が形作られ掛けて来たと云ふ丈の事で、どうも其為に兎に角規定の学科は遣り通して仕舞はなければ成らぬと云ふ念が起こらず、人類研究と云ふ事に縁の遠い様に感ぜられた学科は修めるのに気乗りがしませんでした。暇が有りさへすれば、否、強ゐて無理な暇を作つてまでも、自分勝手なものを書くのに掛かつて居たので有ります。

予備門在学中から編輯して居た筆記廻覧雑誌（始めは他の名で呼び後「小梧雑誌」と改題）、は此頃六十号に達し、休暇中種々《いろいろ》の雑感を起して置いた「小梧雑記」は此頃十巻に及び、読むに従つて抄記した「群書抜萃」は此頃積んで二十巻に成つたので有りますが、何事かに付いて自ら実地調査を遂げたとか新発見をしたと云ふ様な記事は更に載つて居ない、唯々先人の後を追ひ、若しくは簡単な見聞所感を書いたに過ぎなかつたので有ります。自分で何事かを仕出すと云ふには固より素養も足りなかつたが、仕やうとすれば何事か出来ると云ふ自信の念も余り強くは無かつたので有ります。然るに此所に私の一生に取つて段の付いた事が起こりました。

夫れは何かと云ふと是より先、明治十五年の十一月八日農科大学の前身たる駒場農学校の生徒福家梅太郎氏が上目黒村の土器塚と云ふ所で古代の土器の破片を拾つたと云ふので、同月二十三日、同氏と工科大学の前身たる工部大学校の生徒佐藤勇太郎氏と自分との三人で彼の古土器の有つたと云ふ所へ行き、彼所此所探した結果沢山の遺物を得、夫れ等が石器時代の遺物で有ると云ふ事を考へ定めたので有ります。モールス氏が先年大森で石器時代遺物を発見したとか飯島魁、佐々木忠次郎の二氏が引き続いて常陸の陸平《おかだいら》で同様のものを掘り出したとか云ふ話しは兼ね兼ね聞いては居たが、夫等の出た所は皆貝殻の集まって居る所、所謂貝塚で有つて、さう云ふ所は中々見付かるもので無いと思つて居たのに、貝塚で無くとも地勢から考へて見て太古の人の棲息に適した所でさへ有れば、我々とても探して探し当てられない事も有るまいと云ふ自信の念が此時から萌《きざ》して来たので有ります。其後此地に二回行きまして益々種々の面白い物を得ました。私共の貴い物だと云ふのが土器や石器の欠けで有りますから、其意義を知らぬ者には狂気沙汰に思はれたで有りませう。さらぬだに成績の好く無い者が斯う云ふ事に熱心し出したのでありますから放任主義の父も心配し初めて、親戚某に此事を話した結果と覚しく、一日某方へ呼び寄せられ懇々たる説諭を受けました。「仕度い事を為ると云ふのを何でも彼でも止めろと云ふのでは無いが、何学なりとも卒業し、身を立て、親を安心させた上での事とするが宜しい、今から自分勝手に好きな事計りして正科を怠る様な事が有つては成らぬ」と云ふ意味の事を言はれたので、理の当然、固より服従するより他に途は有りませんでしたが、窃《ひそ》かに斯うも考へたので有ります。人類研究と云ふ事は今の大学の学科中に無い、世間にも未ださう云ふ事で一家を成して居る人も無い、併し夫れは今無いと云ふ丈の事で、詰まりは為る人を欠いて居るに過ぎないので有るから、熱心に仕遂げたならば必しも夫れで身を立て、夫れで親の心を安んずると云ふ事が出来ぬとも限るまい。常には其所まで考へを馳せなかつたのですが、反動と云はうか何と云はうか、説諭を受けたのが動機になつて一層決心が固く成つたのであります。

私は親戚某の注意を謝し、親への取り成しを頼み、誓書様のものまでも認めたので有りますが、休日丈は自由と云ふ断りを添へることを忘れませんでした。此事が有つてから早速「三省雑記」と題する小冊子を作つて、登校複習等の事を書き付け我々が戒めとする事にしたので有ります。説諭を受けたのは、いつだつたか判《はっ》きり記憶して居ませんが此小冊子の表紙に明治十六年三月十一日と有つて、記事は十二日の月曜から始まつて居ますから多分十一日の日曜の事で有つたのでせう、記事の一例を示すと左の通り。

三月十二日　月曜　快晴

午前七時半　起

八時ヨリ　重学ヲ読ム

八時半　出校

十時半ヨリ　論理学ヲ読ム

十一時半ヨリ　昼食、休息

十二時ヨリ　論理学ヲ読ム、三時ニ至ル

午後三時半ヨリ　図ヲ製ス、四時半ニ至ル

四時半ヨリ　晩食、散歩、入浴

七時半　化学筆記清書、九時三十五分ニ至ル

九時四十五分ヨリ　論理学ヲ読ム

十一時十分　就褥

此頃私は寄宿舎に居たのでありますが、斯様にして殆ど脇目も振らぬ勢で遣り掛けては見たものゝ、学業の上には大した進歩も現れなかつた様であります。平常正科外の事をすると云ふ事丈は先づ止めた形で有りますが、土曜の午後と日曜の終日は天下晴れて好きな事をする事にして居ました。従事仕来つて居た好きな事をば急に無理遣りに全然止めて仕舞ふと云ふ不自然な事をしては反つて正当に為可き事に力が入らず、気

乗りのしないものは一層気乗りがしなくなる恐れが有るものです。私は土曜の半日と日曜の終日を好きな方に向けて置いたと云ふのは慥に一種の安全弁の働きをしたと思ふのであります。

彼の目黒に於ける石器時代遺物発見の事は校内の人々に段々と知れ渡つて来ました。終には「東洋学芸雑誌」の編者から之に関する寄稿を需《もと》められるに至りました。漸く理学部一年に籍を置いて居ると云ふ様な一未熟書生の仕事が先輩に認められたと云ふのは夫れ丈でも喜ばしい事で有るのに自分の書いたものが広く世に紹介されると云ふのですから実に嬉しく思つたので有ります。之が私の書いたもの丶活版に組まれた抑もの始めで、時は明治十六年の四月、前にも申しました「三省雑記」を書き出した翌月なのであります。標題は「目黒土器塚考」。第一の発見者は福家氏でありますから、氏の名も同署して置きました。

此年七月理学部一年を卒つてからは益々太古遺跡の実査を心掛け、休暇後九月に入つて生物学を専修する様に成つてからは、出来不出来は已むを得ぬ事として、兎に角面白味を以て総ての正科に対したのであります。動物学教授箕作佳吉氏は私の人類研究に同情されました、植物学教授矢田部良吉氏は元来人類研究に趣味を有して居られました。私は両教授から人類研究に関し直接間接に奨励を受け、有力の味方を得た様に感じた計りで無く、私の勉学の様子も両教授の意向の程も知れたものと見えて父からも親戚からも其後別段忠告を受ける様な事も無く誠に幸福に日を送りました。「三省雑記」の記入を続けて自ら制する抔《など》と云ふ必要は最早無くなつて仕舞ひました。

今でこそ石器時代遺跡を踏査する人も幾らも有りますが私共の方々を廻り始めた頃にはホンの片手で算へる程しか無かつたので、大学の者で実地の事を比較的好く知つて居たのは同学同年の白井光太郎氏と私位なものでありましたらう。十二月二十七日には両人で駒場農学校助教授佐々木忠次郎氏を足立郡貝塚村の貝塚へ案内し、翌二十八日には理学部の地質学助教授富士谷孝雄氏が貝塚調べの為め小石川植物園近傍を歩くからとて両人の同行を望まれたので連れ立つて行き、三十一日に両人で箕作教授を足立郡貝塚村の貝塚へ案内しました。斯くて両人の正科外の仕事は教官の注意を惹くに至り生物学実験室に於て間々石器時代遺物に関する調べ事を為る事があつても黙許と云ふ様な有様でした。曾ては正科外の事を為ては成らん成らんと計り云はれ居たのに今は真面目に為る気ならば為るも宜からうと云ふが如き扱ひを受ける様に成つたので有ります。追々に増加して来た古物類は動物学教場の一部に置いて宜しいとの許しも得ましたし、夫等を見せて貰ひ度とて神田孝平氏の来訪をも受けました。

十七年七月には動物採集の為め北陸旅行をしましたが、能登の能登崎に塚穴の有るのを見、電報で大学へ伺ひを出し、指令を得て同行の白井氏と共に其調査に従事しました。給与を得ての旅行中、云ひ付けられた動物採集以外の事を為すのみならず、僅かでは有りましたが学生の身を以て塚穴調べに費用を掛ける事の許しを得たのは異例と云はなければ成りません。それが私の古墳調査の最初の仕事であります。

実地調査は殆ど古物遺跡の事に限られて居ましたが、内外書籍雑誌の閲読に付いて云へば人類研究の諸方面に触れて居たので、私の目差す所は単に考古学と云ふ事計りでは無く、何所までも人類研究が主で有つたので有ります。私の此の如き研究を発達させるには同志、同趣味の者の会合を謀るのが肝要と考へたので前記の福家、佐藤、白井其他の人々の賛成を得て人類研究の学会を設立致しました。人類研究の学問、英語で云ふアンスロポロジーの日本名は其唱道者さへもまだ現はれなかつた時の事とて当時何とも一定して居なかつたので有りますが、私は人類学と云ふのを最も適当と考へ此会を人類学会と名づけました。第一会を開いたのは十七年十月の事で有ります。

此年の十二月私は父から訓戒書を受け取りましたが其中に「二十年来一回ノ失策モナク絶テ譴責《けんせき》スベキコトナク学業モ次第ニ進歩シ最早当年ハ三年生ニマデ上リタレバ無程卒業ノ期ニ至ルベシト企テ望ムナリ云々」「冀《こいねが》フ所ハ其許今ヨリ益勉《つとめ》テ不怠何業ナリトモ大成シテ屹然一家ヲ樹立シ云々」「学問ノ事ハ教師アリ余復タ何ヲカ言ハン云々」と有りました。人類学を以て世に立たうとの念は禁ずる事が出来なかつたので有ります。

白井氏は後植物学を専攻する事と成り自然と人類学に遠ざかる様に成つたが、私は生物学の中で更に動物学を撰び、其一般知識を得る事を謀る傍ら人類学専修の基礎を固める事を務めました。私は教官諸氏の好意のお蔭で大学に無い学科を修めるに付いて種々の便宜を得たのであります。十八年も此有様で過ぎ去り、十九年も同様で其七月には動物学科卒業の運びに至りました。此年三月大学令が発布されたので、卒業の時は元の大学理学部は帝国大学理科大学と改称され本郷に移つて居たので有ります。卒業後私は或る地方から教員にと招かれたのを断つて大学院入学を願ひ出しました。従来修めて居た学科を更に深く研究すると云ふのが大学院の通則で有るのに、私は願書に人類学研究の為めと書かうとしたので有ります。一心に思ひ込んだ余りの事で、後から無分別を評されても致し方が有りませんが、「余復タ何ヲカ言ハン」との言葉が有つたからと云ふので父には相談をしなかつたので有ります。扨《さて》独断で決し掛けては見たもの丶、行く行く人類学で「屹然一家を樹立」する抔《など》と云ふ事が出来やうか、過てば大「失策」を来たす事に成る、動物学を修めて居れば用ゐられる途は幾らも有る、どうしたもので有らうと、少しく心が鈍つて来たので、当時の動物学主任で有つた箕作教授に「人類学研究の為め大学院入学を願ひ度と思つて居ますが、そんな事を遣つた所で他日大学なり何所なりで就職の途が見付かりませうか」と何気なく意見を尋ねた所が、誠に慚愧《ざんき》の至り「さう云ふ先の事は誰に聞いたとて解かるものでは無い、必要の学科なら何所かで置きもしやうし、役に立つ人なら何所かで用ゐもしやう、又身を立てゝ途も自ら生じて来るでせう。あなたは誰かどうか仕て呉れるならと云ふ様な依頼心を持つて居るのですか」との反問を受けました。「お言葉は好く了解致しました、最早迷ひません、初志を貫く事を心掛けます」と云つて直に人類学云々の願書を出しましたが、幸にして許可に成り、且つ毎月十五円宛《ずつ》の給与を得る事に成りました。これが人類学と云ふ文字の公けの文書に載つた始めで有ります。

以上が私の大学生活の大略で有りまして、従順に受動的の事を仕て居たのでは無く、云はゞ我が儘な振る舞ひを遂げたので有ります。夫れ故第三問の勉強法に関しては何も云ふ事が出来ず、「三省雑記」を作つて自ら己を監督した事が有る位が先づ問題に触れて居る事で有りませうか。第四問の娯楽及苦痛に付いては、人類学的の事をするのが娯楽で、そんな事をして何に成る馬鹿馬鹿しいと云はれるのが苦痛でした。酒、煙草、寄席、芝居、勝負事等には更に心が向かず、強ゐて学事以外の慰みを探ねれば狂歌や滑稽談の雑書を読む事と、何に由らず種々工夫を廻らす事とでした。第五問の理想と希望とは前に述べた所に由つて略《ほ》ぼ推測が出来やうと思ひます。

図らず長談しに成りまして誠に失礼致しました。

人類学会略史

此度報告ヲ出板スルニ付テハ本会ノ性質ト略史トヲ述ベヤウト思ヒマスガ私自己ノ経歴ト親密ナ関係ガアリマスカラ自分ノコトヨリ記シマセウ私ハ幼少ノ頃カラ雑書ヲ読ムノガ好キデシタガ博物書ヤ随筆ノ類ヲ見ルニ及ンデ事物ヲ比較シテ異同変遷ヲ考ヘルノガ面白クナリマシタ学友渡瀬荘三郎、白井光太郎、福家梅太郎ノ三君モ同好ノ人故常ニ話ガ合ヒマシタ

私ハ大学教授イ、エス、モールス君ガ明治十年ニ大森ニテ貝塚ヲ発見サレ他ノ諸君ガ小石川植物園、王子西ヶ原等ニテ同様ノ貝塚ヲ見出ダサレシコトヲ伝聞シ大学ニテ採集サレタル古物ヲ見、十二年十一月八日佐々木忠次郎君ガ演ベラレタル常陸陸平《オカダイラ》介墟ノ説ヲ傍聴シ、十三年ニ渡瀬君ガ札幌へ趣カレシ后ノ通信ニテアイノノ風俗コロボックルノ古跡等ノコトヲ略知シ、十四年ニ荒川郁之助君ヨリ預カリタル陸奥及ビ後志ノ古物ヲ東京近傍ノモノト比較シ、十五年ニ工部大学生徒佐藤勇太郎君ヨリ同君ガ同年ノ夏岩代ノ御山《オヤマ》ニテ採集サレタル石鏃及ビ土器ヲ貰ヒ抔《ナド》シテカラ之等ノ貝塚ヲ作リ石器土器ヲ遺シタル人民ト今ノ日本人ヤアイノトノ関係ヲ明ニスルハ啻《タシカ》ニ面白イノミナラズ学術上要用ノコトト考ヘマシタ

私ハ此間ニ人類学ニ関シタ書籍ヤ演説ヲ少々見聞シマシテ事実ヲ集ムルノ要ヲ悟リマシタ所十五年十月二日ニ太政官第五十八号ノ布告ガ出テカラ古跡探究ノ念ガ一層強クナリマシタ併シ東京近傍ハ開拓ガ行キ届キテ居ル故既ニ知レタルモノノ他ニハ斯様ナ所ハ有ルマイト臆測シテ居マシタ

之ヨリ先、福家君ハ駒場農学校ニ転ジラレ余暇ニ彼辺ノ古跡ヲ探鑿《タンサク》サルヽ折十五年十一月八日上目黒ノ土器塚《カワラケ》ナルモノハ大森、小石川、西ヶ原抔ノ貝塚ヨリ出ヅルモノト同種類ノ土器ノ塚ニシテ稀ニハ石器モ有ルコトヲ発見サレマシタガ密ニ一人ニテ探究スル積リニテ親友ニモ秘シテ居ラレシ所同月十八日私ト共ニ生物学会ヘ傍聴ニ出テモールス君ノ石器ノ話ヲ聞キシ中《ウチ》大ニ感ズル所ガ有テ広ク人ニ告ゲ多ク物ヲ比ベナケレバ時代ヤ人種ヲ考ヘルコトハ出来ヌト心付キ始テ私ニ古物発見ノコトヲ語リ又モールス君ニモ告ゲマシタココニ於テ私モ前ノ憶測ヲ捨テ太古未開人民ノ住居ニ適シタリト思フ所ヲ探ネタラバ東京近傍ト雖モ古跡尚有ルベシトニ考ヲ起シ先ヅ福家君ト共ニ土器塚ノコトヲ調ベテ報告ヲ十六年四月ノ東洋学芸雑誌第十九号ヘ投ジ夫ヨリ福家、白井其他学友諸君ト古跡探究ヲ心掛ケテ居マシタ所同年ノ末ニ大学助教授富士谷孝雄君ガ命ヲ奉ジテ東京近傍ノ貝塚ヲ探究スル故同行セヨトノ書ヲ私ニ寄セラレシ故喜デ招キニ応ジ十二月廿八日ニ白井君ヲモ誘ヒテ富士谷君ノ家ニ趣キ三人ニテ半日間小石川辺ヲ探索シマシタガ植物園ノ貝塚ヲ見タギリニテ他ニハ何モ得ル所ガアリマセンデシタ三十日ニハ牛込辺ヲ探鑿サルヽ由デシタガ都合アリテ見合セラレ其后ハ何ノ御沙汰モナク又何所ニテ発見サレタトイフコトモ聞キマセン

佐藤君ハ工部大学舎内ニテ私ハ東京大学舎内ニテ屢《シバシ》バ人類学上ノ談話ヲシマシタガ福家君ハ駒場農学校舎内ニテ尚一層ノ熱心ヲ以テ古物学上ノ演説ヲサレタ故終ニ古物ト云綽名ヲ負ハレマシタ斯カル有様故佐藤、福家、白井ノ三君ト私トガ会ヘバ談話ノ十中ノ八九ハ古物ノ事カ日本人種ノコトカ都鄙《トヒ》風俗異同ノコトデシ

タ書生ニシテカクノ如キ傾ノアルノハコノ三四人ニ過ギナイダラウト思テ居マシタ所予備門ニ有坂季三有坂鉊蔵ノ二君ガアリテ私ドモヨリモ前ニ古物採集ニ志シテ居ラレマシタガ二君ハ私共アルヲ知ラズ私共ハ二君有ルヲ知ラズニ居マシタ、十七年三月一日ノ夜助教授石川千代松君ノ紹介ニヨリテ白井君ト私ガ両有坂君ニ面会シテカラ互ニ同志ナルヲ知リマシタ、以上記名ノ五君ト沢井廉君ト私ノ七人ガ注意シテ居リマシタ故土器塚発見后一年半ノ間ニ新ニ十五ヶ所ノ古跡ヲ探シ出シマシタ

私ハ尚事実ヲ集メタク思ヒマシタカラ東京近傍古蹟探索ノコトト言フ一編ヲ草シテ十七年一月理学協会ノ雑誌へ出シマシタガ今ニ至ツテ何ノ報知モ得マセン併シ私共ノ連中ニ於テハ追々ニ探索ヲ遂ゲ東京近傍ノミナラズ遠国ノ事モ少シヅヽ知レテ来マシタカラ之等ノ話ヲスル為同志ノ人ニ報知シテ十月十二日ニ集会ヲシマシタ所中々話ガ尽キマセンカラ同月中尚二会ヲ開キマシタ之迄ハ会員モ規則モ定メズニ置キマシタガ会場ノ借リ受ケヤ会日ノ報知ノ都合ガアリマスカラ十一月十六日ニ開イタ第四会カラ会名ハ人類学会、会日ハ毎月第二日曜、会費ハ毎会五銭ト定メマシタコノ時ノ会員ハ沢井廉、白井光太郎、福家梅太郎、佐藤勇太郎、有坂鉊蔵、岡田信利、菊地松太郎、宮沢作次郎、神保小虎、丘浅二郎、斎藤賢治、細木松之助、松原栄、坪井正五郎の十四人デシタ

十八年四月十二日第九会ニテ以后毎月第三日曜日ニハ東京近傍ノ横穴ヤ貝塚ヲ実見シ古代ノ獣骨、介殻、石器、土器等ヲ採集スル為会員相伴フテ遠足スルコトヲ決シ九月十三日第十二会ニテ以后談話ハ可成自ラ筆記シテ幹事ニ送リ幹事ハ之ヲ合綴シテ会員ノ便覧ニ供フルコトト定メマシタ、以上ハ十四ケ月間経歴ノ大略ニテ第十五会后ノ記事ハ別ニ本文ニ載セマセウ

右ノ如ク同志者ガ二人三人ト追々ニ殖エテ終ニ会ト成ツタノデ新ニ会ヲ設ケヤウトテ人ヲ募集シタノデア

リマセンカラ人数ガ少フゴザリマス其上ニ当時会員ノ過半ハ在学ノ学生々徒ニテ余暇ニ乏イ人々故述ブル所モ実見セシコトノ報告位ニ止ツテ居リマスコノ故ニ之迄ノ談話ハ重ニ古物ヤ古跡ニ関シ殆ド我邦ノコトバカリデシタガ往々ハ古今内外ヲ問ハズ凡テ人類ニ関スル自然ノ理ヲ明ニスル考デスカラ狭キ名ヲ以テ研究ノ区域ヲ限ルヨリハ広キ名ヲ以テ漸進ヲ期スル方ガ宜シカラウト思ツテ私共ハ会名ヲ人類学会ト付ケマシタ

東京人類学会満二十年紀念演説

（**緒言**）我が東京人類学会は初め其名を異にしては居りましたが、事実に於て明治十七年の十月創立されたので今月が満二十年に当たるので有ります。二十年と云へば随分長い時で、第一回の集会の頃に生まれた女の子の中には最早自分が母親に成つて居ると云ふ人が幾らも有るで有りませう。更に時勢に付いて云へば日露戦争真最中なる今日を距る十年前は日清戦争、夫れよりも又十年前は朝鮮京城の変。実に二十年前と云へば何事に付けても今とは事情が異つて居りました。特に日進の学術に於て前後二十年を隔てゝは其相違が甚しく、広く人類学と云つては固よりの事、日本に於てと制限を立てゝも、此時期の間の事を述べ尽すのは中々の大仕事で有ります。私は今斯かる大仕事を試みやうと企てゝ居るのでは有りませんが我が東京人類学会の現況の真価値を示し、将来の発達に関し予期する所を明かにせんが為めには本会の過去二十年間の経過を追想するのが必要と信じますから、此所に其要領を述べて紀念祝賀を表する事に致さうと思ふので有ります。

（**学会創立当時の事情**）本会創立の当時我が国に於て人類学と云ふものはどんな有様で有つたかと云ひま

すに、東京大学にも此学科の設けは有りませんでしたし、校の内外を問はず此学問に志す者の団体に付いて聞く所も無く、実に此学問を唱道し若しくは此学問を専修すると自称する人も有つたとは思はれませんでした。固より本邦人及び外国人中に偶々《たまたま》人類学に関係した事項をば研究し或は之を世に紹介した人が無かつたと云ふのでは有りませんが、夫れは或る事項を故《ことさ》らに人類学の上から考へたと云ふのとは別で有ります。人類学其者の性質に至つては世人の多くは之を知らず、否、世人の多くをして之を知らしむる事を務める人が無かつたと申して宜しい。斯かる時に当つて他に倣つたでも無く、人に促されたでも無く、自動的に、自発的に、或る人々の間に人類学上の会合を催さうとの議が生じて来ました。其発起人は

東京大学理学部生物学生徒　　白井光太郎
工部大学生徒　　佐藤勇太郎
駒場農学校生徒　　福家梅太郎
の三氏及び私即ち
東京大学理学部生物学生徒　　坪井正五郎

此四人が中心に成つて同志を集め、明治十七年十月の十二日に第一回の集会を開いたので有りますが、其時の出席者は発起人の他、理学部動物学職員、岡田信利、同撰科生、宮沢作次郎、地質学生徒、神保小虎、同撰科生松原栄、化学生徒、吉武栄之進、物理学生徒、平山順の六氏で総数十人で有りました。

（**学会創立の近因**）四人の発起、六人の賛同、数に於ては誠に微々たるもので有りましたが、各《おのおの》の熱心な事は甚しいもので、或る時は一ケ月に三回会合しましたし、或る時は弁当携帯で朝から夕方まで話しをした事が有ります。会を始めたからとて人が急《にわか》に話し好きに成るものでも無し、話しの種が湧き出すものでも

無し、兼ねて其傾きが有り、其予備が有るので無ければ斯かる事は望まれません。会に由つて話しが引き出されたのでは無く、話しの有る為めに会が成り立つたので有ります。それで会合の必要を感ぜしめた近因は十七年の夏、岡田、白井の両氏と私と夫れから矢張り同志の一人で動物学の助手で有つた菊地松太郎氏と都合四人で動物採集の為め能登地方へ行つた時、序《つい》でを以て種々の遺跡を調査し、種々の古物を拾得し、種々の土俗を観察したので帰京の上は是等に付いての談話会を兼ね、広く古物遺跡風俗方言人種等に関する研究演説の寄り合ひを催さうと話し合つたのに在るので有りますが、遠因に至つては後の入会者に取つて甚だ意外で有らうと思はれる事が二つ有るので有ります。

（**遠因の一、夜話会**）明治十二年大学予備門在学中私は同窓井上円了氏渡辺環氏等と共に智識交換演説練習及び懇親和楽の目的を以て一会を組織し之を夜話会と名づけましたが、追々に加盟する者が殖えて来て今尚ほ同窓会の一として存在して居ります。近頃でこそ演説は絶無の姿で有りますが、嘗ては中々盛んなもので毎月の集会に於て会員各々得意の弁を振つて種々の事項を論じたので有ります。然るに十六年に入つて奇妙な傾向が生じて来ました。

三月開会第五十九会での演題は、考古雑話（坪井正五郎）、上野国綾瀬の古墳（沢井廉）、石斧（福家梅太郎）、他に一題。

四月開会第六十会での演題は、考古説（坪井）、古墳考（白井光太郎）、他に一題。

同月臨時開会第六十一会での演題は、古器物を駒場に於て発見す（坪井）、他に四題。

九月開会第六十四会での演題は、考古談（坪井）、考古談（白井）、他に三題。

十一月開会第六十五会での演題は考古談（坪井）、考古談（白井）、他に一題。

十二月開会第六十六会での演題は考古談（坪井）、考古談（白井）。

十七年一月開会第六十七会での演題は考古談（坪井）。此勢で押して行つたので、夜話会は一時殆ど白井、福家、沢井の三氏と私とが古物遺跡に関する話しをする所の様に成りました。聞く方では或は単調に堪へなかつたで有りませう。云ふ方でも傍聴者が必しも同趣味を有する人で無いと云ふ事を憂へたので有ります。此に於て同志者計りの会合を催し思ふ存分此類の談話を為度いとの考へが此数人の間に浮かんで来ました。併し始めは新たなる会を興こす意は無く、唯夜話会の一部として特別会を開く位の考へで有つたので有ります。所が同志者は夜話会々員外の人にも有つて、夫等の人々中には同窓会の性質を有する夜話会に入会する資格の無い人が有るので、会を別にする必要を認めました。斯くて一方に於ては従来夜話会で述べ来つた古物談遺跡談が新たに出来た人類学上の会に移されたと同時に、他方に於ては夜話会での演説が段々と下火に成り終に消え失せ、此会合は単に同窓の親睦会としてのみ存立すると云ふ次第に立ち至つたので有ります。云はゞ夜話会の魂の一部分が抜け出して新設の学会に入り込んだ様なもので有ります。

（**遠因の二、小梧雑誌**）以上は演説の方から見た系統で有りますが、別に又記述の方から見た系統が有ります。明治十年に私は大学予備門内の出来事を書き集めて之に随筆様のものを記し添へた月曜雑誌と云ふものを作つて学友に示して居りましたが、其後名称を毎週雑誌と改め又小梧雑誌と変じ大学部内の雑報演説の筆記学友の通信投書自分の意見考説等を編輯し期日は不定ながらも数年間引き続いて同好者の廻覧に供して居りました。小梧とは正五郎の音に因んだ私の号ですが、小梧雑誌は、自ら私の思ふ所を発表する機関と云ふ様な物に成つて来たので、大学部内の雑報抔《など》は追々と跡を絶ち、唯々自分の最も趣味を有する事柄が誌上に顕れると云ふ有様を呈するに至りました。十五年六月編輯第五十号には古物の説第一回（坪井正五郎）と上

代考（同）、
九月編輯第五十一号には古物の説第二回（坪井）、
十月編輯第五十二号には琉球風俗（山口鋭之助）、日本古物雑記（シーボルト原著）、
十一月編輯第五十三号には壱岐の鬼の窟（稲垣満次郎）、河内高安郡の塚穴（大塚専一）、
同月編輯の第五十四号には古物遺跡に関する太政官布達を読む（福家梅太郎）、太古の研究と常陸の遺跡（添田寿二）、札幌近傍古物遺跡（渡瀬庄三郎）、
十二月編輯の第五十五号には琉球風俗（酒井佐保）、越前の古土器（松本源太郎）、
十六年三月編輯第五十八号には札幌の穴居跡（渡瀬庄三郎）、遠江発見の古土器（坪井）、横地石太郎氏の中野駅にて獲られたる石斧、
五月編輯第五十九号には上目黒村土器塚考（福家、坪井）、デンマルク発見の青銅時代の櫛（福家）、
十六年十月編輯第六十一号には備中の古墳（実吉益美）、遠江発見の古土器（坪井）、
十二月編輯第六十二号には石器製造法（白井光太郎）、石器の名称（坪井）、加賀の横穴（横地石太郎）、
十七年一月編輯第六十三号には立石村の石棒（坪井）、
二月編輯第六十四号には立石村の石棒追加（坪井）、高縄の石神（同）、
五月編輯第六十五号には岡山方言（沢井廉）、玉川辺の横穴（福家）、
が載つて居る。
此雑誌は十八年の二月迄継続し、号数は六十八に達して終りを告げたので有りますが、前に列挙した様な題目に付いての記事は新学会設立以来此雑誌の方には顕れない様に成りました。丁度夜話会での人類学的演

説が新学会に移された通りに、小梧雑誌に於ける人類学的記事も新学会の記録に移されて仕舞つたので有ります。夜話会と小梧雑誌、系統から云へばこれが新学会の父母とも云ふべきもので有りますが、産婆に比すべき発起諸氏、裸母に比すべき初期会員諸氏、教師に比すべき一般会員諸氏の功績と云ふものは大なるもので有りまして、本会の今日有る全く是等諸氏夫れ夫れの特種の実力に因る事勿論で有ります。

（**遺跡実査**）学会の発起者白井、佐藤、福家の三氏及び私の四人は決して古物遺跡に関して述べたり書いたり計りして居たのでは有りません、実地研究に付いても大に意を傾けて居たので有ります。他の同志者の分をも籠めて遺跡実査の表を作れば次の通り。

（時日）	（場所）	（実査者）
明治十五年十一月八日	目黒土器塚（発見）	福家梅太郎
同…………二十三日	同前	福家、佐藤勇太郎、坪井正五郎
同……十二月二十五日	同前	福家、坪井、白井光太郎
同…………二十七日	玉川辺の古墳	福家、坪井
同…十六年七月十五日	西ケ原貝塚	福家、坪井
同……………………月	草加貝塚（発見）	白井
同………………八月	向ケ岡貝塚（発見）	白井
同………………月	大森貝塚	福家
同………………月	芝公園丸山（埴輪発見）	坪井
同…………十六日	草加貝塚	白井、坪井

同…………二十七日　草加貝塚　白井、坪井
同…………三十一日　向ケ岡貝塚　白井、坪井
同…………九月四日　上野新塚貝塚（発見）　坪井
同…………五日　同前　坪井
同…………月　芝紅葉館裏貝塚　坪井
同……十月二十一日　大森貝塚　白井、坪井
同…………二十七日　小豆沢貝塚（発見）　白井、坪井
同……十一月十五日　上野新坂貝塚　白井、坪井、菊地松太郎
同…………二十四日　植物園　白井、坪井
同…………二十五日　下総曾谷貝塚　佐藤、坪井、沢井廉、斎藤賢治
同…………十二月　横浜根岸　広田理太郎
同…………二日　下総前貝塚、小作　白井、坪井
同…………五日　上野新坂貝塚　白井、坪井
同…………八日　向ケ岡貝塚　白井、坪井、山崎甲子次郎
同…………十六日　堀の内　白井、沢井、坪井、箕作元八
同…………二十七日　草加貝塚　白井、坪井、佐々木忠次郎
同…………二十八日　植物園　白井、坪井、富士谷孝雄
同…………三十一日　草加貝塚　白井、坪井、箕作佳吉

同……十七年一月三日　中里貝塚　白井、坪井

同……………四日　白子　白井、坪井

同……………五日　王子一里塚脇貝塚　坪井

同……………十三日　大崎　沢井

同……………二十七日　同前　白井、山崎、坪井

同……二月二十四日　向ケ岡貝塚　有坂鉊蔵

同……三月二日　同前　白井、坪井、有坂鉊蔵、有坂季三

同……四月十三日　角筈辺 石鏃を拾ふ、東京近傍にては始めて、　白井、宮沢作次郎

同……………十九日　白子、練馬　白井、坪井、有坂鉊蔵

同……………日　下渋谷　宮沢

同……………二十日　大崎　沢井

同……………二十七日　芝紅葉館裏貝塚　坪井

同……………日　道灌山　宮沢

同……………三十日　植物園　宮沢

同……五月十一日　護国寺　宮沢

同……………日　新宿　有坂鉊蔵

同……………十五日　植物園　宮沢

同……………六月　同前　有坂鉊蔵

同…………七月	越後片貝	佐藤
同…………月	能登諸所の遺跡	白井、坪井、岡田信利、菊地松太郎
同…………月	小豆沢貝塚	有坂鉊蔵
同…………月	植物園	有坂鉊蔵
同……九月七日	大崎	佐藤
同……二十一日	堀の内	白井
同……十月二日	植物園	坪井

此月に学会が立てられたので有りますが、是に先だつて我々同志者が如何に熱心に遺跡実査に従事して居たかは此表の明かに示す所で有ります。即ち会が興つて後に実査を始めたのでは無く、実査を心掛けて居た人々が凝つて一団と成つたので有ります。

（**間接の恩人**）抑《そもそ》も我国に於ける太古遺跡の学術的調査は誰に依つて始められたかと云へば、多くの人の記憶に存する通り。夫れは元東京大学理学部の教授米人動物学者エドワード　エス　モールス氏で有ります。氏は本国に於てワイマン　プットナム諸氏と此種の研究に従事された事が有つたので、来朝早々其知識を応用し、大森ステーシヨン近傍に於て石器時代の遺跡たる貝塚を発見されたので有ります。其結果が大森介墟編（英文）と成つて世に出たのが明治十二年。大学内外の人でモールス氏の事業を手伝つた人も少く無いので有りますが、本会の設立に預かつた人は其中に一人も有りません。モールス氏は自身も其頃は既に帰国して居られたので有ります。之に反して本会の発起人は一人としてモールス氏の教へを受け若しくは氏の調査実況を目撃した者が無く、氏を手伝つた人々からの導きさへも得た者が無いので有ります。発起人中に於ては福家氏が斯道の先輩で有ります。福家氏は何所から遺跡実査の知識を得たと云ふと、それは河野邦之助と云ふ人からで、此人はモールス氏に就て話しを聞いたので有ります。学会発起者は誰も親しくモールス氏に学んだのでは有りませんが、斯く系統を調べて見ると慥《たしか》に同氏の賜を間接に受けて居るので有ります。尚ほ此所に斯う云ふ面白い出来事が有りました。明治十五年十一月の事でしたが、東京大学の一室に於て催された生物学会で、其頃再び漫遊に来られたモールス氏の演説が有ると云ふので、福家氏と私と連れ立つて傍聴に行きました。其の演題はトンボの止まり方に付てと云ふ様な事で、本論の方は別に此所に云ふ要は有りませんが、余論として学者は心を広くして各自の見聞を語り合はなければ成らぬ、自分一人で仕上げ様抔《など》と事を秘するが如きは学術進歩を強ゐて遅々たらしめるもので学事に忠実なる者の為すまじき事で有るとの旨を述べられたのが、思ひ設けぬ結果を生じたので有ります。此演説が終るや終らぬに福家氏は私を室外に招き出して、言葉を更めて謝されたので有ります。氏の言はれたには「自分は実は目黒の土器塚《カワラケ》と云ふ所で古代土器の破片と思しきものを多量に発見したので有るが、自分一人で十分に調べ上げやうと云ふ考へで駒場農学校寄宿の同室の者にも話さず、学校が別とは云ふもの丶親友たる君にまで秘して居たと云ふのは今更面目無い事で有る、今日の演説は自分に感動を与へた事が甚しかつた、これまでの事は深く謝する、今後同志者相携へて此遺跡を調べやうでは無いか」との事で有る。それは面白からう、それならばと云ふので出掛けた先きは前にも申した農学校を距る遠からざる地に有る石器時代遺跡で有ります。斯う成つて見ると、まだ他にも有りさうなものとの考へが浮んで来て、或は地勢を案じて歩き廻り、或は名所図会の類を繙《ひもと》き、或は故老に尋ねると云ふ様な風に手段を尽して遺跡探りを行ひ同志者の熱心の度は益々高まつて来ると云ふ有様を呈しました。即ち盛に実査を始めたと云ふ其本は福家氏の耳に響いたモールス氏の言に在るので有ります。我々は福家氏に向つて実査の例を示し、新発見の望みを与へ、勉めさへすれば学術的地位の低い者と雖も大家先生に劣らざる仕事が出来るとの励みを添へられたのを感謝しますが、これ亦《また》間接にはモールス氏の御蔭を云はなければ成りません。

尚ほモールス氏に付いてモウ一言云ふべき事があります。それは明治十一年十月から十一月に掛け浅草井生村楼開会江木学校講談会に於て四回続きで人猿同祖論を通俗に説かれた事で有ります。人類の研究に対しても進化論を応用すべきもので有るとの事は此講談に由つて多くの人に知られたので有ります。此の如くモールス氏は種々の点に於て人類研究上の智識を我邦人中に広く伝播されましたが、人類学其もの、唱道若しくは紹介と云ふ事は更に致されませんでした。モールス氏は人類学研究の下拵《したごしら》へ、或は人類学上の片寄つた問題の研究と云ふ事は致されましたが、其上に位し其全般を繋ぎ合はせる所の人類学に付いては何事をも云はれませんでした。我々はモールス氏の功を否認するのでは有りません。功の大なる事は十分に知つて居りますが、我邦に於て人類学を興こしたのは同氏で有るとは云ひ兼ねます。同氏と我邦の人類学との間には直接の関係は有りません。モールス氏は我々に取つて間接の恩人で有ります。モールス氏は日本人類学に付いて間接の恩人で有ります。併し乍ら何所までも間接の恩人で有るとしか云へません。

（**古物研究と人類学**）人類学と云ふ名を盛に唱へ、斯学上の研究を熱心に続け、斯学の性質、利益、趣味を普く世に示すと云ふ事を為始めたのは我々学会発起者で、後に至つては漸次入会の諸氏も共々是等の事を務められたので有りますが、此所に一言しなければ成らぬのは古物研究と人類学との関係の事で有ります。前に学会の父母に譬へました夜話会、小梧雑誌、の演説記事、及び我々同志者の実地調査と云ふものは殆ど古物遺跡関係の事で持切りと云ふ姿で有つたのに我々が新設学会を考古学の会とせずに、人類学の会としたのは如何なる訳か、或は此点に付いて疑ひを挟む人が有るかも知れず、或は又考古学と云つても人類学と云つても大した違ひは無いと云ふ様に考へる人が無いとも限りませんから、念の為め学会命名の由来を申しませう。我々が手にした所の材料の多くは如何にも考古学に於て扱ふやうなもので有りました。併しながら之が研究に付いて我々の懐いた希望は単に古物遺跡に基いて昔の有様を知ると云ふに止まらず、之を遺した種族の何者たるか、其現存種族との関係如何をも明かに仕度いと云ふに在つたので、我々の仕事は古物遺跡を中心として人種の事を参考に供したのでは無く、人種を中心とした調べの手掛かりに古物遺跡を用ゐたので有ります。我々は歴史以前、歴史初期及び歴史有つてから此方を通じての古物遺跡研究をば総括する所の考古学の部分として斯かる仕事をしたのでは無く体質言語風俗種々の方面からして人類の本質現状由来を調べる所の人類学の部分として採集研究に従事したので有ります。人類学上調ぶべき事項が幾らも有るのに何故此方面に傾きが多かつたかと云ふに其理由は誠に簡単で、比較的容易に手の付けられる事、破壊湮滅《いんめつ》に先だつて成るべく速かに調査する必要の有る事、運動娯楽をも兼ね行ひ得る事等が人々の心を此方に引き付けたので有ります。発起者及び初期会員中、他の人々も古物遺跡以外の人類学関係事項を調べもし、話しもし、書きもしたので有りますが、矢張り福家氏の仕事が最も広く亙つて居りました。我々は考古学の会たるべきものに人類学の名を負はせたのでは有りません、古物遺跡関係事項が勝つて居たとは云ふものゝ、希望に於ても、事実に於ても、人類研究の会たるべきもので有つたので、其会合に最も適切と思はれる名を付けたので有ります。

〔**学会の名**〕そこで初めて付けた適切の名とは今称へて居る東京人類学会と云ふのかといふにさうでは有

りません。丁度会を立てた頃は「かなのくわい」とて何事も仮字を以て書かうと云ふ説の人々の寄り合ひが活動して居た時で、我々大に夫れにかぶれて居たもので有りますから、此会の名までも仮字書きにし且つ成るべくは漢字の音を採らない様に仕やうと云ふので人類学会と云はずに「何々のとも」と云はふと企てたので有ります。究した余り「アンスロポロジイのとも」として見たが、何分穏かで無い。そこで「じんるいがくのとも」と命名しました。此第一会と其次の第二会とは植物学の教場で開いたのですが、実は学校には内々でコツソリとしたのです。当時一体に集会と云ふ事がやかましくて、校内に於ての書生の集会でも夫々手続きを経るのが面倒で有つたので、斯うしたので有りますが、度々会合をするに何時までも日蔭者で居る訳には行かない、兎に角次の会は天下晴れて寄り合はふと云ふので、十七年十一月十二日生物学三年生坪井の名を以て

「人類学研究会設置之為相談会相開き度候に付本月十六日（日曜日）午前九時より正午迄貴学教場之中一室拝借仕度願上候也」

と云ふ書面を当時の東京大学総理加藤弘之氏に差出して許しを得ました。即ち此時の表向きの会名は人類研究会で有りました。之が第四会に当るので有ります。此寄り合の節種々相談の結果、書式に適つた願書を加藤総理に差出す事に致しました。其文は

「今明治十七年十二月より毎月第二日曜日午前九時より正午まで人類学会相開き申候に付貴学応接室拝借仕度依て別紙の通り会名目的会員姓名等相副奉願上候に付御許容被下度此段懇願候也」

日付けは十二月六日。願ひ人は当時の幹事白井氏と私。別紙会名の所には人類学会と記して有る。指令には「願之趣聴届候事、但講義演説之旨趣万一国法に悖戻《はいれい》し或は政談に渉り候儀と認むるときは貸付方可相断

候事」と有りました。それから暫く此名で継続して居ましたが十九年の二月、従来筆記復写版、寒天版等で間に合はせて居た会誌をば印刷に附する様に成り、後には夫れが外国にも送られる様に成つたので唯、人類学会即ちアンスロポロジカル　ソサイチイでは混《まぎ》らはしいと云ふ所から地名を冠らせて東京人類学会と改称したので有ります。これは十九年六月の事。

（**今昔の比較**）我が学会は斯くの如くにして発達して来たので有ります。新に学会を興こさうとて、理論上関係有るべき人達、義理として無関係とも云ひ兼ねると云ふ人達を強ゐて寄せ集め、若しくは誘ひ合はせて、人為的に作り立てたのでは有りません。同志者が集まり、意気投合者が加はり、内心からの賛成者が助けて自然に此会が出来、且つ進んで来たので有ります。元来探り求めたので有りませんから人類学有志者で会に漏れて居る人も有りませう、他から見たら敬意を表する一手段として入会を請ふが好からうにと思はれる人でいまだに会から何事をも云ひ出さずに居ると云ふ様な事も有りませう、此流義が善いか悪いか人々見解を異にしませうが、兎に角、我が東京人類学会は彼様にして二十年間健全な発達をして来たので有ります。創立当時に比べれば我邦人類学の有様は大に異つて来ました。帝国大学では私をば人類学研究の為に海外へ送られましたし、引き続いて、理科大学内に人類学教室が設けられ、私が其主任教授を命ぜられ、理科大学のみならず、文科大学の講義中にも人類学が加はり、早稲田大学其他の学校でも人類学が講ぜられ、東京でも地方でも屡《しばし》ば人類学の講習会が開かれ、華族諸氏の間にも、人類学講話会が興こり、恐れ多い事ながら皇族方の御席に於ても人類学上の御話しを申し上げ、陛下の御前に於てさへも人類学上の御話しを申し上げる事が出来る様に成りました。今日では人類学上の探検家も有る、著述家も有る、学生も有る、明治十七年十月に同志十人が植物学教室で開いた第一会と今明治三十七年十月に数百人の会員を有し数十人の列席者を得た此植物園開会の満二十年祝賀会との間には諸事に付け大なる差が有ます。局外者から見たらば或は進歩が遅い世の発達に伴はないと見えるかも知れませんが、我々最初から会に関係して居た者は好くも此所までに成つたとの感じを有するので有ります。人為に作つた会は団結力に欠ける所が有る代はりに機関が備はつて居る、役割りが整つて居る。自然に出来た会は会員相互の親みが深く、会を想ふ情が厚い代はりに、事務進行の点に於て時として敏捷を欠く恐れが有る。我が会は既に出来た会で有る。今更作り直す要は無い。併しながら機関を整へる事に於てはまだ〳〵、為すべき事が多い、私は自然に出来た此会をば態々《わざわざ》作つた会で有るかの如くに諸事整つたものと仕度と云ふ希望を有して居るので有ります。同情厚き諸君が直接間接此会の為に尽さるべきは私の固く信ずる所で有ります。以上を以て紀念演説と致します。

坪井式発想法

退屈を防ぐ法

　新雑誌発刊第一号の為めに筆を執ると云ふ場合、即ち何《いずれ》の点から見ても物事の始めと云ふ聯想《れんそう》の起るべき場合に、退屈に関する話とは、余りに事を弁へぬ様に思ふ人が有るかも知れませんが、所謂「治に居て乱を忘れず」の類で、差し当り必要の無い時に於て、此事を述べるのは不愉快の感を未発に防ぐと云ふ効が有ると信ずるので有ります。

　退屈すると云ふのが、既に面白からぬ事で有りますが、其結果気がだれて何事も懶《ものう》くなると云ふのは更に忌はしい事で有ります。長い間同じ様な事許り続けて為て居ると倦《あ》きる。さう云ふ時にはちよつと休むも好し、他の事を為て気を転ずるのも好し。何れにしても単調を破ると気力が快復する。斯様にして倦怠を避けるのは比較的容易では有りますが、格別な仕事の無い時とか、遠い路を歩く時とか、舟や車で無趣味な所を過《よ》ぎる時とかに退屈を催したと成ると、之《と》を禁めるのはなか〳〵むづかしい。あくび、のび、ためいき、不足の小言、ろくなものは出て来ません。どうしたら此退屈を防ぐ事が出来やうか。読書も好からう。談話も好からう。併し目的に適した本が何時でも手近に在ると云ふ訳にも行かず、話し相手が必ず傍に居るとも定め難い。独りの時の事を考へて置かなければ実際の役に立ちません。

これはドイツでの話しで有りますが、或る人が或る先生を出迎への為めに停車場《ステーション》へ行つて、面《かお》を見るや否や「長い所をお一人旅ではさぞ御退屈でしたらう」と云つた所が、先生の挨拶は斯うであつたと云ふ事です。「学者と云ふ者は常に考ふべき事を沢山持つて居る。どんな時でも退屈抔《など》と云ふ事の有らう筈は無い。今云つた様な言葉は学者に対しては慎むが宜しい。」

これは親しい間柄の事とて無遠慮に云つたので、普通の問答としては、余りに愛想が無い様では有りますが、露骨に云へば事実当《まさ》に斯く有るべきもので有ります。或る問題を考へる、解決が付いたら、又其先きを考へる、要点を書き留める、自ら批判する、再考を要する点に付いては再考する。斯うして行けば退屈所では無く、モウ此所まで来たか何時の間に来て仕舞つたらうと思ふ様に成る訳で有ります。併しこれは考ふべき問題を有する人に付いての事で、何と云つて考へる様な事も無い、何をどう考へて好いか分からないと云ふ様な人には当て嵌まらず、常に考へて居る人にしても、或る場合には丁度好い問題が思ひ浮ばないと云ふ事も有る訳で有ります。考へ事をするのも退屈を防ぐ一法には違ひ有りませんが、誰でもと云ふ事にも行かず、何時でもと云ふ事にも行かないので有ります。此点から云つて見ると常に考ふべき問題を有する人は幸で有ると云ふ事になるので有ります。

曾て日本の或る線に於て二人連れの学生が汽車に同乗した事が有りました。一向に面白く無い道で、あたりの景色も見倦き、詰まらん詰まらんと呟いて居る中、一人が不図、携帯品中に尺《ものさし》の有つた事を思ひ出し「窓の寸法を測つて見ようぢやないか」と云ひ出した。連れの者も「宜からう」と云つて早速紙片に高さ何程、幅何程、と書き出す。「サア腰掛けも測らう、天井の高さも測らう」と云ふので、二人のみならず、他の乗り合の人までも興を催し、目的地に達するまでに、客車内部の種々の部分の寸法が調べられたと云ふ事が有ります。斯くて此二人は退屈凌ぎの副産物として客車に関する或る事柄を知り得たので有ります、汽車には限らない、船でも斯う云ふ事は出来る。畳み尺なり、巻き尺なり、携帯して居ると云ふは何かに付けて便利で有りますが、退屈凌ぎの為にも甚だ肝要で有ります。手帳鉛筆は云ふ迄も無し、磁石廓大鏡《かくだいきょう》抔も常々持つて居るが宜しい。長さを測り、方角を見、組織を明かにすると云ふ事は、歩いて居る場合にも、家に居る場合にも応用は沢山有ります。

私はカラフトの西海岸に於て或る日九里の路を歩いた事が有りました。長い間、同じ様な石浜伝ひ、同行者は無し、荷担ぎの人足は遅れ勝ち、車や船の中とも異るので、入り組んだ考へ事抔すると足を踏み外し、路を取り違へる恐れが有る。そこで歩くのに関係の有る事を思ひ出して進む事とし、先づ出発点を東京の自宅と仮定し、此所が隣り、此所が曲り角、此所が何屋、此所が郵便局と云ふ様に心中で東京の道を辿り、これで日比谷まで来た、これで芝公園まで来たと云ふ様に夫れから夫れへと想像を走《は》せ、凡その道程《みちのり》をも考へつつ歩きました所ろが、更に退屈をしなかつたのみならず、ゴロ石道と丸の内の堀端、アイヌ小屋と司法省、否でも応でも歩かなければ成らぬ所と、僅な銭を出せば電車に乗れる所と云ふ様に此彼対照して面白味を感じ、自然と人工と云ふが如き大な問題にさへ触れて、知らず識らずの間に益を得た事が少くありませんでした。

調査すべき事、観察すべき事の多い場合には固より退屈の心配は無用。手透きで困る、無事に苦む、変化の無いのに倦む、と云ふが如き場合には予《か》ねての考へを続ける、新に考へを起こす、調査観察の問題を探し出す、或は目前の事物と記憶に存する事物とを比べると云ふ様にすれば、退屈を予防する事が出来るので有ります。

本編の趣旨は、これで尽きました。長文は退屈を招く恐れが有りますから、此所で擱筆《かくひつ》することと致しませう。

現代読書法

読書の二方面

読書の方法に二つの目的がある、一は一時的に読書の趣味を解して楽しむもので、一は読書中の要件を記憶して他日の用に備へるものである、一時的即ち道楽的に読書するものに向つては別に記憶に備ふるカード式の必要もないだらうが、苟《いやし》くも読書した処のもの記憶して後日の用に立てやうとするものは、朦朧と読過すことを避けねばならぬ。

カード式記憶法

さて、如何に明快な頭脳を有つてゐるものでも其読書したところを一々記憶に存することの出来るものでない、自分は記憶を助くる方法として所謂カード式を利用してゐる、其方法は縦二寸横三寸大のカードを幾つとなく製して同形のものとして、読書の際有益で且後日参考の資料となるべきものは、書名と頁数と題目とを認めて置くので、時としては一頁の書中に数箇の用をなすものもある。

斯くして其カードが多く集まると、能《よ》く分類して体骼《たいかく》又は風俗といふやうに区別して其れ〴〵袋に入れて置くので、或は人種によつて分類することもある、即ちネグロ種に関するものは其種で一纏にして置くから後日研究の上で風俗の事を調ぶる時には風俗其物の袋を明くると解かるのである、従つて時としては一問題に就いて十も二十も材料があつて研究の上に多大の効果を奏するのである、読者の中には或は書籍は其れ〴〵索引があるから別にカード式を用うるの労を要せぬと思ふかも知れぬが、索引といふものは往々内容と一致してゐないものがあるのみならず、何うも自分の考と一致せぬ事もあるから研究の目録を造くるの用があると思ふ、又、別にカード式の絮煩《じょはん》を避けて脳に記憶するが肝要であると思ふものもあらんが、総べて読書中の有益に感じたことを一々記憶に存するといふ事は容易の事でない、要するに此のカード式は記憶を軽んずるのでなく記憶を助くる手段である。

斯くカード式を用ゐて置くと人から借覧したもの、又は図書館で見たもので、後日研究に資する際に思ひ浮かべて其れ〴〵の書物を見るに便利である、普通の索引といふものは僕自身の目的の為に作つたのでないから不便であるが、自分の拵らへた索引は此点に於て研究上尠《すくな》からぬ便利を得ることである、世間に往々自製の索引を作らず、有益と思ふ点を其れ〴〵抜書する人があるやうだが、自分は抜書は遣らない、抜書は時間が非常に取れるので時として一冊或は一章を通じて皆模写せねばならぬ場合がある、其れでは読む方が捗《はか》が往かない事になる。

予の読書時間

確乎と一定してゐないが、読書といふことはあたりの静かな時が最もよいのである、外国にゐた頃は主として夜間にやつたのである。

有益の書

有益と感じた専門書は数が多いので特に何れと指す事はむづかしい、感化を受けた書籍は有るのかも知れませんが自覚して居ない。

青年の人類学を修めるに付いての参考書は邦語ではまだこれぞと申すものが出来て居ないが、極初歩のものなら開成館出版の「人類談」稍《やや》精しいものなら国光社出版の「人類学講義」が有りますが共に私の著述でホンの人類学の何たるかを示す位に過ぎません。矢張り私の論集で「人類学雑話」と題するものが近々博文館から出る事になつて居りますが初学者の為には手引き位の役には立たうかと思ひます。私は又「人類学的攻究叢書」と云ふものを時々公けにする考へで居りますが其第一篇は来月あたり隆文館から発行される筈。尚ほ種々の計画が有りますが、余り予告のみ致して居るのも如何かと他は差控へます。

外国書でも都合好く纏まつたものは多く有りません。其中で最も読み頃の一書を選び出せば Deniker の The Races of Man : An Outline of Anthropology and Ethnography で有ります。何を読むにしてもこれは是非座右に置くが宜しい。価は三円位。丸善に注文すれば直ちに得られるで有りませう。

自製索引

一月の「学灯」へ何か寄稿する様にとの望みを受け、彼れ此れと新年景物の事を考へた結果、心に浮んだのは歌がるた。古今内外カードの変遷を究め書法やら画風やらを記述したならば幾らか、面白味の有る文も出来やうかと思ひは思つたもの、蔵書中で此問題の参考とすべきものは既に或る人の目に触れて其人の筆に由つて要領が青年向きの雑誌に掲げられる運びに成つて居る。これに手を附けるのも感心した話しで無し。同じ「むべ山」を狙ふ様な事は止めとしてカードはカードでも他のカードの事を記す事としました。

書物や書中の記載題目を探り出し易くする為には綴ぢた目録よりもカードの方が便利で有るし且つは抜き挿しも容易で有るとは常に多くの書物を扱ふ人の知つて居る所では有りますが、斯様なカードを作る事は寧ろ図書館に於ての仕事で、特別の書庫と云ふ程のものを有して居らぬ人は用に応じて書を探るのに夫れ迄の事をするにも及ばぬと思ふかも知れません。実に自分所蔵の書物は自分に手馴らして居るから、何の書は何《ど》んな大さ、何んな色、何事は何の辺に在ると凡の事は記臆し得られるで有りませう。併し書名では内容の察し難い事が有り、編章の題目も固より記載事項悉皆を示すとは云はれない、何でも読めば何事か覚えられるが、其覚えた事の中には長く心に残るのと残らぬのとが有る。残つて居る分でも一々の語までは慥《たしか》とは思ひ悪《にく》い事が多いし、残つて居らぬ分は勿論後日の役に立たない。折角時を費やし理解力を用ゐて書を読んでも、事に当つて十分の用を為さないのは誠に惜い事と云はなければ成らぬ。記憶と云ふもの兎角混乱し易い、あらざらん此世の外の思出に
今一度の御幸またなん

と云ふ様な事が屢《しばしば》有る。之を避ける工夫も肝腎。記憶の混乱を避け、速に用を弁ずる様にするには、何れの書物に就ても読んだ所が容易に探り出せる様に仕て置かなければ成らぬ。読みながら棒を引いたり、紙の縁に印しを付けたりする事も余り多く成ると一向見出しの用を為さない。此に於てカードの必要が起こる。紙は必しも厚いので無くて宜しい。普通の西洋紙でも事は弁ずる。否寧ろ其方が扱ひ好い。紙の大さの都合で縦二寸五分横三寸、或は縦三寸横四寸と云ふ様に横長の紙切れを何十枚でも作つて置いて、書を読む毎に此紙切れを手にし、何かの参考に成りさうな文に出会ひ次第、紙切れの一端に見出しの部類分けを書き、紙切れの主な部分に著者名書名或は其略符を記し、次に第何頁若くは第何巻第何頁と記し添へるのです。斯う云ふものさへ作つて置けば、用に応じて直ちに目的の文を見出す事が出来る。既に之を行つて居る人も有りませうが、私の年来致して居る方法を述べて見やうと思ひます。

私は多数の書物に就て之を作りましたし、現に作りつゝ有るのですが、一冊でも二冊でも其気で読んで其気で索引紙を拵へれば、段々に殖えて来るのも楽みですし、出来れば出来た丈其量に応じた便益が現れて来ます。索引紙は必しも自分所蔵の書物に就てのみ作ると限るには及ばず、図書館の書物でも友人の書物でも読み次第に索引紙の材料とするが宜しい。私の仕方は斯うです。先づニユージーランドの土人の事を書いた

書物を読むとしませうに、容貌に関する事が見当つたら紙切れの上の右の隅に「容貌」と見出しを書いて、紙の主な部分に其書の著者と題号と所在頁数とを記すのです。同じ書物の他の場所で又容貌の事を見付けたら、同じ紙に同書第何頁と書き添へる。後に他の書物を見て居る中同様の事項が目に触れたら、矢張り同じ紙に此新な書物の著者と題号と其記事の有る頁数とを記し加へる、前の書物を読み続けて居る間に今度は迷信に関する事が見当つたとすれば、別の紙切れの上の右の端に「迷信」と云ふ見出しを据えて著者名、書名、頁数を記す。他の書で同様の記事を読んだら、其節には又此紙を取り出して、所在を前例通りに記す。題目の新に成る毎に別の紙を用ゐ、同題目でも所在が紙一杯に記入された上は、別の紙を採つて其一隅に同様の見出しを添へ、此新たな紙に参考事項所在頁数を記し、満つれば又別の紙を用ゐると云ふ様に材料が有るまゝに何枚でも索引紙を作る。他も以上の例で推測が出来るでせう。或は「容貌」或は「迷信」と、ニユージーランド土人に関する諸事の索引が出来たら、是等を一纏めにして袋に入れ、其袋に「ニユージーランド土人」と見出しを付けて置く、ハワイ土人に付てもタヒチ土人に付ても其他ポリネシヤ諸島土人に付ても夫れ〴〵斯様な袋が出来たら、総てを一つに束ねて其帯に「ポリネシヤ」と書いて置く。他の地方他の種族に付ても同様の仕方で索引紙を作る。此通りに仕て置けば或る一種族の事を調べやうとする時には、其種族の名の書いて有る袋を開きさへすれば立ところに用が弁ずるし、諸種族に亙つて容貌の事とか迷信の事とかを調べやうとする時には、一つの袋を開いて容貌或は迷信の部を見、他の袋を開いて同じく容貌なり迷信なりの部を見、是等を綜合すれば直ちに目的が達せられる。索引紙の数も、見出しの題目も、袋の数も、一束ね一束ねの数も、書物を読めば読むに随つて増して行くのです。

以上述べたのは種族別に出来るもの丶索引ですが、此他、人類の起源とか、人類の分類とか云ふ種族別に為し難い問題は紙切れに著者名、書名、及び所在頁数のみを書き、之を袋に入れて、其袋の上の右の端に「人類の起源」とか「人類の分類」とか見出しを記して置くのです、此方も書物を読んだ数が殖えれば紙も殖え袋も殖えるのです。

私は種族別けの方の袋は特別に作つたもの、問題別けの方の袋は出来会ひの西洋状袋を用ゐて居ますが、そんな事はどちらでも宜い訳です。

種族別けの袋を束ねた数も、問題別けの袋の数も多くなれば又探すに面倒ですから、私は引き出しを多く付けた用箪笥を特別に拵へて、各《おのおの》の引出しの外面の右の端を黄色の漆塗りにし、此所に問題の大綱目を墨或朱で記して、此大綱目に応ずるものを夫れ〴〵の引き出しに入れて置く事に仕て居ます。部類別けに無理が有ると探すのに暇が費えますから、一見無駄の様でも、一問題に付ては必ず袋も異にし、大綱目の引出しも成るべく数種兼帯に成らぬ様に仕て置くのです。

仮りに石器時代の事を調べると仕ませうに、先づ第一に「石器時代」と書いた引き出しを抜く、さうすると中に袋が幾つも有る。其一つには「石器時代の名称」他の一つには「石器時代の区分」他の一つには「石器時代研究の歴史」と云ふ様に色々の見出しが付いて居る。そこで袋を開けると中に紙切れが何枚か入つて居て、各の紙には著者名、書名、頁数が記して有る。是等に従つて思ふものを探り、用に応じて所在の頁を見れば、労が少くて目的が達せられる。

歌がるたにも人に由つて夫れ〴〵の並べ方が有る。或る人は下の句の頭字別け、或る人は歌の種類別け、或る人は詠み人の種類別けを便利とする。元来索引殊に自分様の索引は理屈よりも実用の速なのを貴ぶので、他から手本を出して示すと云ふ事は仕難い。唯何等かの索引を作るのは読書に由て得た智識を活用するに欠くべからざる事で有るとの事は誰に向つても一様に説く事が出来ると思ふ。本編に記した所はホンの自分流儀では有りますが、未だ彼様な事を試みない方々に取つて幾分かの参考にも成れかしと筆を執つた次第で有ります。

葉書趣味

葉書についての葉書たより

・日頃心掛けて居る人類学研究に於ては、諸人種の容貌体格風俗等の写真絵画が入用で、常に其蒐集に意を用ゐて居ましたが、どうも思ふ様に行きませんでした。然るに「絵はがき」の流行以来、在外知人から参考となるべきものを続々送つて呉れるので誠に好都合で有ります。

「絵はがき」の効能は色々有りませうが、私の利益を感じて居る事の最も深いのは、此点で有ります。

・本式のアルバムに挿むのも煩はしいが、さりとて何処か混れ込ませるのも惜しいと云う様な「はがき」が往々有る。私は斯う云ふものを集めて保存する為に、極簡単な方法を用ゐて居ます。先づ一緒にすべき「はがき」を幾枚でも一列に並べ、隣り合つて居るものを幅の狭い紙で継ぎ合はせ全体を屏風の様にして畳む。これで前後に適当な表紙を付けると手軽な「はがき」帖が出来ます。

・はじめて「はがき」を使つた者が框《わく》の有る方へ文言を書き他の面へ宛て名を記して出したと云ふ実例が有りますが、常々郵便の事を心得て居る人でも不図失策をするもので、或る人が或る所で催す筈の会へ「はがき」を出すとて、宛て書きの所へ其会場の名を書き、別に附箋して今日何々会が有る筈故其幹事に之を御渡し有り度しと云ふ意の口上書をしたので、受けた方では不足税を払はせられたと云ふ事実談も有ます。

がくやは誰も覗かれ度く無いもの、覗くのも遠慮すべきで有りますが、覗かれ無い様に人の為を謀ると云ふのも一つの徳義と云つて宜しい。パリスの或る古郵券店に日本の「はがき」で用立て金の催促の書いて有るのが出て居た事が有ります。引きくり返せば受信人発信人の名も分かる訳。とんだ事を外国に迄晒《さら》されたもの。斯んな事は封書に限る。

きの知れないのは、「はがき」に親展と書く人。東京名所の「絵はがき」を地方からよこす人。書損《かきそんじ》の「はがき」を墨を費やし、暇を潰し黒々テカ〳〵と塗り立て、文言を朱で書く人。

会の知らせとして出す「はがき」には、時日と場所とを特別目に付く様に示して置くが必要。出席欠席の返事「はがき」には夫丈を大書すれば宜し。長文句は、書く方でも読む方でも無駄に時を費やす他に何の結果も得られないのが常である。慰みは慰み、用事は用事、用事は早く弁ずるに越した事は有りません。

此位が丁度編者の望まれる分量らしいから、斯んな雑記は最《も》う止めに致しませう。

ロンドン郵便雑話

○ロンドンの町を歩いて見ると両側の人道と中央の車道との界《さかい》の所に或は黒塗りの方形の箱が立て、有つたり、或は赤塗りの円筒が立て、有つたりする。共に上の方に口が有つて下の方に開き戸が有る。我が邦でも近年赤色の郵便筒が出来たから、此円い方に付いては説明を要さないが、方形の箱に関しては一言しなければ成らない。黒塗りの方形の箱。夫れは旧式の郵便筒だらうと速断したら大間違ひ。実際は馬糞入れ！　往来の掃除をする者が塵取りの様な物で馬糞を浚《さら》つて此箱へ入れる、他の者が馬車に乗つて此箱の有る所を廻り歩き、下の開きから之を掻き出して車上の箱に移し他所へ運び去る。郵便箱と馬便《ばふん》箱、似て非なる物の好例。ウツカリ手紙を投げ込まない様に御用心御用心。

○自働機で物を売ると云ふ事は今日では一向珍しくないが我が邦で未だ例を見ないのは銭を投げ入れて郵便切手を取り出す仕掛け。ロンドンには斯う云ふのが有る。例の赤筒の横に箱が添へて有つて、これに銭入れの孔と引き出しとが設けて有る。ペネー銅貨を入れる。カタンと落ちる、引き出しを引くと状袋と切手と小さな手帳が出る。ペネーに対してペネーの切手が出る丈ならまだ解かつて居るが、状袋と手帳とがお負けとは妙。手帳は紙の代用。ペンか鉛筆が有りさへすれば、其場で用が弁ずる。便利は便利だがどうしてさう云ふ事が出来るか。手帳を開けば成る程と合点が行く。紙の片面は悉く種々の広告。郵便の達する所に広告も伴ふから、随分好く行き渡る訳。広告主は手紙を書く者を配達に使ふ事に当たる。取次する者も相当の利を収めるに違ひない。一挙三得。なか〳〵うまく考へたもの。

○ウードの諸人種風俗誌に、ヲーストラリヤの土人が木登りをする時には石斧の類を幹に打ち込んで力にするのだが其響きが郵便配達の戸を叩く音に似て居るとの趣が書いて有る。戸を叩くなら叩くで好さゝうなもの何故郵便配達と断つたのか分からぬ事と思つて居た所、ロンドンへ行つたら直ちに理解が出来た。ロンドンの家の入口の戸には手頃の所に大きな金の輪が箪笥の鐶の様に下げて有る。受けも金だから叩くと好く響く。訪問者は軽く持つてコト〳〵〳〵〳〵と鳴らす、物売りの類はコトンと一つ鳴らす。郵便配達はコトンコトンと強く二つ鳴らす。ヲーストラリヤ土人の石斧の響きはこれだなと一人でニコ〳〵。嗚呼一聞は百見に如かず！

○ロンドンではクリスマス頃に成ると兼ね〴〵多くの手紙を配達した所へ配達人の方から心付けを貰ひに来る。随分煩はしい話し。日本にはそんな弊習が無いから我々少しもクルシマズだ。

○ロンドンの郵便局にはブラインド、セクション（文盲係り）と云ふ部が有つて此所では当て字無茶綴り出任せ地名抔《など》の書いて有る手紙を扱ふので色々の参考書を並べてどうにか考へ出し附箋をして夫れ〴〵の所へ送る様にする。其骨折りは大したものだが、気楽な人間は係り員の忍耐力を弄んで地名人名を判じ画抔《なぞ》で現すので其類も少く無い。御役目御苦労御面倒察し申すが参観人には此部が一番面白い。

めでた尽し

○新年用の絵はがきには新年相当の絵を写し、尚ほ新年を祝する意味の文句をも記し添へたのが有るが、此他には特に或る事柄に向けて作つた絵はがきと云ふもの、我が邦に行はれて居るのを見聞した事が無い。西洋に有る誕生日祝ひ新婚祝ひのカードの例に倣つて更に広く様々の祝ひ事に際して用ゐる様な絵はがきを作つたら面白からうと思ふ。此頃は六枚一組が流行るから、矢張り其積りで一ツ「めでた尽し」の案を述べて見よう。

○第一は誕辰《たんしん》祝ひ。絵には盥《たらい》と破《わ》れた桃を取り合はせると云つた様なものを撰ぶ。兼ね兼ね知人の誕生日を覚帳に扣《ひか》へて置いて、夫れ夫れの日に当つて夫れ夫れの人に贈る、友情を温めるには至極好い方法と信ずる、絵は版にしたものでも、出す人の働きで気の利いた言葉でも書くとズット活きて来る。

○第二は始業祝ひ。絵には大木と成るべき木の芽生へとか、海に入るべき谷川の流れとか、順風を受けた帆前船とか云ふ様なものを採る。学校への入学でも商店の開業でも、何事にも有れ総て事を始める人に向て之を贈る。文言は場合に応じたものを撰べきは勿論の事。

○第三は結婚祝ひ。絵には神代の故事なり、婚儀用の道具なり、若しくは蝶とか鴛鴦《おしどり》とか、時に取つて然るべきものを写し出す。予《あらかじ》め送るも妙、当日送るも妙。又年々其紀念日に送るも妙。固より言葉書きが必要。
○第四は出産祝ひ。絵には鶴の巣籠り抔《など》が適当。犬張子、デン〳〵太鼓等も佳し。誕生日祝ひのものを此方に転用するも妨げ無し。何れにしても多少の文字を列ねなければ成らぬ。男ならば男らしく女ならば女らしく何とか工夫が肝腎で有る。
○第五は成業祝ひ。絵は果物の成熟した形とか、コロンブスが新大陸に到着した体とかに基く。卒業祝ひ落成祝ひ、成功祝ひの類に通じて用ゐる。之に祝ふ目当ての事柄と絵との関係を付けた文言を記す。
○第六は高齢祝ひ。絵の意匠は高砂でも蓬莱《ほうらい》でも何でも長寿に縁の有るものに拠る。還暦、喜寿、米寿、何れと限らず高齢を祝する為めに送る。年齢を利かせ祝意を表する適宜の短文を書き添へるべきは云ふ迄も無し。
○以上大意を示したに過ぎませんが、少し考へれば佳作が幾らも出来ませう。祝賀の絵はがきだからとて他の事に使つても差支へは無いのですから、行はれる範囲が狭いと云ふ心配も有りますまい。若し此案が実現される様に成れば、絵はがきの用も増し知人相互の友誼を表する機会も殖える訳、めでた尽し絵はがきの創製を祈るめでたし〳〵〳〵。

猿はがき

○明治四十一年は申歳だと云ふので彼所此所《あつちこつち》で猿の話しが持て囃される様子。僕も思ひ出すに従つてはがき便り位の程度で猿話しを書いて見ようと思ふ。其所で此文を題して猿はがきと云ふ。
○猿芝居と云ふものは中々面白い。子供計りで無く大人の中にも好んで之を見る者が有るが、先年没せられた渡辺洪基氏は特に猿芝居見物を楽しみとして居られた。住宅の近傍なる愛宕社の縁日は毎月二十四日で其時には屢《しばし》ば猿芝居の小屋が作られたが渡辺氏は常得意として其所に赴かれた。散歩旁《かたがた》に出られるので銭の持ち合はせの無い事も珍らしく無い。其場合には「コラ木戸番銭は屋敷へ受取りに来い」渡辺氏の如きは猿《えん》劇通《げきつう》と云ふので有らう。
○楊枝を売る店に猿屋と云ふのが有る。昔は楊枝店の看板に猿の形を作つて出して置いた事が有るとの事。寛文年間即ち今を距《さ》る二百五十年程前に出板に成つた京雀と云ふ書にも其図が載つて居る。猿の歯は白くて丈夫なので、此店の楊枝を遣へば其通りに成ると云ふ意を示したので有る。
○東京帝国大学理科大学の前身たる東京大学理学部は一ツ橋外に在つたので有るが其頃の動物学実験室は運

動場から直に出入りが出来る様な風に成つて居たので好く他科の学生が遊びに来たものである。或る年の試験前法学部の或る学生（今は地方に於て弁護士と成つて居る人）が受験準備のノートを手にしながら這入つて来て、格子付きの箱に入れて有る尾長猿にからかひ始めた。猿はキーキー云つて手を出したり尾を出したりして居たが、彼れ此れする中、学生が尾の先を摘まんで力任せに引張つた所、憫《かわい》さうに其部がポツリとちぎれ出血して猿は悲鳴を発した。其時が丁度正午で有つたので、昼食の鐘を機会《しお》に彼の学生は主任者の詰責《きつせき》を恐れて這ふ這ふの体で逃げて行つた。其場を去つたまでは好かつたが余り急いで大切のノートを箱の側に置いた儘に仕て行つた。暫して気が付いたと見え実験室に取つて返し箱に近付いて見れば、これはしたり！　彼のノートは猿の為めにメチヤメチヤに破られて仕舞つた！

○ロンドンには様々の物売りや銭貫ひが有るが、猿廻はしに類した者も居る。それは楽器の音に合はせて猿を躍らせるので、楽器は大きな箱形に出来て居り紐で頭に掛けて胸の辺に当て横に突き出て居る把手《とつて》をグル〳〵廻すのである。猿は此箱の上に行儀好く乗つて居る。楽器の音はピキポコ　ピキポコ　ポツポーポー！

ピキポコ　ピキポコ　ポウポーポー！

○これもロンドンの話しだが動物園に大猿の一種たるチンパンジーで好く人の様な挙動をするのが居た。其名をサリーと云つて中々の人気者だつたが、年を取つて病んで没した。夫れが又大評判に成つて諸新聞に其の記事が出たが、或る新聞の如きは黒枠で囲んだ半身の像を掲げ其下に「此頃物故されたるサリー」と記した。猿ものは日々に疎しどころでは無い。

自画自賛

○三十六年は卯歳で御歌の題が新年の海。そこで年賀はがきには片仮名の「ウ」を左に膨れた帆の様にし、「ド」を右へ斜に添へて帆綱と見せ、「シ」を左から右へ長く書いて船体とし、帆の中央へ朱で「宝」の字を顕し、全体を宝船に作り成して、新年の海に因み且つ卯歳と云ふ事を示しました。波をチヨイ〳〵と画いて見たが、まだどうも淋しい。何かもう少しと考へた所、不図心に浮んだのは自分の名の正五。正の字の縦棒二本を左に反らせ、右の横棒を斜に右へ下げると略画の船と見える。五の字も頭の横棒を去れば自ら船の形と成る。宝船を左の方に画き正と五とを右の方に書くと丁度三艘の入り船が出来る。受け取つた人が枕の下に入れゝば之が直ちに「ながきよの」の代理を勤める。自分では趣向海よりも深い積り。何だ夢の様な事を云つて居ると笑ひ給ふな。

○三十七年新年の御歌題は巖上の松。いはまつ、いはまつ。まさかに赤塗りにして⊕を白く抜く訳にも行かない。いはまつ、いはひまつ、いはひまつる。さうだ！「祝ひまつる」に限る。併し「巖《いわ》ひ松《まつ》る」と字で書いては見立てが無い。略画で巖を顕し、左の横に松を生やし、「巖」の所に「ひ」の字、「松」の傍に「る」

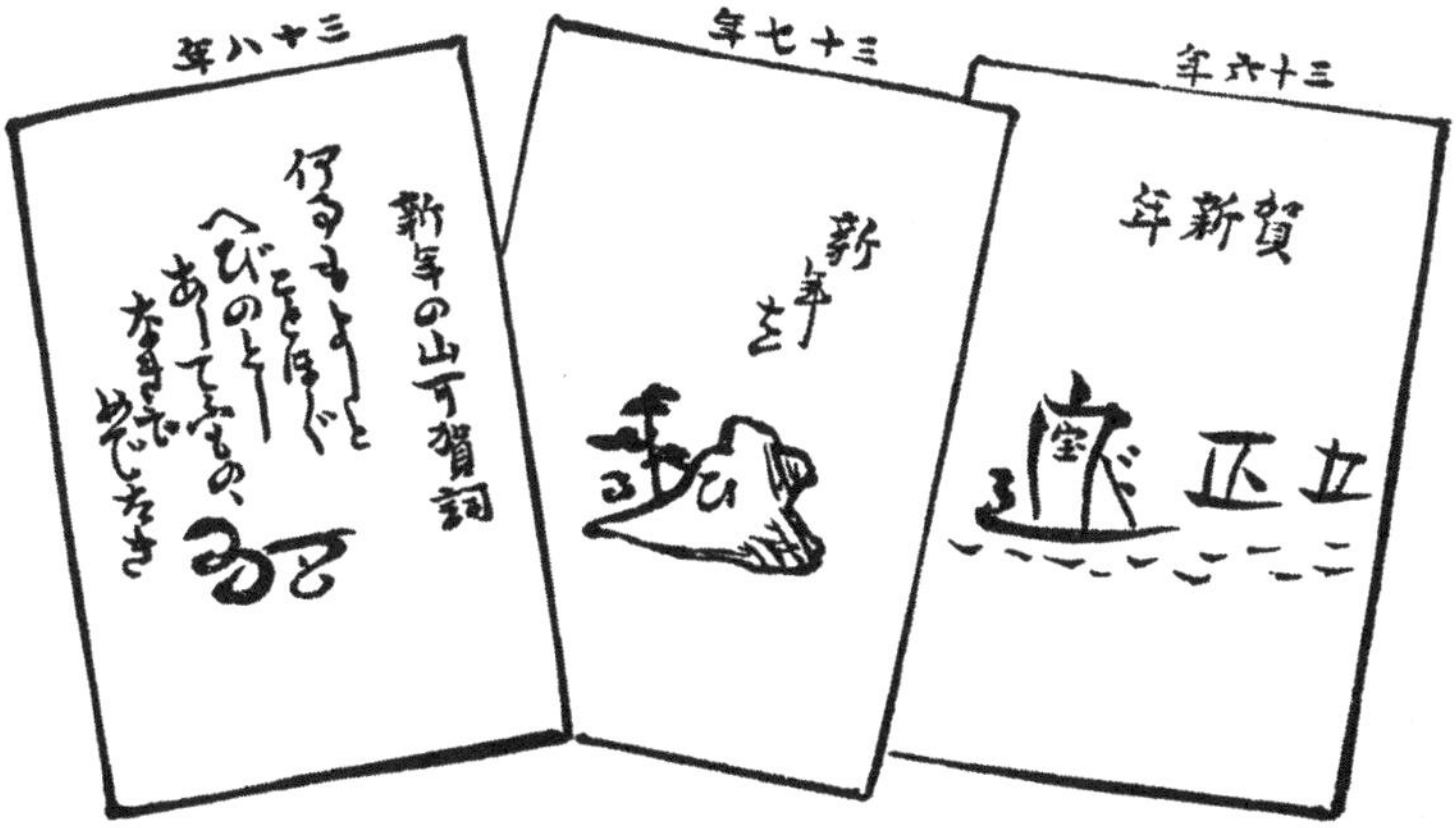

の字を書き全体の画の上に「新年を」と記し「新年を巖ひ松る」と云ふ事に為よう。斯く考へて其はがきを諸方へ送つた所、此松風に応ずる反響が二ケ所から伝はつて来た。

○其一つは福地復一氏からで「御趣向実に敬服仕候沢山真似いたし認申候」との文言が有つて、巖上《がんじよう》の松と大きな散り松葉が描いて有つた。右の方の松葉は片仮字の「ヒ」の字、左の方の松葉は同じく「ル」の字の形に成つて居る。流石《さすが》は図案家の妙意匠、「ひ」「る」を画で示された所は中々うまいが、新年早々散ると云ふのは縁起が好く無いから、僕は矢張り葦手書き擬《まが》ひの方を撰ぶ。併し福地氏の画かれた松葉同様此御幣はチト針小棒大かも知れない。

○モウ一つは博文館の内山正如《せいじよ》氏からで「御趣向誠に面白くござります」との御挨拶が有つて、其傍に「新年を」と記し、下に琴と尺八とを画き添へて有つた。云ふ迄も無く「ことぶく」の意。これこそ松風の声が琴の音に通《かよ》つたとでも云ふものか。合奏は結構だが三曲の揃はなかつたのは、少し三味《さみ》しい三味しい。

○三十八年即ち本年は巳歳で御歌の題が新年の山。蛇と山、山と蛇。何をがなと考へて思ひ付いたのは「山かゞし」。それをどう云ふ風に画かうかと色々試みて居る中、自ら出来たのが38の続け書き。

3の始めを頭とし、終りを右に引つ張つて8の上へ繋ぎ付けると丁度蛇ののたくつた形となる。山に蛇に三十八は纏つたが一向新年らしく無い。一工夫を要する。蛇には足が無い。足《あし》を悪に利かせて善《よし》に対し、一首こじ付ける事とした。

拙詠に曰く

何事も善しとことほぐ蛇のとし

あしてふもの丶無きぞめでたき

これでは唯、蛇に成つて折角の山かゞしと云ふ事が分からない。そこで甚だ究策だが題を書き添へる事とした。これもこじ付け序《つい》でに

新年の山可賀《やまかがし》詞

と書いて其中に恭賀新年の意をも含ませた。

此はがきに対する返答も矢張り二ケ所から。

○一つは少年物で皆さん御存じの石原和三郎氏からで、これは唯、歌ばかり。

新年の山可賀詞にはうはゞみも

をろちも　はぶも舌を　まきつ丶

さう褒められては穴へでも這入り度く成る。

○他は弁護士清水市太郎氏からで「何時もながら云々大兄の顰《ひそみ》にならひてうなり出でたるま丶返し奉る」とて大小の蛇が多数画いて有り、其上に

あだを討ち民安かれと祈るてふ

へいび（兵備）へいびの年は来にけり

蛇責めと云ふ事に成つては、うかうかして居られぬ。

○速刻清水氏へはがきを送つた。画様は大蛇が蛙を呑んで居る形で其上に書いた腰折れは左の通り。

国民の負担甚だへび（Heavy）の年

いかで怪露を呑まで止むべき

読者或は云はん、仮令《たとえ》狂歌にもせよ日本語英語の混交とは何事ぞと、答へて云はん、そこが即ち日英同盟！

●明治39年の年賀状絵柄

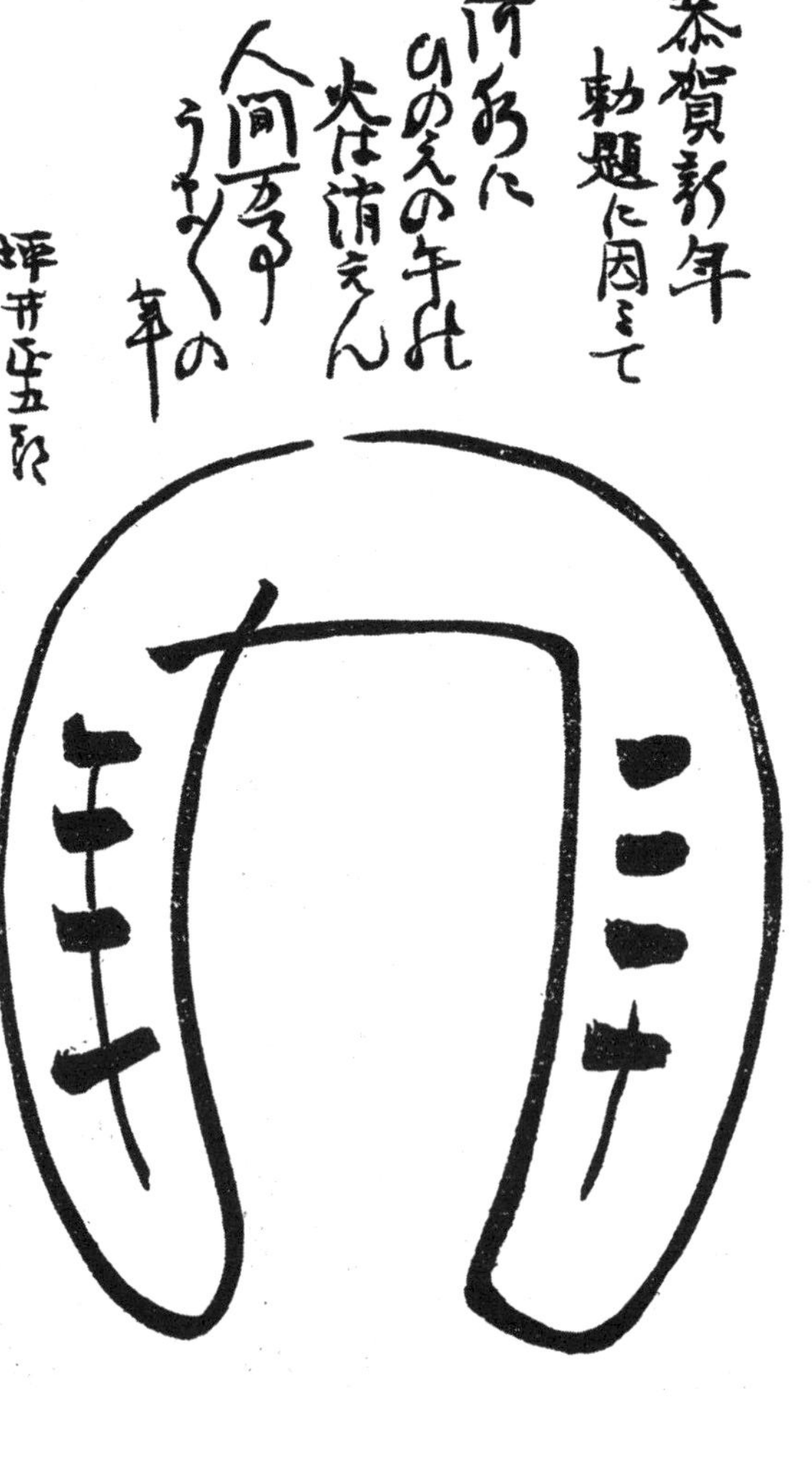

●明治40年の年賀状絵柄

●明治41年の年賀状絵柄

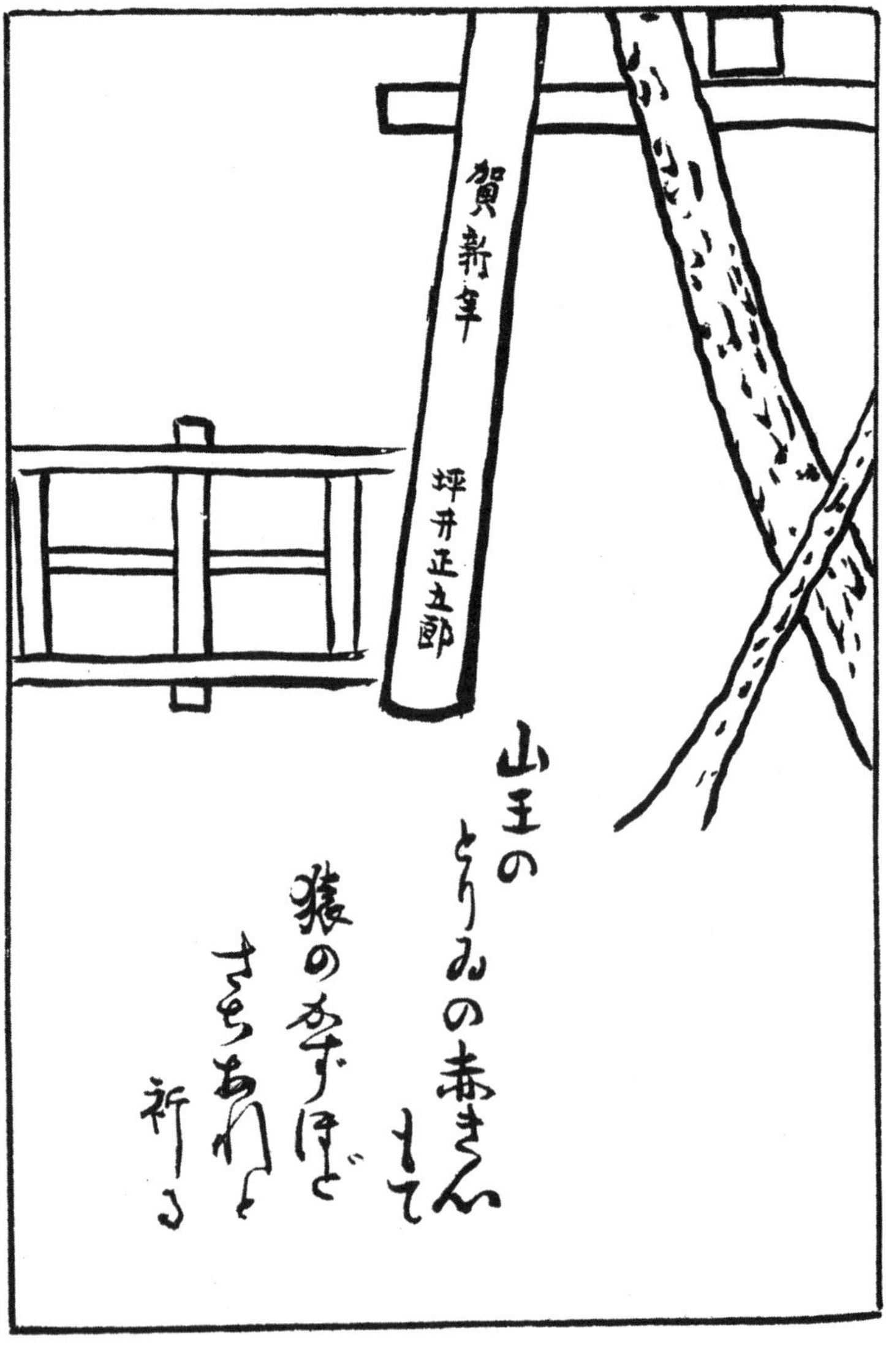
賀新年
坪井正五郎
山王の
とりゐの赤きに
もて
猿のかずほど
さちあれと
祈る

●明治42年の年賀状絵柄

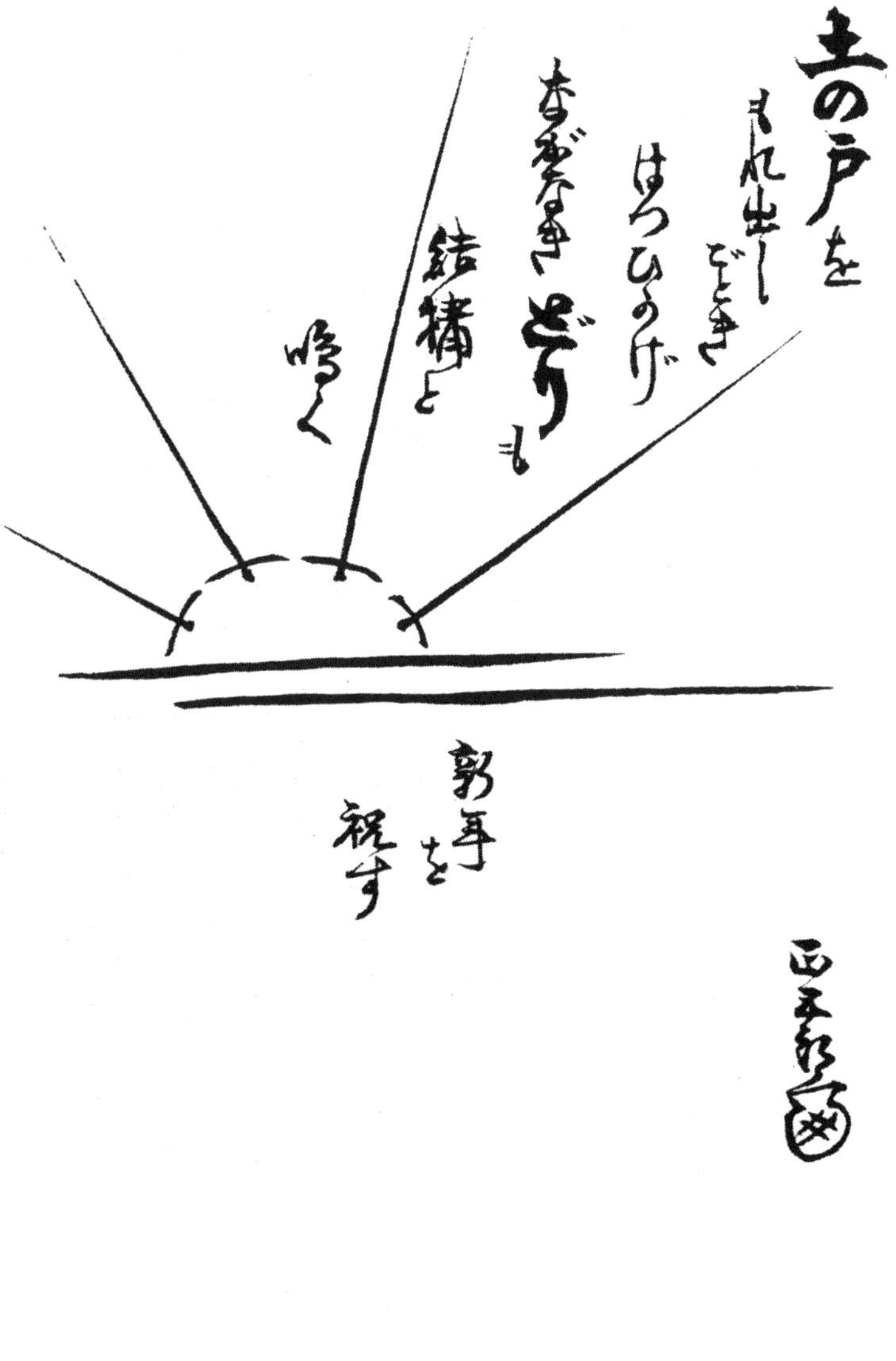

●明治 43 年の年賀状絵柄

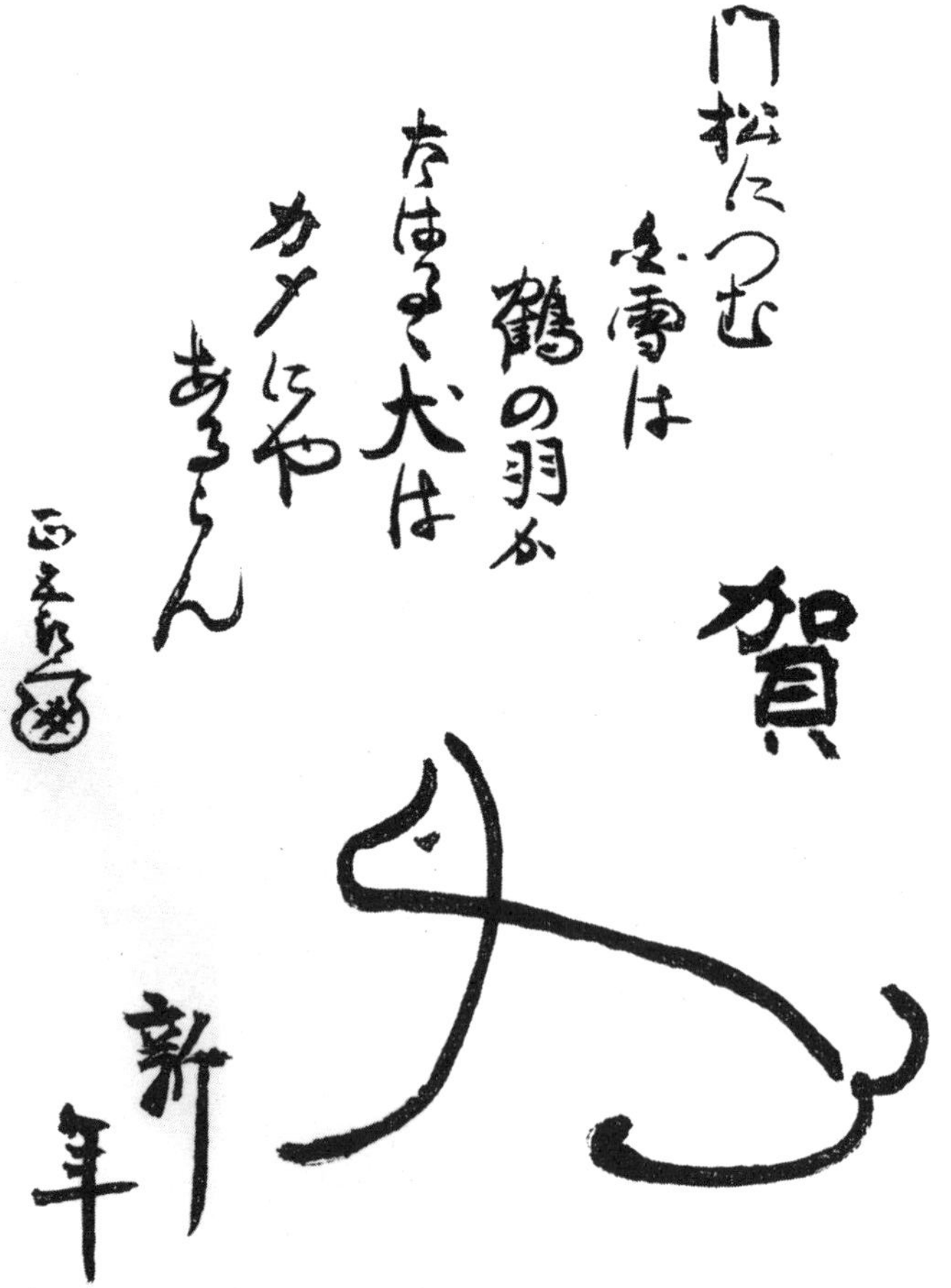

●明治44年の年賀状絵柄

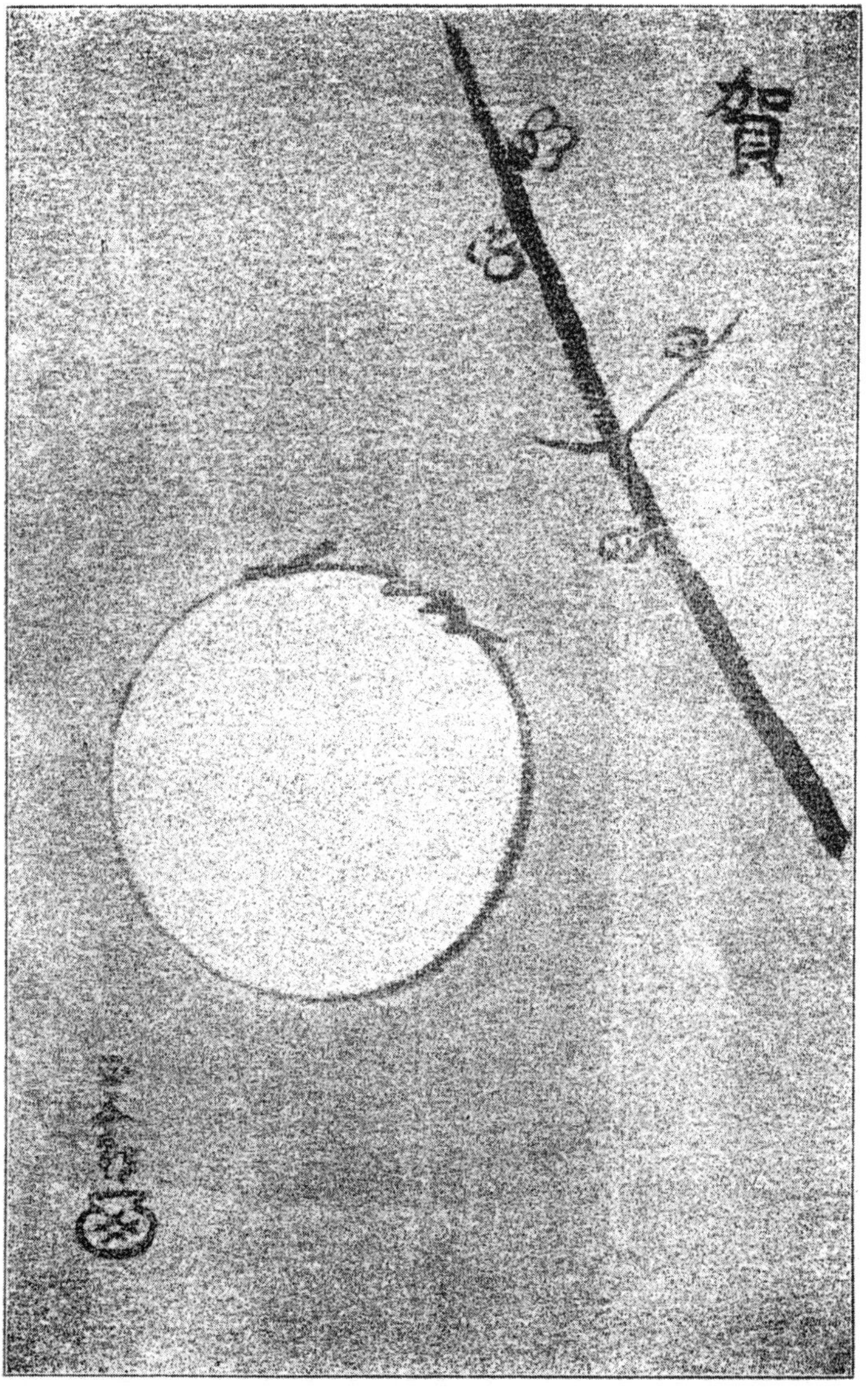

●明治45年の年賀状絵柄

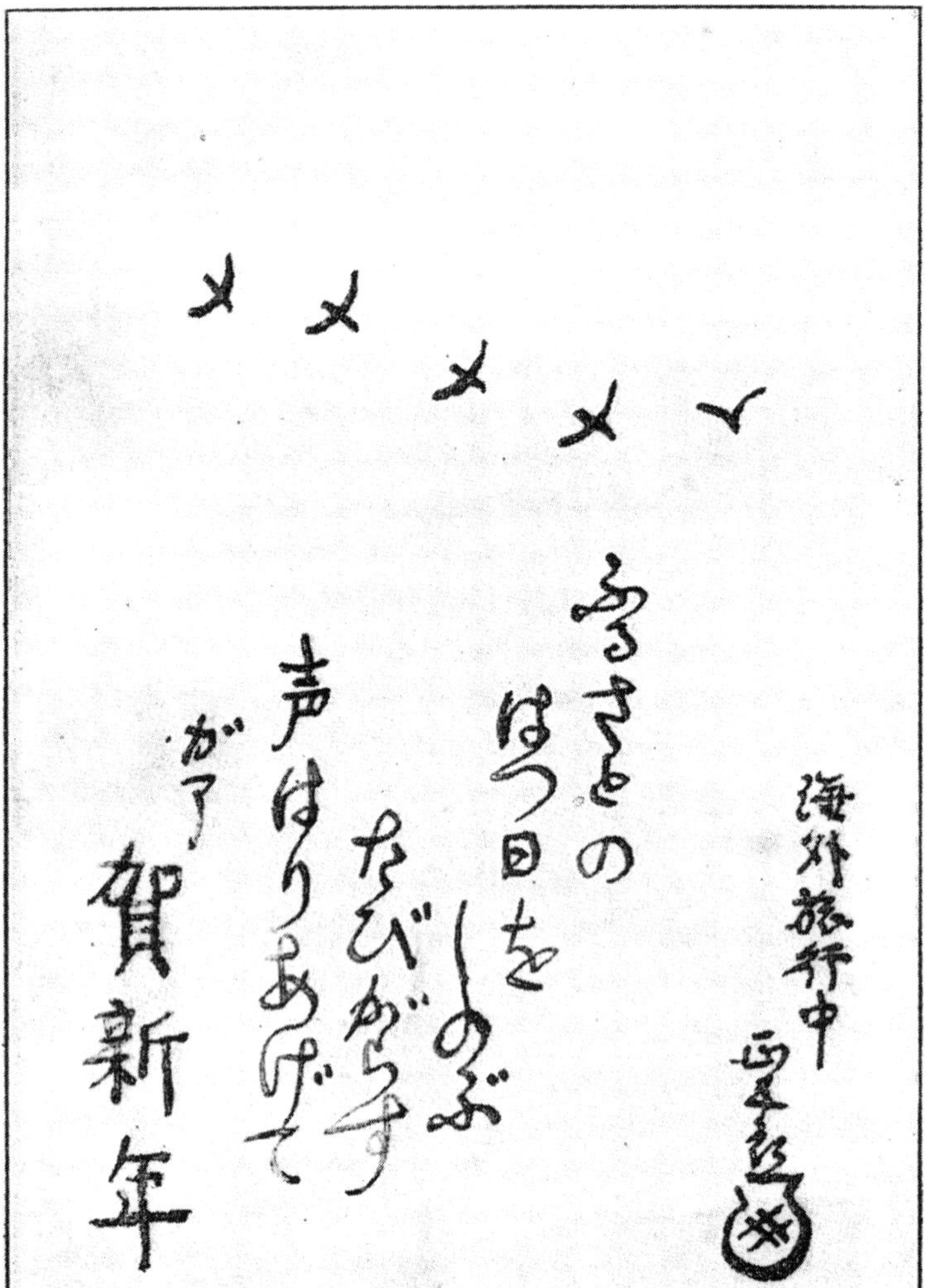
海外旅行中
ふるさとの
はつ日を
しのぶ
たびがらす
声はりあげて
があ
賀新年

正五郎あらかると

「重ね写真」の術を観相其他に応用する考案

青年諸君中には近頃写真が大分行はれて居る様でござりますが、写真の技術と云ふものは啻《ただ》に自然に存在するものを其通りに撮影すると云ふ事の他にまだ色々の面白く且つ有益な応用が有るのでござりますから、其の事を少し述べて見ませう、此事に付いては余程以前東洋学芸雑誌にも記しましたし、近く「写真界」及び東京人類学会雑誌にも記しましたが、本誌とは自ら読者が異《かわ》つて居ると思ひますから、夫れ等を一纏めとして此所に掲げる事と致しました。先づ最初に観相の事から申しませう。

私が此所に観相と申しますのは人の眉や目や鼻や口や面《かお》の皺抔《など》の形状とか配置とかを見て其人の性質の遅鈍であるか、鋭利であるか、善良であるか、不良であるか、柔順であるか、強情であるか等を推察する事でござりまして、決して彼の面部に三停、五官、四瀆、五岳、六府等の名目を設け、其部の形状を見て吉凶禍福を知ると云ふが如き類を意味するのではござりません。況《ま》して彼の一字眉は無学文盲にして眷属に忠信なる者多き相なり、鷹嘴鼻は北より南に走る道路にて剣難に逢ふ相なり、伏月口は一子早世し、夫婦離散し、自ら乞食と成る相なりなどと云ふが如き事とは更に縁故の無い事でござります。

人の容貌を見て其人に関する未来の出来事を知ると云ふ事、即ち其人の遭遇すべき未来の有様、尚ほ精く云へば、現在より未来に掛けて其人と諸種の事物との間に存する複雑な関係の結果として現出すべき境界を悟ると云ふ事は到底望むべからざる事でござりますが、是に反して人の容貌を見て其人の性質を考へると云ふ事は方法次第では随分出来得べき事でござります。仮りにも未来の出来事も推知するを得るものと仕た所で、或人に関する未来の出来事と云へば観察の時の直ぐ先から其人の死ぬ迄の事総体を含み、或人の性質と云へば観察当時の事のみを指すのでござりますから、二つの中で何《いず》れが考へ易いか、何れの考への方が正鵠を得さうであるか、随つて何れの考への方が価値を有して居るかとの事は明瞭でござりませう。

我々は通例初対面の人に会つても、其容貌で、是は分別の有りさうな人だとか、是は取り締まりの無さゝうな人だとか、油断の成らぬ人だとか、気の好さゝうな人だとか云ふ事の、大体の見込みを付ける事は出来ます。しかし是は落馬しさうな人だの、火災にかゝりさうな人だのと云ふ事は決して分かりません。

実に容貌に由つて未来を悟ると云ふのは全くの空想でござりますが、容貌によつて性質を察すると云ふ事は我々が不知不識《しらずしらず》の間に常に実行して屢《しば》ば功を収めて居る事でござります。

性質果して容貌に現はるゝか。現はるゝとせば其故如何。

感情の変化は神経の異状を起こし、神経の異状は筋肉の伸縮を生じ、筋肉の伸縮は身体の外部に表出さる。筋肉伸縮の著くして且つ見易きは何所の部分で有るかと申せば勿論顔面の部分でござります。喜怒色に現はれずと云ふ聖人君子はイザ知らず、尋常一般の人は楽しい事に出会ふと一種の面《かお》をし、悲しい事に出会ふと又一種の面をする。我々は前の面を笑ひ面と呼び、後の面を泣き面と呼んで居ります。心中の常に楽しい者は笑ひ面が常態と成つて、顔面自ら笑みを含み、心中の常に悲しい者は泣き顔が常態と成つて顔面自ら愁ひを帯ぶ、平生顔面に笑みを含む者は其性質概して快闊、平生顔面に愁ひを帯ぶる者は其性質概して鬱憂。我々は夥多《あまた》の経験に由つて如何なる性質の人々は如何なる容貌を通じ有するか、如何なる容貌の人々は如何なる性質を通じ有するかを暗記し、此関係に基いて或は人の性質を推考し、或は人の容貌を想像して居るのでござります。

読者諸君中には「人は見掛けに由らぬ者」と云ふ諺の意を広く取つて、人の性質は到底容貌を以て窺ひ知る事の出来ぬ者であるとの事に解される方があるかも知れません。併し私は此諺の意を斯く解するのは誤りであると信じます。此諺は如何なる場合に用ゐられるか、試みに考へて御覧あれ。諸君は恐らく答へらるゝでござりませう。此諺は温和らしい面の人が乱暴を働いたとか、無慈悲らしい面の人が信切な事を仕たとか云ふ時に用ゐらるゝのであると。誠に然り。其通りに違ひござりません。扨《さて》此所に謂ふ所の温和らしい面、無慈悲らしい面とは如何なる意味でござりませうか。温和らしい面とは通常温和な性質と相伴ふ所の一種の容貌の事、無慈悲らしい面とは通常無慈悲な性質と相伴ふ所の一種の容貌の事でござりませう。利口な面、馬鹿らしい面抔《など》と云ふ語《ことば》も皆同例。総て或る性質と或る容貌とが夥多の場合に於て相伴ふとの事実を証明するものでござります。さすれば彼の諺の真意は人の性質と人の容貌とは齟齬する事が有るとの事で此諺は単に通則に対する取り除けの場合にのみ適用されるものと信じます。果して然らば此諺の存在は、性質は容貌に現れないとの事を告げるのでは無く、反つて性質は通例容貌に現れるとの事を告げるものと申して宜しいでござりませう。右の解釈の当否は姑《しばら》く措《お》くとするも、容貌と性質とに親密の関係の有る事は現に小説家、俳優、落語家、画工、彫刻師等が此事に付いて精細の観察を下し且つ巧に之が応用を試みて居ると云ふ事実を以て証明する事が出来ます。

抑《そもそ》も如何なる容貌と如何なる性質とが相伴ふかとの事は多くの場合から抽象して知るのでござりますが、一つの単純なる性質の者が一つの単純なる容貌を示して居ると云ふ訳では無く、様々の性質を混じ有する者が様々の容貌を雑《まじ》へ現して居るのでござりますから、人々が或性質に伴ふ所の容貌の標準として心中に画いて居る者は、此性質のみを有する或一人の面では無く、此性質を強く有して居る所の多数の人に普通なる容貌でござります。斯る普通の容貌と云ふ者は如何にして心中に画かるゝかと申しますに、固より態々《わざわざ》では無く、知らず識らずの中に為《す》る者ではござりますが、或る性質を強く有する者一人の面をば同じ性質の他の一人の面に比べ、相違の点を捨てゝ一致の点を残し、此一致の点と第三の同性質の者の面とを比べて不同の部分を省き幾回にても斯かる事を繰り返して最後に残つた所のものが即ち個人的特性を去つての或る性質の普通の容貌と認められるのでござります。分り易い譬へを以て云へば、斯かる場合に我々が心中で仕て居る事は丁度或る性質を強く有する者数人の面をば一枚の薄紙に一つ宛《ずつ》写し、後に総体を重ね合せて光線を透かして見る様なものでござります。個人的特有の点は区々故に齟齬する事が多く、普通の容貌は相一致して彼此重り合つて判然と現出する訳でござります。既に申しました通り、我々は斯かる事を一々故意に仕て居るのではござりませんが、為る事が自ら彼様《あのよう》に成つて居るのでござります。

凡て人相を観て其性質如何を知る事を研究すれば世に二つの利益を与へる事が出来ます。其一は交際上の利益。其二は教育上の利益。交際上の利益とは人に接して濫《みだ》りに其性質に抗する事無く又自ら臨機の警戒を為す事を得るを云ふ、教育上の利益とは受教者の性質を予知して指導矯正奏功大なるを得るを云ふ。観相の研究は啻《ただ》に心身関係に付いて学術上の興味を有するのみならず、此《かく》の如き実益をも有して居るのでござります。人の相を観て其性質を考へると云ふ事は大昔から行はれて居た事で、万国の旧記中を探り求めたなら夥多の例が得られませうが、稍《やや》秩序有る観相法と云ふものは、西暦千七百七十二年にラヴアテル Lavater が著した有名なる人相書を以て始めとするのでござりますから、夫より以来の事のみを一寸調べて見ませう。ラヴアテルは人の性質に付いて感ずる事有る毎に其人の像を速写して置き、是等を根拠として如何なる性質の者は如何なる容貌を有するかとの事を抽象的に考へたのでござります。夫れより二十年程の後、即ち西暦千七百九十一年には Camper の書が公に成りましたが其内に顔面角度を以て人の賢愚を察すべき趣《おもむき》が記してござります。十五年過ぎて西暦千八百零六年には Charles Bell が一書(Anatomy and Philosophy of Expression.)を著し、西暦千八百六十七年には Piderit が一書(Wissenschaftliches System der Mimik und Physiognomonik.)を著し、西暦千八百七十二年には Darwin が一書(The Expression of the Emotion in Man and Animals.)を著しました。以上の三書は純粋の人相書ではござりませんが、観相法発達史上には宜しく名を掲ぐべきものでござります。Mantegazza の近著(Physiognomy and Expression.)は恐らく此類の書中で最も新しいものでござりませう。是等の他に我が邦の本朝人相考、人相千百年眼、或は人相指南秘伝書抔《など》の如き三世相類似の書物は幾らもござりますが、此所に夫等の事を述べる必要はござりません。私の見る所ではラヴアテル前は勿論の事、其後と雖ども根拠精確にして且つ実用に適する観相法は未だ定まつて居ない様でござります。如何にしたらば我々の望む通りの観相法の基礎が立ちませうか。私は此目的を達する為には「重ね写真」の応用を謀るに越す事は無いと信じます。

「重ね写真」とは、一度何物かを写した種板の上へ他の物を重ねて写すか、或は一度焼き付けた紙の上へ前のとは異《かわ》つた種板を載せて焼くかして得るところの形の混同した写真を指すので有ります。原名を「コンポジット、フヲトグラフ」或は「コンポジット、ポートレート」と云ふので、「組み立て写真」と訳した人も有りますが、組み立てると云つては彼方《あつち》からも此方《こつち》からも寄せ集めて或る一つのものを作り出す様に聞えて余りに実際から離れた名と成りますから、私は事実を其儘「重ね写真」と申す事に致します。曾て「重ね撮り写真」と云ふ名も用ゐましたが、撮ると云つては語弊が有ると気付きましたから斯く改めたので有ります。

一体此法は西暦千八百七十八年にイギリスのフランシス　ガルトン Francis Galton 氏が試みたのが始めで有りまして、はじめこの前年の八月にプリマウスで開設になつた英国理学奨励会に於てガルトン氏は人類学部の部長として已《すで》にこの事の出来得べき事を演説致しました。其の時のガルトン氏の言葉に由れば、ヘルバルト、スペンサーは各《おのおの》の肖像を透明な紙に転写し、総体を重ね合せて光りと目との間に置けば多数の像の一致した点ばかりが重なり合ふ故濃く見えて自然と一つの面が現出するで有らう、是が即ち代表で有ると云ひ、ガルトン自身は写真術を用ゐて先づ一つの像を薄く撮影し、同一の種板へ又第二の像を薄く写し、各の像をば一々斯様に仕たならば其結果として代表の写真が出来るで有らうと考へたのでござります。かやうに致せば一枚の板に幾つもの像を重ねて撮るにしても又は一枚の紙に幾つもの像を重ねて焼くにしても、いづれにしましても多くに通じて居る点は益々判然として来るし、相互に異つて居る点は消へるか隠れるか、何にしても結果の上には現はれて来なくて、出来上がりの写真は通有の点のみを示す、即ち代表たるべきものと成るので有ります。ガルトン氏は此の演説の後にこの重ね写真術を実行しました所が果して好結果を得まして英国人類学会で自ら其報告を致しました。これが演説の翌年即ち千八百七十八年の四月十三日の事でありました。不注意で重ね撮りをすると云ふ事は間々有る事ですが、或る目的の為め故《ことさ》らに斯様な事をすると云ふのは従来誰も思ひ寄らなかつた事で有ります。此時からして重ね写真は諸国に行はれ、種々に応用され其方法も次第に進歩して参りました。

この重ね写真の理を容易《たやす》く試みるには「ステレヲスコープ」を用ゐて二つの異《かわ》つた人の顔を重ねて見るが宜しい。此所に甲の顔の写真と乙の顔の写真とが有ると仕ませうに、其一枚を「ステレヲスコープ」の右の方、一枚を左の方に入れて常の如くに覗く時は、右の顔と左の顔とが一つに重なり合ひ、甲に似て甲に非ず、乙に似て乙に非ず、甲乙の中間のものと成つて目に映じます。之を為るには大さと向きの同様なもの、入用で有るは申すまでも無い事で有ります。これは一時の慰みとしても中々面白いもので有ります。

既に二枚の場合の事が分かれば何枚でも同じ事、「ステレヲスコープ」は二枚以上の役には立ちませんが、重ね写真の法を用ゐれば何枚でも出来ます。重ねて撮ると云ふ事は何でも無い様で有りますが、目なら目、口なら口が丁度重なり合ふ様にすると云ふ事は中々難い。之を容易にする為に特別な装置を工夫した人も有りますが、其道具を用ゐるのは容易でも其道具を備へるのが面倒で有ります。重ね写真を作る便法は同じ向きの写真を撮つて置いて、一枚の紙の上へ段々に重ねて焼き付けるのです。此技術は人の顔についてのみ行ふのでは有りませんが、今は特に人の顔について話して居る場合で有りますから、これに付いて手続きを述べませう。

先づ各《おのおの》の写真が同じ向きで有るべきは肝要な条件で有りますが、大さが違つて居ては役に立ちません。そこで大さを一つにすると云ふ事が中々困難です。何故ならば人々の顔は形を異《こと》にし、耳目鼻口の位置も必しも同一で有りませんから、或る一つの事で一致させようとすると他の事で齟齬する。何を元とすると云ふ事を何とか定《き》めて置かなければ成りません。失敗の話しは省いて、経験上最好と思はれるものを云へば、両眼を通ずる水平線と口との距離を一定にすると云ふ法で有ります。

この法をとるには、先づ磨りガラスに一人の面の影を受けて、墨なり朱なり便宜のものを以て此影の左右の眼を通して一条の水平線を引き、又是と平行して口の部にも一条の水平線を引き、各の面を写す際には必ず其の影を先づこの磨りガラスに受けて二つの水平線の一方に口、一方に眼が乗る様に致します。かくして撮影すれば目と口の位置の一様なる人面写真の種板が幾らでも出来ます。種板が揃つたら焼き付けに取り掛からなければ成りません。（かく多数の種板を一枚の紙の上に焼き付ける方法の外に、尚多数の物の影を一枚の種板に重ねて写す方法もありまして、この方法は又実物の直写と写真の複写との別がござります、目的と場合に由つては夫々取柄が有るのでござりますが、私は材料増減の自在ならむことを謀るにはこゝに申す多数の種板を一紙に焼き付ける方法が宜からうと考へます。）

さてこれらの揃つた種板を焼き附けますには、最初先づ一つの種板をば紙の上に薄く焼き附け、次に其種板を退けて其跡へ手早く次の種板を置き、眼は眼、口は口に重なる様にし、第三、第四同じ順序を繰り返して最後に紙上の像をば普通の写真の通りに固定するのでござります。各の像の焼き附け方は前に云ふ如く薄くすべきは勿論、尚ほ又何枚重ねるといふ数次第で其の度合を加減しなければ成りません。各の像を平等に一様の度に感じさせやうとするには、薬の感応力、種板の出来方、光線の強弱、焼き付け時間の長短等に付いて種々複雑なる釣り合ひを取るのが肝腎でござります。この手加減は度々の経験に由つて悟得すべき事で有つて予《あらかじ》め通則を示す事は出来ません。要は唯数枚の種板から写し出す所の各の像の濃淡をば一様にするに在るのでござります。かくて出来上つたものは総てを引き括つた一つのもの、即ち代表と云ふべきものに当るので有ります。時とすると重ね写真が其材料中の或る格段のものに特に好く似ると云ふ事が有つて一見不思議の様ですが、実は其格段のものが多大の影響を持つたと云ふのでは無く、其ものが偶《たま》ま代表に近い特徴を具へて居るので、其ものと代表とが余り異《かわ》つて居らぬと云ふまでの事で有ります。同一の重ね写真を何枚も作らうと云ふ時分には一々此手数を繰り返すには及びません。出来上がつたものをば撮影して其種板から何枚でも焼けば好いので有ります。

この重ね写真を以て前申す如く観相法の基礎と致しますれば、諸種の重ね写真が出来れば出来るだけ根拠は益《ますます》精確にして愈《いよいよ》多く実用に適する観相法が次第に成り立ちゆくことであらうと考へます。

で、我が邦でも曾ては明治十九年に、今の東京大学総長山川健次郎氏と今の理科大学長箕作佳吉氏とが発起者となつて、時の総長及び諸教授が醵金《きよきん》して写真師小島信之氏を雇ふて、新に暗室をさへ造りて此術を試ましめました、これが我が邦で、この術の実行せられた最初でありまして、これらの諸氏が第一着に企てられたのは日本人種研究の為広く日本人の面を重ね撮りにすると云ふ事でございましたが、学問上の価値有る結果を得るだけの写真は容易に集まらないので中止と成り、次に専修学科に従つての容貌を見出す為、法医工文理の五大学各《おのおの》に付いて教授助教授の面を重ね撮りにするとの事が企てられて、此方は実行されました。慥《たしか》に五つの通りの重ね写真は出来たに違ひございません。併し是は「マアやつて見た」と云ふ様なもので有つて、遠慮なく批評すれば是等の写真は只「こんな事も出来る」との事を示すに止まつて格別の功能が有らうとも思はれません。

其当時私は大学院学生でございましたが、箕作教授から重ね写真（当時は組み立て写真と呼べり）の材料に付いて何か然る可き思ひ付きは無いかとの問ひを受けましたから、感化院に居る不良少年の写真を集めて之を重ね撮りにしたらば不良の性質に伴ふ所の容貌が現れるで有らうとの事を申しました所、早速試む可しとの事でございましたから夫々打ち合はせを致し、神保小虎氏の補助をも得て終に目的を達しましたが、其結果は予期よりも更に良好でござりました。

重ね写真をば人種研究の事に用ゐ、或は専修学科と容貌との関係を探知する為に用ゐると云ふ事は既に欧米に於ても行はれた事でござりますが、尚ほ彼の地に於ては、頭骨写真の重ね撮りと、同一人の自筆姓名写真の重ね撮りとを実行した人もござりますし、又同一人の肖像が多く有る場合に是等の写真を重ね撮りにしたらば何れの像よりも更に好く実際に似たものが現れるであらうとの考へを述べた人もござります。孰《いず》れも面白い事ではござりますが、之を我が邦に当て嵌めて故《ことさ》らに試みるだけの価値が有るか否かは甚だ疑はしく思ひます。是に反して人の性質が多少容貌に現れることは内外を問はず争ふ可からざる事実で有つて、其調査は学問上にも実用上にも有益でござりますのに、誰も未だ此調査に重ね写真を用ゐない様子でござりましたから、私はこの事に着手する念を起こしたのでござります。しかし其の後殆んど二十年近くの今日に至るも、欧米に於いても亦《また》我が邦に於ても其用ゐられ方がまだまだ少いのは実に惜い事と思つて居るので有ります。

扨《さて》私が不良少年の写真を集めて重ね写真をつくらうとしました目的は、広く諸種の性質各個に付いて普通なる容貌を探知せんとするに在つたので、決して不良と云ふ事に限つて殊に意を用ゐた訳ではござりません、併し不良の者の写真ならば感化院に就いて容易に集める事が出来ますが、他の同性質の者の写真を集めると云ふ事は中々困難な事業でござります。夫故に私は先づ不良と云ふ性質に付いてだけなりとも調べが付けば夫で満足する積りで居りました。然るに感化院の当局者は等しく不良と云ふ中にも種々の別が有るとて各入院生の性質を明細に告げられましたから、私は幸にして三種の重ね写真を調成するを得ました、其種類と是に属する入院生の名とは左の通り。但し名は徳義上、実名を秘して感化院撰定の仮り名をもちゐます。

窃盗（泥華、訥堂、柔喜、慥爾、玉琢、直郎、従庸、意誠、恭有、中郎、清水、無適、三省、子敏、節和）十五人
怠惰（淑慎、浩哉、自哉、天健、不昧、杞水、直温、訥堂、柔喜、思恭、中野、子敏）十二人
強情（賢生、成美、自強、後凋、思恭、淑慎、恭有、清水、浩哉、操存、節和、泥華、（失名））十三人

右の中泥華、恭有、節和、清水の四人は強情にして盗心有り、訥堂、柔喜、子敏の三人は怠惰にして盗心有り、浩哉と思恭とは怠惰にして強情。斯くの如く是等の九人は各《おのおの》、不良の性質二つ宛《ずつ》を兼ね有して居るのでございますから、写真をば重ね撮りにする時分には双方へ加へる事と致しました。この挙に就いては彼の写真師小島氏が充分に意を用ゐられましたから、不良少年写真重ね撮りの技術に於ては更に遺憾無しと申して宜しうございます。

この挙の結果に得た写真は印刷の方が今回は間に合はぬさうですから次号に載せますが、諸君は一見しては是は手際の悪い不明瞭なもので有ると思はれるでございませう。しかしその三つの面が、即ち私の考へに基いて小島氏の調成した重ね写真で有るとの事実を知られた後は、割合に判然して居るとの感を起こされるでございませう。是等の写真は何れも実在して居る者の面の様に見えますが、其実、皆十数人の面から作り出した抽象的の容貌でございます。三つの中の一つは盗み心有る者十五人の重ね写真一つは怠け者十二人の重ね写真、一つは強情者十三人の重ね写真でございます。感化院で撮影した者は主として十五歳前後の少年でございましたが、この事は重ね写真に二様の利益を与へました。其一は容貌を偽り装ふ事少年は大人に比して少かるべく、随つて少年の性質は外部に表出さるゝ事強かるべき事、其二は少年の抽象的容貌は性質不詳の少年の面に比較するを得べく、随つて其少年に対する徳育の方針を定むる参考となるべき事で有ります。

実に此《かく》の如く、重ね写真を応用したる観相法は発達の望み有るものでございますが、私は只今の所、不良

少年に付いての他、何の材料をも有しませんから、この以上根拠あるお話を致すことは出来ません。

しかしながら、私は尚この他、重ね写真を応用すれば、左に列挙するやうなことも出来やうと考へます。但し此所に列挙する応用の中には私の新案が多く雑ざつて居りますから、全然舶来の受け売りと見られない様に希望致します。読者諸君の中には中々写真に熱心の方も沢山の様に見受けますから、何か一つ試みらるゝことを希望致します、更に又新応用を工夫されゝば愈《いよいよ》結構であります。

（一）同一地方の人の顔を重ねて其地の人の代表の顔を得る事。（仮令《たとえ》ば薩州人とか信州人とか云ふ様に。）

（二）同一族の人の顔を重ねて其家筋の人の代表の顔を得る事。（仮令ば徳川家とか前田家とか云ふ様に。）

（三）同一種類の人の顔を重ねて其種族の代表の顔を得る事。（仮令ばアイヌとか台湾蕃人とか云ふ様に。）

（四）同一性質の人の顔を重ねて其性質の人の代表の顔を得る事。（仮令ば快活な人とか陰気な人とか。）

（五）同一感情を示して居るの人の顔を重ねて其感情に普通の顔を得る事。（仮令ば心配の意を示す顔とか、喜びの意を示す顔とか。）

（六）同一疾病に冒されて居る人の顔を重ねて其疾病の患者に普通の痛苦の容貌を得る事。（仮令ば肺病患者とかヒステリー患者とか。）

（七）同一種類の狂人の顔を重ねて其種類の狂人に普通の容貌を得る事。（仮令ば色情狂とか。鬱幽狂とか此材料は精神病院へ行けば得られます。）

（八）同一犯罪者の顔を重ねて其種類の罪を犯す者に普通の容貌を得る事。（仮令ば殺人とか、詐偽とか。此材料は警視庁へ行けば得られます。）

（九）智鈍同程度の者の顔を重ねて夫れ夫れに通ずる容貌を得る事。（仮令ば物覚えが早いとか、直に忘れるとか、此材料は学校へ行けば得られます。）

この他聊《いささ》か余事ではありますが、或る人々が美人と認められて居る者の顔を重ねて、其の人々の間に美貌と認められて居るものを得る事も出来ますし、又同一種族の者の頭骨を重ねて、其種族普通の頭骨の形を知り、又同一時代製作の人物画の顔の部を重ねて其の時代の画風を知り、又同一時代製作の彫刻像或は塑像の顔の部を重ねて其時代の彫刻塑像の風を知り、又は同一時代の写生像の顔の部を重ねて其時代の人の容貌の代表を得又同一の人について多くの肖像が有る場合に其顔の部を重ねて真に近い物を得る等、其他応用は沢山有るに違ひなく、又啻《ただ》に人の顔のみにも止まりません。又遊び事としては犬と猿の間の子を作つて見るとか、馬と鹿とを合せて見るとか、いろ〳〵興味の多いものが出来るで有りませう。

重ね写真の応用は観相法に偉大なる根拠を与ふると、彼が如くなる上に、尚又他の多くの方面にも無量の趣味と利益とを与ふること此の如くであるから、写真に熱心なる諸君には、呉々も何か一つ試みられむことを希望致します。

響き言葉

私は当時ロンドンのクラパムと云ふ場末に住んで居りますが毎朝変な声で何か叫んで窓下を通る者が種々有るので耳を傾けて聴きました所好く聞えるのは

「クロー、クロー、ヲー、クロー、エネ、カイン、ヲー、クロー」

何で有らうと窓から見ますれば之は古着屋で衣服や帽子の古いのを買ひ集める為に斯く叫ぶのでございます、然れば叫ぶ所を判然云はすれば「クローズ、クローズ、ヲールド、クローズ、エネー、カインド、ヲフ、ヲールド、クローズ」即ち「古着屋でございい、何か御払ひ物はございませんか」と云ふのに違ひ無し、此「クロー、クロー」は昔から有つたものと見えて古書にも散見することでございます、次に聞こえるのは

「ウヰー、ウヰー………ウヰー、ウヰー」

之は煙筒掃除人の声、手も顔も煤で真黒、彼でも白人種かと思ふとおかしく成る位な有様、ウヰー、ウヰーはスヰープ、スヰープの転即ち煙筒掃除の意、次に聞こえるのは

「コー………コー」

之は牛乳屋の叫び声で「ミルク、ヲー、ミルク、ヲー」とミルクの下にヲーの声を添へる為ミルコーと成るのをば上半を判然云はぬので只コー、コーとのみ聞こえるので有る、

コレリッジ氏が嘗て古着屋に向つて「お前は何故判然とヲールド、クローズと云はなひ、云ふ事が出来ないのか」と問ふた所古着屋が不平な顔をして「ナニ私だつてヲールド、クローズと判然云へない事は有りませんが一分時間に十編宛《ずつ》も繰り返して一時間も続ければヲー、クロー、ヲー、クロー、に成つて仕舞ひます、あなたでもさうでせう」と云ひ捨てゝ行かうとしたのでコレリッジ先生大に発明する所が有つて成程左様で有らうと感服の余りタッタ一個しか無かつた一シリングを其古着屋に与へたとの話がござります、実に古着屋の言の通りでござりませう、併し僅の間なりとも判然と「ヲールド、クローズ、ヲールド、クローズ」と言つて歩いたらば如何なる事が起りませう、啻《ただ》に叫び難いと云ふ計りで無く一般に人が注意をしないと云ふ損が生ずる事と思ひます「ヲー、クロー」とは叫び易い所から始まつた声には違ひござりますまいが聞く者は其語源の何たるに係はらず聞き馴れたる声に因つて其職業を判断するが常でござりますから「ヲー、クロー」と叫べば直ちに古着屋と察し「ヲールド、クローズ」と常の話しの様に云へば誰か大きな声で古着と叫んで居ると思ふ丈で古着屋との考は出難いでござりませう、「スヰープ」幾回叫ぶも「ウヰー」とは成りさうも無く「ミルク」……コー」総て同様でござりませう、煙筒掃除の「ウヰー、ウヰー」牛乳屋の「コー」如何に連呼するも「コー」と成る筈無し、場末を去つて繁華なる市中へ行きますれば呼び声益々多く花を売る小女、マッチを売る老婆、新聞を売る若者、菓子を売る老人の類、烏のカア雀のチウと等しく各自特種の声を出して叫ぶのを聞きまする、其叫ぶ語を聞き分けるのは極めて難事でござりますが如何なる声は何売りで有るとの事を覚えるのは容易でござります、一旦声を覚えられた以上は買ふ者も売る者も其叫ぶ所の事柄

の何たるを問ふ要も無く意味の有無さへも不問に措いて只其声の他と混ぜぬ事を心に掛ける故に叫び声と売り物との関係の知れ難い例も沢山ござります、

斯かる事はロンドンには限りません、パリでも同様東京でも同様、凡て物を売り、物を買ひ業を売り物を交換する為に合手を求むる目的を以て声を揚げる事の行はるゝ所には多少斯かる事がござりませう、

ロンドンの花屋は

Buy my flowers, sweet flowers, new-cut flowers,
new flowers, sweet flowers, fresh flowers, O!

と叫び東京の花屋は

はなーい…………おはなーい

と叫ぶ、

ロンドンの刃物研ぎは

Any knives, or scissors to grind, to-day?
Big knives, or little knives, or scissors, to grind, O!

と叫び東京の刃物研ぎは

はさみほーちょーかみすりとぎ

と叫ぶ、

ロンドンの鋳掛け屋は

Kettles to mend! any pots to mend?

と叫び東京の鋳掛け屋は

　いかけやでござーい

と叫ぶ、

ロンドンの笊屋は

　buy a basket, large or small ?

と叫び東京の笊屋は

　ざーるや、みそーこーし

と叫ぶ、

東京の花屋にして若し「はな、はな」と云はゞ如何、小児が母親に鼻汁を拭いて貰ふ様なり、東京の笊屋にして若し「ざる、ざる、ざる」と云はゞ如何、下女が緩々《ゆるゆる》米を研ぐ様なり、ロンドンに於ても諸商人諸職人夫々叫び方が有つて発音正しく文法正しければ反つて意の通じない事がござります、

東京の叫び声で言葉の儘に云ふのは恐らく「こんにゃく」計りでござりませう、紙屑買ひの「くづい、くづい」蕎麦屋の「そばうーい」共に助音を副へ鍋焼き饂飩《うどん》は音が延びて「なーべやき、うどーん」と成り羅宇《らう》や煙管《きせる》も音が延びて「らーうや、きせーる」と成る、「ひえまーきやーひえまーき」「あさーがをやーあさーがを」も同様、鰯売りの「いわーしこーい」は延びた上に助音が副ひ豆腐屋の「とーうーい、うあうーい」は延びた上に「ふ」が「う」に転じ且つ多くの助音が副ふたので有る、斯く助音が副ひ、音が延び又は音が転じたのは固より平常用ゐる言葉とは違つて居りますが我々は経験に因つて何れの声が何れの品を指すとの事を知つて居りますから豆腐屋に煙管を渡して魚屋に饂飩を求める如き間違ひは致しません、啻《ただ》に間違

ひを為ない計りで無く夫々の音声調子が特種で有れば遠く隔つて居て一音一音に聞き分ける事が出来なくとも何屋が来る何売りが通ると云ふ事を察します、然れば叫ぶ者は一ケ所に在つても其声の達する限り我が存在を知らす事を得、求むる者は座乍らにして周囲より来る諸種の叫び声を聞いて用不用を識別す、之を平常の言葉にて呼ぶに比ぶれば相方の便不便実に大相違の有る事でござります、既に叫び声なるものは必しも平常の言葉と同一なるを要せずと知れた以上は葛西の兄《セナ》アの「をわーい」も真崎の子分の「でーでー」も能《よ》く其用を為すの理が明かでござりませう、

東京の「でーでー」は京都の「なをーし、なをーし」東京の「はなーい」は京都の「おはなかわんかえー」異地方の者が叫び声を聞き分けないのは叫ぶ所の語が分からぬと云ふよりは如何なる呼び声は何を指すとの事の分からぬに起因する方が多うござります、実に東京の人が始めて「なをーし、なをーし」と云ふ声を聞いて其「直し」の意なる事を知つたにしても何を直すのか声丈にては判断する事が難いでござりませう、私は数年の夏越中の伏木で「きのこーきのこー」と云ふ叫び声を聞きまして菌《きのこ》で有らうか或は黄ナ粉で有らうかと思つて其売り物を見ましたらば雪の塊まりでござりました、何と云つて叫ぶのかと好く聞きましたら「ゆきのこほり」と云ふのださうでござりました、「ゆきのこほり」と判然聞いたにしても実物を見なければ私は理解に苦んだでござりませうが其地方の人には只「きのこーきのこー」の叫び声に因つて雪の塊まりとの事が知れるのでござります、能登の七尾では菓子売りが「とーきょーまんぢょー、とーきょーまんぢょー」と叫んで居りましたし加賀の金沢では氷屋が「がばり、がばり」と叫んで居りました。一旦売り物を見れば最早其声に因つて其物を知る事が出来ますが声を聞いた計りでは考への付かない事が屢《しばしば》ござります、

声を聞き、物を見、其声と其物とを繋いで脳中に蓄へ、其声に因つて其物を察すると云ふ段に成れば豆腐

屋が「ポコンポコン」と叫ばうが花屋が「ゴロゴロゴロ」と叫ばうが決して差支への有る筈はございません、又口から出す声に代へるに他の音響を以てするも妨げの有る理無く魚屋が太鼓を扣《たた》くとも羅宇屋が喇叭《らっぱ》を吹くとも一旦如何なる音と如何なる物と繋がりが有るとの事が知られさへすれば魚屋が「さかなやでござい」と云ひ羅宇屋が「らうやでござい」と云ふのと人の感じを起すに於ては差異なく其音響の達する範囲は声の達する範囲よりも広いと云ふ点が反つて優る所でござりませう、東京で申せば按摩の笛、蕎麦屋の風鈴、ヨカヨカ飴屋の太鼓、打っ切飴屋のチャンギリ、数年前迄有つた南京豆屋のドラ、抔《など》が音響を声の様に用ゐる例、パリで申せば刃物研ぎのガランガラン、水出し口屋の笛、ロンドンで申せば菓子屋のガランガランが同様の例、是等は音響を以て声を補《たすけ》るのでござりますが音響を以て全く声に代へる例もござります、東京では硝子細工の風鈴屋と以前有つた初午の太鼓売りは売り物の音響を叫び声に代へ定斎屋は引き出しの鐶を故《ことさ》らに鳴らして叫び声に代へます、パリの駄菓子売りには小さい板の両面へ鐶を付け此板を振つてガタガタ音をさせる者がござりますが其音は実に東京の定斎屋に似て居ります、音響を以て声を補ける場合に於て声を発しなかつたらば如何と申すに大したる差異は生じないと考へられまする、「あんま、かみしも」云々と叫ぶを聞かずとも我々は笛の吹き方に因つて充分に按摩の按摩たる事を察し、「あめのなかゝら」云々と叫ぶ声を聞かずとも我々はチャンギリの扣き方に因つて充分に飴屋の飴屋たる事を察するを得ます、ガランガランはパリにては刃物研ぎロンドンにては菓子屋、ガタガタガタガタは東京にては薬屋パリにては菓子屋、或物に或音を用ゐ始めたと云ふ起りは夫々訳が有るにしても現在の有様にて云へば何の音は何、如何なる扣き方は何を示すとの事を人々が慣れにて覚へて居るのでござります、斯かる事は物売りの類に計り行はれて居るかと申すに決して左様では無く他にも例が沢山ござります、相撲の興行を知らせる廻し太鼓、火の用心の鉄《カナ》棒、以前行はれた迷ひ児探しの鉦太鼓抔が好例、円太郎馬車の喇叭婆さんに浮雲《ママ》きを知らせ、自転車のリン子供に道を開かす、ステーションのガランガランは発車の知らせ、ホテルのガランガランは食事の知らせ、気笛ブーブー船客に出帆を告げ拍子木カチカチ観客に幕明きを告ぐ、トンチンカン、パタパタ彼告げざるも我其鍛冶屋と鰻屋なるを知り、トントコ、トントン彼告げざるも我其蒲鉾屋と金箔屋なるを知る、「チリンチリンの音がするから修業者の坊さんかと思つて駈け出して見たらばホイ夜鷹蕎麦」とは古き俚歌、「かね扣きかねが無いからかね扣くかねが有るならかねは扣かじ」とは古き狂歌、チリンチリンは修業坊主の鳴り物の音、カンカンカンは念仏乞銭の鳴り物の音、我々は音を聞いて其音を発する者を察し又其者の意を察す、戸を扣けば門番戸を開き手を拍てば下女側に来る、洋食店にて給仕人を呼ばんと思はばテーブルをコツコツと扣く可し、湯屋にて三助を呼ばんと思はばハメをドンドンと扣く可し、手をパタパタと拍ち鳴らすのは賛成の意、床をドシドシ踏み鳴らすのは反対の意、我々は音の性質に因つて意を通じ意を知る計りで無く音の数と其組み立てに因つて更に精しく意を通じ意を知る事が出来ます、我々は半鐘の音を聞いて火事の有る事を知る計りで無く其数と之が組み合せとに因つて遠近をも知る事が出来ます、ロンドンの家の戸には引き出しの鐶の様な金具が付いて居つて之を動かして音を発するのが人の来た知らせでござりますが我々は音の数に因つて郵便、電信、訪問を聞き分ける事が出来ます、私は嘗てウードの人種誌を読みましてアウストラリヤ土人が木登りをするには石器を以て木に刻みを付け夫を足場とする事が有るが其刻みを作る時の音が誠に郵便配達の二度扣きに似て居るとの文に至り想像に苦みましたがロンドンへ来て見れば直に解かりました、日本なら簞笥の鐶に紙を巻き付け二度続けて急いで扣けば似た音が出ますだらう、三度扣けば電信、五つ六つ軽く扣けば訪問でござります、尚ほ数に因つて明かに意を通ずる、二例を申せば祝砲と時の鐘、船中の時の鐘は一種の便法に従つて打ちますから一寸聞き取れませんが少しく注意すれば直に悟れます、練兵の喇叭《らつぱ》は一定の約束に基いて吹くので傍人には解かりませんが士卒は之に由つて進退致します、
音を以て意を通ずると云ふ事が其数と之が組み合せ或は調子の方に重みを置くに及んでは音の性質即ち鳴り物の種類が変つても大した不都合は生じない訳で、現に時の知らせは鐘には限らず所に因つては拍子木太鼓抔《など》をも用ゐ火事の知らせは半鐘には限らず所に因つては寺鐘をも用ゐます、扣《たた》き方さへ同じで有れば是等は聞き慣れない者にも悟る事が六ケ敷はございません、通常の算盤の音を聞いては其数を察する事は出来ませんが若し算盤の珠が一個宛《ずつ》動かす可きもので有つて桁毎に響きが違つて居るならば音に因つて数を察する事が出来ませう、又通常の文字を石盤へ書いては其音に因つて其字を知る事は難うございますが点と棒の数と順序の関係計りから成つて居る文字を書くならば其音に因つて其字を知る事が出来ませう、斯かる事が有るに於ては音を以て意を通ずるの術は高度に達して居ると云ふ可きでございます、
電信、電信、電信の記号は点と棒の数と順序の関係計りから成つて居て是等を書く音を聞けば慣れた耳には何の字と云ふ事が知れ従つて夫等の字から成り立つた文章も知れるのでございます、電信の記号を知つた者同士が有合ひの物を扣き或は口で音を発してトカ、トンガ、……トンガ、トカ、トカ、……トンガ、トカ、トンガ、トカ、抔と話しをするのは屢《しばしば》聞く所で実に響きを以て好く意を通ずる適例でございます、電信の記号を知つた或る人が嘗て東京築地の或る牛肉屋へ上つた所が隣座敷に電信技術生でも有らうかと思へる二人連れの客が居て其一人が火鉢の縁を火箸で頻りに扣く故耳を傾けた所「モヒトツヤリタイガ、フトコロハタシカカ」と云ふ事で有つたさうでございます、電信の記号は隠し言葉に遣はれる程に通用の狭いものでございますが、習ひさへすれば誰にでも覚へられるものでございますから是等の音を組み合せたものを

ば響き言葉の話しと云ふ事が出来ると思ひます、
元来言葉とは定まつたる思想を示す為の符調《ママ》で有つて其分類は土台に従つて種々にする事が出来ますが手段に因つて分つ時には形体と音声即ち視覚或は触覚に因つて意を悟らする類と聴覚に因つて意を悟らする類の二つと成りませう、形体の方は措いて問はず、音声の方には口を動かして出す声と物を打つて出す響きとがござります、口述の言葉は古来多くの語学者が研究し形体の方に属する仕方言葉は近年人類学者が捜索を始めましたが私は「響き言葉」なるものも充分捜索研究の価値が有ると信じます、通例手を拍つて音を出すの類をも仕方言葉の部に入れますが運動が主なれば仕方言葉、響きが主なれば「響き言葉」に入れるが正当と思ひます、
私は古着屋の叫び声から書き始めて廻り廻つて計らず此の様な所に到着致しました、思ひ反して見ますれば物売りの類の叫び声は口述の言葉と「響き言葉」の中間に立つものでござります、書き出しには題を記さずに置きましたが今更《あらた》めて此文に「響き言葉」と云ふ題を負はせます、嗚呼斯ゝる文能《よ》く登録の栄を得て雑誌配達チリンチリンの箱に入る可きか、或は排拆の辱を蒙つて紙屑買ひ「くづい、くづい」の籠に入る可きか、心配なり苦労なり、時に古着屋の声遙かに聞こゆ「クロー、クロー、ヲー、クロー！」

指字新案

私は此所に左の手の腹と右の手の甲の形を画きましたが例の手相学だな抔《など》と早飲み込みをしては困ります、長くはござりませんから御手透きに一寸読んで下ださい、先づ左の手の腹を出してアカサタナハマヤラワの十の位置を暗《そら》んずるか或は覚へ悪《にく》ければ墨で書いて此十の音ならば思ふに任せて自由に何れでも指す事の出来る様にするのです、夫が卒業に成つたら今度は右の手の指を図に示す通りアイウエオと定め暗んずるとも書くともして覚へるのです、両方共好く覚へられたら右の何れの指と左の何れの指とでも合せて御覧なさい、仮に右の人さし指（第二指）で左の同じ指の上の端を突いたと致しませう、さうすると（カ）と（イ）が合つたので五十音の表を知つて居る人には直に（キ）と云ふ意味だとの事が察せられませう、（イ）と云ふ音が示し度ければ、右の人さし指で左の拇指の上端を突くのです、一一云はなくとも他の音を示す事は推して知れませう、濁りは縦に撫で半濁は横に撫でる、長く引くのは右の指を突いた場所から水平に動かすにて示し、縮めるのは右の指を突いた場所から天の方へ動かすにて示し、はねるのは右の指を突いた場所から直ちに或は離した後に地の方へ動かすにて示す、応用も功能も述べず在来の「ハンド、アルファベット」との

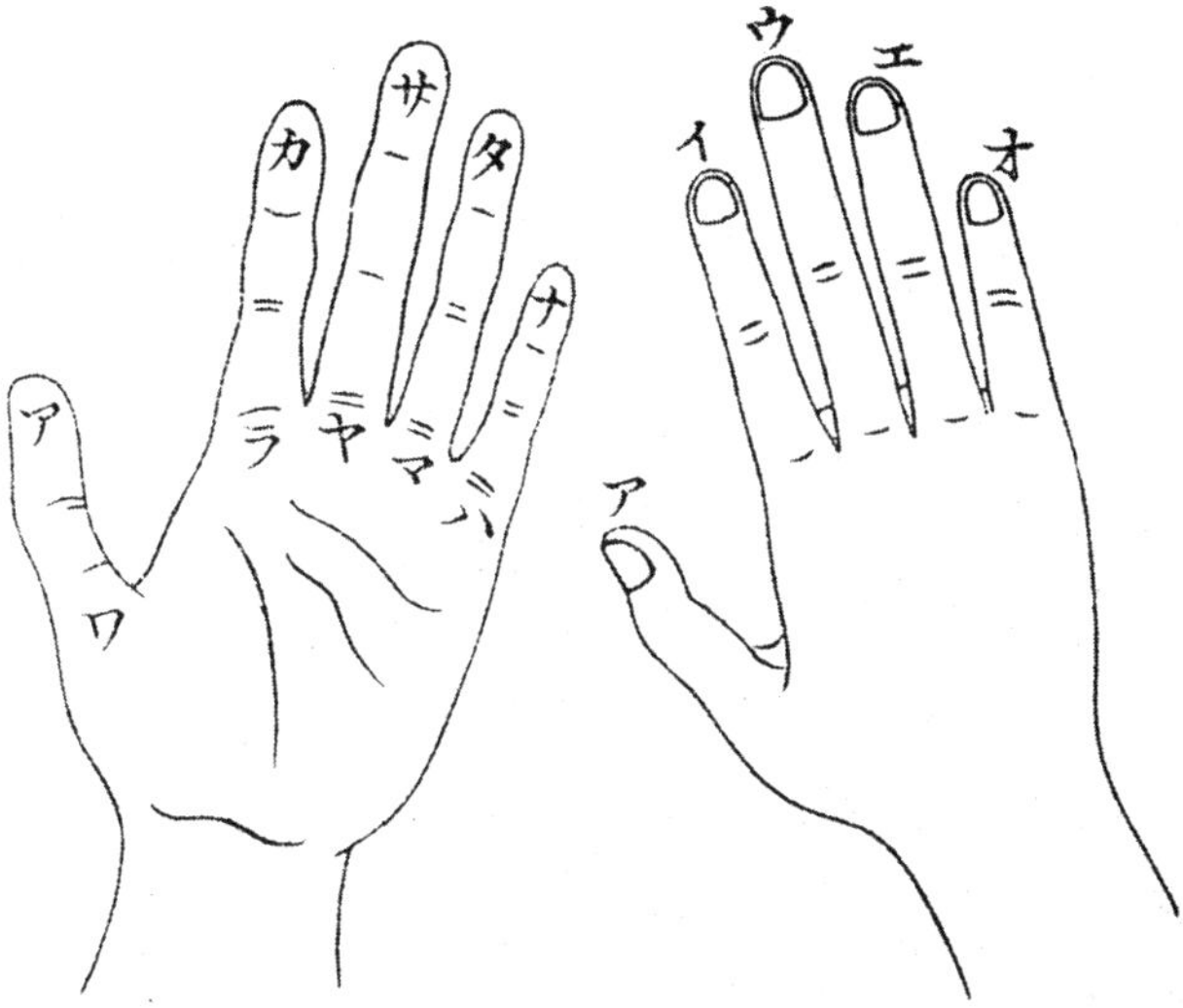

優劣も申しません、諸君御勝手に御試み下ださい、何時何所で如何にして此様な事を思ひ付いたかと申せば斯うです、明治二十三年四月五日の夕、金子堅太郎、中橋徳五郎、木内重四郎の三君に招かれてロンドンの中央の或料理屋で晩餐の御馳走を受け十一時頃に暇を告げて一里計り隔たつた場末の寓居へ一人で歩いて帰へる途すがら手持ち無沙汰の慰みに聞き覚への「蛍の光」抔を口の中で唱ひ乍ら左右の指先を無闇に扣《たた》き合せて居た間に不図思ひ付き帰つてからも寝床の中で頻りに研究して終に完全したと云ふのが（大きく申せば）此発明の歴史、私は此の日の紀念の為、つぼい、きうち、かねこ、なかはし、の頭字を集めつきがなを以て此代字法の名とし、指を突いて仮名を示すの故文字では突き仮名と記す事と致しました。諸君練習の為、図に合はせて左の腰折れを示して御覧有れ、

手と手をは繋きて下る猿の智恵
取り上げ難き思ひつきかな

洋服着換へ競争

お尋ねに従つて慰労運動会に付いての感想を述べますが、夫れに先だつて私自身の事で申して置かなければ成らぬ事が有ります。昨年もお招きを受けましたが差支へが有つて行かれず、次の機《おり》には出度いものと思つて居ました所今年は此会を天長節に催される事に成つたので、当日宮中に出る可き身の如何ともするを得ないと断念し掛けたので有りますが、運動競技の一として私の考へた屋外かるた取りを行ふに付いては夫れ丈でも是非見に来るやうにとの勧誘も有り自分にも見度いとの感じが有つたもので有りますから遅刻を構はず出掛ける事としたので有ります。ところで参内してお芽出度い御席に列なり、豊明殿で御膳部を戴き、入御の後、御玄関迄下がつて来るとどうしても一時が何程か過ぎる。然るに新橋発一時四十分の汽車に乗り損ねると、次はズット遅く成つて開会中に目的地へ達する事が出来ない。自宅は本郷で有るから帰つて着物を着代へる抔《など》と云ふ暇は迚《とて》も無い。そこで前以て鎌倉ステーション前の三橋支店へ平服を送つて置いて、御所を退出すると直に二人曳きで新橋へ駈け着け、大礼服の儘で客車に乗り込み、鎌倉で下りるが早いか三橋支店へ行つて、服を変へ、帽を変へ、靴を変へ、サーベルを脱《はず》し、勲章を仕舞ひ、後片付けは人に頼んで、予《かね》て用意の仕て有つた自働車に打ち乗りブーブーブーと会場に走り込んだ。其急がしさ、まるで洋服着換へ競争でも遣つて居る様で、無事会場に着いた時はプログラム以外の競争で一等賞を得た様な心地が仕ました。

屋外かるた取りは中々うまく行きました。此新案競技の結果の好かつたのを見、観覧者の之に関する評も悪く無かつたと云ふ事を知つた上は、最早一通りの満足は得られた次第で有りますが、別に大なる愉快を感じた事が有るので有ります。

抑《そもそ》も慰労会と云ふのは誰れ彼れの別無く店員全体の労を慰すべきもので有りませうが、総体の締め括りをする人々、実行の準備をする人々、現場の整理をする人々は此会の為に常と異つた心労をされるに違ひ無い、此に於て所謂慰労会は是等の人々に取つては或は労を重ねる会に成りはせぬかとの疑ひも生ずる。併し乍ら此種類の労は、多数の者に楽しみを与へたと云ふ事を認める事に由つて拭ひ去られるのみならず、効果を奏したと云ふ事を知つた時の嬉しさは他から察し兼ねる程のもので有らうと思はれるので有ります。

聞けば鎌倉では、当日の午前は大風雨で雷鳴《かみなり》さへも加はつたとの事。一時は幹部から解散の命を発し様と仕たとか云ふ話しで有るが、幸にして雨も止み風も穏かに成つたので予定の諸事を挙行し得たとの事、前年に於ける主催者諸氏の働きを一種の競走に譬へるならば、今年諸氏の為された事は慥《たしか》に大障害物競走で有ります。私は自ら洋服着換へ競争に勝利を得た心持ちで居るので有りますが、諸氏は此大妨害に打ち勝つて失態無く、混雑無く、美事に目的を達せられ、大障害物競走に於て大々的勝利を博されたので有ります。其実況を看取した私、実に大愉快を感じました。これが私の感想で有ります。

笑ひ語り

一

大磯ステーシヨンの改札場を出て真直に丘の麓の茶店の前へ行き、右に曲り、丘に添つて、左へギク〳〵折れて進むと新杵と云ふ菓子屋の横手に出る。此所迄行かぬ中、即ち丘に添つて折れ様とする突き当たりの辺が元音羽屋の別荘で有つた。今日では丁度小学校の裏か横かに成つて居る。明治三十四年まだ先代の菊五郎が存命の時で有つたが、庭に池を作らうとした所泥の中から珍しい焼き物の欠《かけ》が出たと云ふので其知らせが来た。早速彼地へ出掛け、兼ねて近傍の旅店に宿泊中で有つた林若吉氏と連れ立つて現場へ行つて見たが成程種々の模様の有る土器の破片が散らばつて居たし又既に取り出して有つた分の中には全形の別かる物さへ有つた。此時主人《あるじ》も居合はせたので是等の発見物は皆太古石器時代の遺物で飲食物を容れた道具、今で云へば皿鉢の類で有るとの事を説明し、図解を書いたり写真を撮つたり緩々《ゆるゆる》して此所を辞し、林氏も帰ると云ふので同車して帰途に就いた。車中、「林君彼所《あすこ》こそ本統の皿屋敷だね」と云へば「一首出来さうなものです」

と云ふ。「一つ遣つて見ようか」とて捻り出したのが

　　ドロ〳〵の中の物見て思ひ知れ
　　　此所もお得意の皿屋敷《はこ》とは

腰折れならばまだしも結構、幽霊の狂歌では足無し、足無し。

イヤ足無しで思ひ出した事が有る。何時で有つたか矢張り大磯で不図《はからず》清水市太郎氏と出会ひ、禱龍館《とうりゆうかん》に同宿した事が有るが、自分は目指す用事が有るので翌朝早く相模国中郡比々多と云ふ所に出掛けた。其時どう狼狽《あわて》たものか洋服の上衣と胴着丈を鞄に押し込みヅボンを残して行つたので、先方に着いてから、和服と着代へやうとした所、腰から下が無いと云ふ騒ぎ。コレハ仕舞つたと当惑の最中後に留まつた清水氏から忘れ物が有つたからとて態々《わざわざ》使ひを立て、届けてよこされたので先づは事無きを得た。其時の返事に幽霊の形を描いて斯う書き添へて遣つた。

　　失ひし腰から下を渡されて
　　　アーラ嬉しやと云ふ礼の声

自分ながら焼酎火の様な青い歌だと思ふ。

夫れは扠《さ》て置き、彼のドロ〳〵から二年を距てた三十七年の八月、当時又大磯に行つて居られた前記林氏から斯う云ふ書面が来た。「先年御同行申上候音羽屋別荘も今は岩崎家の有と相成り家は閉ぢ庭は廃され申候

　　ドロ〳〵の皿屋敷さへ無くなりて
　　　遺物の出ぬは恨めしき哉

別荘主人も今は黄泉《あのよ》の人。重ねて古物話しの出来ぬのもこれ亦《また》恨めしき哉では有るが、破《わ》れたる皿の旧に戻らぬ道理、徒らに歎くも何の甲斐か有らん。但し遺跡湮滅《いんめつ》を惜しむ事は林氏と同感。即ち返事《へんしょ》中に一首を記して曰く

皿屋敷跡絶えたるを恨むとは
「古代物見度《こだいものみた》し」のたぐひなるらん

これで原稿も一まアい！……二まアい！……三まアい！……仕舞！

二

寄り合ひ書きの硯箱と目印し付きの駒下駄

今年一月十一日外神田の青柳亭で集古会の新年会が催された。来会者は出品同様種々雑多ではあるが、出品に年を経て居ると云ふ通性が有る通りに、来会者には又好みを同じくすると云ふ通性が有る。古物談も固より盛んで有つたが、好事的雑話にも花が咲き、林若樹《わかき》氏が席上で一つの硯箱を山中笑《えむ》氏に贈つたのが本で、墨着きの筆が夫れから夫れへと廻はされる様な事に立ち至つた。蓋の表には人物の略画が有つて其上に、「柿本人まるあしひき」と走り書きがして有る。林氏蓋の裏に記して曰く「丁未《ひのえ》十月長崎行の帰途博多にて求む紀州産なりといふ絵様古拙愛すべし云々」清水晴風氏も蓋の裏に

梅咲や硯持出すかきのもと　　晴風

と題し、堀野文祿氏は

かきぞめやしぶい顔せぬ申の年　文祿

竹内久遠氏は

かきぞめや硯の海の明石潟　久遠

と書く。

福田菱洲《りようしゆう》氏も又ほの〴〵とから趣向を立て、

人丸を画きしはこのふたなれど

詩歌かゝれよき筆ほしぞ思ふ　菱洲

ともぢる。山中氏尚ほ誰にも彼にも書け書けと逼《せま》る。色々と出来たが岡田紫男《むらお》氏は

いまこゝに大勢よりて柿の本

へたがありてもくるしがるまじ　紫男

と遣つて退ける。僕も是非是非と責められ唯墨を着ける丈でも宜しいと迄云はれては辞するに辞《ことば》無し。蓋の裏は最早満員の盛況で、全面総てふたがりそこで以て底に書く事とする。

のぞまれて何か渋々かきのもと

たゞ板面《いたづら》に墨を塗るのみ　笑語老

それでお勤めもすみぬる、すみぬるだ！

集古会に付いてはまた斯う云ふ話が有る。余程前の事だが矢張り青柳亭で開いた新年会での出来事。僕兎角下駄を穿き違へる癖が有るので目印しとして鼻緒に毛糸を結び付けて置いた所、夫れが又間違ひの元と成

つたとは大笑ひ。会場を出る時、同じ様な駒下駄が幾足も有つたが今日こそは大丈夫と毛糸の印しの有るのを穿いて帰つた所、又しても間違つて居ると云ふ次第。彼方此方《あちこち》問ひ合はせた結果、清水晴風氏のと入れ違ひと云ふ事が分かつたので斯う云ふ意味のはがきを送つた。

「僕は過つて誰《たれ》氏かの下駄を穿いて来ましたが、後に聞けば貴君の下駄が変つて居たとの事、穿き違へて来た分には緑色の糸が括り付けて有りますが、これが貴君《あなた》のでは有りませんか。僕のには鼠色の糸が結び付けて有る筈です。貴君の所に在るのが夫れならばお知らせ下さい、受け取りの為めに使ひを差し出します。

　　青柳のいと頼み無き我が目かな
　　　みどりとねずみ見違《たが》ふるとは

清水氏からの返書は左の通り。

「先生御帰りの後下拙の下駄が違ひ居候を発見仕候へども自然わかる事と存じ其儘に致置きたる処先生の御履き物の由端書拝読の上承知却て恐縮の至りに覚え候

　　ねずみから芽をふきそめてみどり色
　　　どちらも同じ青柳の糸

斯くて夫れ夫れの下駄は各《おのおの》の主人《あるじ》の足に戻りけるとなんめでたしめでたし。

　こま下駄にしかと印しを付け置きて
　　はきたがへとは実《げ》にも馬鹿下駄

解題

川村伸秀

生前に出版された坪井正五郎の著書には次のようなものがある。

①『工商技芸看板考』哲学書院、一八八七（明治二十）年
②『はにわ考』東洋社、一九〇一（明治三十四）年
③『学芸叢話人類談』開成館、一九〇二（明治三十五）年
④『人類学講義』鶴林堂、同年
⑤『人類学講義』国光社、一九〇五（明治三十八）年
⑥『人類学叢話』博文館、一九〇七（明治四十）年
⑦『婦人と小児』隆文堂、同年
⑧『人類学講話』早稲田大学出版部、同年
⑨『自然滑稽うしのよだれ』三教書院、一九〇九（明治四十二）年

これらは、国会図書館ホームページ内の近代デジタルライブラリーに入っているので、インターネットを使える環境さえあれば、誰でも自由に読むことができる。しかし、坪井は好奇心の旺盛な人で興味の範囲も広く、さまざまなことに関心を抱いては文章を発表しているため、本になったもの以外でも、その量はかなりの数にのぼるのだが、一九一三（大正二）年に五十歳で急死したこともあって、その著作は死後まとめられることもなく、忘れられた存在となっていった。「日本人類学界創期の回想」（『ドルメン』再刊第二号、一九三八（昭和十三）年十二月一日）での岡茂雄の発言によれば、昭和初年ころに岡書院から六、七巻の大部の『坪井正五郎全集』の発刊計画も進められていたようだが、時期を逸しついに発行されることはなかった。

従って、現在日本の人類学の父として、考現学の先駆者としてその名前が語られることはあっても、先の著書以外で坪井の書いたものは、考古学関係の論文を除いて、今日まとめて読むことは難しい（考古学関係の論文が例外なのは、一九七一年〜七二年に斎藤忠の手によって日本考古学選集第二・三巻『坪井正五郎集』築地書館として上・下巻にまとめられているので比較的容易に手に取りやすいからである）。確かに、上記に挙げた著書の書名からもわかるように、その多くは、当時新しい学問として出発した人類学を概説的に述べたもので、現在の人類学の知見からはほとんど役に立たないと言っていいかもしれない。

坪井を歴史の闇のなかから引っぱりしたのは、本叢書の監修者である文化人類学者の山口昌男である。山口は『「敗者」の精神史』（岩波書店、一九九五年七月）のなかの一章「近代におけるカルチャー・センターの祖型」で三越百貨店が当時の文化に及ぼした影響について語りながら、三越のブレーン組織、流行会のメンバーとして坪井が果たした役割に着目した。山口の著書によって、これまで人類学史のなかで埃をかぶっていた坪井正五郎ではなく、江戸趣味の狂歌的笑いの感覚を持って、奇想なアイデアを次々と繰り出す魅力的な人物としての坪井正五郎の姿が浮かび上がってきた。本書に収録した文章は、これまで雑誌に掲載されたままになっていたもので、今日読むに値すると思われるこの後者の坪井の文章

を中心にまとめたものである。収録にあたっては、国会図書館ホームページ内の近代デジタルライブラリーに入っているもの、およびこれまで単行本に収録されたものは含めなかった。本書の性格上、『工商技芸看板考』などは当然収録してしかるべきであるが、近代デジタルライブラリー、築地書館版の『坪井正五郎集』（下巻）の両方に入っているので収録していない。

　近年、別の方向から坪井の名前が浮上してきている。坪井は明治政府が推し進めようとしていた帝国主義政策のなかで人種差別を先頭に立って進めた人物であった、という批判である。たとえば、一九〇三（明治三十六）年に大阪で開催された第五回内国勧業博覧会において坪井が企画した人類館などがその例である（人類館の問題については、演劇「人類館」上演を実現させたい会編著『人類館――封印された扉』アットワークス、二〇〇五年五月などを参照）。坪井はこの人類館でアイヌ、沖縄、朝鮮、台湾の先住民族の人たちを生身で展示したことで、当時から問題になっている。このことで坪井を擁護するつもりはない。そこで坪井がどのようなことを行ったのかは徹底して究明されるべきことと思われる。

　しかしながら、坪井正五郎に人種差別主義者というだけのレッテルを貼ってしまうことは、あまりに残念な気がしてならない。その点だけに坪井の存在を封じ込めてしまうと、それ以外の面が見えなくなってしまう恐れがある。一旦、負のレッテルを貼ってしまうと、人はなかなかそれ以外の視点で捉えることをしなくなってしまうからである。坪井の業績を否定的に捉えるにせよ、肯定するにせよ、まず様々な側面から捉えてみることが必要であろう。その意味では、本書もまた一つの側面に過ぎないのだが、実際に坪井の書いたテキストを読むことは、坪井正五郎の全体像発見に一歩近づくことになるのは間違いないだろう。

うしのよだれ

　本書所収の「うしのよだれ」は、雑誌『学士会月報』明治三十二年一月号～大正二年四月号（以下、煩瑣になるので、坪井の時代に関するものは明治・大正の元号を用い、最近の著書からの引用等の表記は西暦を用いる）に不定期に連載された全四六八話（連載では各話にすべて頭に通し番号がふってあり、本書でもそれを踏襲した。最後の番号は五〇九話になっているが、第四三三話及び四六〇～四九九話は欠番）、すべてを収録した。掲載号は次の通りである。

（一）～（一〇）　第一三一号（明治三十二年一月十五日）
（一一）～（二〇）　第一三四号（明治三十二年四月十五日）
（二一）～（三〇）　第一三五号（明治三十二年五月十五日）
（三一）～（四〇）　第一三八号（明治三十二年八月十五日）
（四一）～（五〇）　第一四三号（明治三十三年一月十八日）
（五一）～（六〇）　第一四八号（明治三十三年六月二十日）
（六一）～（七〇）　第一八四号（明治三十六年六月二十一日）
（七一）～（八〇）　第一八五号（明治三十六年七月二十八日）
（八一）～（九〇）　第一八六号（明治三十六年八月二十日）
（九一）～（一〇〇）　第一八八号（明治三十六年十月二十日）

（一〇一）〜（一一〇）　第一九九号（明治三十七年九月二十日）
（一一一）〜（一二〇）　第二〇八号（明治三十八年六月二十日）
（一二一）〜（一三〇）　第二〇九号（明治三十八年七月二十三日）
（一三一）〜（一四〇）　第二一〇号（明治三十八年八月二十日）
（一四一）〜（一五〇）　第二四〇号（明治四十一年二月二十日）
（一五一）〜（一六〇）　第二四一号（明治四十一年三月二十日）
（一六一）〜（一七〇）　第二四二号（明治四十一年四月二十日）
（一七一）〜（一八〇）　第二四三号（明治四十一年五月二十日）
（一八一）〜（一九〇）　第二四四号（明治四十一年六月二十日）
（一九一）〜（二〇〇）　第二四五号（明治四十一年七月二十五日）
（二〇一）〜（二一〇）　第二四六号（明治四十一年八月二十日）
（二一一）〜（二二〇）　第二四七号（明治四十一年九月二十日）
（二二一）〜（二三〇）　第二四九号（明治四十一年十一月二十日）
（二三一）〜（二四〇）　第二五一号（明治四十二年一月十五日）
（二四一）〜（二五〇）　第二五二号（明治四十二年二月二十日）
（二五一）〜（二六〇）　第二五三号（明治四十二年三月二十日）
（二六一）〜（二七〇）　第二五四号（明治四十二年四月二十日）
（二七一）〜（二八〇）　第二五五号（明治四十二年五月十五日）
（二八一）〜（二八八）　第二五六号（明治四十二年六月二十日）
（二八九）〜（二九六）　第二五七号（明治四十二年七月二十五日）
（二九七）〜（三〇四）　第二五八号（明治四十二年八月二十日）
（三〇五）〜（三一二）　第二五九号（明治四十二年九月二十日）
（三一三）〜（三二〇）　第二六一号（明治四十二年十一月二十日）
（三二一）〜（三二七）　第二六二号（明治四十二年十二月二十日）
（三二八）〜（三三五）　第二六三号（明治四十三年一月十五日）
（三三六）〜（三四八）　第二六四号（明治四十三年二月二十日）
（三四九）〜（三五五）　第二六五号（明治四十三年三月二十日）
（三五六）〜（三六五）　第二六六号（明治四十三年四月二十日）
（三六六）〜（三七四）　第二六七号（明治四十三年五月二十日）
（三七五）〜（三八四）　第二六八号（明治四十三年六月二十日）
（三八五）〜（三九六）　第二六九号（明治四十三年七月二十五日）
（三九七）〜（四一一）　第二七一号（明治四十三年九月二十日）
（四一二）〜（四二一）　第二七五号（明治四十四年一月十五日）
（四二二）〜（四三一）　第二七六号（明治四十四年二月二十日）
（四三二）〜（四四二）　第二九三号（明治四十五年七月二十五日）
（四四三）〜（四五二）　第二九九号（大正二年一月二十日）
（四五三）〜（四五九）　第三〇〇号（大正二年二月二十日）
（五〇〇）〜（五〇九）　第三〇二号（大正二年四月二十日）

大正二年五月、坪井正五郎は第五回万国学士院連合大会に出席するために訪れたペテルブルクで病に倒れ急死したことから、坪井の連載「うしのよだれ」は（五〇九）で終わっている。坪井の「うしのよだれ」と述べたのは、坪井正五郎の死後もあとを受け継いで「大笑子」名義で、同年七月二十五日発行の第三〇五号から「うしのよだれ」は復活継続したからである。

著作一覧のところでも述べたように、同名のタイトルを持った坪井正五郎の単行本『自然滑稽うしのよだれ』が、明治四十二年十一月二十五日、三教書院から発行されている。これは連載途中に単行本化されたもので、それまでに雑誌に掲載されたもののなかから全一〇〇話を選んで収録してある。装幀・挿絵は画家の小杉未醒（後の放庵）が担当、校正は俳人の沼波瓊音《ぬなみけいおん》があたった。瓊音が校正を担当したことについては、坪井の瓊音に宛てた次の手紙が『手紙雑誌』第九巻第一号（明治四十三年二月十日）に掲載されていることからわかる。

『うしのよだれ』挿画一覧しました。至極結構。口画《くちえ》には子供の筆に成つた編者肖像を出さうと思ひましたが、どこかへ仕舞ひなくしましたからやめにします。校正はどうぞよろしくお願ひします。

十月十九日　正五郎

沼波君

画題の中 [はいたゝき] とあるのは [はいはたき] と、お改めを願います。

〔笑語楼主人坪井理学博士の近著『うしのよだれ』挿画中の詞書きの一つを正誤して、該著の校合を託せられたる沼波瓊音氏に寄せたるものなり。〕

『自然滑稽うしのよだれ』は古書市場にもなかなか出ることがなく、SF作家で明治の古書研究家でもある横田順彌も述べているように、「それほどの稀覯本ではないが、まあ珍しい部類に属する」（『雑本展覧会――古書の森を散歩する』日本経済新聞社、二〇〇〇年三月）本だったが、この『自然滑稽うしのよだれ』も先にも触れたように、国会図書館の近代デジタルライブラリーにアクセスすれば、簡単に読むことができるようになった。この本の「序」で坪井は次のように述べている（この「序」は連載番号（一三一）の文章を改変したもの）。

抑《そもそ》も牛の涎と云ふは、同窓会誌の余白に載せた句切りの付かぬダラ〳〵文を、物に譬へて呼んだに過ぎぬ、僕の随筆の名で有つたが、どうしたひやうり《ママ》の瓢簞から、飛び出す馬は馬の連れ、牛は牛連れノロ〳〵と、歩みを運ぶ其中に、食ふ路草の笑ひ草、自ずと傾く自然滑稽、うしのよだれの名を聞けば、作意を交ぜぬ珍談と、人も思へば我も亦、其気で筆を酉の歳、捜した種も少くないが、申もの聴く古雑誌は、羊の餌食と成るやも知れぬ、年来集めたもの、中、彼《あ》れや此《こ》れやと撰り出して、一小冊子に取り纏め、何時来られても悪くない、福をば招くまじなひの笑ひの種に致さんとモーす。

明治四十二年の夏　笑語老

「羊の餌食」となることなく、運よく残された雑誌から掲載することのできた本書所収の「うしのよだれ」と単行本『自然滑稽うしのよだれ』を比較すると次のようになる（単行本では番号は取り払われ、その代わりタイトルがついているので、これに相当する連載時の番号を照らし合わせてみた）。この番号順に読むと、単行本『自然滑稽うしのよだれ』になる。

○粗末な脈（九）　○忘れ物は皆有る（三一）　○碁盤の散歩（三二）　○西郷の犬（三三）　○ばかすことを知らぬ狐（三五）　○二冊を

一人で（三八）○花押は自宅（三九）○カラスは口偏（四〇）○てんぷらを聞く（一一八）○お肴は巻き紙（四二）○こつちは締まつて居る（四一）○船頭の頬冠り（四五）○按摩の笛（四六）○未だ一ページも見ない（四七）○切手の多い郵便（四九）○山出しと海（二七六）○両方のメツカチ（五一）○車置くべからず（五四）○ホトトギだんご（五八）○腹這ひで泳ぐ（六〇）○翼有るみゝず（六四）○頭や肋骨（六五）○ひるまの様だ（六六）○東京の盆踊り（七一）○どうぞお先に（七二）○クレと云ふ時に遣れ（七三）○自動車を食ふ（七四）○坊主大学（七五）○職業は華族（七六）○酔ふ事も出来まい（八〇）○ネコと云ふ名の犬（八一）○牛乳縦覧（八五）○よく死ぬ人（九四）○煙草飲ミと蠅扣き（九三）○サテハ何れ（一〇〇）○朝オチル（一〇五）○怪しからん子供（一〇七）○大人も見せるのか（一〇九）○まだ女です（一一一）○作文の様な事（一二一）○牛若と義経の戦ひ（一二五）○チンチンチヤイナマン（一二七）○大ブ小ブ（一二八）○懐中即ちすり（一三〇）○本所なら乗り換へ（一三三）○清正公社官殿（二七四）○病人としろうと（一三七）○雪達磨の目玉（一三八）○御懐中物無之（一四八）○死去道具と蒟蒻（一五一・一五二）○アイヌ語を知らぬ熊（一五四）○人の名（一五六）○つまらぬ事です（一六四）○百の目玉（一六八）○お幻灯（一七〇）○吹かなくても破れるか（一七九）○五円でおつり（一八〇）○家の附け焼き（一八一）○壺焼きの見せ物（一九〇）○インキ小僧（二〇〇）○牛肉の皮（二〇六）○幽霊の煮付け（七）○字を崩す暇が無い（一一五）○夫れはとりのけ（二〇）○シヤイロー、アカベーン（五〇）○煎餅の休息（八六）○こじき（一〇二）○プラトーンは霜焼の薬（一一四）○頭を取つて逃がせ（一四〇）○学長と楽長（一六二）○コフクで宜しい（一八五）○薩摩煙草（一九四）○ビンと薬（二〇四）○留守居を頂戴（二一一）○万国君代（二五五）○ころもが落ちる（二二〇）○目薬の後口（二二三）○盲腸の用（二二八）○右おこり迄（二三〇）○田端とアタマ（二四〇）○利口蝶々（一一六）○文学博士特価販売（二四一）○ギユーニユーと云ふ英語（二四八）○おなかゞすきましたら（二五八）○上か下か（二六六）○下だりは早い（二六八）○煙草と電灯（一六三）○下駄はだし（二七〇）○何を買はうか（二七二）○青偏の菊（二七三）○生きて居ります（二七五）○ステゝ膏（二八一）○門番は！門番は！（二八四）○カバをどうぞ（二八九）○おつかさんに聞き度い（九六）○雀のお化け（九八）○お蔭さまで丈夫（四三）○狐の嫁入り（一九五）○くわんぜより（一六九）○酒は百薬の長（二九四）

いま「この番号順に読むと、単行本『自然滑稽うしのよだれ』になる」と書いたが、実は正確に言えばそうではない。大枠はそうに違いないのだが、単行本にする過程で、細かい手が入っているからである。例えば、

（一一八）此一項巨猫氏報
学士会の懇親会で或る会員の曰く

「今日は唯てんぷらと講釈とを聞きに来た計りだ」てんぷらを聞くと云ふからパチ〳〵の音に耳を傾ける計りかと思つたら矢張り随分口に入れた。

は、単行本では次のようになっている。

〇てんぷらを聞く
或る会の懇親会で来会者の一人が
「今日は唯てんぷらと講談を聞きに来た計りだ」
と云つた。てんぷらを聞くとはパチ〳〵の音に耳を傾ける事かと思つたら此先生随分口の方も働かせたさうな。

単行本のほうがより推敲がなされていることは言うまでもない。連載では誤植も多いが、それは（三八五）で坪井自身が述べているところによれば、「牛のよだれの原稿は書き送つても校正は自分でするので無い為め時としては思はぬ誤植が其儘に成つて居る事が有る」。月毎に締切のやってくる雑誌で、しかも著者校も経ていないというのだから、それはやむを得ないだろう。本書の「うしのよだれ」について、少なくとも著者の校正を経た一〇〇話分を単行本のものと入れ替えることもできたのだが、それはあえてしなかった（明らかな誤植と思われるものについては、できる限り訂正したが）。

その理由は、一つは先にも触れたように単行本のほうは、国会図書館のホームページで容易に読むことができること、もう一つ（実はこちらの意味のほうが大きいのだが）は、連載時の荒削りな分だけ、当時（明治三十年代～大正初め）のライブ感がそのまま伝わってくるからである。例えば、いま例に挙げた（一一八）では、「巨猫氏（もしくは巨猫生と表記されるこの人物は後にも何度か登場する）」から聞いた話とあるのが、単行本ではその部分が削られ、「学士会」は「或る会」と変更されている。笑い話そのものにとってはそんなことはどうでもよいことで、「てんぷらの話」のほうにウエイトが置かれた単行本のほうが「笑い話集」としてはより洗練された形にはなっているのだが、その分雑情報が抜け落ちてしまっている。しかし今日の時点からは、この雑情報を読むことのほうが、ときには「笑い話」そのものよりも面白いところがある。それは、教科書的な歴史からは抜け落ちた等身大の当時の人々の感覚に触れることができるからである。

連載当初各話は、坪井、或いは坪井の友人の誰々の談として書かれているが、やがて文中にそうした形式とは異なる、「うしのよだれ」の連載に触れた舞台裏的記述が時折登場してくるようになる。例えば、（一五一）の「三島通良氏に会つた所「久し振りで牛の涎が出たネ続けて書き給へ」と云ふ。「書けたツて種の好いのが無ければ仕方が無い」と云へば「好いのを譲らう」とて斯う話された」という部分がそれだ。ちなみに、三島通良とは、日本で最初に学校衛生を始めた医学博士で、明治四十一年、時事新報社が主催した日本初の美人コンテストでは坪井と共に審査員を務めた人物である（単行本では三島通良の名前は「或る人曰く」と変更されている）。

あるいは、（一七一）の次のような記述。

井口在屋君から斯う云ふはがきが来た。

「拝。時事新報には電車の怪我と云ふ見出の雑報が度々ある、電車の怪我はあつても人間の破損と云ふのは一つもない、幸な事である。

右うしのよだれになりますならば結構。かしこ。」

なりますとも、なりますとも。どうぞ満員の札を掲げる程に御投稿を願ひます。

井口在屋とは、渦巻きポンプ（通称ゐのくちポンプ）を発明した工学博士である。

坪井に寄せられる「うしのよだれ」の数は次第に増えてきて、先の（一五一）では「書けたツて種の好いのが無ければ仕方が無い」と書いていたのが、（一八八）では「此他にも寄書が沢山有りまして諸君の賛助を深く謝しますが、一回分としては多過ぎると思ふので、残りの分は別の機会に譲る事としました」と述べている。

友人ばかりではない。匿名の投稿も増えてくる。なかには（二六〇）のような「うしのよだれ」の連載に否定的な文書が寄せられることもあったようだが、坪井はそれさえも掲載する。「「牛のよだれ」は貴重なる紙面を費し候のみならず要するに他人の蔭口をきくのに外ならずして不徳此上無き次第なれば向後御廃止被下度」。いつの時代も真面目一辺倒の堅物はいるものだが、これに対して坪井は次のように答えている。

学士会の建て物の中には事務室もあれば談話室もある、食卓も置いてあるし、遊び道具も備へて有る。僕は月報も之に準ずべきものと思ふ。其談話室に当たる部分に「牛のよだれ」の様なものが載つたとて責めるにも及ぶまい。貴重なる談話室に於て笑ひ声を出すとは何事ぞと咎める人はまさかにあるまい。材料を供給する寄書家、原稿を採用する編輯者、恐くは僕と同感であらう。

この部分は、「笑い」を決して一段低いものとして貶めることをせず、むしろ人間にとって大切なものとする人類学者・坪井正五郎の面目躍如たるものがある。

明治四年に開始された郵便制度は、この頃には完全に普及しており、坪井も寄稿しているが、『手紙雑誌』（明治三十七年三月創刊）や『ハガキ文学』（同年十月創刊）などという誌名の雑誌さえ出版されている。このことは明らかに郵便が当時のメディアの重要な部分を担っていたことを示している。一方、やがて手紙に取って代わることになる電話もこの頃には各家庭に入り始めている。石井研堂の『明治事物起原』第五巻（ちくま学芸文庫、一九九七年九月）によれば、日本に電話器が輸入されたのは明治十年、東京・熱海間に電話線が開通したのは明治二十二年、東京・大阪間は二十六年、上野、新橋に公衆電話が設置されたのが明治三十三年ということになる。（三八三）と（三八四）はその電話の話題であるが、まだまだ普及していないことがこの失敗談から知ることができる。電話とは関係ないが、（三八四）からは、坪井も流行会を通じて関係の深かった三越百貨店の総支配人・日比翁助と同じく流行会のメンバーだった巖谷季雄（小波）が、二人とも高輪に住み、近所だったのだと意外なことがわかって面白い（これも雑情報の一つである）。

今日坪井正五郎が生きていれば、間違いなくインターネットのホームページ、もしくはブログを開設していたに違いない。文中での読者とのやり取りは、時間差こそあれ好き勝手に自分の意見を述べ合うことのできる掲示板・ブログのやり取りそのものである。つまり、「うしのよだれ」は坪井正五郎が「笑い話」をテーマに『学士会月報』誌上に百年前に開設したホームページもしくはブログを読むようなものなのである。先に「ライブ感」と述べたのは、このことを指している。

伝記家・森銑三は『古い雑誌から』（文藝春秋、一九五六年六月）所収の「笑語老博士の「うしのよだれ」」で次のように述べている。

　坪井博士の「うしのよだれ」には、雑誌が雑誌であるし、原稿料なども恐らく出なかつたのであらう。さうした原稿を二十年間も書続けてゐられるのが快い。単行本の「うしのよだれ」も、今思ふと抄本に過ぎなかつたらしい。改めて「完本うしのよだれ」を出してもよいわけである。（同書、二四ページ）

本書は、森銑三の教えに従ったものである。

「蛙の舌」と「げたのあと」は、「うしのよだれ」の連載中に同じ『学士会月報』に掲載された。「蛙の舌」は第一九九号（明治三十七年九月二十日）、「げたのあと」は第二〇〇号（同年十月二十二日）。「蛙の舌」には（一）と書かれているので、連載の心づもりだったようだが、掲載はこの回のみである。

「げたのあと」文中で述べている「東京人類学会創立満二十年紀念遠足」は、明治三十七年十月十六日に実施された。東京人類学会主催の遠足はこの後も何度か行われている。案内役の江見水蔭は、硯友社の同人で当時の流行作家である。考古学にも興味を持ち、坪井正五郎に師事した水蔭は、考古学関係の著作『地底探検記』（博文館、明治四十年八月）、『探検実記地中の秘密』（博文館、明治四十二年五月）、『考古小説三千年前』（実業之日本社、大正六年二月）なども残している。もう一人の案内役、水谷幻花は朝日新聞の記者で、演劇評論（演劇関係の著書に『演劇風聞録』朝日新聞社、昭和五年六月がある）を行っていた人物である。

考現学以前

ここには「風俗測定」などの考現学的な発想で書かれた文章を掲載した。

出自は次の通りである。

①「風俗漸化を計る簡単法」
『東京人類学会報告』第二巻第十四号（明治二十年四月）

②「中等以上の者九百人の風俗を調べたる成績」
『東京人類学会報告』第二巻第十六号（明治二十年六月）

③「東京中三ケ所及び相摸三崎にて行ひたる風俗測定」

『東京人類学会報告』第二巻第十八号（明治二十年八月）

④「風俗測定成績及び新案」

『東京人類学会報告』第三巻第二十八号（明治二十一年六月二十八日）

⑤「東京、西京及び高松に於ける風俗測定成績」

『東京人類学会報告』第四巻第三十五号（明治二十二年一月二十八日）

⑥「東京に於ける髪服履欧化の波動」

『東京人類学会報告』第四巻第三十八号（明治二十二年四月二十八日）

⑦「ピクとツー」

『みつこしタイムス』第八巻第十号（明治四十三年九月一日）

⑧「ロンドン市中男女立ち止りの勘定」

『東洋学芸雑誌』第百四号（明治二十三年五月二十五日）

⑨「ロンドン人鉄蹄を珍重する事の考」

『東洋学芸雑誌』第百八号（明治二十三年九月二十五日）

『東洋学芸雑誌』第百九号（明治二十三年十月二十五日）

坪井正五郎が行った「風俗測定」については、民族学者・梅棹忠夫が「考現学と世相史（上）――現代史研究への人類学的アプローチ」（『季刊人類学』第二巻第一号、一九七一年一月）で詳しい検討を加えている。梅棹は坪井の「風俗測定」論文として①〜④の四つを取り上げて解説し、この方法は海外に先例のない「坪井の創意によって開拓された、まったくの国産学であったとかんがえられる」と述べている。西洋に追いつこうと必死になっていた明治という時代に、――勿論、坪井自身も西洋から多くを学び取ろうとしていた一人ではあったのだが、その一方で――こうした独自の方法を考えだし、調査を行っていたあたりに坪井の発想のユニークさがあったと言えよう。

梅棹は、坪井の風俗測定学はその四十年後に今和次郎が考案し、関東大震災後の東京の変わり行く姿を調査した考現学と比較して「今の視点は、はるかに広大である」としながらも「両者は、その基本的方法においては、まったくおなじであるといっていいのではないか。今の考現学は、坪井の風俗測定の方法と態度を一般化し、精密化したものにほかならないのだといえよう」と述べている。

その当の考現学者である今和次郎自身は、坪井の行った「風俗測定」調査について次のように評価している（今和次郎「考現学総論」『考現学入門』ちくま文庫、一九八七年一月）。

> 日本においても、われわれの仕事の先輩があったことをその後ききうる喜びをもつことができた。それは明治の中葉に属すると思うが、わが国の人類学の開拓者として尊敬されている坪井正五郎博士が、日本の文物が欧米化する状況を、街上における統計の収集でなすことを試みたと、博士の友人だった塚本靖博士から直接きくを得たのである。詳しくはその方法を知らないが、通行人の頭、胴、および足のおのおのが、それぞれ和あるいは洋のどちらであるかの統計で、地方都市においてもそれを試みようとしたのだそうである。それについて古い人類学雑誌に掲載されている、ということをもきいた。ゆえに坪井正五郎博士は、わが国の「考現学」以前に考現学者であったわけである。そして人類学界においてせっかくの博士の考案が中断さ

れてしまっていたことがくれぐれも遺憾なことである。もし博士のこの仕事が後継者をえて十分になされていたとしたならば、明治時代の風俗史あるいは文化史の資料として輝いたものが集成されていたはずだろう。

先の論文で梅棹は、坪井の方法は「実証科学の方法」を取りながらも、そこにあるのは「歴史学の問題であり、現代史の研究」ではなかったと問いかけている。

坪井が着目した風俗変化の問題は、ちょっとみると、社会の表層を浮動する一時的の現象で、そういうものをいかに精密に「測定」してみても、たいして学問的意味はないものとかんがえられやすい。しかし、別な観点からみると、それは思想史的にもきわめて重要な意味をもつものであろう。固有の風俗が、外来のものにおきかえられてゆく過程を、価値判断とともに観察すれば、それはまさに文化的ナショナリズムの問題ではないか。現実に、坪井らの背景になっているのは、鹿鳴館によって代表される欧化主義と、その反動としての国粋主義とのあらそいなのである。坪井自身は、その二つの潮流のなかにあって、自分自身はまったく価値判断なしに、現象そのものについての科学的観察をおこなおうとしたのであった。かれは、歴史の観察者になろうとしたのであった。

坪井は、すでに過去となったスタティックな歴史を分析するというのではなく、いま眼の前で変化を遂げつつある歴史の一齣を、あるがままに捉えようとしていたのである。その意味で歴史学であると同時に、まさに今和次郎が言うように考現学以前に考現学の方法を取っていたと言うことができる。

少なくとも坪井のこの考現学的な思考は、明治十三年（坪井は当時十七歳）には芽生えていたことははっきりしている。そのことを坪井は先の「うしのよだれ」の（六）に書き残している。学生時代の手作り雑誌『小梧雑誌』に、明治十三年五月十一・十二日の両日、上野から万世橋間、万世橋から日本橋間にどのような店が何軒あったか、書生の生活に関係のあるものに限って記録したことがあると記しているからである。今和次郎や吉田謙吉らの後の考現学も、ある範囲のなかにどのような店舗があるかの調査を行っているのであるから、この点でも坪井は一歩先を走っていたことになる。

梅棹は、①〜④の論文を取り上げて論じたあと「坪井らの「風俗測定」学は、奇妙なことには、これでおしまいになる。せっかく測定法・計算法を開発し、各地、各時期における比較データまでつくりながら、その努力は放棄されたようである。以後、この方向の研究は、たえてあらわれることがなかった。わずか2年ばかりのあいだの、束の間のかがやきであった」と述べている（梅棹が取り上げた四論文あとも、坪井は明治二十二年までは「風俗調査」論文の発表を続けているので、実際には四年間ということになるが）。

デザイン史家の神野由紀は山口昌男のあとにやはり三越文化を研究した本『趣味の誕生――百貨店がつくったテイスト』（勁草書房、

一九九四年四月）のなかで、梅棹論文にも触れながら、坪井の風俗測定について次のように述べる。

> 坪井の風俗測定は、明治二二年一月の『東京人類学雑誌』（『東京人類学会報告』のこと。この雑誌は、のちに『東京人類学雑誌』と名前を変更した——引用者）第三五号の報告で、突然終わってしまっている。これは、その年の五月から彼がヨーロッパ（イギリス）へ留学することになったからであると考えられている。彼は三年間の留学から帰国してからは、考古学や人類学の研究に専心し、風俗測定を二度とすることがなかったとされている。（中略）しかし実は坪井は約二〇年という長い中断の後、再びこの風俗研究を再開しているのである。この事実はそれが三越という一企業の主催する会で発表されていたため、誰にも発見されずに埋もれてしまっていたようである。

ここで神野が述べているのが、三越流行会で坪井が発表した⑦の「ピクとツー」である（神野は『東京人類学雑誌』への発表は明治二十二年一月発行の第三十五号で終わっていると述べているが、坪井は第三十八号にも⑥を発表しているので明治二十二年四月とすべきであろう）。「ピクとツー」はその命名法も奇抜で面白いし、試行錯誤のなかで書かれた『東京人類学会報告』の論文①～⑥よりも、ずっと整理されている。講演という形を取っていることもそのわかりやすさの要素の一つであろう。

神野は続けて述べる。

> 二〇歳代の坪井は、確かに梅棹の言うように、西洋化に対する驚異からこの研究を始めたのであろうが、その後の彼の風俗測定にたいする態度は、梅棹の見解を全く否定するようなものであったと言わねばならない。おそらく坪井は明治二二年以降も、風俗測定法を用いて様々な風俗を観察していた。

思うに、坪井にはもともと考現学的発想があって（「うしのよだれ」（六）参照）、それが目の前で欧化を遂げてゆく風俗に強く反応したのではないだろうか。従って、ロンドンに渡ってからの坪井が、欧化していく日本の風俗調査とは別の、やはり考現学的方法を使った調査論文である⑧と⑨を発表したとしても不思議はない。⑧でのロンドンのどの店で人は立ち止まることが多いかの調査は、「風俗測定」調査の応用であることは間違いないし、⑨の前半部分についても同様である。そして、神野が述べるように「おそらく坪井は明治二二年以降も、風俗測定法を用いて様々な風俗を観察していた」のであろう。そして、二十年ののちに改めて⑦を発表することになる。

「ピクとツー」の最初で坪井が述べている「知つてる会」についても触れておこう。これは坪井の講演の前に硯友社の石橋思案が行った講演のことを指している。『みつこしタイムス』第八巻第九号（明治四十三年九月）に載っている講演「知つてる会の話」で石橋は「知つてる会」について次のように説明している。

何《ど》うしてさう云ふ名を附けたかといふに、今は故人になりましたが、私の極く親友の尾崎紅葉君がナカ〳〵斯《こ》う云ふ珍物好きの人でありましたから、何処か往来など歩いて、唐物屋とか西洋小間物屋などの前を通つて珍しい物が有るとそれを取つて来て置いて、私が行く時分にどうだ、石橋斯んな物を知つてるかいと言ふて頻りに観せられたことがありまして、私も亦《また》負けない気で、尾崎君が来る前に幾らか準備して取つて置いて、どうだい是は珍しいだらう、と言ふ、それから別に規則を極めるといふのぢやなかつたですけれ共、互に往来する中《うち》に観せ合つたことが有る、そこで博文館でも、私共の近所に居ります方と日時を極めて、前には五日と二十日、月二回丈け互に打寄つて観せ合ふことをしましたけれ共余り頻繁になつては面白い物も無いので此頃は五日丈にして二箇月一回づゝ持寄つて居る、随分中には下らない物もありますけれ共亦偶《た》まには随分良い物も出て居る、それで私の御願ひしたいのは、此流行会の副産物と云ふか余興と云ふか知らないけれ共、若し御賛成の御方が有るならば大に「知つてる会」を発展さして流行会の有る時に私を驚かすやうな珍しい物を持つて来て下すつたならば大変に面白くは無いかと思ひます、

付け加えておくと、石橋思案の講演に出てくる博文館は、明治の後半から大正にかけての日本最大の出版社であった。思案はこの文芸部に籍を置き、『文藝倶楽部』を主宰した。博文館には、巖谷小波もおり、硯友社系の作家との繋がりは強かった。また『明治事物起原』で知られる石井研堂も博文館で『小国民』の編輯主筆を務めており、その研堂の弟の浜田四郎は三越でＰＲ誌を編集していた（もともと浜田も博文館にいたのだが）ので、硯友社―博文館―三越は関係が深かった。

旅する人類学者

フィールドワークを伴う人類学という学問に加えて好奇心の旺盛だった坪井正五郎は、生涯にわたって国内外を問わず多くの旅行を重ねている。ここでは、坪井の旅について触れた文章を掲載した。

出自は次の通りである。

①「銚子紀行――貝塚掘りと海岸巡り」
『東京人類学会雑誌』第二百三十三号（明治三十八年八月十二日）

②「京阪行」
『三越』第一巻第二号（明治四十四年四月一日）

③「西欧の海上より」
『三越』第一巻第十号（明治四十四年十一月一日）

④「世界の名物」
『三越』第二巻第二号（明治四十五年二月一日）

⑤「海外旅行記」
『早稲田講演』第二巻第二号（明治四十五年六月一日）

⑥「海外旅行みやげ――五月の流行会に於ける演説」

『三越』第二巻第六号（明治四十五年六月一日）

①は、坪井正五郎、柴田常恵《じょうえ》、松村瞭《あきら》、坪井誠太郎、三好勇の合筆になる文章である。柴田常恵は、のちにおそらく坪井が誘ったのであろうが、流行会会員、また明治四十三年に三越百貨店が創設した児童用品研究会会員ともなる。息子の坪井誠太郎はのちに地質学者となった。

現在では見られないが、明治期には作家や画家たちが何人かで旅行し、その旅行記を分担で執筆するという方法があった。例えば、根岸党の幸田露伴、高橋太華、幸堂得知、久保田米僊、富岡永洗ほかによる『草鞋記程』（私家版、明治二十五年十二月）、遅塚麗水、江見水蔭、長井金風、登張竹風らによる『金剛杖』（春陽堂、明治四十年九月）などがそれである。坪井らの「銚子紀行」もこの方法を取り入れて書かれている。

②の文中に「一行八人」とあるのは、坪井のほか高島平三郎（児童心理学、流行会の会員でもあり、坪井とも親しかった）、巌谷小波、菅原教造（文学士、流行会会員）、柴田常恵、松居松葉《しょうよう》（松翁）（劇作家、ホフマンスタール「エレクトラ」の翻訳なども手がけている。流行会会員）、日比翁助、武田真一である。

また、「途中で大の男が三人紛失する」とあるのは、柴田、武田の二人とあとから坪井たちに同行した童話研究家・久留島武彦のことで、坪井たち一行は大阪ホテルからそれぞれ人力車で北野学校で準備している生徒の気合体操の見学に向かったのだが、最後に出発したこの三人だけはいつまで待っても現れなかったのである。松居は「京阪遊記」（『三越』第一巻第二号、明治四十四年四月一日）のなかで、武田の語った言葉として、その事情を次のように説明している。いささか長いが、面白いので引用しておこう。

僕と柴田君と久留島君とは、車へ乗るのが少し遅かつた。車《くるま》夫《や》が楫《かじ》を上げた時には、諸君《みなさん》の車がもう向ふの橋を越して居た。さあ急げ、つゞけと後を追つて四五町かけて見ると、追ついた車には似ても似つかぬ田舎の老爺《じい》さんや婆さんの御上りさんが乗て居る。やあ、休《しま》つた一行の車は如何《どう》したと云つても、もう追つかぬ。如何しやうと三人車上に鼎字形をつくつて相談した。無論自分も柴田君もさして行く学校の名は知らぬ。たゞ久留島君が朧気《おぼろげ》ながら北大江小学校と聞いた様に思ふといふ。では其《そ》処《こ》へ行けと車夫にいふと、車夫は其処在が分らぬといふ。詮方《しかた》が無いから、この近所にも小学校があるだらう、そこへ行けといふと、車夫は五、六町離れた学校へ連れて行つた。学校の名ですか……さあ……余り狼狽《あわ》を喰つたものだから名なんぞは気がつきませんでした。気がつかないといへば、久留島君は何時の間にかはぐれてしまつて姿が見えません。が、久留島君は北大江といふ学校の名を云ひ出した人だから其方へ行つてるに相違ないと思つて、兎に角その学校へ飛込んだ。するとわれながら可笑しくなつたのは、その学校では気合体操はやつて居ずに吃《どもり》の矯正をやつて居た事であつた。

茲《ここ》では如何しても要領が得られないので、死物狂で此大江学校を探させる。その間、時間にしたら何十分、道程《みちのり》にしたら何十町と馳廻りましたらうが、途中で丁度久留島君の車に逢ひました。やあと双方から思はず歓喜の声をあげ帽子をふる。われわれは無論久留島君があとからついて来る事と思つて、嬉しさにうしろをふり向くと、モウその姿は見えませんでした。久留島君の車夫だけはわれ〳〵一行のと別な帳場の人間でしたから、道連と思はず、折角めぐり合ひながら、車上の人の心も知らずに、別な方面へ輓《ひ》いて行つたものと見えます。かくて小一時間経つてやう〳〵目的の学校へ着いたと思ふと、それは幼稚園部で、そこでは毫《すこし》も話が分らぬ。また車へ乗つて小学校の方へ廻ると、校長は公用があつて手が明かぬといふ、小使に気合を教へる学校はあるまいかと聞くと、わたしの所でも深呼吸なら教へますといふ。気合も深呼吸も稍《やや》似たものではあるが、諸君が見に来て居ねば間に合はず、校長が出て来るのを待つてまた聞くと、難波小学校とやらで、そんな事をやつてるとの話と、甚だ冷淡にして覚束ない返事、兎に角電話で聞合はさうと思つたが、その難波学校には生憎と電話が無い、詮方なしに大阪毎日社に電話をかけて見たが、流石《さすが》に一行にはぐれて行き先が分らぬ、私共の行くとこは何処ですかとも聞かれないから、一行はまだそつちへ着いて居ぬかと知り抜いた事を聞く、まだお出でになりませんといふから、それまで何処へ行つてるだらうと聞くと、はじめて北野小学校と分つた。締めたと思つて、僕も柴田君もはじめて生返つた気はしたが、しかし其時はもう十時半、これから行つても迚《とて》も間に合ふまいと、すつかり我を折つて、今まで乗り廻した車夫どもを叱り飛ばして追ひかへし、両人《ふたり》で千日前へ行つて玩具の採集にかゝると、黒の高帽、フロツクコートの紳士が両人、一文菓子屋の露店で、五厘や三厘の玩具を冷かす始末であるから、通行人が黒山の様にたかつて見る。其中を柴田君は悠然と、露店の婆あを相手に玩具を値切つては買ひしめをして居る、さすがの僕も堪りかねて、先生を引張る様にしてそこを逃げ出し、やつとの事で毎日社へ駈けつけたといふわけでございました。

坪井正五郎は、明治四十四年七月五日に日本を発ち、ヨーロッパ、北米を回って翌年三月二十九日に帰国した。③④⑤⑥は、これに関する文章である。このときの世界旅行について、坪井はほかにも『人類学雑誌』に十二回にわたって「世界一周雑記」のタイトルで連載するなど多くの文章を残している。

なお、③の付言に出てくる「ポケツトデスク」とは坪井の考案になる手帳のことである。

玩具と児童博覧会

玩具に関する文章と三越が開催した児童《こども》博覧会に関する文章を収録した。

出自は次の通りである。

①「新案玩具「燕がへし」」
『みつこしタイムス』第三号（明治四十一年六月二十日）

『みつこしタイムス』第五号（明治四十一年七月十日）

②「新案玩具「亀と兎」」
『みつこしタイムス』第八巻第五号（明治四十三年五月一日）

③「ずぼんぼの用ゐ方」
『みつこしタイムス』第八巻第五号（明治四十三年五月一日）

④「動物形の玩具」
『みつこしタイムス』第八巻第五号（明治四十三年五月一日）

⑤「七曜を書いた筆筒」
『みつこしタイムス』第八巻第五号（明治四十三年五月一日）

⑥「児童博覧会の効果――来賓坪井理学博士の演説」
『みつこしタイムス』第八巻第五号（明治四十三年五月一日）

⑦「一ふじ二はと三かすみ」
『みつこしタイムス』第八巻第五号（明治四十三年五月一日）

⑧「『三』の字尽し――第三回児童博覧会褒賞授与式に於て」
『三越』第一巻第四号（明治四十四年六月十一日）

⑨「海と人の関係を示す児童用絵本に付いて」
『三越』第一巻第八号（明治四十四年九月一日）

⑩「児童博覧会に於ける海の趣向」
『三越』第一巻第四号（明治四十四年六月十一日）

⑪「智識の雑種――第四回児童博覧会褒賞授与式に於て」
『三越』第二巻第六号（明治四十五年六月一日）

①で述べている「燕がへし」という玩具は、もともと三越百貨店が明治四十一年に懸賞をつけて新案玩具を一般に募集したとき坪井正五郎が出品したもので、一等に入選している。しかし坪井は、自身も審査員の一人であったためその賞を辞退し、このときは番外優等という形になった。その後、文中にあるようにこの玩具は三越で販売されることになり、商品名は「飛んでこい（一名燕がへし）」とされた。最初は安全を考えて絹製で製作されて好評を博したため、売り切れ後には、大崎村にあった高島平三郎の敷地で実験を重ね、今度は紙製の商品として売り出された。

実は坪井は、三越の募集よりずっと以前にこの玩具の元になるアイデアを抱いていた。『東洋学芸雑誌』第百二十六号・第百二十七号（明治二十五年三月二十五日・四月二十五日）に「飛去来器（即、空中にて廻転して投げ手の許に戻り来る道具）」と題する坪井の論文が掲載されている。これは探検家・鈴木経勲の論文「マジュロ島人の鳥猟器械」に触発されて書かれたもので、ここで坪井は世界各地のブーメランに関する文献を検討したあとで次のように述べている。

私は木製の大きな飛去来器（ブーメランのこと――引用者）の実験は読者諸君に向つては余りお進め申しません。私は極容易に出来て、少しも浮《ふ》雲気《あんげ》無く、座敷の内で投げる事を得て、女や子供の慰みにも成る実験を御伝授致します。理学的遊戯書（Half Hours of Scientific Amusement. 1890.）の中にも新月形の厚紙を弾く事が載せてござりますが、私の工夫した物の方が結果が宜しうござります。私は種々の形で、試みましたが此所には其中最も意に適したのを記します。先づ厚い板目紙か、之に相当する厚紙を撰んで形も大さも左の図に示す通りに切り抜くのです。タイラアの人類学書（Anthropology）にも厚紙で造つたブウメラングも弾けば飛び返るとは記してござりますが、形も、大さも、持ち方も、弾き方も書いてござりません。彼の文を読んだ丈で其意を理解する人は少いでござりませう。夫は扨置き、今切り抜いた厂形《ガンダレ》の厚紙の縦の枝の下端をば左の手の拇指と人指し指とで軽く摘まみ、前上りにして（名札か端書きでも読む時の様に）保ち、右の手の指で横の枝の右端を、厚紙の傾き通りに、弾いて御覧なさい。左の指を放しては行けません。放さなくとも弾く力で充分に厂は飛出します。直には上手に出来ないかも知れませんが、度々試みる中《うち》には手心が付いて好く飛ぶ様に成ります。弾き方の強弱で一様には申されませんが、厂は弾き出されるとキリキリキリキリと自転して一間半か二間位斜に上り行き、進む力は消えても尚ほキリキリ自転して、自転し乍ら丁度弾き出された本迄返つて参ります。大きい飛去来器は鎌の様に持つて投げるので有るし、此厂は一端を弾くのでござりますが、運動の仕方に於ては違ふ事はござりません。大きい飛去来器が物に当たれば飛び返らないのと同様に厂も物に当たれば脇へ外れたり、真直に落ちたりして本へは飛び返りません。

三越の新案玩具の話が出たとき、坪井の頭にこのときのブーメラン実験が思い浮かんだであろうことは想像に難くない。燕の絵柄を工夫するなど、あとは玩具としての体裁を整えるまで、もうひと工夫を加えればよかったのである。

三越の児童用品研究会では、新しい玩具の考案と同時にこれまでの玩具の改良普及を目指していた。③で坪井が触れている「ずぼんぼ」もその一つである。三越のものではないが、「ずぼんぼ」については、作家・幸田文《あや》にその思い出を語った文章があるので、その部分を引用しておこう。

どたばた騒ぎのなかでは、ずぼんぼが最も子供たちに人気があつた。これはとつておきの遊びで、ふだんはやらない。半紙一杯に父は変な顔をかいた。目がぎよろ〳〵した、間のぬけた絵である。四隅に一寸幅の長い足を貼りつけ、さきには一銭銅貨を沈子《おもり》に入れる。これがずぼんぼである。人々は円座し、おの〳〵団扇《うちわ》をもつてこれを煽ぐ。四方から煽がれて、ずぼんぼは立ちあがる。風といふものは実に咄嗟に不思議な方向に流れるものである。ずぼんぼは下等な顔をふくらませたり皺よせたりして、重い足をひきずりながら、ずる〳〵ぴたつと貼りついて来たりする。これに取つつかれた人は負けである。

ずぼんぼや　ずぼんぼや、
ずぼんと腹立ちや　つら憎や、
池のどん亀　なりやこそ、
さゝの相手にヤレコレずぼんぼや。

しまいには拍子も調子もなく煽ぐ。ずぼんぼはきよろつとしてゐるのに、遂に渋団扇はあへなき最期を見せるのである。これも酒間の遊びであらう」（「こんなこと」『幸田文全集』第一巻、岩波書店、一九九四年十二月）

文の父・幸田露伴は流行会で講演「紋の事」を行ったこともあり、まんざら三越と縁がなかったわけではなかったのだが、どうやら文は三越製「ずぼんぼ」では遊ばなかったようだ。

「坪井博士と当店」（『三越』第三巻第六号、大正二年六月一日）によれば、このほかに坪井の考案した玩具には、「マーストヘンゲル、かはり扇、輪廓廻し、バッタ、鳥笛、自働ボール、金魚鉢、活動熊、積上げ五重塔、ひよこ〳〵蛙、」などがあり、日用品には「名刺受、六角時計」、文房具には、「絵葉書分類箱、ポツケットデスク、波形文鎮、七夕栞」などがある。

⑥〜⑧⑩⑪は、三越の児童博覧会で坪井正五郎が行った講演であり、⑨も児童博覧会に関係した文章なので、ここに併せて収録した。

児童博覧会の第一回は明治四十二年四月に開催されたが、好評だったことから以後毎年行われるようになった。⑥と⑦は第二回目、⑧と⑩は第三回目、⑪は第四回目の際に行われたものである。

⑥は最初に掲載された『みつこしタイムス』第八巻第五号では「来賓坪井博士の演説」となっていたが、臨時増刊『第二回児童博覧会』同誌、第八巻第八号（明治四十三年八月一日）に再録された際には「児童博覧会の効果」と改題されているため、本書では「児童博覧会の効果――来賓坪井理学博士の演説」とした。

⑧の最後に「『三』の字尽しの演説を聞きて」を寄せている井上剣花坊は、新川柳の総帥として機関誌『川柳』を主宰した川柳作家で、やはり流行会会員の一人である。

⑨の絵本の絵を担当したのは杉浦非水である。当時杉浦は『三越』の表紙絵を描いていた。

夢に夢中

夢に関する文章を掲載した。
出自は次の通りである。

①「四十六夜三十二夢」
『東洋学芸雑誌』第百十号（明治二十三年十一月二十五日）

②「真夢実録貘の食ひ残し」
『新公論』
「第一例〜第二例」第十九巻第二号（明治三十七年三月十五日）
「第三例〜第四例」第十九巻第三号（明治三十七年四月十五日）
「第五例〜第六例」第十九巻第四号（明治三十七年五月十五日）
「第七例〜第八例」第十九巻第五号（明治三十七年六月十五日）

フロイトの『夢判断』が出版されたのが一九〇〇（明治三十三）年、

坪井が「四十六夜三十二夢」を発表したのは、それよりも十年早かったことになる。もっとも『夢判断』以後、夢の問題は無意識の問題に触れずに語ることはできないので、坪井の書いたものがいま読んでどれだけ役に立つかは疑問である。むしろ坪井の見た夢の内容が興味深いのでここに掲載することとした。

人類学者の誕生

自伝的文章、及び東京人類学会誕生の経緯について触れた文章を掲載した。

出自は次の通りである。

①「坪井正五郎小伝」
『日本之小学教師』第一巻第六号（明治三十二年九月十五日）

②「名士の学生時代実話」
『中学世界』第九巻第四号（明治三十九年三月二十日）

③「名士の学生時代――大学在学中の事」
『新公論』第二十七巻第九号（大正元年九月一日）

④「人類学会略史」
『人類学会報』第一号（明治十九年二月十日）

⑤「東京人類学会満二十年紀念演説」
『東京人類学会雑誌』第二百十二号（明治三十七年十月二十日）

①は、「教育家伝記」として、那珂通世《みちよ》（東洋史学の先駆者）、三宅米吉（歴史・考古学者）と共に掲載された。この伝記は『中学世界』第六巻第六号（大正二年六月）に「坪井正五郎博士の自叙伝」のタイトルで再録され、更にそれを発見した吉川芳秋が「日本人類学の始祖　故坪井正五郎博士の自叙伝」のタイトルで『ドルメン』第二巻第六号（昭和八年六月一日）と第二巻第七号（昭和八年七月一日）に二回にわけて掲載している。しかし、『中学世界』に掲載の際に、『日本之小学教師』では記されていた同誌記者よりインタヴューされた文章に誤りがあるので自分で書き改めた云々という最初の箇所は削除されてしまった。そのため、吉川芳秋は、坪井の文章のあとに附言として「本自叙伝が同博士の前半生に及ばざりしは、蓋し千載の恨事である。尚ほ其の執筆せられしは、内容からみれば、多分明治三十年前後かと思惟せらる」と述べている。

この自伝は坪井正五郎を理解するための重要な文章であると思われるので、以下気づいたままに幾つかのコメントを加えておきたい。

まず、坪井の誕生に関しての伝記的事実を少し付け加えておくと、坪井の父・信良は富山県高岡の旧家佐渡家の次男に生まれ、江戸の蘭方医・坪井信道に師事、のちに養子に入り、やがて信道の長女・牧と結婚した。信良は、正五郎が生まれたときの喜びを、兄・佐渡三良宛の一八六三（文久三）年一月六日付の書簡で次のように述べている（宮地正人編『幕末維新風雲通信――蘭医坪井信良兄宛書翰集』東京大学出版会、一九七八年十二月）。

昨五日夜五時安産、男児出生仕候。肥大健実、啼声徹耳、此度は無疑大丈夫と存申候。此段御安心可被下候

「此度は無疑大丈夫」とあるのは、一八五八（安政五）年に正五郎の前に一男をもうけたが、産後すぐに死亡したためである。

この文章で述べられているように、幼いころから坪井は江戸から続いた本草学＝博物学の強い影響下にあった。このことは、坪井の人類学を考える上で、見過ごすことのできない部分である。坪井の弟子であった鳥居龍蔵も「江戸人としての恩師坪井正五郎」（『鳥居龍蔵全集』第十二巻、朝日新聞社、一九七六年九月）という文章で、坪井自身から聞いたのであろうが、坪井が浜町に生まれたことから江戸の雰囲気に満ちたなかで成長したことを強調している。

> 先生は江戸浜町に生まれた関係上、教養も、学者の家に生まれたけれども、浜町周囲の環境が江戸気分に充満している所であったから、幼時から江戸人として生活せられたといってよい。（中略）先生は幼時から筆まめで、絵をよくせられ、『新和漢三才図会』や、徳川時代の風俗をいろいろの本から引き抜いて書いておられる。馬琴や京伝や種彦のものが好きで、これらの漫筆・稗史類は先生を大いに支配しているように思われる。

この点に着目した科学史家・坂野徹は、坪井の人類学は実は博物学だったと指摘している（坂野徹「坪井正五郎の人類学」『年報　科学・技術・社会』第八巻、一九九九年七月三十日）。

> 好古趣味とは一線を画する「理学」としての人類学を主張しつつも、坪井たちの人類学は、彼の自覚以上に江戸時代の伝統に規定されていた。人間をそれを取り巻く様々な事物との相関で捉えようとする博物学志向、近代科学の研究者という範疇には到底収まりきれない坪井の広範な活動は、まさしく江戸時代の研究伝統の連続線上に位置するものだったのではないだろうか。

おそらく坪井は、医師であった父の影響の下に幼いころから本草学＝博物学的思考を身につけていたが、やがて衰退していく博物学よりも、むしろ新しい学問として日本でこれから発展していこうとする人類学を博物学に接ぎ木したのではなかろうか。坂野は先の論文で続けて次のように述べる。

> むろん、何度も指摘してきたとおり、当該期の日本人類学が全て江戸時代との連続性で理解できるというわけではない。例えば、人体測定などの近代人類学固有の方法論が明治時代の人類学においてみられないというわけではないし、しばしば考現学の先駆として高く評価される、当時の日本における近代化、西洋化の進行を「測定」しようとする坪井のユニークな試みも、明らかに明治以降の新たな経験と数量化という西洋科学の方法論を前提としている。

確かに風俗測定論文で坪井が導入した方法は、坂野が述べているように西洋科学の方法であることは間違いないのだが、しかし、それだけでは「坪井のユニークな試み」の部分を理解することはできない。梅棹が述べているように、坪井の考現学が海外には例のないまったくの国産学であったとすれば、むしろここにも博物学の影響があったとは考えてみることはできないだろうか。もちろん、博物学は西洋にもあったわけだが、日本および日本が範とした中国の博物学と西洋のそれとは、微妙に異なるものであった。作家・荒俣宏はその違いについて、博物学の重要な要素である博物画を例にとって次の様に説明している（荒俣宏コレクション『増補版図鑑の博物誌』集英社文庫、一九九四年六月）。

日本ないし中国で描かれた博物画については、西洋人が目をみはるポイントがひとつある。それは何かというと、生命力、躍動感がでていることである。これはさらに絵のスタイルでいうと、たとえば鳥なら飛んでいる、魚なら水中を泳いでいる、滝のぼりをしている、といった動きを描いているということだ。

西洋の絵は、ギリシア、ローマ以来、ポーズを中心に展開した。したがって西洋の博物画をながめると、台の上にあらゆる動物がのっている。植物だったら植木鉢のなかにあらゆる植物が置いてある。これはギリシア、ローマ以来のものを描くときのひとつのパターンで、ポーズによる表現である。したがって、動植物も西洋画ではポーズをとっている。ポーズというのは止まっていることである。あるいは動きそのものを止めて、ある瞬間を固着させる、定着させるということだ。

ところが、東洋にはそういうポーズという概念がなかったので、動きなら動きをそのまま連続体としてとらえることができた。つまり絵のなかには、こうやってこう動くという時間がたたみこまれている。これには西洋人はおどろいた。たとえばコイが滝のぼりをしている図というのは、西洋にはそれまであまりないものだった。あるいは鳥が飛んでいる図も、西洋では少なかった。もちろん飛んでいる絵そのものはあるが、それは飛んでいる瞬間を描いただけで、東洋の絵のように、飛んでいる行為そのものを描いたものではなかった。

ここで荒俣が述べている「動きをそのまま連続体としてとらえることができた」東洋の博物画の描き方とは、まさに目の前で変化していく、その変化をそのまま捉えようとした坪井の考現学の方法そのものではないだろうか。九歳にしてすでに上・中・下巻三冊の「草花画譜」まで描き、「絵をよくせられた」坪井が、博物画に精通していなかったはずはない。熱心に博物画を描くなかで、坪井は自然にその描画法を身につけ、身体で覚えたその記憶が、風俗測定の発想に影響を与えていたのではなかろうか。そう考えてみると、やはりここでも、江戸の博物学に西洋の人類学を接ぎ木しているように思われてならない。

坪井の文章や講演は、論文調のものは別としても、その多くは随所に笑いの感覚が溢れている。坪井自身はその辺の理由を「小説家南新二氏甥なる谷村太刀馬氏と交りを結びて狂歌戯文に心を傾けた」あたりに起因していると説明している。南新二はいまではほとんど忘れられた作家と言っていいだろう。『日本児童文学大事典』（第二巻、大日本図書株式会社、一九九三年十月、畠山兆子記）の「南新二」の項によれば「東京絵入新聞、東京日日新聞他の記者を勤め、滑稽洒脱な江戸戯作風の作品に本領を発揮、落語や小咄も書き、特異な作家と目された」人物であったという。落語作者としての南新二については、芸能研究家・正岡容も『随筆　寄席行灯』（柳書房、昭和二十一年六月）のなかで触れている。「南新二小伝」（『明治文学全集第二十六巻　根岸派文学集』筑摩書房、一九八一年四月）には、南新二には谷村嘉順という兄がいたとあるので、おそらく谷村太刀馬は嘉順の息子であろう。その太刀馬を通して、坪井もこうした戯作世界に親しんでいたと考えられる。

今日では、およそ考えられないことだが、坪井は大学を卒業すると人類学を学ぶために大学院に人類学科を作ってもらってそこで学んでいる。その上、文部省から留学を命じられてヨーロッパに渡ったのち、学ぶべき師なしとして、独学して帰ってくるのである。鳥居は次のように述べている（「ある老学徒の手記」『鳥居龍蔵全集』第十二巻）。

先生は外国にあって師にもつかず、大学にも入らずであったから、文部省はこれを知り、先生に向かって「貴君は何が故に適当な師に従って勉強しないのか。留学生として不都合である」云々という詰責の書面をロンドンの先生の手もとに送った。その時、先生は直ちに文部省に答書を送って曰く、「私は外国で人類学を学ぶ師無し、もしこれあらば、願わくばこれを教えられんことを請う」と平然たるものであった。

これは明治という時代を考えるとき、相当に異例のことであったに違いない。当時はいまの留学とは異なり、政府から派遣され、これからの日本の役に立つヨーロッパの知識を学んでくることが絶対的使命であった。坪井同様に文部省の命によって英国に留学した夏目漱石は、その責の重さに耐えかねてノイローゼになってしまったとされているほどである（漱石の留学は明治三十三年）。坪井とて自分に与えられた役割を知らなかったはずはなかろう。しかも、最後まで文部省に逆らって師につくことなく、予定通り三年間の留学を終えて明治二十五年に帰国した坪井は、すぐに帝国大学理科大学で人類学科の教授の職につくである。これは不思議なことに思われるのだが、その答えとして、鳥居は坪井の背後には強力な人脈があったことを述べている（「日本人類学の発達」『鳥居龍蔵全集』第一巻、一九七五年十月）。

坪井氏の大学に於ける人類学はもとより氏の自力によって造り出されたものであることは明らかであるが、それに就いて多大なる保護者のあったことは注意を要す。その保護者は令夫人の兄上たる菊池学長、箕作教授の両氏の指導力のあったことと、当時の大学総長渡辺洪基氏の助力保護のあったことであります。また帰朝後箕作氏の令妹を令夫人として迎えられました。（中略）

殊に坪井氏にとって好都合であったのは渡辺洪基氏の如き好学長を上にいただいて居ったことであります。渡辺氏はまれに見る果断かつ世話ずきで、氏は越前の人、坪井氏の先代に教えを受け恩義あることを感じ、その結果は坪井氏の学問とその人物に向かって注意せられ、他の反対あるに拘らず人類学なる学問を大学に入れ、それの教授として坪井氏を見出し、氏をして官費留学せしむるまでに至ったのであります。かつや坪井氏の帰朝せられましても早速教授に任命し、着々斯学を安心して専攻講義をなさしむる事とせられました。

同じくこの文章を「坪井正五郎とその周辺」（『考古学研究』第二十四巻第三・四号、一九七七年十二月三十日）のなかで引用している工藤雅樹の言葉によって補っておくと「文中の菊池学長は理科大学学長でのちには文部大臣にもなった菊池大麓、箕作教授は動物学教授の箕作佳吉で、両人は兄弟、幕末の洋学者箕作秋坪の子（菊池は秋坪の実家の姓）である。そして坪井の夫人は両人の妹の直《なお》である」ということになる。坂野も「日本人類学の誕生」（『科学史研究』第三十八号、一九九九年春）で指摘していることだが、ここには明らかに幕臣（山口昌男がいうところの敗者）のネットワークの力が働いていたことになる。

⑤に出てくる「かなのくわい」は、教育普及を目的に明治十六年七月、有栖川宮威仁親王《ありすがわのみやたけひとしんのう》を会長として発足した会で、学ぶのが時間のかかる日本語の漢字を廃し、仮名を用いることを主張した。この会には坪井と共に「教育家伝記」に掲載された那珂通世、三宅米吉や『言海』の大槻文彦が参加している。

同じく⑤に「十九年の二月、従来筆記復写版、寒天版等で間に合はせて居た会誌をば印刷に附する様に成り」とあるのは、④も掲載されている『人類学会報』第一巻第一号のことだが、これ以前の人類学会の記録も坪井の自筆本を基に『じんるいがくのとも　じんるいがくくゎいよりあひのかきとめ一―七』（東京人類学会、昭和十五年六月）として出版されている。

坪井式発想法

坪井がどのように方法で思考を巡らしていたのか、その辺がわかるような文章を収録した。

出自は次の通りである。

①「退屈を防ぐ法」
『学生』第一巻第一号（明治四十三年五月五日）

②「現代読書法」
『成功』秋期臨時増刊第十巻第一号（明治三十九年九月十日）

③「自製索引」
『学灯』第八巻第一号（明治三十七年一月十五日）

①の最後のほうに坪井がカラフトを訪れた話が出てくるが、これは明治二十一年七月五日に東京を発ち、九月六日に戻ってきた北海道調査旅行の際のことである。このとき坪井は形質人類学の

小金井良精《よしきよ》と同行している。小金井はこのときの旅行を「アイノの人類学的調査の思い出、四十八年前の思い出」（小金井良精『人類学研究・続編』小金井博士生誕百年記念会、一九五八年十二月）で詳しく述べているのだが、奇妙なことに、そこには同行者であったはずの坪井の名前が一言も出てこない。当時、坪井の日本先住民族をコロボックルだったとする説に対して小金井はアイヌ説を主張して論争があり、工藤も先の「坪井正五郎とその周辺」で推測しているように、おそらく坪井も小金井もこの旅行で二人が同行したことにほとんど触れていないのは、このことに関係があるように思われる。

②と③によって坪井がカード式に知識を整理していたことがわかる。坪井の文章や講演がわかりやすいのは、常にこのカード式方法によって整理されていたことにも起因している。

葉書趣味

葉書に関する文章及び年賀状の絵柄を掲載した。出自は次の通りである。

①「葉書についての葉書たより」
『ハガキ文学』第一巻第一号（明治三十七年十月一日）
②「ロンドン郵便雑話」
『ハガキ文学』第二巻第一号（明治三十八年一月一日）
③「めでた尽し」
『ハガキ文学』第二巻第六号（明治三十八年五月一日）
④「猿はがき」
『ハガキ文学』第五巻第一号（明治四十一年一月一日）
⑤「自画自賛」
『ハガキ文学』第二巻第四号（明治三十八年四月一日）
⑥坪井正五郎の年賀状
明治三十九年の絵柄
『学士会月報』第二百十五号（明治三十九年一月十五日）
明治四十年の絵柄
『学士会月報』第二百二十七号（明治四十年一月十五日）
明治四十一年の絵柄
『学士会月報』第二百三十九号（明治四十一年一月十五日）
明治四十二年の絵柄
『学士会月報』第二百五十一号（明治四十二年一月十五日）
明治四十三年の絵柄
『学士会月報』第二百六十三号（明治四十三年一月十五日）
明治四十四年の絵柄
『学士会月報』第二百七十五号（明治四十四年一月十五日）
明治四十五年の絵柄
『学士会月報』第二百八十七号（明治四十五年一月十五日）

正五郎あらかると

一つのテーマにはまとめられない文章を「正五郎あらかると」としてここに収録した。

出自は次の通りである。

①「「重ね写真」の術を観相其他に応用する考案」
　『青年界』第三巻第十二号（明治三十七年十一月一日）

②「響き言葉」
　『東洋学芸雑誌』第百五号（明治二十三年六月二十五日）

③「指字新案」
　『東洋学芸雑誌』第百五号（明治二十三年六月二十五日）

④「洋服着換へ競争」
　『みつこしタイムス』第八巻第十三号（明治四十三年十二月一日）

⑤「笑ひ語り」
　『笑』第二巻第一号（明治四十一年一月五日）
　『笑』第二巻第二十一号（明治四十一年十月五日）

①の「重ね写真」について、坪井はほかにも「組立写真（Composite photo-graph）」（『東京人類学会報告』第十号、明治十九年十二月）、「「重ね撮り写真」の術を利用したる観相法」（『東洋学芸雑誌』第百五十七号、明治二十七年十月二十五日）、「重ね写真の話」（『みつこしタイムス』第八巻第五号、明治四十三年五月一日）などを書いていて相当な関心をもっていたことがわかる。どれも重なる記述が多いので、ここではなかでも最もまとまった形で書かれている「重ね写真」の術を観相其他に応用する考案」を掲載することとした。

坪井は「秩序有る観相法と云ふものは、西暦千七百七十二年にラヴアテル Lavater が著した有名なる人相書を以て始めとする」と述べているが、確かにこのラヴアテル（＝ラファーター）の『観相学断片』は、十八世紀末から十九世紀にかけてのヨーロッパを席巻した書物だったようだ。英文学者の高山宏は「正しい顔」（高山宏『ブック・カーニヴァル』自由国民社、一九九五年七月）で次のように述べている。

　ひと呼んでフィジオノミー（physiognomy）という。性格《カラクテール》という印欧語族系統の言葉にたたみこまれている意味の重畳に関係がある。簡単にいえば人の顔や外形はその人間の性格《カラクテール》が外から読みとれる文字《カラクテール》に他ならないという発想で、なにやら想像できるように元々は堕落した神秘主義と関係がある。古代ギリシャにまで遡れるそういう顔の神秘主義を十八世紀末、スイスの神秘主義者ヨーハン・カスパール・ラファーター（一七四一―一八〇一）が『観相学断片』（一七七五―七八）に一括して総復権させた。鷲鼻だから意志剛直、小鼻が開いているから情熱的……といった中小コードが取りきめられ、就職面接だの良縁さがしだのといったえらく実際的な用途にどんどん利用されて諸版入り乱れ、十九世紀前半空前のベストセラーとなった。

同じく高山は「〈神の書跡〉としての顔」（高山宏『メデューサの知』青土社、一九八七年八月）のなかで、この『観相学断片』は当時の文学に多大なる影響を及ぼしたとも述べている。

　十八世紀末ゴシック小説、感傷小説から十九世紀一杯リアリズム小説のディスクリプティヴな力、即ち〈描写力〉の歴史的ともいい得る増強に直接のきっかけを与えることになるのである。ウォルター・スコット、ウィリアム・ゴドウィン、アン・ラドクリフ、シャーロット・スミス、メアリー・シェリー、E・A・ポー、ナサニエル・ホーソン、ジョルジュ・サンド、スタンダール、フロベール、ジュール・ベルヌ……実に夥しい数の作家が、現に「観相学に的にみるならば彼（女）は……」という公然たる書き方で、人物描写にラファーター自身やサー・チャールズ・ベル、ルイ＝ピエール・グラシオレなどのラファーター表現学を実践していたわけである。

坪井も書いているように、このラファーターの強い影響の下に「重ね写真」を考案したのが、優生学の創始者として知られるイギリスのフランシス・ガル（ゴル）トン（チャールズ・ダーウィンの従弟でもあった）である。元来ユダヤ人排斥を目的としたこの考えは、やがてナチズムにまで繋がっていくことになる。しかし、坂野徹は「好事家の政治学——坪井正五郎と明治期人類学の軌跡」（『思想』第九百七号、二〇〇〇年一月五日）で坪井の重ね写真に対する考え方は、ゴルドンの優生学とは、微妙に違うものであったことを指摘している。

ここで注意しなければならないのは、坪井が、「組立写真」の考案者であり、イギリス人類学会会長の職にもあったゴルドンの優生学の構想に触れたことがなく、しかも彼自身の「組立写真」の実践が、絶えず「遊び」へと逸脱していく運動を内包していることだ。

このあと、坂野は①の論文の坪井の重ね写真の応用例（一）〜（九）、そして美人の典型例の話（本書、四六九〜四七〇ページ）などに触れた後で、次のように述べる。

この論考が学術誌ではなく一般誌に書かれたことを割り引いても、この発言から彼自身にとって「組立写真」がいかなるものだったかわかるはずだ。人類学、精神医学などへの「学問」的応用の可能性にとどまらず、典型的美人を明らかに出来る、犬と猿（馬と鹿）の「重ね写真」をつくるのも面白いと坪井がいうとき、それがもともと有していた優生学や犯罪人類学との結びつきは薄れ、「組立写真」「重ね（撮り）写真」はなかば遊戯と化している。西洋の「科学」に由来する概念や技法を取り込みつつ、ときにそれで遊んでしまう。こうした坪井の実践は、西洋の知に対する彼のスタンスを物語ってしまう。そこには、学問に内在する権力性をずらす、あるいは脱構築しようとする力が働いていたのである。

ここでも坪井の視点は、ヨーロッパの学問をすべてよしとして丸ごと飲み込むことはせず、常に距離をおいて吸収しようとしていたことになる。

②はいま読んでも決して古びていない示唆に富んだ言語学（あるいは記号論と呼んでもいい）の文章である。しかもその語り口は平易で、以前にテレビで放映されていたエンターテインメント番組「タモ

リのボキャブラ天国」をさえ連想させる。このタモリ司会の番組は、音の近い言葉の響きを探し出すことで元の音から連想させるものとは全く別のシチュエーションを引き出すというもので、毎回視聴者の投稿のなかから面白いものを選び出しそのシチュエーションの違いを見せるというものだった。そうした笑いの方向にも開かれた文章なのだが、その一方で、ロシア文学者・桑野隆によるロシアの民衆文化を研究した記号論学者P・G・ボガトゥイリョフの仕事を解説した次の文章を読むとき（これは、一九六二年にボガトゥイリョフが発表した「行商人や放浪職人の叫び――宣伝の記号」について触れた箇所）、ボガトゥイリョフの七十年以上も前に坪井が同様の問題に着眼していたことに驚かされる（桑野隆『民衆文化の記号学――先覚者ボガトゥイリョフの仕事』東海大学出版会、一九八一年一月）。

> ボガトゥイリョフは、商店や酒場の看板の記号に触れたあと、つぎに、「放浪する商人や職人の叫びの場合には、二つのグループを区別することができる。すなわち、一定のメロディに沿って歌われたりレチタティーヴォで叫ばれる叫び（歌）と、詩ないし散文作品を語る叫びである」と述べている。歌われる叫び声では、「八百屋でござい」とか「砂糖入りアイス（クリーム）」のような決まり文句だけではなく、メロディもまた、商品の記号の機能を果たしている。これは、日本でも「あっさり、しんじみー」とか「こうもりがさのしゅうぜん」等に、それぞれのリズムや抑揚があることを思い起こせばうなずかれよう。何をいっているのか定かには聞き取れないにもかかわらず何々屋さんみたいだ、と推測したりすることがよくある。

同じく②の文章中に登場する「よかよか飴屋」については、仲田定之助『明治商売往来』（青蛙房、一九七一年一月）に説明があるので引用しておこう。

> 頭上に布切れの釜敷を置いて、その上に商売ものの飴を入れた盥《たらい》台をのせている。その盥のまわりには魚河岸、大根がしと書いた手提灯を四つも五つも飾ってある。団扇太鼓を賑やかに打ちならして、時々「あァーよかよか」と唄いながら、町なかでかっぽれを踊るよかよか飴屋は、顔に白粉を塗ったり、紅をつけたりしていた。

また同書によれば「円太郎馬車」とは、次のようなものだったようだ。

> 鉄道馬車が盛んだったころ、その競争路線に円太郎馬車といわれた乗合馬車があって、大通りの店舗と軌道との間をかけ抜けるように突っ走っていた。これはむしろ円太郎馬車が先に営業していたのを、あとから来た鉄道馬車にその乗客を奪い去られたといった方が本当であろう。銀座以外にはまだ人道と車道のけじめもなかったし、左側通行の規制もなかったから、歩行者が勝手に右往左往している間を縫って、人力車が走り、荷車が通っている。それでも今から思えば人出も、車の数も大した

ことはなかったが、そこをこの円太郎馬車が豆腐屋のような喇叭を吹きならしつつ突っ走るのだから、うっかり歩いていられない。

「円太郎馬車」については、作家の内田魯庵も「銀座繁昌記」（山口昌男・坪内祐三編、内田魯庵『魯庵の明治』講談社文芸文庫、一九九七年五月）で触れていて、「円太郎馬車」とは、「落語家の円太郎が高座で此のガタ馬車の真似をしたのが人気になって、乗合のボロ馬車を円太郎と呼」ぶようになったと、その名称の由来を語っている。

④の慰労運動会とは、三越が明治四十三年十一月三日に社員のために開催した第二回三越呉服店秋季慰労会のことである。会場は鎌倉由比ケ浜に設置された。当時の三越の店員は千五百余名だったという。このために三越では記念絵葉書や特別の乗車券を発行するなど、力の入ったものだった。

⑤の一については、これも鳥居龍蔵が触れている文章（「坪井先生と五代目菊五郎」『鳥居龍蔵全集』第十二巻）がある。

当時坪井先生から直接聞いた話によると、同地から出た土器の皿幾枚かの一枚は、五代目菊五郎さんは殊さらに桐の箱を作られ、その中に納められたが、その際、五代目は坪井先生に箱の蓋に何か書いてくれと依頼せられたから、早速これに、音羽屋の家の芸皿屋敷の皿が一枚無くなっているが、その皿が今出た云々との狂歌を書かれた。

⑤には山口昌男の『内田魯庵山脈――〈失われた日本人〉発掘』（晶文社、二〇〇一年一月）でもおなじみの林若樹、山中笑（共古）、岡田紫男（村雄）、清水晴風といった集古会の面々が登場する。これらの人物について簡単に説明しておくと、林若樹（若吉）は、三村竹清、三田村鳶魚《えんぎょ》と共に江戸派の三大人とされる書物通で、坪井正五郎とは又従兄弟の関係にあたる。山中笑は、メソジスト教会の牧師でありながら、民俗学や江戸研究を行った人物である。坪井の日本先住民＝コロボックル説には反対する説を唱えた。岡田紫男は、江戸商標、古銭の研究家であり、林若樹と共に大蔵流狂言方山本東次郎に弟子入りして狂言を学んだ。清水晴風は玩具博士と呼ばれた玩具研究家で、各地の郷土玩具を木版刷りで紹介した『うなゐの友』の著者として知られる。

集古会については、その発起者の一人であった八木静山（奘三郎）が「明治考古学史」（『ドルメン』第四巻第六号、昭和十年六月一日）で次のような貴重な証言を残している。

斯の会は明治二十九年の一月五日（坪井の誕生日を選んだとされる――引用者）、即ち新年宴会の日に、上野公園の鐘楼下、韻松亭に於て初会式を挙げた（中略）集古会の創立は彼の人類学会でも、凡て固た苦しき学会の為め、会員間の親しみが薄く、且つ講演が終れば直ちに散開すると曰ふ訳で、傍聴者が充分に質問を試み、或は自己の所見を申述る暇がないから、別に座談会の如く、茶を飲み、菓子を食しながら、楽しみの中に存分各自の意見を語る一種遊びを兼ての会合を図らうと曰ふ目的で始めた訳であります。

『書物関係雑誌細目集覧一』（日本古書通信社、一九七四年九月）の「集古」の項に「本誌は明治二十五年、坪井正五郎主唱のもとに林若樹、山中共古、清水晴風が参加して創立された談笑娯楽の間に考古に関する器物及書画等を蒐集展覧し互にその知識を交換するを以て目的とした、集古会の会誌である」とあるが、おそらく、集古会が結成されたのは、八木の述べているように明治二十九年が正しいだろう。

八木によれば、集古会の名付け親は田中安国で、白河楽翁（松平定信）の著『集古十種』にちなんだという。最初は、石器時代、古墳時代の遺物を持ち寄って話し合っていたが、次第に趣味家の集まりに変わっていった。

其会を継続して居る間に、各自所有の石器や、古墳物等は追ひ〳〵種切れと為り、又斯る類では厭きが来るので、玩弄《おもちゃ》人形が出る、御守りが出る、中には菓子の袋類まで出る様になりました。（中略）其旺んなる頃は実に愉快なる会として其出席を楽しんで居りました。殊に全体の会員が官民の集合で、就中民間人士としては、前条の如く、質屋あり、太物屋あり、車屋あり、役者あり、焼芋屋あり、新聞記者あり、探偵あり、本屋あり、古物屋あり、茶人あり、俳諧師あり、百姓ありと曰ふ有様で、又老壮、尊卑、貧富等の区別や、態度はみぢんもなく、単に趣味に拠て集り、興に乗じて語るのでありますから、和気靄々として宛《あたか》も瑞気の満るが如く、其賑かなることは一見浅草の仲店に類し、洵《まこと》に欲界や、利益を忘れる小児遊びの様な感じが致しました。

（文中敬称略）

解説対談　坪井正五郎とそのネットワーク

山口昌男・香川雅信

——最初に香川さんが坪井正五郎に関わるようになったあたりからいかがでしょう?

香川　私はいま博物館で学芸員をしているんですけれども、その前にも一年ほど別のところで学芸員のような仕事をして、そのときに郷土玩具の展示をやるように言われましてね。私が勤めていた先には、郷土玩具のコレクションがあったんです。その展覧会を担当したわけです。そのときに玩具のことを調べていましたら、坪井正五郎の名前が出てきたんです。私が見た資料には、坪井正五郎が博多人形の復活に力を尽くしたというようなことが書いてあったんです。坪井正五郎という名前は以前から知っていました。特にコロボックル論争のことで記憶していたんですけれども、そのときはまだ考古学者というイメージしかなかったんです。その坪井正五郎がなんで玩具のことに関わってくるのかな、というところから興味を持ったのが最初でした。そこで、いろいろ調べていくうちに、特に三越の児童《こども》博覧会に関連して、坪井が新しい玩具を作ったりしているということを知りまして、学者でありながら玩具の開発みたいなこともしていたということに興味を覚えました。ところが、それまでは坪井正五郎と玩具の関わりについてほとんど触れている人がいなかったものですから、これは自分でやるしかないということで調べてみたら、坪井正五郎の玩具研究に関していろいろなことがわかってきた。そこで、「坪井正五郎の玩具研究――趣味と人類学的知」(『比較日本文化研究』第五号、一九九八年十二月)という論文をまとめたんです。

――その論文を山口さんも読まれて、今回の対談を香川さんにお願いすることになったわけです。香川さんがそうやって調べられていくなかで、当然山口さんの『「敗者」の精神史』(岩波書店、一九九五年七月)あたりも関係してくるわけですね。

香川 坪井について調べているときにちょうど山口先生の『「敗者」の精神史』が出まして、私が知りたかったことがたくさん書いてあったので、非常に興奮して読んだ覚えがあります。私はモノと坪井の関係ということで調べていったんですけれども、山口先生はとくに人の繋がりということで書かれていました。巌谷小波ですとか清水晴風ですとか、そういった明治のころの面白い人たちとの関連で、あの本はたいへん興味深く読ませていただきました。

――山口さんはいかがですか。もちろん、坪井正五郎が日本で最初に人類学を始めた人ということはご存知だったでしょうけれども、そうではない坪井というのはどのあたりから近づいていったんですか。

山口 そうですね。僕の場合、『集古』という雑誌に集まってくる人の流れを探っていくと坪井正五郎の姿がだんだん前にあがってきたんですね。この『集古』というのはもともと坪井たちがやっていた人類学会の茶話会のような形で明治二十九年に始まった集古会という会の会誌なわけです。そこから探って行くと、この『集古』に限らず、それこそ三越のPR誌をはじめとしていろいろな雑誌にも書いていた。坪井は周りに集まってくる人を退けないで、坪井と関心を共有する人たちとは丁寧に対応していた。そういう意味では、最近僕が関心をもっている根岸武香《たけか》という人物もその一人です。根岸武香というのは、のちに貴族院議員になるんだけれども、埼玉県、冑山《かぶとやま》の旧家の息子でね。明治十九年に坪井たちの作った人類学会に一緒に参加して、坪井とは吉見百穴についての共同研究を行っている。このときの調査研究がもとになって、坪井正五郎がヨーロッパに留学していたときに第九回の万国東洋学会で発表した吉見百穴についての論文（「東京近傍に於ける横穴二百余の発見に就いて」）が認められて、名誉賞を受けるわけです（本書「坪井正五郎小伝」参照）。この根岸武香というのはたいへんなコレクターでもあって、古器物、古文書、古印、古銭なんかを収集していた。今度の「うしのよだれ」を読むと、どうやらマッチの札紙なんかも蒐集していたようだけれどね（本書「うしのよだれ」（一九）参照）。

――　山口さんはたしか数年前に根岸武香の家に行かれてますよね。

山口　そうそう、僕は埼玉にいまでもあるこの根岸武香の家に行ったことがあるんです。エドワード・モースも武香の家を訪れたことがあって、そのことをモースは『日本人の住まい』（斎藤正二・藤本周一訳、八坂書房、一九九一年一月）で取り上げています。吉見の百穴というのも当時は根岸家の敷地内にあったものです。そのころ、武香の家はいろんな発掘品で溢れていて、そこの家自体が博物館のようなものだったわけです。

坪井と武香との関係というのは発掘ばかりじゃなくて、もっと深いものでね。先ほど述べた坪井が中心になって作っていた集古会にも、武香は参加している。集古会の二代目の会長がこの武香です。この集古会というのは、最初は人類学・考古学の人物が集まっていたわけですけれども、だんだん江戸時代のものとかいろんなものを持ち寄る趣味家の集まりのようになってくる。ここには林若樹《わかき》や山中共古《きょうこ》、清水晴風などがいて、このネットワークのなかに坪井もいるわけです。その集まりの楽しい雰囲気というのが今度の「笑ひ語り」という文章によく表れているね。

――「笑ひ語り」は山口さん好みの人たちが登場するなかなか面白い文章ですね。

香川 そういういろんな分野の人が趣味で繋がっているというのが集古ですね。坪井もそうなんですけれども、アカミデズムとは違う部分で繋がっていく。学問と趣味との中間くらいと言いますか、そういった人たちのネットワークというのが明治のころはところどころにあった。

山口 そういう繋がりというのは、僕は以前から言っているんだけれども、ヒエラルキー構造を持ったタテの繋がりじゃないわけです。ヨコの繋がりなんだね。このヨコの繋がりというのはとても面白くて、集古会以外でも、たとえば、三田平凡寺という人物を中心とした我楽他宗《がらくた》というのがあった。三十三くらいの末社――この我楽他宗に入るとそれぞれが末社になるわけです――が集まっていた。ここには斎藤昌三（書誌研究家、『書物展望』を刊行）や河村目呂二《めろじ》（彫刻家、招き猫のコレクター）、アントニン・レーモンド（チェコ生まれの建築家）といった人物がいてそれぞれが繋がっている。その連中も集古会同様にどんちゃんさわぎが好きだった。日本の社会がタテ割のなかでかたまろうとしているときに、こうした連中というのは自由なヨコの繋がり、ネットワークを持っていた、そういうことなんですね。

香川 明治というのは、まさに山口先生のおっしゃられるように、学問のタテ割というのができてくる時代だったんですけれども、それに対して坪井正五郎や林若樹、巖谷小波、あるいは三田平凡寺であったりもしますが、そういう人たちはヨコのネットワークで学問の繋がりをつくっていった。そういうなかでのネットワークをつくるための最大の原動力というのが、私は趣味だったと思うんです。趣味を介してそういう人たちはどんどん繋がっていく。それがたぶん、タテ割のヒエラルキーの形ではない、もう一つの学問のありかただと思うんです。その形というのは、たとえば田中優子さんが言うような、江戸時代の連というものに近いのではないか。この連というのは、本来は俳諧師や狂歌師のグループを指す言葉なんですけれども、それを田中さんは、文化を生み出す人と人とのネットワークとして捉えています（田中優子『江戸の想像力――18世紀のメディアと表徴』筑摩書房、一九八六年九月、参照）。私は坪井正五郎を見ていて思うんですけれども、江戸時代の平賀源内という人にとても似ているなという気がするんです。坪井は自らも博物学的傾向を持つ人間だと言っていますけれども、平賀源内も博物学と言いますか、江戸時代の博物学である本草学をやりながら、一方で滑稽な戯作を発表していったりするというところが、坪井とよく似ていると思うんです。平賀源内もいろんな人とネットワークを作っていきますけれども、そういった点でも坪井と重なる部分がある。坪井という人物は、江戸時代的な性格というものを受け継いでいた。これは江戸趣味なんかに顕著に表れていますけれども、なにか江戸時代的なものを明治の時代において持っていて、かつ近代的なものも合わせ持っていた人間だったという気がするんです。

山口　そうですね。それとネットワークという意味で言うと、彼自身は弟子を養成するというよりも、誰とでも仲良くしたからね。

香川　弟子というよりは同好の士ということで関係を作っていくような人でしたね。だからこそ、坪井が亡くなったとたんに、日本の人類学というのは全然性格の違うものになっていったのかなあと思うんです。

山口　坪井が死んだあとに、小金井良精《よしきよ》（解剖学者、作家・星新一の祖父）なんかが東大の人類学科を坪井の考えていたものとは別の方向（形質人類学）に持っていった。あるいは一方では柳田国男みたいなのが学問の世界で台頭してくる。

香川　柳田国男の場合、モノには全然関心を示しませんでしたからね。ただ、柳田が中心になって作った最初の郷土会というのには、面白いメンバーがたくさん集まっていますね。それが、だんだん民俗学会という形になっていくと、性格が変わっていったように思います。

山口　そう、郷土会には面白い人間が集まってきていたね。

香川　創価学会初代会長の牧口常三郎とか大審院判事の尾佐竹猛《おさたけたけき》ですね。尾佐竹は結構モノのほうにも興味があった人で、鷽《うそ》のコレクターだったんですね。鷽というのは鷽替え神事の鷽です。一年の嘘＝鷽を人と交換して、自分の嘘をちゃらにしようという行事に使われる木でできた……。

――お鷹ぽっぽみたいな鳥形の木彫ですよね。

香川　そうです、そうです。お鷹ぽっぽも鷽と同系統の民芸品なんですけれども、そういう鷽を尾佐竹はたくさん収集していてうそ博士と呼ばれるんです。尾佐竹は法学者なのにうそ博士だと言って揶揄《やゆ》されるんですけれども（笑）。そういうモノに対する関心を初期の民俗学者なんかは持っていた。ところが柳田というのは、趣味的なものを切り捨てると同時に、モノに対する関心を切り捨てていくのが見て取れるように思うんです。柳田は玩具の趣味家をとても嫌いますよね。

山口　柳田のお兄さんで井上通泰という歌人がいるんだけれども、この通泰のほうが集古会の林若樹や三村竹清、奥村繁次郎（焼き芋屋、古書のコレクターでもあった、通称芋繁）なんかと付き合っていて、よっぽど趣味家に対する理解があったと言っていいね。

香川　柳田のほうは、そういう趣味的なものをどんどん排斥していった。のちに柳田は重出立証法を民俗学の方法論として提唱しますけれども、それはまさに坪井が比較土俗学という方法でやっていたことと同じなんです。ところが、同じ事をやっているにもかかわらず、柳田は坪井のことには全然触れてないんですね。ただ、柳田は自分のやっているこの方法は重ね写真の方法に等しいものだと言っているんです。重ね写真というのは、坪井正五郎がやっていた写真を重ね焼きして、そのなかで浮かび上がってきたものを共通の特徴として捉えるというものです（本書「「重ね写真」の術を観相其他に応用する考案」参照）。それを写真ではなくて実際の民間伝承でやったのが重出立証法だと言うんですが、やはり坪井のことには触れないんですね。やっていることは同じなんだけれども触れない。たとえば、柳田の山人論にしても、おそらく坪井のコロボックルの話なんかが念頭にあったと思うんですけれども、そこでもやはり坪井については触れない。新しく民俗学というのを作っていく上で、いったん坪井を否定といいますか、存在を消してしまってから新しく作り出す必要があったのかなと思うんです。いま読むと不思議なくらい坪井の名前というのは消されているんですね。『定本柳田国男集』（筑摩書房）なんかで坪井正五郎というのを索引で見ても、あまり重要なところではない部分でさらっと触れている程度なんですね。

―― たしか『故郷七十年』でほんの少し触れている部分がありましたね。

香川　ただ、坪井のやっていることを見て行くと、のちに柳田がやっていたことと同じじゃないかというふうに思うんです。坪井正五郎が亡くなったのが大正二年で、柳田が主宰する雑誌『郷土研究』が創刊されるのが同じ大正二年なんですね。言ってみれば、坪井の死と同時に柳田の民俗学というのは始まっている訳なんだけれども、これはほんとに入れ替わるという感じですね。

山口　結局、柳田のやろうとしていたことというのは、アカデミックな民俗学を新しく日本に作ろうとしたわけね。そのためには坪井のような趣味的な人を排除することが必要であったわけです。趣味的な人が同じことをやろうとしていたというのは、柳田にとっては好ましいことではなかった。いわば、柳田は坪井をスケープゴートにしたんだな。

香川　柳田は『郷土生活の研究法』のなかで、玩具の趣味家のことを、コンテクストを無視して、ただ数だけを集めていると言って痛烈に批判してますね。それは坪井をはじめとする集古会の人々を指しているんだと思うんですが、そういう趣味的なものを否定して切り捨てた上で、民俗学を立ち上げねばいけなかったということなんだと思うんです。

あと、民俗学ということで言うと、明治四十五年に坪井正五郎と石橋臥波《がは》が日本民俗学会という名前の学会を立ち上げていますよね。これは現在の日本民俗学会とは全然系統が別のものなんだけれども、日本民俗学の歴史を書いた本でもあまり触れられていない。まあ、名前が同じようなものがあって、これこれこういう人たちが参加していたけれども、短命に終わった、あまりいまに影響を及ぼすことは無かった……みたいな、そんな形で書かれていますよね。そういうところにも、同じことをやっているんだけれども、その影響力を意図的に否定しようとしている印象を受けるんです。

山口　フォークロアの会というのは当時いろんな形であったわけです。集古会なんかもその一つと言えるかもしれない。それこそ柳田の『石神問答』に登場する山中笑もそうだし、三村竹清なんかでも民俗学と言ってもいいような文章を随分残しているわけです。あるいは、僕の好きな淡島寒月なんかもそうだしね。彼らのやっていたことを受け継いでいたら、フォークロアもいまとはずっと変わったものになっていたかもしれないね。

香川　そうですね。たとえば、坪井なんかは玩具に興味を示して、坪井の人類学と玩具というのが、非常に密接な結びつきがあった。そのあとでも、たとえば渋沢敬三のアチック・ミューゼアムなんかもともとは郷土玩具の収集と研究から始まっていますよね。その意味で、玩具というのは民俗学というか、そういった学問の世界に踏み出すきっかけとしては、非常に重要な役割を果たしたんだけれども、結局それが民俗学という学問ができていく上で、あるいは人類学という学問からもそうなんですけれども、排除されていく。ですから、その排除されたモノの側から見て行くと、そういうものが逆にはっきりと見えてくるということが言えると思います。

―― 本書がそうした柳田民俗学が切り捨ててしまった坪井人類学の持っていた可能性を見出すきっかけになってくれればと思います。今日はどうもありがとうございました。

＊香川雅信　一九六九年生まれ、兵庫県立歴史博物館学芸員。著書に『江戸の妖怪革命』（河出書房新社、二〇〇五年八月）がある。

坪井正五郎（つぼい・しょうごろう）**略歴**

【一八六三―一九一三】

文久三年、江戸両国生まれ。明治十四年、東京大学理学部生物学科入学。明治十七年、本郷にて土器を発掘、弥生式土器と命名。人類学会創設、『人類学会報告』（のちの『人類学雑誌』）を発刊。大学卒業後、まだ人類学科のなかった東大大学院に人類学専攻の目的で新しく学科の設立を願い出て、人類学を学ぶ。明治二十二年、留学の目的でヨーロッパに渡るも、学ぶべき師なしとして独学。明治二十四年、ロンドンでの第九回万国東洋学会で吉見百穴に関する講演を行い名誉金牌を受け、翌年イギリス人類学会会員に選出される。明治二十五年、帰国後帝国大学理科大学教授に就任。明治二十九年、集古会を結成。人類学会会長に就任。明治四十二年、三越流行会に参加、三越百貨店のブレーンとして講演や玩具の考案を行う。大正二年、ペテルブルクで開催された第五回万国学士院連合大会に出席。病気のため同地にて死去。

知の自由人叢書　うしのよだれ

二〇〇五年九月三〇日　初版第一刷発行

著　者　坪井正五郎
監　修　山口昌男

編　集　川村伸秀
装　幀　大森裕二
発行者　佐藤今朝夫
発行所　株式会社国書刊行会
〒一七四-〇〇五六
東京都板橋区志村一-一三-一五
電　話　〇三-五九七〇-七四二一
ＦＡＸ　〇三-五九七〇-七四二七
［ホームページ］http://www.kokusho.co.jp/

印刷所　株式会社ショーエーグラフィックス
製本所　有限会社青木製本

ISBN 4-336-04714-6